Quirinal
Viminal
Esquilin
Kapitol
Palatin
Caelius
Aventin
1
2
3
4
5
6
10
11
12
13
14
15
16

prima.

Gesamtkurs Latein

prima.

Ausgabe N

Textband

C.C. Buchner

prima.
Gesamtkurs Latein

Herausgegeben von Clement Utz, Regensburg.

Bearbeitet von Dr. Martin Biermann, Göttingen, Josef Burdich, Neuss, Roswitha Czimmek, Hildesheim, Dr. Wolfgang Freytag, München, Dr. Wolff-Rüdiger Heinz, Kiel, Dr. Gerhard Hey, Kiel, Dr. Christina Kakridi, Göttingen, Andrea Kammerer, Schwabach, Dr. Stefan Kipf, Berlin, Ingo Köhne, Bergisch Gladbach, Anja Lücker, Bonn, Bernhard O'Connor, Landshut, Clement Utz, Regensburg, und Prof. Dr. Edzard Visser, Koblenz.

Konzeptionelle Beratung: Prof. Dr. Klaus Westphalen, Garmisch-Partenkirchen

Der Textband **prima N** wurde erarbeitet von Dr. Martin Biermann, Josef Burdich, Roswitha Czimmek, Dr. Wolfgang Freytag, Dr. Christina Kakridi, Andrea Kammerer, Ingo Köhne, Anja Lücker, Bernhard O'Connor, Clement Utz und Prof. Dr. Edzard Visser.

Subjekt - rot
Prädikat - gelb
AO = grün
Adverbial - blau
DO - orange
Attribut: gestrichelt
Gen.-attr. lila
PN: gelb-rot

BAMBERGER WORTSCHATZ

2. Auflage 2 5 4 3 2 1 2012 11 10
Die letzte Zahl bedeutet das Jahr dieses Druckes.

Dieses Werk folgt der reformierten Rechtschreibung und Zeichensetzung. Ausnahmen bilden Texte, bei denen künstlerische, philologische oder lizenz-rechtliche Gründe einer Änderung entgegenstehen.

www.ccbuchner.de

Einbandmotiv: Bacchus. Wandmalerei aus Herkulaneum (Ausschnitt). 1. Jh. n. Chr. Neapel, Museo Nazionale Archeologico. (Scala, Florenz)
Gestaltung: Artbox Grafik und Satz GmbH, Bremen
Druck und Bindung: Friedrich Pustet, Regensburg

ISBN 978-3-7661-**5090**-5

Liebe Schülerinnen und Schüler, liebe Kolleginnen und Kollegen!

Mit diesem **Gesamtkurs Latein** haben wir für euch, haben wir für Sie ein kompaktes Lehrwerk verfasst, mit dem wir vor allem zwei Wünsche verbinden: Wir wünschen euch, liebe Schülerinnen und Schüler, dass ihr damit „prima" Latein lernt. Und wir wünschen Ihnen, liebe Kolleginnen und Kollegen, dass Sie mit unserem Buch „prima" zurechtkommen.

Hinweise zur Konzeption und zur Arbeit mit „prima"

„Prima" bietet in seinen **drei Teilen** einen zusammenhängenden Kompaktkurs, der den Sprachunterricht ebenso abdeckt wie den Lektüreunterricht; er umfasst:

- ein **Lehrwerk** für den Spracherwerb,
- Texte zur **Übergangslektüre** (schülerorientierte Themen) und
- ein **Lesebuch** für den Lektüreunterricht (Auswahl aus den Klassikern der lateinischen Literatur).

Diese Teile sind in ihrer Gestaltung und Progression, aber auch in Terminologie und Wortschatz eng aufeinander abgestimmt. Die Grammatikstoffe werden in dem Umfang vorgestellt, wie von den Lehrplänen für Latein heute übereinstimmend gefordert wird. Das Vokabular basiert verlässlich auf den statistischen Untersuchungen des „Bamberger Wortschatzes" und bezieht darüber hinaus den sogenannten Kulturwortschatz ein.

Im **Lehrwerk** wird die sprachliche Basis des Lateinischen vermittelt. Es ist gegliedert in diesen Textband und in einen zugehörigen Begleitband, der den Wortschatz und die Grammatikstoffe darbietet (vgl. eigenes Vorwort).
Im vorliegenden **Textband** schaffen die übersichtliche Anlage der Lektion (auf jeweils vier Seiten) und die thematische Gliederung nach Sequenzen einen hilfreichen Ordnungsrahmen. Innerhalb der Lektionen ermöglichen die einzelnen Teile viel Freiheit im methodischen Vorgehen:

Seite 1:
Vorentlastung

Altersgerechte deutsche Texte und Bildmaterial führen **inhaltlich** in die Thematik der Lektion, insbesondere des Lektionstextes, ein.
Außerdem werden die **Grammatikstoffe** der Lektion vorgestellt, in aller Regel anhand kurzer und einfacher lateinischer Texte **(G)**, die noch auf neue Vokabeln verzichten.

Seite 2:
Lektionstext

Das Kernstück in jeder Lektion ist der **Text (T)**. Er sollte in jedem Fall behandelt werden. Der gesamte Grammatikstoff und alle neuen Vokabeln sind enthalten. Zur Erfassung und Erschließung dieses Textes sowie zur inhaltlichen Abrundung folgen **Aufgaben**, die nummeriert sind (❶).

Seite 3:
Übungsmaterial

Verschiedenartige Übungen zum **sprachlichen Training (Ü)** finden sich auf der dritten Seite; sie sind mit Kleinbuchstaben (ⓐ) gekennzeichnet.

Seite 4:
Übungsmaterial

Zusatztexte (Z) erweitern das Übersetzungsangebot; sie wälzen den Grammatikstoff der vorausgehenden Lektionen um und dienen der inhaltlichen Abrundung.

Dazu kommen immer wieder spezielle Aufgaben

- zur spielerisch-kreativen Umsetzung
- ÜBERSETZUNG – zur Übersetzungsschulung
- WORTSCHATZ – zur Wortschatzarbeit
- LATEIN LEBT – und zum Fortleben des Lateinischen

Übungen aller Typen, die sich besonders für die Bearbeitung im Team eignen (auch arbeitsteilig), haben als Kennzeichnung ein Sechseck ⬢. Hinter dem Text- und Übungsteil finden sich einige deutsch-lateinische Übersetzungsübungen (fakultativ!) und zu jeder Sequenz eine Doppelseite „prima lesen", die das Textangebot erweitert und der Motivation dient.

Für ausführliche Informationen zur Arbeit mit dem Lehrwerk verweisen wir auf den Lehrerband.

Zu **Obligatorik und Freiraum** bei der Arbeit mit dem Lehrwerk vgl. Vorwort zum Begleitband, S. 4.

Treffpunkte im alten Rom

Wortschatz und Grammatik — Begleitband

Römisches Alltagsleben

Wortschatz und Grammatik — Begleitband

Aus der Geschichte Roms

Wortschatz und Grammatik — Begleitband

Abenteuerliche Reisen

Der Mensch und die Götter

Wortschatz und Grammatik — Begleitband

Die Griechen erklären die Welt

Die Wunderprovinz Kleinasien

Wortschatz und Grammatik — Begleitband

Gallien wird römisch

Wortschatz und Grammatik — Begleitband

Rom stößt an seine Grenzen

Wortschatz und Grammatik — Begleitband

Wer glaubt was?

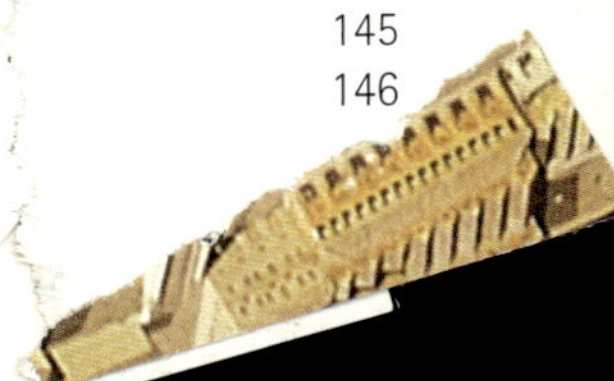

1

This is the Colosseum, isn't it?
Intrate! ... Vobis monumenta demonstro.
Sieht so ein Zirkus aus?
Nominativ Singular – 3. Person Präsens Singular –

❶ Obwohl die Jugendlichen, die sich zusammen mit dem Römer das Modell der antiken Stadt Rom angesehen haben, noch nicht Latein gelernt haben, können sie seine Worte zum Teil verstehen, denn sie klingen in ihrer Sprache ganz ähnlich.

lat.	monumentum	intrare
ital.	*monumento*	*entrare*
franz.	*monument*	*entrer*
engl.	*monument*	*enter*
deutsch	*Monument*	*eintreten*

Voilà un temple.
Templum est.

❷ Auch die Namen der Gebäude haben sich in den europäischen Sprachen erhalten. Doch haben sie immer noch die gleiche Bedeutung wie bei den Römern?

Für die Römer war ein **Tempel** das Haus einer Gottheit, in dem ihr Kultbild Platz fand. Zum Gebet und zum Opfer versammelte man sich vor dem Tempel am Altar.

Ecco una basilica!
Ecce basilica!

Eine **Basilika** war bei den Römern eine Markt- oder Gerichtshalle, in der alles Mögliche verkauft wurde, wo aber auch Gerichtsverhandlungen und kulturelle Veranstaltungen stattfanden.

Sieht so ein Zirkus aus?
Estne circus?

In der langgestreckten Anlage fanden die bei den Römern sehr beliebten Wagenrennen statt. Der römische **circus** hat mit unserer Zirkusmanege nur gemeinsam, dass dort Pferde auftreten.

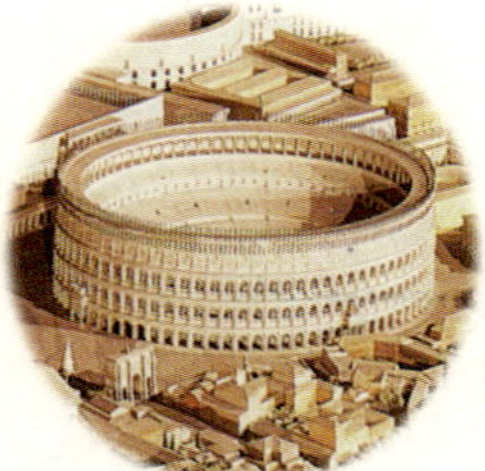

This is the Colosseum, isn't it?
Estne colosseum?

Amphitheater sind uns bekannt als Orte, in denen Gladiatorenkämpfe und Tierhetzen stattfanden. Die Römer nannten das flavische Amphitheater in Rom **Kolosseum**. Es erhielt seinen Namen vermutlich von einer Kolossalstatue des Kaisers Nero, die in der Nähe stand.

❸ Thomas und Daniela haben im Urlaub in Italien ähnliche Erfahrungen wie unsere Jugendlichen auf S. 14 f. gemacht. Einige Wörter kannten sie bereits aus dem Deutschen, beim Verständnis anderer war ihnen Englisch eine große Hilfe. Da beide auch schon ein Jahr Latein gelernt hatten, konnten sie sehr schnell den Sinn vieler Begriffe erfassen.
Nun wollen sie aber genau wissen, wie die verschiedenen Sprachen Europas eigentlich zusammenhängen. Von welcher Sprache gehen diese aus? Wie sind die Sprachen miteinander verwandt?
Im Internet finden sie die folgende Erklärung:

Aus einem kleinen Dorf am Tiber, das der Sage nach 753 v. Chr. von Romulus gegründet worden sein soll und deshalb den Namen Rom erhielt, entwickelte sich durch die günstige Lage des Ortes und die Aktivität seiner Bewohner eine Sprache, die die Welt beherrschen sollte. Ihren Namen erhielt diese Sprache von der Landschaft Latium, in der Rom liegt – Latein.
Jahrhunderte später erstreckte sich das Römische Reich, das **imperium Romanum**, vom heutigen Spanien und Portugal im Westen bis zum Schwarzen Meer im Osten, vom heutigen Großbritannien im Norden bis nach Nordafrika. Den unterworfenen Völkern brachten die Römer nicht nur ihre Kultur und ihre technischen Erfindungen, sondern auch ihre Sprache. Diese Sprache lebte noch weiter, als das Römische Reich längst zerfallen war. Die sogenannten romanischen Sprachen haben sich unmittelbar aus dem Lateinischen entwickelt.

Auch ein Großteil des englischen Wortschatzes stammt aus dem Lateinischen bzw. aus den romanischen Sprachen. Im Deutschen finden wir ebenfalls zahlreiche Wörter, die aus dem Lateinischen kommen oder damit zusammenhängen.

Einige Beispiele:

Lateinisch	Italienisch	Spanisch	Portugiesisch	Französisch	Deutsch	Englisch
ventus	*vento*	*viento*	*vento*	*vent*	*Wind*	*wind*
febris	*febbre*	*fiebre*	*febre*	*fièvre*	*Fieber*	*fever*
familia	*famiglia*	*familia*	*familia*	*famille*	*Familie*	*family*
nomen	*nome*	*nombre*	*nome*	*nom*	*Name*	*name*
studere	*studiare*	*estudiar*	*estudar*	*étudier*	*studieren*	*study*

Auf den folgenden Seiten werdet ihr die lateinische Sprache lernen und eine euch bisher unbekannte Welt entdecken. Ihr wisst sicher schon, dass Latein im Wortschatz der modernen Technik und Wissenschaft eine große Rolle spielt – aber auch im Alltag begegnet euch häufig Latein. Am deutlichsten seht ihr das, wenn ihr einkaufen geht.

LATEIN LEBT

⬢ Hier findet ihr die lateinischen Vokabeln, die den Produkt- und Firmenbezeichnungen zugrunde liegen.
Erläutert anhand der Übersetzungen und Erklärungen, wie es wohl zu der jeweiligen Namensgebung kam. Falls ihr einen Markennamen nicht kennt: Überlegt, für welches Produkt er stehen könnte.

niveus *schneeweiß*
penates *Hausgötter der Römer, die Familie, Haus und Hof beschützten*
dens *Zahn*
studiosus *interessiert*
habitat *er, sie, es wohnt*
fructus *Frucht*
terra *Erde, Land*
mare *Meer*

T Auf dem Weg zur Kurie

In unserem ersten lateinischen Text treffen wir auf den Senator Marcus Aquilius Florus, der zu einer Senatssitzung in die Kurie eilt.
Er hat sich verspätet, man schließt bereits die Türen, ein Sklave wartet ungeduldig auf ihn.

Senator in forum[1] properat, nam ibi curia est. Hic turba stat et clamat: „Ave, senator!“ Senator gaudet et clamat: „Salvete!“ Subito servus adest et rogat: „Ubi Marcus Aquilius Florus senator est?“ Turba: „Ibi est!“ Senator ridet, tum in curiam[2] properat.

[1] in forum *auf das Forum*

[2] in cūriam *in die Kurie*

1. Überlege vor der Übersetzung: Welche Merkmale eines Dialogs enthält der kurze Text? Welche Sprecher treten auf?
2. Erkläre die Reaktionen des Senators: Warum freut er sich? Warum lacht er wohl, bevor er in die Kurie geht?

Die Kurie auf dem Forum Romanum. Ausschnitt aus einem Gemälde.

2 Sieg im Circus Maximus

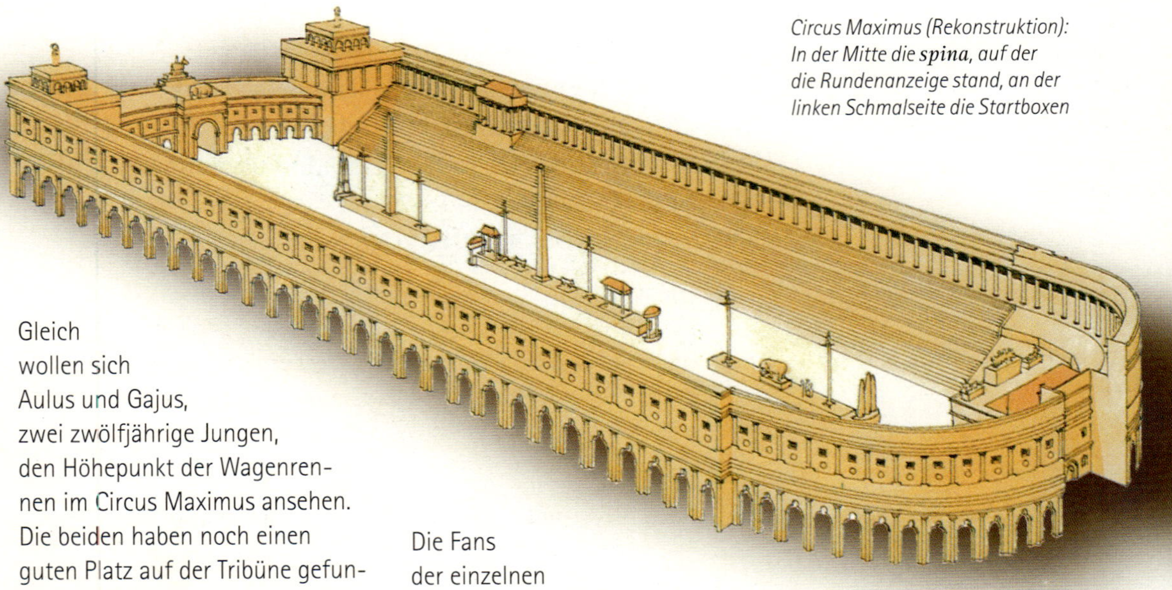

*Circus Maximus (Rekonstruktion): In der Mitte die **spina**, auf der die Rundenanzeige stand, an der linken Schmalseite die Startboxen*

Gleich wollen sich Aulus und Gajus, zwei zwölfjährige Jungen, den Höhepunkt der Wagenrennen im Circus Maximus ansehen. Die beiden haben noch einen guten Platz auf der Tribüne gefunden, obwohl der Circus heute wieder vollbesetzt ist. Über 200 000 Zuschauer drängen sich im weiten Rund. Alle warten auf das Eintreffen der **quadrigae** (Wagen, vor die vier Pferde gespannt sind). Aufgeregt beobachten sie, wie die nervösen Pferdegespanne in die zwölf Startboxen geführt werden. Jeder Rennstall hat drei Wagen ins Rennen geschickt, sodass alle Bahnen besetzt sind. Aulus zählt die Farben an den Trikots der Wagenlenker ab: die Grünen, Roten, Blauen und Weißen. Die Wagenlenker, die aufrecht in den leichten Wagen stehen, haben die Zügel bereits um den Bauch gebunden und schwingen in der Rechten eine Peitsche. Im Gürtel tragen sie ein scharfes Messer, um sich bei einem Sturz gegebenenfalls durch einen Schnitt von den Zügeln befreien zu können.

Die Fans der einzelnen Rennställe machen sich schon lautstark bemerkbar und feuern „ihre" Wagenlenker und Pferde kräftig an.
Aulus drückt den Grünen ganz fest die Daumen.
Endlich sind die Pferde an der Startlinie ausgerichtet. Der Veranstalter gibt das Startsignal, indem er ein weißes Tuch fallenlässt.
Ein Trompetenstoß unterstützt das Signal. Das Publikum hält den Atem an. Da schießen die Pferde aus den Boxen! Bis zur ersten weißen Linie müssen sie auf der vorgezeichneten Bahn bleiben, dann versuchen die Wagenlenker die Innenbahn an der **spina** (Mauer, die die Arena in zwei Bahnen teilt) zu erreichen. Gajus kann gar nicht hinsehen, als die Pferde nach innen drängen und die Wagen einander fast berühren. Da kommen sie schon zur ersten Wendemarke – möglichst eng muss man die Kurve nehmen, wenn man gewinnen will – aber das Wagenrad darf den Mauerrand nicht berühren, sonst kippt der leichte Wagen um, und es ist aus! Sieben Runden müssen die Pferde zurücklegen, das Publikum feuert unermüdlich seine Favoriten an. Durch die Anzeige auf der **spina** kennt jeder den aktuellen Stand des Rennens. Auch Aulus zählt die Delfine mit, die bei jeder Runde umgekippt werden. Es bleibt spannend bis zum Schluss, das Stadion gleicht einem Hexenkessel. Von den obersten Reihen kann man gar nicht mehr viel sehen, denn die Pferde haben den Sand der Arena hoch aufgewirbelt. Aulus ist schon ganz heiser, so sehr hat er seinen Favoriten Syrus angefeuert.

T

Sieg im Circus Maximus

Hodie Aulus in Circo Maximo[1] est; nam ibi ludi sunt. Sed ubi Gaius amicus est? Aulus diu exspectat. Tum gaudet. Tandem amicus adest. Subito populus clamat: „Ave, senator!“ Marcus Aquilius Florus senator adest. Etiam Aulus et Gaius clamant: „Ave, senator!“ Nunc populus tacet, portae patent, equi et agitatores[2] accedunt. Denique equi in carceribus[3] stant, senator signum dat[4], equi currunt. Populus surgit et clamat. Etiam Aulus et Gaius surgunt. Tum Aulus gaudet: „Syrus victor est! Ecce: Ibi praemia sunt!“ Sed Gaius: „Etiam equi victores sunt.“

[1] in Circō Maximō *im Circus Maximus*

[2] agitātor *Wagenlenker*

[3] in carceribus *in den Startboxen*

[4] sīgnum dat *(er) gibt das (Start-) Zeichen*

Dann steigt Syrus zur Loge des Veranstalters hinauf und nimmt seinen Preis in Empfang: einen Palmzweig (**palma**) und einen Beutel mit Münzen. Auch die Pferde werden mit Palmzweigen geschmückt. Lauter Jubel erschallt im Stadion, als Syrus seine Ehrenrunde absolviert. Aulus ist glücklich, denn wieder einmal haben die Grünen gewonnen!

Erläutere die Bedeutung des Satzes, den Gajus am Schluss sagt: „Etiam equi victores sunt!“

Römische Mosaike mit Wagenlenkern aus einer Villa an der Via Cassia bei Rom, um 200 n. Chr.

Ü

a Bei den Wagenrennen hatte jedes Gespann eine bestimmte Farbe, an der man es schon von weitem erkennen konnte.
Ordne den drei Farben je eine Konjugationsklasse der Verben zu.
Füge dann die Verben aus **T** richtig ein. Ordne die Verben dabei nach Singular und Plural.
Bilde die jeweils fehlende Form. Welche Formen kannst du nicht zuordnen?

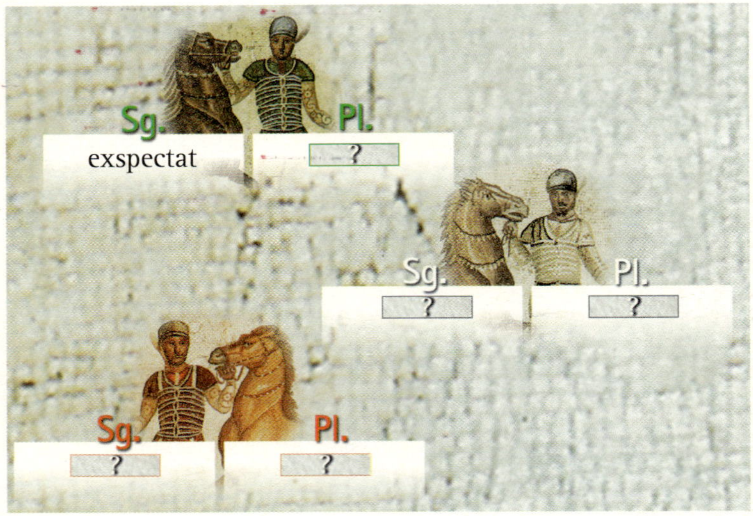

b Bilde nun zu allen Verben aus Übung a den Infinitiv. Schreibe die Formen so in dein Heft, dass du die 3. Pers. Sg., die 3. Pers. Pl. und den Infinitiv nebeneinanderschreibst.
Beispiel: **exspectat – exspectant – exspectare**

c Wie es verschiedene Konjugationsklassen für Verben gibt, so gibt es auch verschiedene Deklinationsklassen für Substantive. Drei verschiedene Deklinationsklassen lernst du hier kennen:

-a

-us

-or

Ordne die Substantive aus **T** (nicht die Namen) den Spielmarken zu.
Bilde dann zu den Singularformen den Plural und umgekehrt.

d Setze das in Klammern angegebene Wort in die jeweils passende Form. Beispiel: **populus (exspectare) – populus exspectat**

(populus) surgit
(victor) accedunt
amici (stare)
senator (tacere)
porta (patere)
(equus) adsunt

Übersetze dann die kleinen Sätze.

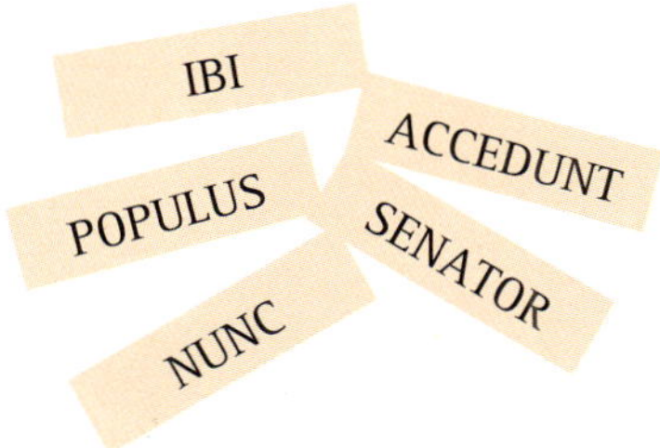

e Bei den folgenden Sätzen ist jeweils ein Teil verlorengegangen. Fülle die Lücken mit einem der angegebenen Wörter, sodass sich sinnvolle Sätze ergeben. Bestimme dann jeweils die Satzglieder Subjekt und Prädikat und übersetze.

? clamat.
? tacet.
? Aulus diu exspectat.
? Gaius gaudet.
Nam equi ? .

Die Anfangsbuchstaben der eingesetzten Wörter ergeben von oben nach unten gelesen einen wichtigen Teil der Pferderennbahn.

Skulptur eines Wagenlenkers.

f Wie beliebt Wagenlenker im alten Rom waren, zeigt eine Grabinschrift aus Rom:

Marcus Aurelius Polynices (der Oftsiegende), geboren in Rom, der 29 Jahre, 9 Monate, 5 Tage lebte, der insgesamt 739 Siege errang, und zwar: 655 bei den Roten, 55 bei den Grünen, 12 bei den Blauen, 17 bei den Weißen. Seine Siegesprämien betrugen drei Mal 40 000 Sesterzen, 26 Mal 30 000 Sesterzen, elf Mal die einfache Siegesprämie von 15 000 Sesterzen. Acht Mal siegte er mit dem Achtergespann, neun Mal mit dem Zehnergespann und drei Mal mit dem Sechsergespann.

Wie wir aus anderen Inschriften wissen, war Polynices noch nicht einmal der erfolgreichste Wagenlenker. Es gab einige, die über 1 000 Siege errungen haben.

Vergleicht die Karriere des Polynices mit der von Sportlern, die heute bekannt und berühmt sind.

LATEIN LEBT

Die lateinischen Endungen **–us** und **–um** wurden im Italienischen oft zu **–o**. Nenne also zu den folgenden italienischen Substantiven die entsprechenden lateinischen: amico, servo, foro.

g Überlege: Welche Substantive sind in den folgenden Sätzen als Subjekt, welche als Prädikatsnomen gebraucht?

1. Gaius amicus est.
2. Amicus gaudet.
3. Equi currunt.
4. Equi victores sunt.
5. Ubi victores sunt?
6. Amici diu exspectant.
7. Ibi amici sunt.

Z Siegerehrung

Nach dem Rennen sind Aulus und Gajus zu den Ställen gegangen, um das siegreiche Gespann zu empfangen.

Aulus rogat: „Ubi sunt equi? Ubi sunt agitatores[1]? Ubi sunt praemia?" Amici diu exspectant. Tandem equi accedunt et amici clamant: „Hic victores sunt!" Etiam Syrus agitator accedit. Amici: „Syrus victor est! Io[2]! Syrus victor est!"

[1] agitātor *Wagenlenker*

[2] Iō *Hurra!*

3 Aufregung in der Basilika

*Ansicht der **Basilica Iulia** auf dem **Forum Romanum** (1. Jh. n. Chr.). Im Vordergrund die **rostra**, die Rednertribüne. Digitale Rekonstruktion.*

Die beiden Freundinnen Atia und Antonia wollen heute gemeinsam das Forum besuchen. Am anziehendsten finden sie die Basiliken, denn dort halten sich viele Menschen auf und es geht sehr geschäftig zu. Die beiden Mädchen interessieren sich aber im Augenblick nicht für Reden und Gerichtsprozesse, die dort stattfinden, sondern vor allem für die vielen Händler und ihre Läden mit ganz besonderen Waren.

Gajus, Antonias Bruder, der sich nach der Schule gerne in der **Basilica Iulia** herumtreibt, hat den Mädchen erzählt, dass der Tierhändler Rutilius eine neue Lieferung von Affen und Papageien aus Afrika erwartet. Den beiden Mädchen haben es besonders die Affen angetan.
Deshalb stürmen sie die Stufen zur Basilika hinauf und achten gar nicht auf die Spielbretter für Mühle und Dame, die dort eingeritzt sind.
Auch für die schöne und kostspielige Marmorausstattung haben sie keinen Blick. Sie laufen schnurstracks auf die Läden zu.

G

Gaius amicum videt *(sieht)*.
Aulus ad portam stat.
Senator signum dat.
Equi per Circum Maximum currunt.
Amici equos exspectant.
Syrus ad senatorem properat.

Akkusativ - Akkusativ als Objekt - Präpositionalausdruck als Adverbiale

T Aufregung in der Basilika

Atia et Antonia amicae forum petunt et aedificia spectant. Tum basilicam Iuliam intrant et ad mercatores accedunt. Per basilicam properant et Rutilium mercatorem petunt. Nam Rutilius bestias vendit.

Rutilius ante tabernam stat, amicas videt et clamat: „Hodie simiae[1] et psittaci[2] adsunt!" Statim amicae in tabernam contendunt, simias spectant.

Etiam mulieres tabernam intrant. Subito psittaci clamant: „Psittaci adsunt! Psittaci adsunt!"

Mulieres autem clamorem tollunt: „Quid? Quid est? Quis clamat?"

Rutilius ad mulieres accedit et psittacos monstrat[3]. Nunc etiam amicae psittacos vident. Itaque simias relinquunt et ad psittacos accedunt. Subito simiae clamant.

Tum Rutilius: „Quid est? Cur simiae clamorem tollunt?" Rutilius autem Atiam et Antoniam apud simias non iam videt: „Ubi sunt amicae? Cur simiae ...?"

Subito psittaci: „Simiae! Simiae!"

Amicae et mulieres et Rutilius rident.

[1] sīmia *Affe*

[2] psittacus *Papagei*

[3] mōnstrāre *zeigen*

❶ Gliedere den Text in einzelne Szenen. Gib jeder dieser Szenen eine Überschrift.

❷ Richtig oder falsch? Entscheide nach der Lektüre von **T**, ob folgende Aussagen richtig oder falsch sind. Bei richtiger Lösung ergibt sich ein lateinischer Satz.

	(richtig)	(falsch)
a) Atia et Antonia amicae sunt.	AMI	NIA
b) Atia et Antonia clamorem tollunt.	CLA	CAE
c) Mulieres per basilicam properant.	MOR	SIM
d) Rutilius mercator est.	IAS	TO
e) Rutilius ante tabernam stat.	SPE	ADS
f) Rutilius amicas non iam videt.	CTA	UNT
g) Mulieres clamant: „Simiae! Simiae!"	AN	NT

Ü

a Bestimme in den folgenden Sätzen Kasus, Numerus und Genus der fettgedruckten Wortformen. Versuche nun, aus der Bestimmung der Wortformen Rückschlüsse auf die jeweilige Satzgliedfunktion zu ziehen. Wo gelingt dies nicht? Übersetze dann.

1. Aulus **victores** videt.
2. **Mercator** bestias vendit.
3. Senatores ad **basilicam** accedunt.
4. Gaius **amicos** exspectat.
5. **Populus** equos spectat.

b Auf der Wachstafel ist durch die Unachtsamkeit des Aulus einiges gelöscht worden. Übertrage die Wörter in dein Heft und ergänze die Buchstaben so, dass sich der Akk. Sg. ergibt. Setze danach alle Wörter in den Akk. Pl.

„Rundmühle"
Zwei Spieler erhalten je drei Steine in einer Farbe. Es wird abwechselnd gesetzt, dann gezogen. Gewonnen hat, wer eine Mühle, also drei Steine in einer Reihe, schließen kann. Im Gegensatz zu unserem Mühlespiel gibt es aber nur eine mögliche Form, eine Mühle zu bauen: Die Mitte des Spielfeldes muss besetzt sein. So wird natürlich der Spieler, der beginnt, die Mitte besetzen. Aber Achtung: Er kann leicht zur Aufgabe dieser Position gezwungen werden – probiert das Spiel, indem ihr das Spielfeld auf einen Karton übertragt.

c Ergänze bei folgenden Sätzen das Prädikat anhand des angegebenen Infinitivs und übersetze dann.

1. Ante basilicam mulieres (stare).
2. Mercator bestias (vendere).
3. Aulus victor (esse).
4. Amicus clamorem (tollere).
5. Aulus et Atia per basilicam (currere).
6. Senatores diu ante basilicam (exspectare).

d Verbinde!
Im linken Kasten findest du die Satzanfänge, im rechten Kasten die Fortsetzungen. Füge die Sätze zusammen, bringe sie in eine sinnvolle Reihenfolge und übersetze dann.

Aulus et Gaius amicus ...	... mulieres adsunt.
Ante tabernam ...	... Rutilium mercatorem vident.
Amici intrant et ...	... bestias spectant et gaudent.
Ad tabernam amici ...	... tabernam petunt.

e Von Kasus zu Kasus: Bilde zu den Akkusativformen den entsprechenden Nominativ und umgekehrt.
tabernas – basilica – mulierem – clamor – amicos – signa (!) – equi – populum – amicae – bestiam – victores (!) – servus – turba – senatorem

Wir spielen: „Ich gehe durch eine römische Basilika und sehe ...".
Ein Mitspieler beginnt: „Video *(ich sehe)* mercatorem."
Jeder Mitspieler wiederholt alle bereits genannten Elemente und fügt am Ende der Aufzählung ein neues hinzu: „Video mercatorem, ..."
Wie viele Elemente schafft ihr?

ÜBERSETZUNG

Beim Übersetzen musst du die unterschiedliche Satzstellung im Deutschen und Lateinischen beachten.
Das Prädikat des Hauptsatzes steht im Deutschen als zweites Satzglied, im Lateinischen dagegen meist an letzter Stelle.

1 Fange also vorne an.
2 Springe dann nach hinten (zum Prädikat).
3 Kehre dann zum Zwischenabschnitt zurück.

Atia et Antonia ad basilicam currunt.
1 3 2
Atia und Antonia laufen zur Basilika.

Übertrage in dein Heft und löse im Deutschen auf:
Itaque amicae Aulum et Gaium non vident.
1 3 4 5 2

Z

Beim Tierhändler Rutilius

Setzt den Anfang dieser Geschichte fort. Einige passende Vokabeln (nach Wortarten geordnet) findet ihr unten. Die Zeichnung zu **T** gibt weitere Anregungen.

Rutilius mercator tabernam spectat et gaudet. Nam ibi simias et psittacos videt. Subito bestiae clamorem tollunt, nam amicas vident. ...

Verben:

contendere, petere, currere
clamare, videre, accedere
stare

Substantive:

mercator, simia *(Affe)*, amicus
mulier, Atia, basilica
Antonia, psittacus *(Papagei)*

Präpositionen:

ante in ad per

Ihr könnt auch versuchen, die Sätze durch Konnektoren (Bindewörter), wie z.B. et, tum, subito, miteinander zu verbinden.

4 Streit in den Thermen

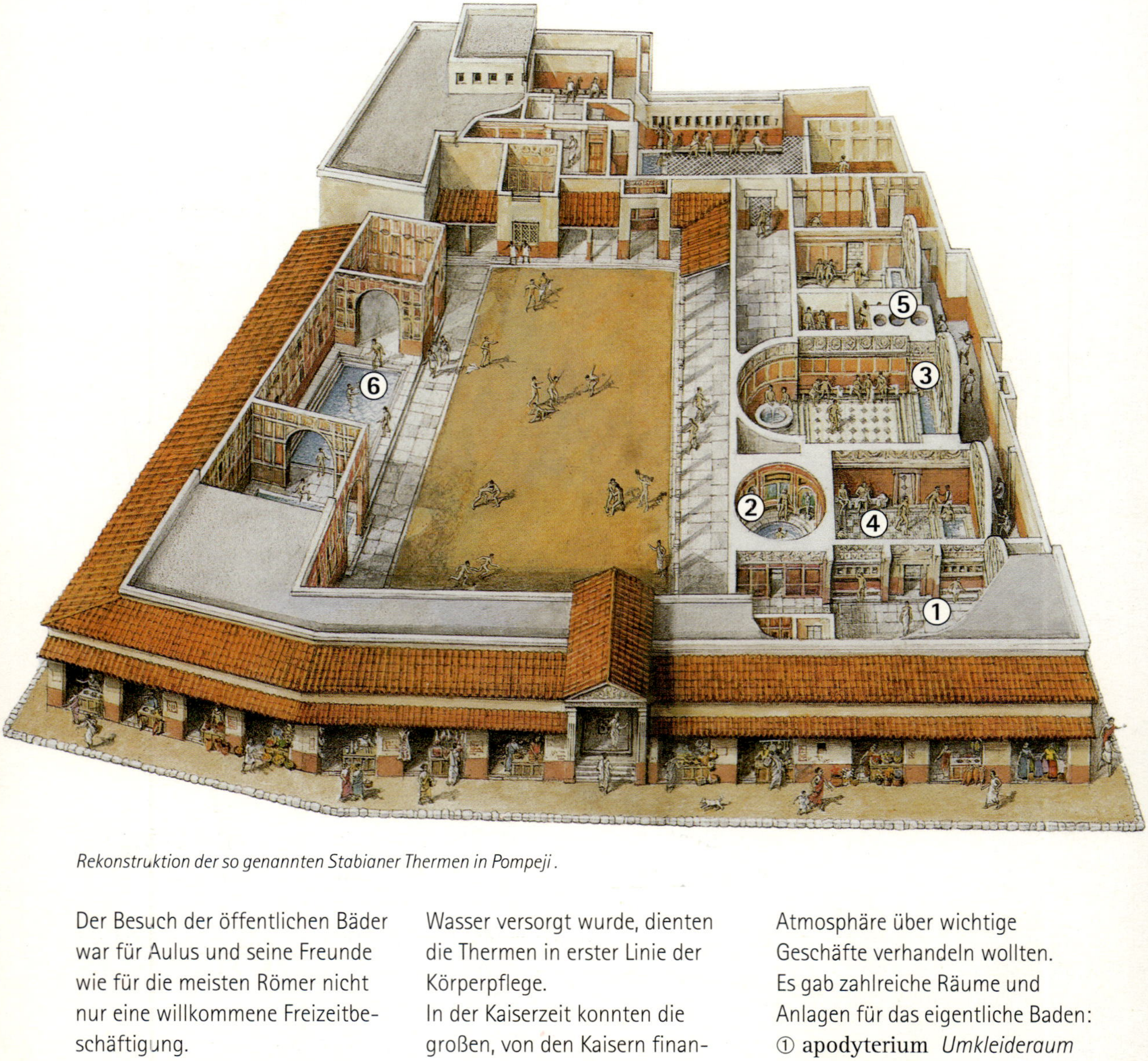

Rekonstruktion der so genannten Stabianer Thermen in Pompeji.

Der Besuch der öffentlichen Bäder war für Aulus und seine Freunde wie für die meisten Römer nicht nur eine willkommene Freizeitbeschäftigung.
Da die überwiegende Mehrzahl der Haushalte in Rom nicht mit Wasser versorgt wurde, dienten die Thermen in erster Linie der Körperpflege.
In der Kaiserzeit konnten die großen, von den Kaisern finanzierten Anlagen bis zu 1600 Besucher gleichzeitig aufnehmen. Sie wurden zum Treffpunkt der Menschen, die Zerstreuung und Abwechslung suchten oder in entspannter Atmosphäre über wichtige Geschäfte verhandeln wollten.
Es gab zahlreiche Räume und Anlagen für das eigentliche Baden:

① **apodyterium** *Umkleideraum*
② **frigidarium** *Kaltwasserbad*
③ **caldarium** *Heißwasserbad*
④ **tepidarium** *Lauwarmbad*
⑤ **sudatorium** *Schwitzraum*
⑥ **natatio** *Schwimmbecken*

Daneben luden Gärten und Plätze für Sport und Spiel (**palaestrae**), später auch Bibliotheken und Museen zu einem Aufenthalt ein.

G

Atia in Circo Maximo est.
Cum amicis ludos spectat.
Populus Circum clamore complet *(erfüllt)*.
Sed ubi Antonia est?
Antonia in foro est.
In basilicā Iuliā bestias spectat.

Ablativ – Ablativ des Mittels – Verwendung der Präpositionen

Zur Bedeutung der kursivgedruckten Wörter vgl. S. 28.

T Streit in den Thermen

Aulus et Gaius thermas petunt. Ad portas accedunt et intrant. In thermis mercatores adsunt. Mercatores Aulum et Gaium vident; sed amici ad *apodyterium* contendunt, ubi vestes deponunt. Tum per *frigidarium tepidarium* intrant. Ibi Lucium amicum vident et salutant[1]. Sed Lucius tacet.

Gaius (ad Aulum): „Cur Lucius tacet?" Aulus: „Lucius de Atiā cogitat – nam Atiam amat et semper amicam donis delectare vult; tamen Atia Lucium non semper laudat."

Gaius (ad Lucium): „Atia te certe amat, sed dona non semper exspectat! Nam ..."

Plötzlich ertönt lautes Geschrei. Der Stimme nach ist es der Getränkehändler Quintus, der wieder einmal einen Dieb gefasst hat. Sogleich eilen Aulus, Gajus und Lucius zu dessen Stand:

Quintus mercator thermas clamore complet. In turbā stat et cum sene certat[2].

Quintus mercator: „Senex vinum sumit, sed pro vino pecuniam dare non vult! Fur est! Fures tantum in thermis sunt!"

Aulus et Gaius rident. Aulus: „A! Quintus fures non amat: Mercator est, numquam dona dat." Gaius: „Lucius mercator non est; nam Lucius semper dona dat – Quintus numquam!" Aulus: „Tamen Atia Lucium non laudat, Quintum autem uxor certe semper laudat!"

Nunc etiam Lucius ridet. Tum Aulus et Gaius cum Lucio ad palaestram properant. Ibi cum adulescentibus pilā ludunt[3].

[1]salūtāre *begrüßen*

[2]certāre *streiten*

[3]pilā lūdere *Ball spielen*

❶ Lies vor der Übersetzung Z. 7–11 und unterscheide, welche Personen miteinander sprechen und über wen sie reden. Geh den Text weiter durch und halte fest, wo die gleiche Sprechsituation wieder auftritt.

❷ Bringe die Sätze entsprechend der Handlung von **T** in die richtige Reihenfolge:
1. In *apodyterio* amici vestes deponunt. 2. Aulus et Gaius thermas petunt. 3. Nam Quintus furem tenet *(hält fest)* et thermas clamore complet. 4. Ad portas accedunt et intrant. 5. In *palaestrā* cum adulescentibus pilā ludunt *(spielen Ball)*. 6. Tum ad Quintum mercatorem contendunt. 7. In *tepidario* Lucium amicum vident et salutant *(begrüßen)*. 8. Denique amici ad *palaestram* properant.

❸ Sed Lucius tacet. (Z. 5 f.): Erkläre das Verhalten des Lucius. Wie trägt der Zwischenfall mit Quintus dazu bei, Lucius wieder aufzuheitern (Z. 23)?

❹ Vergleicht die Thermen mit unseren Badeanstalten: Was ist anders, was ähnlich, was gleich?

Ü

Frauen bei der Gymnastik in den Thermen. Römisches Fußbodenmosaik, 3./4. Jh. n. Chr. (Sizilien, Piazza Armerina).

a Schreibe aus **T** alle Ablativformen (ggf. mit Präposition) heraus und sortiere sie nach Deklinationsklassen.
Welche Endungen gibt es für den Ablativ? Überprüfe mit Hilfe des Grammatikteiles dein Ergebnis auf Vollständigkeit.

b Übersetze und bestimme die Bedeutung des Ablativs:
1. Lucius Atiam donis delectat.
2. Mercatores thermas clamore complent.

c Bestimme die Formen nach Kasus und Numerus. Gib zu jeder Singularform den Plural an und umgekehrt.
dona (2) – victoribus – amico – vinum (2) – senatores (2) – muliere – porta (2) – clamor – equos – uxorem – basilicis – ludus – bestiam – foro

d Finde den Irrläufer:
vestem – uxorem – tandem – mercatorem
ad – apud – cum – per
clamor – mercator – uxor – senator
sene – senatoribus – taberna – thermae

e Ordne zu und übersetze:
in Circo Maximo – in thermis – clamore – cum amicis – in foro – cum senibus – de Atiā
1. Equi ... currunt. 2. Gaius ... ludos spectat. 3. Lucius ... cogitat.
4. Turba ... basilicas spectat. 5. Mulieres basilicam ... complent.
6. Adulescentes ... disputant *(diskutieren)*. 7. Quintus ... vinum vendit.

IN VINO VERITAS

vēritās *Wahrheit*

f Übersetze und ordne die Sätze den Personen (a–e) auf der Skizze zu:
1. Cornelia in basilicam properat.
2. Marcus in basilicā stat et forum spectat.
3. Aulus et Gaius ante basilicam stant.
4. Atia cum Lucio ad forum contendit.
5. Apud Rutilium mercatorem simia *(Affe)* est.

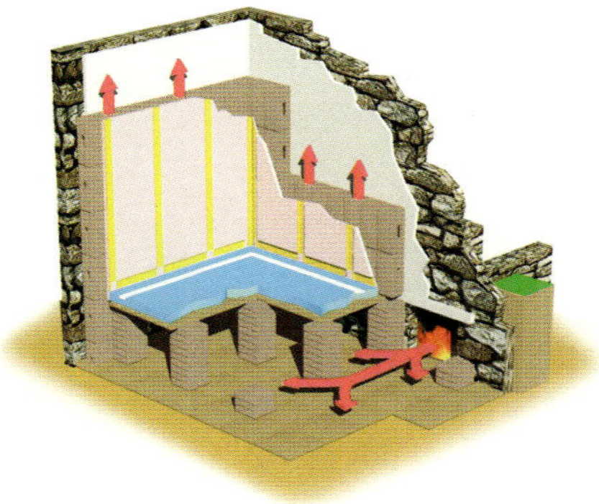

Wasserversorgung und Heizsystem

Der Begriff Thermen leitet sich ab von dem griechischen Wort **thermós** = warm. Das Warm- oder Heißbad war für die Römer eine Selbstverständlichkeit. Sie verstanden es, über ein System von Aquädukten (Wasserleitungen) Wasser aus über 80 km Entfernung in die Hauptstadt zu schaffen. Durch eine besondere Heiztechnik war es möglich, in den einzelnen Baderäumen für die entsprechende Luft- und Wassertemperatur zu sorgen. Dazu benutzte man einen Heizraum (**praefurnium**), von dem die heiße Luft zunächst zum Schwitzbad und dann zu den anderen Räumen strömte. Für die richtige Zirkulation der Heißluft sorgte die sog. Hypokaustenheizung. Wie das genau funktionierte, zeigt dir das nebenstehende Bild.

1. Beschreibe, wie die Räume erwärmt wurden und wohin genau die heiße Luft dabei strömte.
2. Mit welcher modernen Heizung lässt sich das Hypokaustensystem vergleichen?
3. Welche Auswirkungen auf die Natur hatte der riesige Bedarf an Brennmaterial – in der Regel Holz?

WORTSCHATZ

1. Erkläre die folgenden Fremdwörter und gib die lateinischen Wörter an, von denen sie abgeleitet sind:
   Portal – Video – Depot – komplett – Statur – senil – Laudator – Trubel – Kurier – Taverne – Weste – Amateur
2. Nenne lateinische Wörter zu den folgenden Abbildungen:

Z Zu zweit auf dem Forum

Diu amici in *palaestrā* cum adulescentibus pilā ludunt[1]. Tum Lucius amicos relinquit; nam Atia amica in foro est. Lucius ad forum properat. Ante basilicam Iuliam stat, sed amicam non videt. Ubi Atia est? Tandem Atia adest. Lucium in turbā videt et ad amicum accedit. Tum cum Lucio basilicam intrat. In basilicā Lucius et Atia mercatores vident. Mercatores basilicam clamore complent. Etiam Lucium et Atiam vident.
Tum Lucius et Atia per basilicam contendunt, forum intrant. Per forum ambulant[2]; gaudent et rident.

[1] pilā lūdere *Ball spielen*

[2] ambulāre *spazierengehen*

5 Jubel auf dem Forum

Das Forum bildete das Zentrum des antiken Rom. Es war das Herz der Stadt, hier pulsierte das Leben. Neben den großen Basiliken und Göttertempeln befanden sich dort auch die Kurie, in der die Senatoren tagten, und die Rednerbühne (**rostra**). Zum Kapitol hin wurde der Platz durch ein hoch aufragendes Gebäude begrenzt, in dem wichtige öffentliche Dokumente und Schriften aufbewahrt wurden (**tabularium**). In späterer Zeit kamen weitere Bauwerke hinzu, z. B. der Triumphbogen des Kaisers Severus (9) oder der Vespasian-Tempel (10).

Die übrigen nummerierten Bauwerke (1–8) der Rekonstruktionszeichnung kannst du mit Hilfe des Planes auf der rechten Seite benennen. Schreibe aus einem (Fremdwörter-) Lexikon die Bedeutungen des Wortes **forum** heraus.

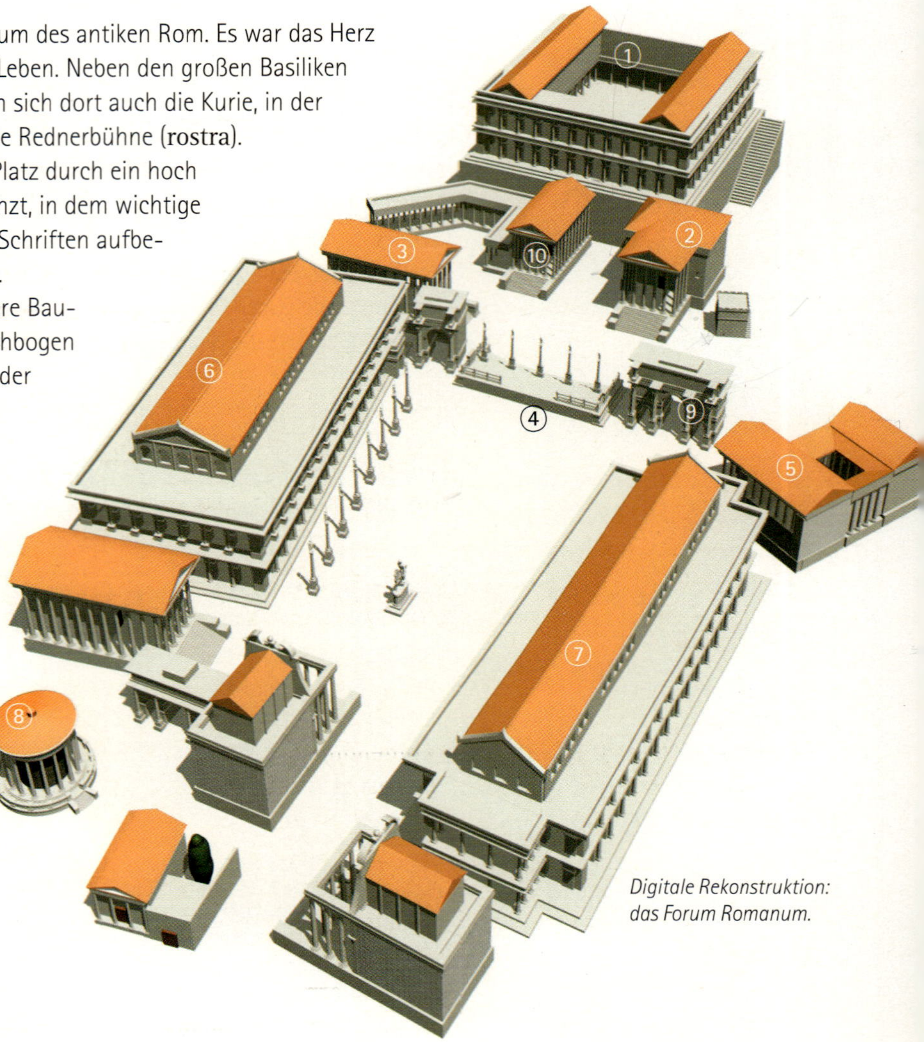

Digitale Rekonstruktion: das Forum Romanum.

G

Quintus senem videt. Subito clamorem tollit.
Senex: „Cur clamas? Cur non taces? Fur non sum!“
Quintus: „Rideo! Vinum sumis, sed pecuniam non das.
Fur es! Vinum vendo, non dona do!“
In *tepidario*:
Lucius: „Cur subito tacetis? Cur surgitis? Quo *(wohin)* properatis?“
Aulus et Gaius: „Ad Quintum mercatorem contendimus;
nam furem tenet *(hält fest)*!“

1. und 2. Person Präsens – Ablativ des Grundes

T Jubel auf dem Forum

Hodie Aulus et Gaius ad forum properant. Etiam Atia et Lucius adsunt. Aulus consistere vult, sed Atia: „Ubi es? Cur dubitas? Ad forum currimus! In foro populus senatores exspectat.“ Aulus: „Ad forum propero et curro, sed non in Circo Maximo sumus! Cur non consistitis? Heus[1], cur non respondetis?“ Sed amici non consistunt. Undique turba ad forum contendit. Nam hodie nuntius in curiā est et victoriam nuntiat.

Amici forum intrant et curiam petunt. Atia: „Ecce! Iam senatores e curiā ad rostra[2] accedunt.“ Etiam M. Aquilius senator adest. Repente populus tacet, tum C. Servilius consul palam nuntiat: „Tandem victoriā gaudere licet! Tandem victores sumus! Gaudemus, quod non iam iniuriis dolemus, quod non iam cum barbaris pugnamus, quod non iam patriam armis defendimus. Deos sacrificio[3] colere debemus; nam nunc sine periculo vivimus!“

Statim populus clamat: „Io triumphe![4]“ Etiam amici nuntio gaudent.

[1] heus *he, heda! (Ausruf)*

[2] rōstra *(Pl.) Rednerbühne*

[3] sacrificium *Opfer*

[4] Iō triumphe! *Triumph, Sieg!*

❶ Suche aus Z. 2–6 neue Verbformen heraus. Überlege jeweils, wer spricht und wer angesprochen wird. Versuche zu formulieren, was die neuen Endungen bedeuten.

❷ Im ersten Abschnitt von **T** (Z. 1–8) treten verschiedene Verben eines Wortfeldes gehäuft auf. Nenne die betreffenden Verben und suche einen Überbegriff für das Wortfeld. Welche Stimmung wird dadurch erzeugt?

❸ Der Konsul Servilius formuliert seine Worte besonders nachdrücklich. Sammle Belege dafür aus dem Text seiner Rede (Z. 12–16).

❹ Welche der folgenden Aussagen zu **T** sind richtig, welche falsch? Berichtige die falschen Aussagen, indem du jeweils einen mit **T** übereinstimmenden lateinischen Satz formulierst.

1. Aulus et Gaius ad forum contendunt.
2. Lucius et Atia in Circo Maximo sunt.
3. In curiā nuntii sunt.
4. Etiam M. Aquilius apud senatores stat.
5. Barbari victores non sunt; tandem arma deponunt.
6. Populus periculo gaudet.

❺ Wenn du wissen willst, was in deinem Land und in der Welt geschieht, wie informierst du dich?
Was konnte/musste ein Römer tun, wenn er sich darüber informieren wollte?

❻ Vergleicht die Zentren unserer Städte mit dem Forum Romanum des antiken Rom: Was ist anders, was ähnlich?

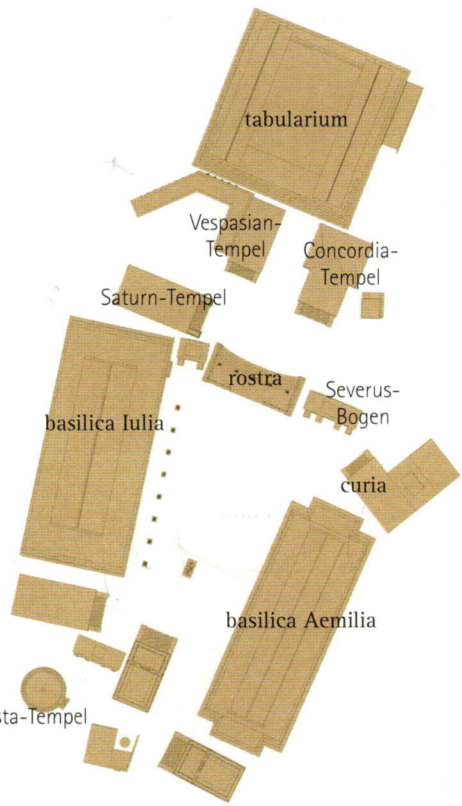

Plan des Forum Romanum.

Ü

a In **T** begegnen dir viele neue Verbformen. Suche alle Verbformen der 1. und 2. Person heraus und sortiere sie nach Konjugationsklassen. Vervollständige die jeweilige Formenreihe durch die anderen Personalformen.

b In Lektion 4 hast du den Ablativ des Mittels kennengelernt. Untersuche die Ablative von **T**, Z. 12–18 (**victoriā – iniuriis – armis – sacrificio – nuntio**): Welche bezeichnen ein Mittel? Was wird durch die anderen angegeben?

c Bei den folgenden Formen fehlt jeweils ein Buchstabe der Endung. Ergänze ihn und bestimme jede Form.
Achtung: Bei einigen Formen gibt es mehrere Lösungen.

mercator-?m	port-?e
for-?m	sen-?s
amic-?s	consul-?bus
curi-?m	victor-?

d Setze die Singularformen in den Plural und umgekehrt. Übersetze dann:
amicus adest – uxores donis delectamus – senator es – ad mercatorem contendis – cum uxoribus intrant – deum sacrificio *(Opfer)* colo – bestiam vides – aedificium specto

e Setze die in Klammern stehenden Substantive in die richtige Form, sodass eine Geschichte entsteht. Achte dabei auf den richtigen Numerus und verwende, wenn nötig, auch passende Präpositionen. Übersetze dann.
1. Nunc Aulus (Circus Maximus) est et (ludus) spectat. 2. Etiam (amicus) adsunt. 3. Tum (equus) currunt. 4. Populus (ludus) gaudet. 5. Amici (Syrus victor) laudant. 6. Repente (Lucius) surgit et (Circus Maximus) (forum) contendit. 7. Ibi Lucius (Atia) (basilica Iulia) intrat.

f Übersetze die folgenden Formen:
ich verlasse (8.) – wir kommen heran (1.) – wir schweigen (1.) – geben (3.) – ihr seid (5.) – du rennst (3.)
Die in Klammern angegebenen Ziffern bezeichnen die Buchstaben der lateinischen Formen, die in der richtigen Reihenfolge einen wichtigen Bereich des Forums benennen.

LATEIN LEBT

Al Foro Romano
1. Paolo entra nel foro, vede la curia. Paolo:
2. „Sono davanti alla porta della curia.
3. Vedo i senatori.
4. I senatori mi salutano.
5. Entro nella curia."

Welche lateinischen Wörter erkennt ihr in den italienischen Sätzen? Schreibt das italienische und das lateinische Wort jeweils nebeneinander.
Übersetzt die Sätze ins Deutsche. Versuche, zwei der Sätze ins Lateinische zu übertragen. Beschreibe dann auffällige Gemeinsamkeiten und Unterschiede zwischen dem Lateinischen und dem Italienischen.

Wir spielen „Formenball"
Ein Spieler erhält einen kleinen Ball und übersetzt die erste der folgenden Formen. Anschließend wirft er den Formenball einem beliebigen Mitschüler zu. Dieser bildet zur selben Form den Infinitiv. Der Spieler, dem der Ball dann zugeworfen wird, übersetzt die zweite Form usw.
Wie schnell schafft ihr es, als Team die ganze Reihe durchzuspielen?
taceo – vivunt – pugno – estis – curritis – tollis – damus – respondent – es – rogas – surgimus – sumo – sum – doles – defendit – videmus – sumus – intratis – stant – gaudet

ÜBERSETZUNG

Wähle die richtige Übersetzung. Begründe deine Entscheidung, indem du die Fehler der anderen genau aufspürst.

Populus, quod consul victoriam nuntiat, gaudet et forum clamore complet.

1. Das Volk freut sich über den Konsul, weil er den Sieg verkündet, und erfüllt das Forum mit Jubelgeschrei.
2. Das Volk freut sich, weil der Konsul den Sieg verkündet, und erfüllt das Forum mit Jubelgeschrei.
3. Das Volk freut sich, weil der Konsul den Sieg verkündet und das Forum mit Jubelgeschrei erfüllt.
4. Weil der Konsul den Sieg verkündet und sich freut, erfüllt das Volk das Forum mit Jubelgeschrei.

Die Kurie im heutigen Zustand.

Z

Paul im Senat

Wie immer sitzt Paul im Unterricht neben Barbara. Sie haben Latein. Paul liebt die Antike, am liebsten wäre er selbst Römer. Angestrengt betrachtet er das Bild des Forum Romanum und taucht in seine eigene Vorstellungswelt ...

Subito Paulus forum et basilicas et curiam videt. Paulus: „A! In foro sum! Ecce, ibi curia est: Porta patet. Ad curiam accedo, ante portam consisto. Senatores video: In curiā sedent[1] et clamant; subito autem surgunt, me[2] salutant[3]. Curiam intro. Senatores: ‘Tandem ades! Cur accedere dubitas?’ Et ego[4]: ‘Cur curiam clamore completis?’ Senatores: ‘Tandem victoriam nuntiare licet! Victores sumus, iniuriis non iam dolemus!’ Diu nuntio gaudemus. Tum e curiā ad forum propero. In turbā sto, basilicas specto. Etiam Barbaram video: Cum amicis per forum contendit. Subito Barbara me[2] videt et clamorem tollit: ‘Nicht träumen, Paul! Aufpassen!’ “

[1]sedēre *sitzen*
[2]mē *mich*
[3]salūtāre *begrüßen*
[4]egō *ich*

Das haben wir gelernt.

Die ersten Lektionen haben dir gezeigt, wo sich die Römer gerne aufgehalten haben, welche Orte und Gebäude für ihren Tagesablauf wichtig waren. Immer wieder steht das Forum im Mittelpunkt der Ereignisse. Dort ist das Zentrum des politischen und öffentlichen Lebens der Römer. Um Neuigkeiten zu erfahren, Freunde zu treffen, Einkäufe zu erledigen, muss man sich dorthin begeben.
Gibt es auch in deinem Leben, in deiner Stadt solch einen Mittelpunkt? Vergleiche die heutigen Verhältnisse mit denen im alten Rom.

a Füge zu sinnvollen Sätzen zusammen:

In thermis – In basilicā – Ad curiam – In foro – In Circo Maximo

vinum – victoriā – agitatores *(Wagenlenker)* et equos – M. Aquilium senatorem – bestias

Aulus – populus – amici et amicae – mulieres – Quintus mercator

spectant – videt – gaudent – vendit – exspectat

b Welche Gebäude sind hier abgebildet?
Nenne die lateinischen Bezeichnungen.

① 

② 

③ 

④ 

⑤ 

⑥ 

c Führe die folgenden Begriffe auf lateinische Verben zurück:
Lizenz – Petition – Laudatio – Klamauk

Menschen wie du und ich?

Zu Hause bei Publius

In den folgenden Lektionen begleiten wir Publius, den Sohn des Senators Marcus Aquilius Florus, in einem für ihn wichtigen Lebensabschnitt, der auch mit einem großen Fest begangen wird.

Du erfährst etwas über römische Kleidung, römische Küche, die Götter ... Die Abbildung zeigt, wie die reicheren Bürger in Italien lebten und wohnten.

1 **taberna** *Geschäft, Lokal*
2 **faucēs** *Flur*
3 **ātrium** *Atrium (Eingangshalle)*
4 **impluvium** *Wasserbecken*
5 **āla** *Seitenraum im Atrium*
6 **tablīnum** *Empfangs-, Arbeitszimmer*
7 **trīclīnium** *Speiseraum*
8 **cubiculum** *Schlafraum*
9 **peristȳlium** *Säulengang mit Garten*

Vergleicht diese Anlage eines römischen Hauses mit unseren Wohnverhältnissen.

6 Vorbereitung eines großen Festes

Man begann Speisefische und Austern zu züchten und mästete Gänse, Pfauen und Schnecken. Aus dem Osten des römischen Reichs kamen exotische Gewürze zur Verfeinerung der Speisen.

Die wichtigsten Informationen über die anspruchsvolle Küche der römischen Kaiserzeit erhalten wir aus dem Kochbuch des Apicius (3./4. Jh. n. Chr.) mit ca. 500 Rezepten. Darin erfahren wir, dass die Römer mindestens 80 Gewürze kannten, von denen man 60 im Haus haben sollte. Sehr beliebt waren auch Obst und Nüsse, die zu jeder Mahlzeit gehörten. Fleisch kam bei den einfachen Leuten nur an Festtagen auf den Tisch. Am häufigsten aß man Schwein, erst später gab es auch Rind-, Ziegen- und Lammfleisch. Sehr beliebt waren Innereien und Würste. Bei den Reichen kamen auch Wild, Geflügel und Fisch auf den Tisch. Bei der Aufzählung all dieser Nahrungsmittel vermisst ein Mensch unserer Zeit besonders zwei Stoffe: Zucker und Salz. Zum Süßen verwendete man fast ausschließlich Honig, daneben auch Dattel- oder Feigensirup. Unser Speisesalz war in Rom sehr selten und teuer.
Es wurde fast ausschließlich zum Konservieren von Lebensmitteln verwendet. Zum Salzen in unserem Sinne gab es eine Art Flüssigsalz mit Fischgeschmack, das aus eingesalzenen Sardellen und Sardinen hergestellt und in Amphoren abgefüllt wurde.

Die Küche der Römer
Als Roms Einwohner noch meist Bauern waren und auf den Feldern arbeiteten, ernährten sie sich von dem, was der Boden hergab. Sobald Menschen aus anderen Gegenden und Ländern zuzogen, wurden die fremden Einflüsse auf die römische Esskultur immer größer. Wer es sich leisten konnte, besorgte sich auf den Märkten vielfältige Zutaten für eine gehobene Küche. Brot und viele Sorten von Gemüsen, die auch wir kennen, waren Grundnahrungsmittel.

G Achte in den folgenden Sätzen auf das Satzzeichen (!):

Aulus et amici ad forum currunt.
Sed Aulus consistere vult.
Aulus clamat: „Consistite, amici! Cur me *(mich)* non exspectatis? Respondete!“
Atia: „Propera, Aule!“
Ad amicos: „Exspectate Aulum!“

Die Bedeutung der kursivgedruckten Wörter kannst du den Abbildungen hier und auf S. 37 entnehmen.

T Vorbereitung eines großen Festes

Im Haus des Senators Marcus Aquilius Florus herrscht große Aufregung. Denn ein Fest zu Ehren von Publius, dem Sohn des Senators, wird vorbereitet, und alle Sklaven werden mit bestimmten Aufgaben betraut. Dazu wendet sich die Herrin des Hauses, Cäcilia, an Fortunatus, den Aufseher der Sklaven.

Caecilia in *atrio* stat et Fortunatum servum vocat: „Propera, Fortunate! Nam convivas[1] exspectamus. Servos in *atrium* mitte!“ Fortunatus servos ad dominam mittit. Domina: „Emite in foro *mala* et *ova, pisces* et *panem*!“ Tum servas vocat: „Parate *triclinium*! Ornate mensas floribus[2]!“ Etiam in culina[3] servi laborant. Ibi Davus coquus[4] cum servis cenam parat. Coquus iubet: „Puellae, parate *olivas* et *caseum*! Adeste, pueri! Ades et tu, Afra!“ Caecilia ex *atrio* in culinam properat, coquum laudat: „Bene, Dave!“ Iam liberi matrem vocant: „Mater, in *cubiculo* te exspectamus.“ Domina *cubiculum* intrat; liberos et Melissam servam videt, tum iubet: „Ostende vestes, Melissa!“ Domina vestes spectat, vestes autem non placent. Statim Melissa: „Ancus mercator vestes vendit. Domina, servum ad Ancum mercatorem mitte!“ Paulo post Ancus cum servis aedes intrat; servi vestes portant. Ancus: „Salve, Caecilia! Salve, Melissa! Spectate vestes!“

[1] convīva *Gast*

[2] flōs, flōrem *Blume*

[3] culīna *Küche*

[4] coquus *Koch*

māla

olīvae

ōva

piscēs

pānis

cāseus

1 Römische Frauen verbrachten die meiste Zeit zu Hause. Sie mussten sich um den Haushalt kümmern, die Sklaven beaufsichtigen und die Kinder erziehen. Das Ansehen der Frau und ihre Stellung hingen vom Status und der Position ihres Mannes ab. Frauen aus reichen Familien konnten viele ihrer Aufgaben Sklaven übertragen und beaufsichtigten dann diese. Notiere aus **T**, welche Aufgaben Cäcilia, die Gattin des Senators Aquilius, zu erledigen hat. Vergleiche das Ergebnis mit dieser kurzen Sachinformation über die Stellung der römischen Frau. Welche Gesichtspunkte werden in **T** nicht genannt?

2 Verteilt die Rollen von **T** und spielt die Szene nach.

3 Paul und Barbara sind während der Sommerferien nach Italien gefahren. Als sie über einen Wochenmarkt schlendern, fallen ihnen einige Preisschilder auf. Welche Waren sind auf der unten abgebildeten Tafel gemeint? Gib mit Hilfe der Bilder zu **T** die deutschen Bezeichnungen an.

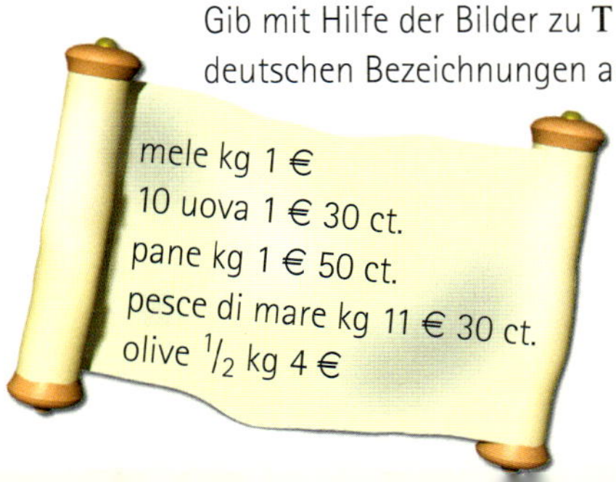

Ü

a Schreibe aus **T** die Formen der Eigennamen heraus, mit denen eine Person angesprochen wird. Was fällt dir auf, wenn du die Formen mit dem Nominativ vergleichst?

WORTSCHATZ

Erkläre die Mehrdeutigkeit von **ludus** und **rogare** anhand der folgenden Sätze:
1. Amicus in ludum properat. Ludi amicum delectant.
2. Mercator rogat: Cur senex vinum sumit? Senex senatorem rogat: Accede, ades, defende amicum!

b Ordne die Imperative, die in **T** enthalten sind, den entsprechenden Konjugationsklassen zu.

c Schreibe aus **T** alle Adverbialien mit Präposition heraus. Ordne nach Präpositionen mit dem Akkusativ und dem Ablativ.

f Endbuchstabe -e!
Ordne die Verben nach Singular und Plural.
Welche Wörter kannst du nicht zuordnen? Warum?
emite – serve – curre – mitte – victore – relinque – portate – depone – complete – pete – consistite – tace – gaudete

e Formen, wandelt euch!
properat → Plural → 1. Person → Singular → 2. Person → Imperativ
▶ Übersetzung
curris → 3. Person → Plural → Imperativ → Singular → 1. Person
▶ Übersetzung
gaudemus → 2. Person → Singular → 1. Person → 3. Person → Plural → Imperativ ▶ Übersetzung

Neben Ton- und Silbergeschirr verstanden es die Römer auch, aus Glas Gefäße herzustellen. Eines der kostbarsten ist das sog. Diatretglas aus Köln (1. Hälfte 4. Jh. n. Chr.). Solche Gläser wurden meist als Lampen verwendet und zeigten, von innen beleuchtet, dem Betrachter ihr Farbenspiel.

f Wo sind die Vokale geblieben? Du hast die Wahl zwischen a – e – i – u.

curr ? s orn ? s

proper ? tis	em ? nt
compl ? mus	defend ? mus
mitt ? nt	depon ? t
pugn ? t	pat ? nt

g Übersetze:
Fortunatus ist ein strenger Aufseher, der alle Tricks seiner Sklaven kennt. Das muss auch Hilarus, ein junger Sklave aus Gallien, erkennen.
1. Servi per *atrium* currunt, quod Aquilius et Caecilia convivas *(Gäste)* exspectant. 2. Sed Fortunatus Hilarum servum non videt. Ubi est Hilarus? 3. Hilarus in *cubiculo* est, quod laborare non vult. 4. Fortunatus Hilarum videt et clamat: „Hilare! Curre in *triclinium*! Labora!“

Wir üben Imperativ und Vokativ: Ein Schüler spielt die Hausherrin Cäcilia, ein zweiter eine Sklavin oder einen Sklaven.
Die Hausherrin gibt Befehle, die der Bedienstete ausführen und kommentieren muss. Ein dritter Mitspieler beschreibt, was er sieht.
Beispiel: 1. Intra, serve!
2. (Der Sklave tritt ein.) Intro.
3. Servus intrat.

Du kannst den Inhalt eines Satzes oft durch W-Fragen analysieren:
„Wer tut was, wann, wie, wo ... ?" Wende W-Fragen in den folgenden Sätzen an:
1. Mater hodie in foro vestes emit. 2. Paulo post mercator vinum in aedes portat.

ÜBERSETZUNG

h Diese römische Tonlampe aus dem Kunsthistorischen Museum in Wien zeigt, dass ärmere Leute sich nur von einfachen Nahrungsmitteln ernähren konnten.
Eine Inschrift umrundet die Darstellung eines Körbchens, in dem Lebensmittel, die auch in der Inschrift genannt werden, liegen.
Die Inschrift lautet:
PAVPERIS CENA PANE(M) VINV(M) RADIC(EM)
das heißt: die Hauptmahlzeit eines Armen besteht aus Brot, ...

Die letzten beiden Wörter der Inschrift kannst du vielleicht selbst übersetzen; auch das Bild auf der Lampe kann dir dabei helfen.

Z Ein großer Auftrag

Theodorus servus cum Athenodoro servo in culina[1] stat. Subito Fortunatus culinam intrat: „Theodore, Athenodore, accedite! Quintus mercator vinum in aedes portare non potest[2]. Itaque currite ad Quintum et vinum portate!" Statim Theodorus et Athenodorus ad tabernam contendunt. Quintus ante tabernam stat et servos iam exspectat. Theodorus cum Athenodoro tabernam intrat. Ibi amphoras[3] vident et stupent[4]. Quintus rogat: „Cur dubitatis?" ...

[1] culīna *Küche*

[2] potest *er (sie, es) kann*

[3] amphora *Amphore (großes Tongefäß, in dem Flüssigkeiten aufbewahrt wurden)*

[4] stupēre *staunen*

7 Eine Toga für Publius

Ancus, der Tuch- und Kleiderhändler, hat in seinem Geschäft am Rande des Forums eine große Auswahl an Kleidungsstücken für Männer und Frauen. Gerne zeigen seine Sklaven den Kunden die verschiedenen Stoffe.
Lucius Hortensius und seine Frau Paulla sind gerade bei Ancus, um sich neu einzukleiden. Während sich Paulla noch die verschiedenen Stoffe ansieht, wird Hortensius schon von Ancus beraten: „Diese Tunika (A) ist sehr robust und hält im Winter auch recht warm, da sie aus Wolle gearbeitet ist."
„Dafür ist sie auch teurer als die anderen", brummt Hortensius. „Nun, sie ist aber auch von guter Qualität." „Wie lange behalten denn die Tuniken ihre Farbe?", fragt Hortensius listig. „Wann ist die Farbe verblasst?" „Diese behalten ganz lange ihre Farbe, sie werden mit ausgesuchten Pflanzenfarben behandelt", beeilt sich Ancus freundlich zu antworten. „Nur billige Ware verliert nach häufigem Waschen ihre Farbe." Nach kurzem Überlegen meint Hortensius: „Ich nehme doch eine Tunika aus ungefärbter Wolle. Dann brauche ich noch eine Toga (B)." – „Ich habe hier sehr schöne, fein gesponnene und gewebte Togen, die gut zu deiner neuen Tunika passen. Möchtest du sie anprobieren?" Schon beginnen zwei Sklaven, Hortensius fachgerecht in die ca. 6 m lange Toga zu hüllen. Geschickt legen sie den Stoff in Falten und drapieren die Stoffbahn so um Hortensius, dass er in kurzer Zeit vollendet gekleidet vor seiner Frau steht. „Du siehst hervorragend aus, edler Hortensius", schmeichelt Ancus und schon hat er die Toga verkauft.
„Womit kann ich dir dienen?", wendet sich Ancus nun an Paulla. Hortensius ahnt, was kommt, und seufzt tief. „Sieh nur!", beginnt Paulla, „ich habe meine Tunika schon angezogen. Dazu brauche ich dringend eine neue Palla (C)." Ancus bewundert gebührend den weich fallenden Wollstoff, den Paullas Sklavin am Morgen geschickt unter der Brust und um die Taille ihrer Herrin gegürtet hat. Er überlegt kurz und sagt dann: „Ich habe aus Kleinasien wunderschöne zarte Stoffe für eine leichte Palla hereinbekommen. In einige Stoffe sind auch Goldfäden eingewebt." Schnell legen die Sklavinnen Paulla die neuen Modelle vor. Ganz entzückt streicht sie über die feinen Stoffe. Bei dem Wort „Goldfäden" ist Hortensius in Gedanken an seinen Geldbeutel schon nervös zusammengezuckt. Paulla entscheidet sich schließlich für eine zartblaue Palla ohne Gold.

G

WESSEN?

Melissa vestes ostendit.
Melissa vestes servi/servorum ostendit.
Melissa vestes dominae/dominarum ostendit.
Melissa vestes senatoris/senatorum ostendit.

Porta aedificii patet.
Portae aedificiorum patent.

T

Eine Toga für Publius

Ancus, der Tuch- und Stoffhändler, hat den Sklaven, der aus dem Haus des Aquilius geschickt worden war, sofort begleitet und eine Vielzahl seiner Modelle mitgebracht.

Servi Anci mercatoris circiter viginti vestes in *cubiculum* dominae portant. Etiam liberi adsunt et vestes spectare volunt. Caecilia ad Ancum et ad servos Anci accedit et iubet: „Ostendite vestes! Nam sacrum et convivium paramus. Itaque vestes emere volo. Primo autem ostendite togas et tunicas!“
Mercator verbis Caeciliae gaudet et dicit: „Videte copiam togarum et tunicarum.“
Caecilia Publium ad consilium admittit: „Publi, ecce togas viriles[1]!“ Cum Publio filio togas Anci spectat, attingit, probat. Ancus ad Publium accedit: „Nonne togam sumere vis?“ Publius gaudet, libenter[2] togam induere[3] vult. Statim servi accedunt, paulo post Publius auxilio servorum togam sumit. Mater filium spectat et gaudet: „Nunc togam virilem geris!“ Tum Ancus Caeciliam et Aquiliam filiam vocat: „Nunc spectate vestes mulierum! Nonne stolas[4] et tunicas sumere vultis?“ Statim mater filiaque oculos in vestes convertunt. Tunicam cum tunica componunt. Itaque in *cubiculo* remanent. Publius autem *cubiculum* matris relinquit et ad patrem contendit. Etiam pater toga filii gaudet.

[1]toga virīlis, togam virīlem *(Akk.)* *Männertoga*

[2]libenter *gern*

[3]induere *anziehen*

[4]stola *Stola*

❶ Welche Satzarten (Aussage-, Frage-, Aufforderungssätze) herrschen in den Passagen vor, in denen die Personen sprechen? Welche Rückschlüsse auf ihre Stimmung kannst du ziehen?

❷ Beschreibe mit deinen Worten, welches Fest hier gefeiert werden soll. Mit welchem unserer Feste ist es vergleichbar?

❸ Für Publius hat dieses Fest eine große Bedeutung. Wie ist das am Text beweisbar?

❹ Als Cäcilia ihren Sohn in der Toga sieht, heißt es: Mater filium spectat et gaudet: „Nunc togam virilem geris!“ Was empfindet Cäcilia beim Anblick ihres Sohnes?

Ein Stoffhändler lässt von seinen Sklaven verschiedene Kleidungsstücke vorführen. Römisches Relief (Rom, Museo della Civiltà Romana).

Ü

AMICI IDEM
VOLUNT ET NOLUNT.

idem *dasselbe*

WORTSCHATZ

Erkläre die Mehrdeutigkeit der Verben **contendere** und **parare** anhand der folgenden Sätze:
1. Servus contendit et laborat. Servus in aedificium contendit. 2. Servae cenam parant. Servi in forum properant; ibi vinum parant. Domina mensam ornare parat.

a In **T** lernst du das Verb **velle** kennen. Erstelle eine nach Numerus und Personen geordnete Liste aller Formen. (Eine Form musst du noch selbst bilden.)

b Übersetze die Sätze und erstelle eine Konjugationstabelle aus den Verbformen von **nolle** – *nicht wollen.*

1. „Visne cum Aulo ludos in Circo spectare, Antonia?" – „Nolo."
2. „Cur amicos exspectare non vis, Aule?"
3. „Vultne Atia simias *(Affen)* emere?" – „Non vult."
4. „Vultisne thermas petere, pueri?" – „Nolumus."
5. Cur amphoras *(große Krüge)* portare non vultis, servi?"
6. Pueri forum intrare nolunt, quod ibi turbam vident.

c Ordnung muss sein!
Lucius hat alle Formen durcheinandergebracht. Suche die Genitive heraus. Ordne sie nach Singular und Plural.

V	E	L	L	E	I	P
I	S	V	O	S	S	A
S	V	O		S	U	M
	O	L		E	N	V
	L	O		E	T	U
S	U	M	U	S		L
	M			T		T
V	U	L	T	I		I
	S		E	S	T	S

Ihr findet auf den Kugeln (waagerecht und senkrecht) fast alle bisher bekannten Formen von **esse** und **velle**. Welche Form fehlt?

f Pingpong der Wörter
Rücke immer einen Kasus bzw. eine Person weiter, wenn du über das Netz schlägst. (Manchmal gibt es mehrere Möglichkeiten.)
Beispiele: **volo** (1. Pers.) – **vis** (2. Pers.)
clamor (Nom.) – **clamoris** (Gen.)

volumus –
matrem –
dico –
oculus –
ridemus –

consules – (2)
vis –
mercatorem –
consilium – (2)
puellam –

ÜBERSETZUNG

Der Genitiv kommt meistens als Attribut vor; er braucht also ein Bezugswort, von dem er abhängt. Überprüfe in den folgenden Sätzen, von welchem Bezugswort der Genitiv jeweils abhängt. Was kannst du zur Stellung des Genitivattributs im Satz feststellen? Vergleiche damit die Wortstellung im Deutschen.

Atia dona amici spectat.
Melissa in cubiculo dominae est.
Per Circum Maximum Syri equi currunt.
Caecilia mercatoris servos vocat.

In einem Katalog wird dieses Fresko aus Pompeji (1. Jh. n. Chr.) so vorgestellt:
Es zeigt eine junge Frau aus vornehmem Hause ...

- Woran kann man erkennen, dass die junge Frau aus einer vornehmen Familie stammt?
- Erkläre kurz anhand der Abbildung und der Grabinschrift, worauf vornehme Römer bei der Erziehung der Mädchen Wert legten.

Ihr habt in den letzten Lektionen Cäcilia, die Mutter des Publius, als Hausfrau mit vielen verantwortungsvollen Aufgaben kennengelernt. Leider gibt es nur wenige Informationen über römische Frauen in antiken Schriften – einiges ist uns aus Grabinschriften bekannt.
Ein Ehemann hat seiner Frau folgende Inschrift gewidmet:

Kurz, Wanderer, ist mein Spruch;
halt an und lies ihn.
Es deckt der Grabstein eine schöne Frau.
Ihre Eltern nannten sie Claudia;
Aus ganzem Herzen liebte sie ihren Mann;
Zwei Söhne gebar sie; einen ließ sie auf Erden zurück;
Den andern barg sie in der Erde.
Sie führte geistreiche Gespräche und hatte einen anmutigen Gang.
Sie kümmerte sich sorgsam um Haushalt und Kleidung.
Ich bin zu Ende. Geh!

Z Beim Einkaufsbummel

Hodie Marcus cum Lydia amica in foro ambulat[1]. Fenestras tabernarum[2] spectant, nam Marcus bracas[3] emere vult. Tum emporium[4] intrant. Scalis versatilibus[5] partitionem[6] vestium petunt.
Marcus bracas societatis Diselianae, tum Levianae[7], tum ... spectat, attingit, probat; Lydia autem in partitionem computatrorum[8] contendit. Tandem Marcus bracas emit. Nunc amicus et amica computatra vident et probant.
Paulo post ad tabernam Macci Donaldi properant et isicium[9] Hamburgense, magnum[10] Maccium, emunt.

[1]ambulāre *spazierengehen*
[2]fenestra tabernārum *Schaufenster*
[3]brācae *(Pl.) Hose*
[4]emporium *Kaufhaus*
[5]scālae versātilēs *Rolltreppe*
[6]partītiō *Abteilung (im Kaufhaus)*
[7]societās Diseliāna/Leviāna *Firma Diesel/Levi's*
[8]computātrum *Computer*
[9]isīcium *Frikadelle*
[10]magnum *groß*

8 Das große Fest (I)

Der Festtag, an dem Publius die **toga virilis** erhält, ist da. Bereits am Morgen kommen viele Freunde und Verwandte ins Haus des Senators Aquilius, um Publius durch den Tag zu begleiten.

Kleine Statue eines Laren, eines Hausgottes, wie sie in den Hausaltären aufbewahrt wurden. In der linken Hand trägt er eine Opferschale, in der rechten Hand ein Trinkgefäß.

Zunächst bittet man die Hausgötter (**lares**) um ihren Segen. Am Hausaltar (**lararium**) wird ihnen ein Opfer dargebracht. Cäcilia sieht ihren Sohn am Altar stehen und denkt an Stationen ihres Lebens zurück, die vom Segen der Hausgötter begleitet wurden. Als feststand, dass sie Aquilius heiraten würde, opferte sie den Laren ihre Puppe und ihr Spielzeug zum Zeichen, dass ihre Kindheit nun vorbei war. Sie lächelt, als ihr einfällt, wie lange sie ihre Puppe noch vermisst hat. Wie glücklich war sie, als anlässlich der Geburt von Publius ein Schwein geopfert wurde, um den Schutz der Laren für ihren Sohn zu erbitten. Auch einige Jahre später, bei Aquilias Geburt, opferten sie ein Schwein.

Der Freigelassene Decimus Aquilius, der lange Jahre Sklave im Hause war und jetzt einen Töpferbetrieb leitet, erinnert sich an seine Freilassung. Nach einer feierlichen Zeremonie hatte er hier seine Sklavenkette abgelegt. Es war der glücklichste Tag seines Lebens!

Decimus denkt zurück: Nicht allen Sklaven war dieses Glück beschert. Als Haussklave hatte er es noch gut getroffen. Er erinnert sich an seine Gefangennahme in diesem unglücklichen Krieg, als er und seine Mitgefangenen nach dem Verwendungszweck sortiert wurden.

Einige Gefangene, die über gute Bildung verfügten, kamen als Hauslehrer zu den Kindern reicher Familien. Einige mussten aber auch in die Bergwerke oder wurden als Ruderer auf Galeeren geschickt – das sichere Todesurteil! Decimus landete schließlich auf einem Sklavenmarkt in Ostia und wurde dort von der gaffenden Menge bestaunt und verlacht. Ihm wird immer noch heiß und kalt, wenn er sich daran erinnert.

Doch jetzt ist er hier und darf im Hause seines Patrons Aquilius mitfeiern.

Dieser blickt stolz auf seinen Sohn, der sich in die lange Reihe der Männer der **gens Aquilia** einreihen wird. Aquilius' Blick fällt auf die vielen kleinen Schränke, die alle die Form eines Tempels haben und nebeneinander an den Wänden angebracht sind. Hier werden die Porträtmasken der Verstorbenen aufbewahrt. Inschriften verkünden ihre Titel und Ämter. Sein sehnlichster Wunsch ist, dass auch Publius einmal zu großen Ehren kommen wird.

G Vergleiche die Verbformen:

Aulus ad Circum Maximum currit.
Etiam Lucius ad Circum Maximum venit.
Aulus: „Ad Circum Maximum curro."
Lucius: „Etiam ego *(ich)* ad Circum venio."
Amici ad Circum Maximum veniunt; nam ibi
Syrum agitatorem *(Wagenlenker)* exspectant.

● Wenn du mehr über die Lebensbedingungen von Sklaven wissen möchtest, informiere dich in dem Buch von Sylke Tempel, „Dürfen Sklaven sich verlieben?" (Hamburg 2004).

T Das große Fest (I)

Die ersten Gäste sind bereits am Esquilin, einem der sieben Hügel Roms, im Haus des Senators Aquilius eingetroffen. Auch die Freigelassenen wollen ihrem Herrn anlässlich des Festes ihre Aufwartung machen. Nur Decimus Aquilius, der erst vor kurzem freigelassen worden ist, hat sich ein wenig verspätet.

Decimus Aquilius libertus per forum currit. Iam mercatores, iam servi in foro sunt et negotia agunt. Decimus voces mercatorum audit, sed non consistit, quod aedes Marci Aquili patroni petit. Forum relinquit, per vias currit et in montem Esquilinum pervenit.

Ante aedes servus stat et Decimum salutat[1] et in *atrium* ducit. Propinqui, amici, liberti gentis Aquiliae iam adsunt. Tum Publius cum parentibus Aquiliaque sorore venit et *atrium* intrat. Publius togam virilem[2] gerit, propinquos amicosque salutat. Ad aram Larum accedit et dicit: „Ad aram venio, bullam[3] depono, nunc togam virilem gero."

Parentes et convivae[4] verba Publi cum gaudio audiunt. Denique Aquilius senator: „Nunc Publium in Capitolium ducere debemus. Venite!"

Paulo post gens Aquilia et convivae aedes relinquunt et Capitolium petunt.

In templo Iovem deum et Iunonem deam salutem pacemque orant.

Tum Aquilii agmen convivarum domum ducunt.

[1]salūtāre *begrüßen*

[2]toga virīlis *Toga des Mannes*

[3]bulla *Amulett (das ein Kind vor Gefahren beschützen sollte) s. Abbildung oben*

[4]convīva *Gast*

1 Konzentriere dich beim ersten Durchlesen von **T** auf die Verbformen. Welche Rückschlüsse auf die Textsorte kannst du ziehen? Versuche dein Ergebnis zu bestätigen, indem du die Satzverbindungen (Konnektoren) beachtest: Liste sie auf und überlege, was sie ausdrücken.

2 Barbara hat versucht, den Text zu gliedern. Leider sind die Sätze durcheinandergeraten. Bringe sie in die richtige Reihenfolge.

a) Servus convivas *(Gäste)* ante aedes salutat *(begrüßt)*.
b) Post sacrum convivae et gens Aquilia aedes Aquili senatoris petunt.
c) Gens Aquilia Publium in Capitolium ducit.
d) Publius bullam *(Amulett)* in ara deponit.
e) Decimus libertus ad aedes patroni pervenit.

3 In **T** wird der Ablauf des Festes zur Verleihung der toga virilis genau beschrieben. Aquilia, die Schwester von Publius, schreibt später an ihre Freundin in der Provinz einen Brief und erzählt ihr, wie sie das Fest erlebt hat. Verfasst diesen Brief auf Deutsch.

Ü

a Stelle anhand von **T** die Präsensformen der neuen Konjugationsklasse (z. B. **venire**) zusammen. Welche fehlen?
Bilde die entsprechenden Formen von **agere** und vergleiche sie mit denen von **venire**. Unterstreiche die Unterschiede.

AUDI, VIDE, TACE,
SI TU VIS VIVERE
IN PACE!

b In den Becken des Springbrunnens sind sehr viele Substantive der bis jetzt bekannten drei Deklinationsklassen enthalten. Die Schalen des Brunnens verlangen aber eine Ordnung der Wörter. Ordne jeder Schale die passenden Substantive zu und bilde zu jedem Wort Genitiv Singular und Plural.

c Claudia, die Freundin von Aquilia, berichtet von ihrem Leben auf dem Land. Suche vor der Übersetzung in den Sätzen die mehrdeutigen Wortformen heraus und lege fest, was sie im jeweiligen Zusammenhang bedeuten. Übersetze dann.
1. In villa rustica *(vgl. S. 49)* cum parentibus vivo. 2. Etiam vilicus *(Verwalter)* adest et servos iubet. 3. Vilicus cum servis agros *(Felder)* colit. 4. Pater in viis villae laborat. 5. Servae cum matre et uxore vilici in culina *(Küche)* cenas parant. 6. Pater et servi forum oppidi petunt; ibi vinum vendunt.

d Bestimme die unterstrichenen Substantivformen in den folgenden Sätzen nach Kasus und Numerus. Welche Rückschlüsse auf die Satzgliedfunktion der jeweiligen Formen kannst du in den Sätzen 3 bis 6 ziehen? Übersetze dann.
1. Aulus amicos per forum ducit.
2. Puella cum amicis in thermis ludit *(spielt)*.
3. Publius amicus Auli est.
4. Mulieres Iunonem deam in templo colunt.
5. Amicas donis delectamus.
6. Turba puerorum thermas clamore complet.

e Konjugiere mit deinem Banknachbarn:
audio et curro – sum et sto – depono et oro – duco et venio – exspecto et consisto – accedo et pervenio – dico et volo – iubeo et peto – placeo et paro

f Versuche möglichst viele sinnvolle Wortpaare – von denen ein Wort im Genitiv stehen muss – zu bilden. Übersetze dann.
Beispiel: dominus servorum.
gratia – dominus – vestes – negotium – salus – pater – servi – aedes – puer – vox – soror – consul

Bildet aus den folgenden Bausteinen Sätze.
Ordnet Subjekte und Objekte in den Sätzen so, dass eine der folgenden Überschriften zu eurem Text passt. Fügt passende Konnektoren hinzu.

Wie immer – Verkehrte Welt

Nomen	Verben
Afra serva cena Aquilii	parare
senator servus vinum	portare
senator et domina vinum servus	exspectare non portare
senator servus	increpitare *(schelten)*

Z

Wohnen in der Subura

In der Subura, einem Stadtteil von Rom, der in der Nähe des Forums liegt, wohnen und arbeiten die ärmeren Einwohner der Stadt. Servius, der 14-jährige Sohn des Händlers und Wirtes Quintus Rabirius, erzählt:

Cum parentibus et sorore in Subura, in taberna cum pergula[1] vivo. In taberna non tantum vinum, oleum[2], olivas[3] vendimus, sed etiam cenas paramus. Pater vinum oleumque vendit; tum amphoras[4] cum Optato servo ad aedificia senatorum porto. Mater cum sorore in culina[5] laborat et cenas parat. Homines[6] etiam in taberna cenare[7] volunt; tum Rabiria soror cenas ad mensas portat.

[1]taberna cum pergulā *Laden mit einem Verschlag (in dem die Familie des Besitzers lebte)*
[2]oleum *Öl*
[3]olīva *Olive*
[4]amphora *großer Tonkrug*
[5]culīna *Küche*
[6]homō, hominis *Mensch*
[7]cēnāre: *zu* cēna

Die Abbildung zeigt eine ***taberna****, die zur Straße hin offen ist. Aus in die Theke eingelassenen Tongefäßen werden Speisen ausgegeben, die durch Kohlebecken unter den Gefäßen warmgehalten werden können.*

Du hast schon einiges über das Leben in der Stadt im Peristylhaus (S. 37) und in einem Mietshaus (vgl. **Z**) gehört. Viele Menschen lebten aber nicht in der Stadt, sondern auf dem Land. Dort gab es zahlreiche Gutshöfe (**vīllae rūsticae**), die überall ähnlich aufgebaut waren.
Diese Landgüter mussten einerseits ihren Besitzern entsprechenden Wohnkomfort bieten, andererseits auch das Auskommen ihres Herrn erwirtschaften. Viele Stadtrömer besaßen mehrere Landgüter, die von Verwaltern, die gewöhnlich Sklaven waren, bewirtschaftet wurden.

Abb. unten: Rekonstruktion einer ***vīlla rūstica****. Rechts daneben der Grundriss: Speiseraum und Schlafkammer (hellblau), Backstube mit Mühle (grün), Baderäume und Toilette (ocker), Küche (hellbraun), Stall und Geräteraum (gelb), Ofen (rot), weitere Schlafräume (dunkelblau), im Innenhof (grau) Tränke und Zisterne; Wirtschaftsräume, Wein- und Olivenpresse (rotbraun). An den großen Hof mit den eingelassenen Wein- und Ölamphoren grenzt der Getreideschuppen. Rechts außen ein offener Hof zum Dreschen (Tenne).*

9 Das große Fest (II)

Fortunatus, der Hausverwalter, ist verzweifelt. Heute soll das große Festessen stattfinden und zwei seiner besten Sklaven, die er für den Dienst im **triclinium** ausgewählt hatte, sind krank und müssen das Bett hüten. So bleiben ihm als Ersatz nur zwei gallische Gärtnersklaven, Fumix und Kretix, die aber von römischen Speisesitten keine Ahnung haben. Zögernd stehen die beiden nun mit Fortunatus an der Schwelle des Tricliniums und bestaunen die Einrichtung. Fortunatus seufzt und beginnt zu erklären: „Ihr seht hier die drei Speisesofas. Auf die Sofas legt ihr Kissen und darüber breitet ihr die Leinentücher, die dort liegen." Fortunatus zeigt auf einen Berg von Kissen und sauber gefalteten Tüchern. „Darüber legt ihr ans Kopfende jedes Sofas die großen Kissen." Ein Blick in die Gesichter von Fumix und Kretix zeigt Fortunatus, dass sie verstanden haben.

Dann tritt er an die Sofas heran und zeigt auf die mittlere Liege (**lectus medius**). „Dort liegt heute Publius, er ist unsere Hauptperson. Daneben", Fortunatus zeigt auf den **lectus imus**, „liegt Aquilius, der Hausherr. Die anderen Gäste führe ich persönlich zu ihren Plätzen. Verstanden?!" Fumix und Kretix nicken, ein bisschen verwirrt sind sie allerdings schon. „Vor dem Essen und zwischen den Gängen werden jedem die Hände gewaschen!" Mit funkelnden Augen blickt Fortunatus die beiden Gallier an. „Achtet auch darauf, dass alle Gäste immer Servietten haben. Wenn einer etwas in eine Serviette packt, seht darüber hinweg. Der Herr will das so." Erstaunt sehen sich Fumix und Kretix an. Fortunatus wendet sich zum Gehen. Aber dann fällt ihm noch etwas ein. „Nach jedem Gang fegt ihr sauber den Boden." – „Aber warum denn?", platzt Fumix heraus. „Es ist bei uns üblich, die Essensreste wie Knochen, Gräten, Nussschalen auf den Boden fallen zu lassen. Daher wird gefegt." – „Diese Römer!", denken Fumix und Kretix, dann machen sie sich an die Arbeit.

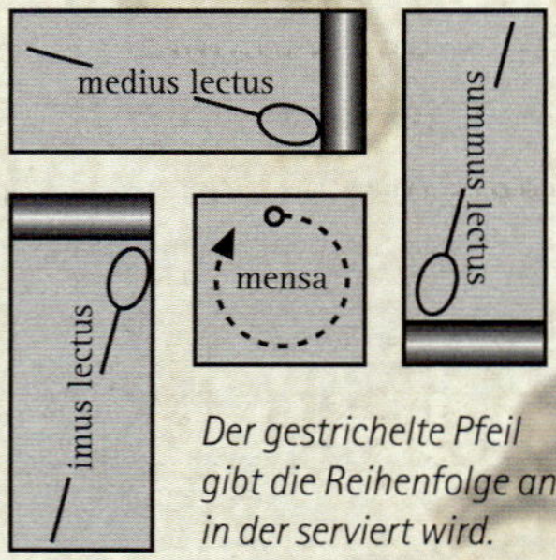

Der gestrichelte Pfeil gibt die Reihenfolge an, in der serviert wird.

„Ungefegter Raum": Dieses Motiv für Mosaikfußböden, das die Römer häufig in Speisezimmern verlegen ließen, stammt ursprünglich aus Griechenland. Auf dem Boden sind allerlei Speisereste abgebildet, als seien sie während des Essens gerade hinuntergefallen.

G

WEM?

Syrus aquam *(Wasser)* portat.

Syrus equo / equis aquam portat.

3 Rutilius bestiae / bestiis aquam portat.

Servus mercatori / mercatoribus vinum portat.

Rabirio mercatori taberna est.

T

Das große Fest (II)

Propinqui, amici, liberti in aedes Aquili senatoris conveniunt. Senator uxorque, Publius Aquiliaque hospites salutant[1]: „Salvete!“ Tum Fortunatus hospites in *triclinium* ducit. Ibi hospites, dominus, Publius accumbunt[2], mulieres in sellis[3] considunt.

Domina servis signum dat: Servi dominae parent, aquam et vinum in *triclinium* portant. Postea servi et servae hospitibus cibos et vinum praebent. Aquilio senatori convivium placet, quod hospites edunt[4], bibunt, gaudent. Post cenam Publi pater orationem habet: „Propinqui, amici, liberti: Vobis gratias ago, quod convivio gentis Aquiliae interestis. Publio nunc toga virilis[5] est. Itaque more maiorum Laribus munera dare debemus.“

[1]salūtāre *begrüßen*

[2]accumbere *sich zum Essen legen*

[3]sella *Sessel, Stuhl*

[4]edere *essen*

[5]toga virīlis *Toga des Mannes*

Alle Gäste erheben sich und gehen gemeinsam mit Publius und seinem Vater noch einmal ins Atrium zum Altar der Hausgötter. Cäcilia und Aquilia bringen mit Speisen gefüllte Schalen herbei, die sie Publius überreichen. Nach einem gemeinsamen Gebet stellt Publius die Gefäße in das Lararium.
Gerade haben sie die Zeremonie beendet und wollen in das Triclinium und in den Garten zurückkehren.

Geschmückter Hausaltar. Moderne Nachbildung.

Subito hospites clamorem audiunt. Paulo post Fortunatus ad Aquilium venit et dicit: „Domine, Diodorus amicus et Philippus puer adsunt – e Graecia veniunt.“
Statim Aquilius Diodorum atque Philippum salutat et in *triclinium* inducit. Hospites quoque Diodorum Philippumque salutant, tum servi cibos praebent. Aquilius orat: „Narrate de itinere!“ Diodorus et Philippus amico parent.

In dem Buch „Das Privatleben der Römer“ von J. Marquardt heißt es zu diesem Fest:
Als die Grenze der gewöhnlichen Jugendbildung gilt das vollendete 17. Jahr, mit welchem das Mannesalter und die Verpflichtung zum Kriegsdienst beginnt. ... Hatte der Knabe die körperliche Reife erreicht, so trat er durch einen feierlichen religiösen Akt, zu welchem ein besonderes Fest, die Liberalia, am 17. März bestimmt war, aus dem Knabenstande aus. Er legte vor den Laren des Hauses die Zeichen seiner Kindheit, die Kindertoga und die **bulla**, *ab und bekleidete sich mit der* **toga virilis**. *... Nach einem Opfer im Hause wurde er von seinem Vater oder Vormund in Begleitung von Verwandten und Freunden auf das Forum geführt und in die Bürgerlisten eingetragen, zu welchem Zwecke er seinen vollständigen Namen erhielt. Den Beschluss der Feier machte ein Opfer auf dem Capitol, eine Bewirtung der Freunde.*

Welche Ereignisse, die du aus diesem Zitat erfährst, sind neu für dich? Was war für einen Römer an diesem Tag besonders wichtig?

Ü

a Du kennst jetzt alle Kasus der lateinischen Sprache. Stelle für die drei Deklinationsklassen alle Kasusendungen an selbst gewählten Beispielen zusammen.

Ein Bäcker hat vor dem Backen Buchstaben in seine Brote eingeritzt, die – in der richtigen Reihenfolge gelesen – einen lateinischen Satz ergeben:

b Dativ gesucht!
Bilde den Dativ zu folgenden Nominativen:
senator – serva – consilium – adulescentes – dei – voces – uxores – agmen – iter – salus – turba

c Übersetze elegant:
1. Senatori aedes sunt.
2. Iunoni templa sunt.
3. Senatori Trebius, Quintus, Gnaeus liberti sunt.
4. Rabirio mercatori equi sunt.

d 1 oder 2?
Nach manchen Verben kann neben dem Akkusativobjekt auch ein Dativobjekt stehen. Manche Verben sind auch mit nur einem Akkusativobjekt zufrieden. Entscheide, welche der folgenden Verben zwei Objekte, welche nur eines bei sich haben.
Beispiel: Lucius schenkt Atia *(Dativobjekt)* einen goldenen Ring *(Akkusativobjekt)*.
mittit – exspecto – das – portate – narrat – relinquimus – videt

e Irrläufer gesucht!
Notiere ihn und begründe deine Entscheidung.
convivium – victorum – filium – templum
genti – paci – voci – liberti
senatore – salute – turbae – foro
clamorum – mercatorum – morum – servorum

Sprachparallelen: LATEIN LEBT
Im Lateinischen und Italienischen sind die Infinitive der a-Konjugation oft gleich, z. B. stare, dare, amare, portare, dubitare, orare, narrare; manchmal weichen sie nur leicht voneinander ab, z. B. i. *entrare*, *chiamare*. Suche weitere Beispiele dafür, dass lateinische Verben im Italienischen weiterleben.

f Bestimme die unterstrichenen Satzglieder und übersetze.
1. Aulus et Gaius <u>cum Publio amico</u> <u>ex aedibus</u> <u>in forum</u> properare volunt.
2. Servi <u>hospitibus Aquili</u> <u>cibos et vinum</u> portant.
3. Gens Aquilia <u>in templo</u> <u>deos</u> salutem orat.
4. <u>Servilius senator</u> cum libertis e curia <u>in basilicam</u> contendit.

g Aulus erhält am Morgen eine Botschaft seines Freundes Publius. Leider ist der Bote nicht sehr sorgfältig damit umgegangen, denn einige Buchstaben sind verschmiert und unleserlich.
Fülle die Lücken und übersetze.

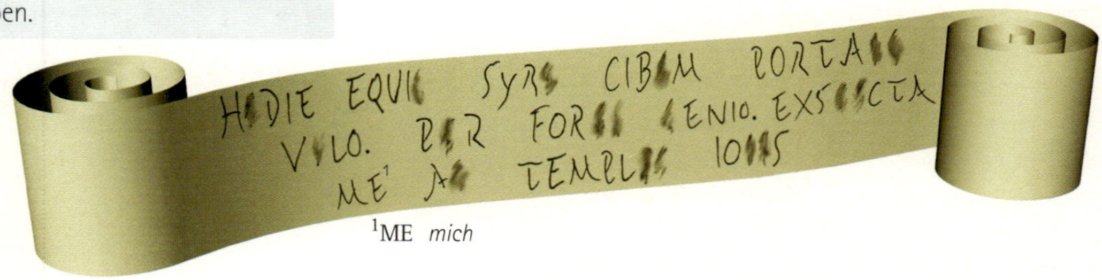

[1] ME *mich*

Zur Nachahmung empfohlen

Senator Cato empfiehlt in seinem Buch über die Landwirtschaft (aus dem 2. Jh. v. Chr.) folgendes Rezept: MUSTEA *(Süßweinbrötchen)*

1/2 l leicht vergorenen Traubensaft oder Traubenmost erwärmen und 40 g Hefe darin auflösen. In einer größeren Schüssel 1 Tl Butter schaumig rühren und je 1 Tl gemahlenen Kümmel und Anis zugeben. Mit 400 g Vollkornmehl 2 Tl Backpulver mischen und zusammen mit dem Traubensaft in die Schüssel geben. Danach 100 g geriebenen Käse hinzufügen und alles gut durchkneten, bis der Teig sich leicht vom Schüsselrand löst.

Nun lässt man den Teig zugedeckt an einem warmen Ort ca. 30 Minuten gehen, bis er sich verdoppelt hat. Danach noch einmal durchkneten und kleine Brötchen formen, in deren Unterseite man ein Lorbeerblatt drückt. Die Brötchen nicht zu dicht nebeneinander auf ein mit Backpapier ausgelegtes Blech setzen und noch einmal 20 Minuten gehen lassen. Im vorgeheizten Ofen bei 160 Grad je nach Größe bis zu 30 Minuten backen.

Guten Appetit!

Z

In der Bäckerei

In Mietshäusern lebten oft sehr viele Menschen auf engstem Raum, da sie sich meist nur kleine Räume von ihrem Verdienst leisten konnten. Valeria und ihre Mutter haben nur ein Zimmer gemietet. Beide sind gezwungen, für die hohe Miete und ihren Lebensunterhalt hart zu arbeiten.

Pater Valeriae uxorem et filiam iam diu reliquit[1]. Itaque matri Valeriae pecunia non est; in pistrino[2] L. Tubuli laborat. Valeria matri semper adest. Mane[3] mater et filia surgunt, nam servi panem[4] in taberna pistoris[5] emere volunt. Mater cum servis Tubuli panem in pistrino parat, postea Valeria panem in taberna vendit. Tubulus pistor Valeriam et matrem amat, nam bene laborant.

[1]relīquit *er hat verlassen*
[2]pistrīnum *Bäckerei*
[3]māne *früh am Morgen*
[4]pānis, is *Brot*
[5]pistor *Bäcker*

Blick in eine Bäckerei: Ein Esel mit verbundenen Augen treibt eine Steinmühle, in der das Korn zu Mehl geschrotet wird. Das Mehl wird sofort zu Teig verarbeitet, der im großen Steinofen zu Brot gebacken wird. Dann werden die frischen Brotlaibe an die Kunden verkauft.

10 Im Buchladen

Der Athener Diodorus ist mit dem Senator Aquilius seit gemeinsamen Studienzeiten in Griechenland befreundet. Nun hat Diodorus geschäftlich in Rom zu tun und will mit seinem Sohn Philippus noch einige Zeit bei Aquilius bleiben. Philippus, der seinem Lehrer in Griechenland ein Geschenk mitbringen will, bittet Publius, ihn bei seinem Einkaufsbummel zu begleiten und ihm auch die Stadt zu zeigen.
Zuerst gehen sie zu Athenodorus, einem griechischen Buchhändler, der seinen Laden in der Nähe des Forums hat. Sie wollen gerade den Laden betreten, da stoßen sie mit einem Jungen zusammen. „Kannst du nicht aufpassen?", fährt Publius den Jungen an.
Der zuckt zusammen, wird ganz rot im Gesicht und stottert: „Entschuldigung, ich ... ich will zu Athenodorus, meinem Herrn, ich arbeite in der Schreibstube." Publius und Philippus horchen auf: „Wie heißt du und was machst du dort?" „Mein Name ist Felix, ich bin als Schreiber ausgebildet. Wir vervielfältigen Bücher." „Kannst du uns sagen, wie das geht?", fragt Philippus interessiert. „Wir sind sieben Schreiber; Timotheus, unser Lehrer, diktiert uns den Text, wir schreiben ihn auf – und so machen wir aus einem Buch sieben neue Bücher." Felix kann gar nicht verstehen, was daran so interessant ist, und will verschwinden.
Da erscheint Athenodorus und sieht Publius und Philippus im Gespräch mit Felix. „Wollt ihr euch die Werkstatt einmal ansehen?" Die beiden nicken begeistert. Zuerst zeigt ihnen Athenodorus seine Papyrusvorräte und erklärt, wie Papyrus aus dem Mark der Papyrushalme hergestellt wird. Dann zeigt er auf Stapel von Pergament. „Pergament wird hauptsächlich aus der Haut junger Ziegen hergestellt. Das Fell wird bis auf den letzten Rest entfernt, dann wird das Leder mit einem Bimsstein geglättet, bis es ganz dünn und fein ist. Pergament ist sehr teuer." Schließlich sind sie in der Werkstatt angelangt. Timotheus diktiert aus einer Buchrolle, und in höchster Konzentration beschreiben die jungen Sklaven das Pergament.
Beim Eintritt der Besucher unterbricht Timotheus das Diktat. Er erklärt dann, dass die Schreiber eine lange Ausbildung benötigen, denn sie müssen schön, sauber und schnell schreiben können. Außerdem dürfen sie keine Fehler machen.
„Da schreibe ich lieber auf meiner guten alten Wachstafel", beeilt sich Publius zu sagen. „Dort kann ich jeden Fehler sofort wieder beseitigen."

Die Abbildungen zeigen:
① *eine* ***capsa*** *(Behälter für Buchrollen),*
② *ein* ***volumen*** *(Buchrolle) mit* ***titulus*** *(Anhänger für den Buchtitel),*
③ *Wachstäfelchen und* ***stili*** *(Griffel),*
④ *ein Tintenfass*

G

Athenodorus: Publius et Philippus forum videre cupiunt.
Caecilia: Cupitisne forum videre?
3 Publius: Cupisne forum videre, Philippe?
Philippus: Forum videre cupio.
Publius et Philippus: Forum videre cupimus.
6 Publius: Etiam Philippus forum videre cupit.

Vergleiche die Formen von **cupere** mit denen von **audire** und **agere**.

T

Im Buchladen

Publius et Philippus forum petunt et aedificia spectant; multitudinem hominum aspiciunt. Tum Philippus Publium orat: „Nunc Alexandro magistro[1] donum emere cupio. Magister linguam Latinam[2] scit, itaque librum poetae Romanorum emere cupio.“ Comites ad tabernam Athenodori contendunt. Athenodorus amicis libros ostendit. Mercator Philippum rogat: „Cupisne librum Ovidi poetae emere?“ Philippus librum sinistra capit et Publio ostendit. Publius librum corripit et carmina Ovidi legere instituit … et legit … et legit et … .
Athenodorus rogat: „Cupisne libros legere an emere? Libros legere tantum cupis, ut puto.“ Comites rident et Philippo placet librum Ovidi poetae emere. Tum Publius Philippo forum monstrare[3] cupit. Primo amicum ad curiam ducit. Publius: „Ecce! Eo senatores conveniunt.“ Philippus: „Quid faciunt senatores?“ Publius: „Senatores orationes de urbe et provinciis, de bello et pace habent.“
Deinde amici forum relinquunt et Capitolium petunt. Publius Philippum ad templum ducit et dicit: „In templo deos Capitolinos colimus. Iuppiter pater deorum hominumque est, Iuno uxores servat, Minerva hominibus sapientiam[4] dat. Hic imperatores triumphos agunt[5].“ Tum Philippus et Publius de Capitolio forum spectant.

[1] magister, trī *Lehrer*
[2] lingua Latīna *lateinische Sprache*
[3] mōnstrāre *zeigen*
[4] sapientia *Weisheit*
[5] triumphum agere *einen Triumph feiern*

Rekonstruktion des Kapitols mit dem Jupitertempel. Aquarell.

Entscheide, ob die Aussagen auf den Inhalt von **T** zutreffen ☺ oder nicht ☹.
Bei richtiger Lösung ergibt sich aus den Buchstabengruppen (von oben nach unten gelesen) ein lateinischer Satz, der sich verlängern lässt, wenn man die restlichen Buchstabengruppen von unten nach oben liest.

	☺	☹
Publius et Philippus homines in foro aspiciunt.	PHI	LT
Senatores orationes in curia habent.	LIP	EVU
Philippus per provinciam properat.	TAR	PUS
In basilica mulieres de convivio narrant.	LEC	LIB
Philippus in templo imperatorem videt.	ODE	RUM
Publius togam virilem gerit.	OVI	DON
Comites ad tabernam Athenodori perveniunt.	DIP	RUM
Iuppiter deus homines servat.	OET	AND
Philippus aedificia fori non spectat.	LEX	AEE
Athenodorus libros in foro vendit.	MIT	ETA

Ü

a Öffne das richtige Tor!
Bestimme bei folgenden Verbformen die Konjugationsklasse und ordne sie dem entsprechenden Tor zu.

inducit – scis – vocat – debes – adsunt – ago – audit – dubitamus – es – remanent – servamus – bibimus – venimus – capio – colimus – gero – ducunt – attingunt – instituis – aspicit – dicis – ridetis – pervenit – cogitatis – facit – putant – intersum – habet – iubes

LATEIN LEBT
Welche deutschen und englischen Wörter fallen dir ein zu capere und facere?

b Wie soll ich es sagen?
Setze die jeweils passenden Infinitive ein und übersetze.
(respondere, audire, currere, legere, remanere)

Marcus ad Lucium: „Cur dubitas per vias ? ? Cur semper hic ? vis?"
Lucius ? dubitat. Tum autem: „Clamores ? nolo. Nam ? cupio."

c Agite et capite!
Bilde zu den folgenden Verbformen die entsprechenden Formen von agere und capere und übersetze:

habes	licet	debent
narramus	videtis	respondete
colo	mitte	inducimus

d Bilde Genitiv Singular und Plural zu folgenden Substantiven:
adulescens, aedes, carmen, comes, consul, gens, homo, hospes, mons, mos, multitudo, oratio, parentes, urbs, uxor, vestis
Übrigens: Auch mit dieser Aufgabe lässt sich – wie mit verschiedenen anderen Übungen der folgenden Kapitel – „Formenball" (vgl. S. 34 unten) spielen.

Einladungen zu Veranstaltungen, Wahlkampfparolen oder auch nur Benachrichtigungen wurden in römischen Städten häufig an Hauswände geschrieben.

e Auf dem Weg nach Hause entdecken Publius und Philippus ein Grafitto an einer Hauswand, das von einem gewissen *Commodus* handelt. Wie in der Antike üblich, hat der unbekannte Schreiber alles in einer Wortschlange zusammengeschrieben. Schreibe den Text richtig ab, indem du die Wörter trennst und die Satzzeichen setzt. Übersetze den Text dann.

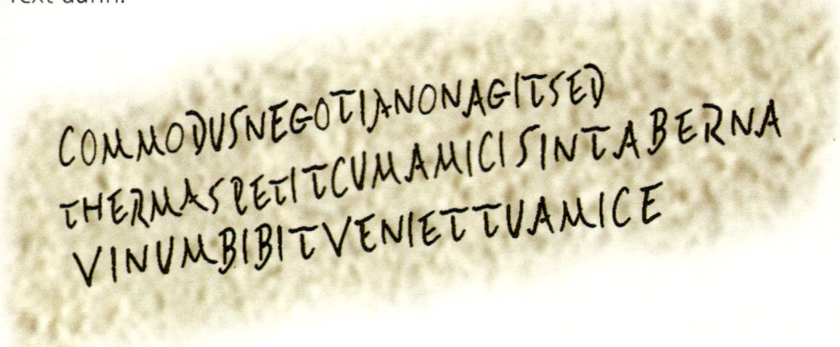

LATEIN LEBT

Viele lateinische Wörter haben wir von den Römern übernommen.
Es gibt mehr Römerspuren, als du vielleicht ahnst. Ordne den lateinischen Wörtern, die du in der Zeichnung abgebildet findest, die entsprechenden deutschen Wörter zu:
① capsula, ② charta, ③ fenestra, ④ murus, ⑤ papyrus, ⑥ sigillum, ⑦ scriptum, ⑧ statua, ⑨ stilus, ⑩ tabula

Z Bücherkauf heute

Hodie Marcus libros *domi* emere cupit, itaque ad *mensam scriptoriam* accedit et *computatrum aperit.* In *monitore area operaria apparet. Mure* Marcus *globolum interretis insertat,* tum *inscriptionem societatis librorum inscribit.* Marcus *paginam societatis* exspectat. Nunc signum *societatis librorum apparet.* Marcus *catalogum librorum* legit: *tot* libri! Subito *fabulam criminalem* videt: *Investigator* senator Romanus est. Statim *nomen* et *inscriptionem scribit* et *mandatum* ad *societatem* mittit. „Clicc!“ *Mus globolum „i!“ insertavit.*

Heute will Markus seine Bücher *zu Hause* kaufen, deshalb geht er zu seinem *Schreibtisch* und *schaltet* den *Computer ein.* Auf dem *Bildschirm erscheint* die *Arbeitsfläche.* Mit der *Maus klickt* Markus den *Button des Internets an*, dann *gibt er die Anschrift des Buchverlags ein.* Markus wartet auf *die Homepage des Verlags.* Nun *erscheint* das Logo *des Buchverlags.* Markus liest die *Bücherliste*: *so viele* Bücher! Plötzlich sieht er *eine Kriminalgeschichte*: *Der Detektiv* ist ein römischer Senator. Sofort *schreibt er* seinen *Namen* und seine *Anschrift* und schickt die *Bestellung* an *den Verlag.* „Klick!“ Die *Maus hat den Button „Go!“ angeklickt.*

Wenn ihr den lateinischen Text genauer anseht, erkennt ihr bestimmt einige lateinische Ausdrücke, die euch im Deutschen als Fremd- oder Lehnwörter bekannt sind.
Aus welcher Sprache kommen heute die meisten Fremdwörter zu uns? Nennt einige Beispiele.

Das haben wir gelernt.

Der Dichter Ovid.
Kupferstich aus der Renaissancezeit.

Casa Comoda.

UBI BENE, IBI PATRIA.

ORA ET LABORA!

Während der letzten Lektionen hast du Publius bei einer wichtigen Station seines Lebens begleitet. Dabei hast du seine Familie, seine Wohnung, seinen Alltag und vieles mehr kennengelernt.
Du hast aber nicht nur das Haus eines Senators gesehen, sondern bist auch Menschen aus anderen Schichten der römischen Gesellschaft begegnet: Valeria und ihrer Mutter, Servius und seiner Familie ...

Welche Unterschiede zu unserer heutigen Lebensweise sind dir besonders aufgefallen?

Um weitere Informationen über die römische Gesellschaft, das römische Wohnen, den römischen Alltag zu erhalten, kannst du dein Geschichtsbuch, Lexika, das Internet ... zurate ziehen.

a Wer oder was war(en) gleich wieder – die Entsprechung für
- ein römisches Unterkleid: **Torques – Torso – Tunika**?
- ein **Triclinium**: Esszimmer – Dreikampf – Dreieck?
- ein **Lararium**: Waschschüssel – Hausaltar – Kinderlied?

b Verbindungen sind wichtig!
Übersetze den folgenden Text und achte besonders darauf, wie die Sätze miteinander verbunden sind. Bestimme dann die Wortarten der Verbindungswörter.

Sitticus servus Aquilio domino epistulam *(Brief)* Corneli amici dat. Aquilius legit: „Librum Ovidi poetae mitte, quod carmina legere cupio." Statim Aquilius in bibliothecam (!) properat.
Tum Theodorum servum vocat: „Cornelius senator carmina Ovidi legere cupit. Itaque porta librum ad aedes senatoris!" Theodorus librum capit et aedes Aquili relinquit. Iter autem facere non cupit, nam per Suburam properare non amat.

c In einem Reiseprospekt wird eine Ferienwohnung im sonnigen Italien ausführlich beschrieben. Leider hat der Besitzer der „Casa Comoda" vergessen, einige Bezeichnungen der Wohnräume ins Deutsche zu übersetzen. Deine Lateinkenntnisse werden dir bestimmt weiterhelfen.
studio – ospite – entrata

d Latein in allen Schulfächern
Erschließe die Bedeutung der folgenden Begriffe:
Provence – Lektüre – Mount Everest – Oratorium – Komponist – Sakrament – Labor – Armee – Daten – Vokal – Pater – Kopie

Vom Hüttendorf zum Weltreich

Als kleines Dorf auf einem Hügel gegründet, wurde Rom die Hauptstadt eines riesigen Weltreichs. Bedeutende Gestalten der römischen Geschichte haben zu diesem erstaunlichen Aufstieg beigetragen.

Auf der Karte sind viele römische Provinzen eingetragen.
Welche Staaten befinden sich heute auf dem Gebiet des ehemaligen Römischen Reiches?

11 Ein Anfang mit Schrecken

In Rom hatte die Zahl sieben schon immer eine große Bedeutung: Noch heute wird Rom – auf hügeligem Gelände am Tiber gelegen – die Stadt auf den sieben Hügeln genannt. Und in der Frühzeit wurde es nacheinander von sieben Königen regiert.
Wie archäologische Funde zeigen, gab es die ältesten, von Hirten bewohnten Siedlungen bereits um 900 v. Chr. auf dem Palatin, der wegen seiner Nähe zum Tiber günstig gelegen war.
Im Laufe der Zeit schlossen sich aus Gründen der Sicherheit die auf den Hügeln verstreuten Siedlungen zu einer Gemeinde zusammen.
In der Frühzeit übten vor allem die Etrusker im Norden Roms großen Einfluss auf die politische und kulturelle Entwicklung der Stadt aus: Der Forumsplatz entwickelte sich zum Zentrum mit den wichtigsten Gebäuden, und im 6. Jh. v. Chr. erhielt Rom unter König Servius Tullius einen ersten Mauerring.

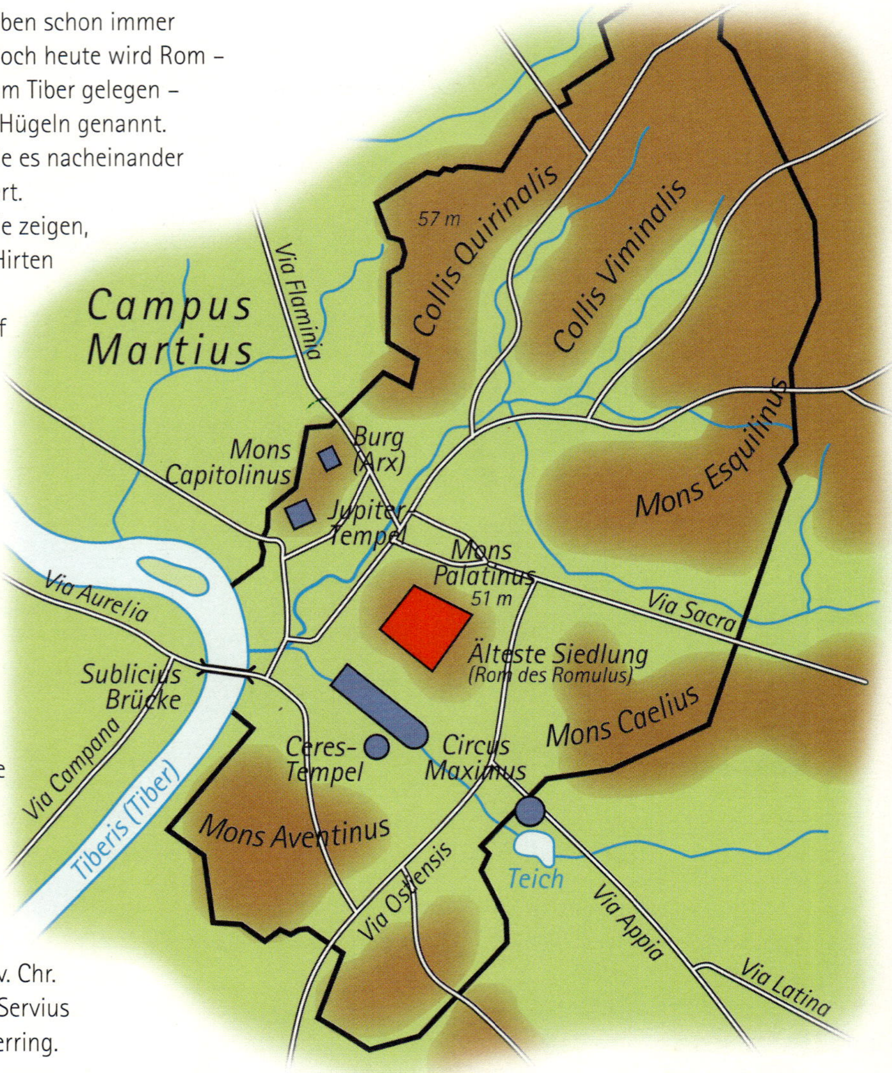

G Philippus et Publius aedes M. Aquili intraverunt.

DIODORUS: „Ubi fuisti, Philippe? Quid spectavistis, pueri?“

PUBLIUS: „In foro fuimus. Primo tabernam intravimus; nam Philippus librum emere cupivit.“

PHILIPPUS: „Tum Publius multa *(vieles)* de aedificiis fori narravit.“

PUBLIUS: „Denique cum Philippo ad Capitolium properavi, ubi templum Iovis spectare potuimus.“

Der Sage nach soll die Stadt Rom von den Zwillingsbrüdern Romulus und Remus im Jahre **753 v. Chr.** gegründet worden sein.
Den genauen Ort der künftigen Stadt am Tiber durfte Romulus bestimmen. Er wählte den Palatin, der somit der älteste Bezirk der Stadt Rom war.

T

Ein Anfang mit Schrecken

Als Romulus und Remus wegen der Stadtmauer in Streit gerieten, erschlug Romulus seinen Bruder. Wie ein Lauffeuer breitete sich die Kunde vom Brudermord aus. Auch der Hirte Faustulus – er hatte einst die von einer Wölfin gesäugten Knaben am Tiberufer gefunden und zu sich genommen – war Zeuge des Geschehens gewesen und eilte, so schnell er konnte, nach Hause zu seiner Gattin Acca:

Faustulus casam[1] intrat: „Acca, ubi es? Veni et audi de calamitate! Romulus Remum necavit!“ Acca ad maritum accedit: „Quid dicis, quid audivi? Tibi[2] credere non possum.“ Faustulus autem: „Crede mihi, uxor. Hodie cum comitibus ad montem Palatinum properavi. Etiam Romulus et Remus et multitudo virorum Palatium petiverunt. Tum Romulus viros ad se vocavit et, ubi tacuerunt, orationem habuit: ‘Gaudeo, quod venire non dubitavistis. Hodie sacrum facere volumus; nam auxilio deorum Palatium munivimus. Videte murum! Nunc tandem sine periculo vivere possumus!’ Viri verba Romuli clamore probaverunt. Subito autem Remus: ‘Ego tuum[3] murum rideo; murus enim hostem ab urbe non prohibet.’

Statim murum transiluit[4]. Tum Romulus per iram[5] Remum petivit et, o Acca, fratrem necavit. Remo adesse non potui.“

Faustulus tacet. Acca autem lacrimas tenere non potest et clamat: „O Faustule, frustra lupa[6] pueros in ripa Tiberis servavit et aluit, frustra tu Remum cum fratre domum portavisti, frustra Remo parentes fuimus! O Romule, cur fratrem necavisti?“ Tum Faustulus et Acca fleverunt filiique nece doluerunt.

[1] casa *Hütte*

[2] tibi *dir*

[3] tuus *dein*

[4] trānsilīre (*Perf.* trānsiluī) *m. Akk. überspringen*

[5] per īram *im Zorn*

[6] lupa *Wölfin*

❶ Vergleiche die Satzarten in den wörtlichen Reden Z. 1–3, 4–15 und 17–20. Welche Rückschlüsse auf den Inhalt des Gesagten kannst du ziehen?

❷ Beschreibe die Reaktion Accas auf die Nachricht des Faustulus (zunächst Z. 2–3, dann Z. 16–20).

❸ Was könnte Remus zu seinem Handeln veranlasst haben? Warum reagiert Romulus so heftig auf das Verhalten seines Bruders?

❹ Formuliere lateinisch mit Hilfe einer Wendung aus **T**, welche Handlung auf dem Kalksteinrelief unten dargestellt ist.

❺ Sucht im Internet unter den Stichwörtern *Romulus und Remus* oder *Gründung Roms* möglichst viele Informationen über die Geschichte der Zwillingsbrüder. Überprüft eure Ergebnisse anhand eines geeigneten Lexikons und notiert ggf. Unterschiede.

Römische Wölfin mit Romulus und Remus. Kalksteinrelief als Gartenschmuck (Avenches, Schweiz)

Ü

HOMINES SUMUS, NON DEI.

ET SERVI HOMINES SUNT.

HOMO HOMINI LUPUS.

WORTSCHATZ

1. Stelle bedeutungsähnliche Wortpaare und solche entgegengesetzter Bedeutung zusammen:
properare – parere – arma – praebere – ante – emere – videre – velle – post – flere – pax – aspicere – cupere – dare – vendere – dolere – iubere – contendere

2. Nenne jeweils ein lateinisches Substantiv, das zur Wortfamilie der folgenden Verben gehört:
clamare – amare – nuntiare – vocare – gaudere – necare

3. Welche Fremdwörter kennst du zu folgenden lateinischen Begriffen:
vox – credere – frustra – legere

a Erstelle eine Tabelle mit vier Spalten (a-, e-, i-, konsonantische Konjugation).
Suche aus **T** alle Perfektformen heraus: Trage sie jeweils in die richtige Spalte ein; trenne dabei den Perfektstamm von der Endung ab. Schreibe die entsprechende Präsensform darunter.
Zwei Formen lassen sich nicht einordnen. Welche? Wie heißt dazu jeweils der Infinitiv?

b Setze die Formen ins Perfekt:
sum – taces – flet – colimus – potes – est – doletis – muniunt – dubito – petitis – sunt – vult – narras – nolunt – possunt

c Bestimme die Formen nach Person, Numerus und Tempus.
Gib jeweils den Infinitiv an und übersetze dann die Formen:
putamus – complevit – deposuisti – audit – cupitis – habuerunt – estis – fuisti – vis – noluistis – pareo – praebent – tacuimus

d Setze die in Klammern stehenden lateinischen Verben in die richtige Perfektform. Übersetze die Sätze dann:
1. Faustulus cum comitibus Tiberim (petere). 2. Repente viri (tacere): Voces puerorum (audire). 3. Faustulus ad pueros accedere non (dubitare). 4. Diu pueros (spectare). 5. Denique viri fratres domum (portare). 6. Faustulus, ubi casam *(Hütte)* (intrare), Accam uxorem ad se (vocare). 7. Acca: „Ubi (esse), Faustule?“
8. Faustulus: „Ad Tiberim cum comitibus (properare). 9. Subito voces puerorum (audire). 10. Ecce: Fratres sunt. Domum eos *(sie)* (portare).“ 11. Statim Acca pueros attingere atque alere (cupere).

e Füge in die folgenden Sätze jeweils ein passendes Verbum im Perfekt ein. Übersetze die Sätze.
1. Viri Romulum Remumque ad casam *(Hütte)* Faustuli ? .
2. Acca fratres tenere et alere non ? .
3. Tandem pueris parentes ? .

f Fülle die Krüge so auf, dass jede Form im richtigen Krug landet.
Achtung: Einige Formen müssen öfter verteilt werden.
amico – armorum – puellae – ludis – amice – senibus – consulum – lacrimas – senatores (2x) – forum – consul (2x) – negotia – uxore – oculos – serva (3x) – bestiarum
Formuliere einfache lateinische Sätze, in denen die mehrdeutigen Wortformen vorkommen; gib an, aus welchem Krug du sie für den jeweiligen Satz genommen hast.

Bestimme die Satzglieder durch Abfragen; gehe dabei vom Prädikat aus (vgl. Begleitband, S. 35). **ÜBERSETZUNG**
1. Romulus auxilio deorum Palatium munivit. 2. Romulus comitibus in Palatio murum ostendit.

Z Der Raub der Sabinerinnen

Nachdem Romulus die neugegründete Stadt befestigt hatte, wollte er für ihr Wachstum sorgen. Doch fehlten den Römern Frauen zur Gründung von Familien. Was tun in solcher Lage? „Wenn wir schon keine eigenen Frauen besitzen, so müssen wir eben unsere Nachbarn, die Sabiner, bitten, uns Frauen zu geben", dachte sich Romulus und sandte sogleich einen Boten zu den Sabinern. Die Sabiner aber waren nicht bereit, ihre Töchter und unverheirateten Frauen den Römern zur Heirat zu geben. Da griff Romulus zu einer bösen List ...

Romani filias Sabinorum[1] vi[2] capere voluerunt. Itaque Sabinos ad convivium ludosque vocaverunt. Sabini cum puellis ad Romanos venire non dubitaverunt et urbem sine armis intraverunt. Subito Romani Sabinas petiverunt et corripuerunt. Sabini filias servare non potuerunt. Eo dolo[3] Romulus Romanis uxores paravit.

Sabini autem arma capere properaverunt atque Romam petiverunt. Sed urbem capere frustra cupiverunt. Denique filiae Sabinorum patres ad se vocaverunt: „Diu Romam armis petivistis; sed urbem capere non potestis. Nos[4] nunc uxores Romanorum sumus, hic remanere volumus. Deponite arma pacemque facite cum Romanis!" Paulo post Sabini arma deposuerunt: Tandem pax fuit.

[1] Sabīnī, ōrum *die Sabiner*
Sabīnae, ārum *die Sabinerinnen*
[2] vī *gewaltsam*
[3] eō dolō *durch diese List*
[4] nōs *wir*

Die Geschichte von den Sabinerinnen wurde so berühmt, dass Szenen aus ihr immer wieder in Kunst und Literatur dargestellt wurden. Selbst auf Münzen – wie hier zu sehen – wird an diese Geschichte erinnert.

❶ Welche Szene ist auf dem römischen Silberdenar dargestellt?

❷ Der Name des Münzmeisters lautet L. Titurius Sabinus, dessen Abstammung wohl auf die Sabiner zurückzuführen ist: Woran sollten sich die Römer durch die Abbildung auf den Geldstücken – die ja in alle Hände gelangten – stets erinnern?

❸ Vergleiche damit, was auf den Euro- und Cent-Münzen verschiedener Länder heute abgebildet ist.

11 plus Einer für alle

Rom bestand zunächst aus kleineren bäuerlichen Siedlungen. Unter dem Einfluss der Etrusker, die sich als Kaufleute, Handwerker und Baumeister in Rom niederließen, verwandelten sich die ursprünglichen Dörfer in eine Großstadt. Die Römer haben von den Etruskern, die ihnen in Kultur und politischer Organisation überlegen waren, viel übernommen, so z.B. die **toga** als besonderes Kleidungsstück und das Rutenbündel (**fascēs**) als Zeichen der Macht. Lange Zeit wurden in Rom zwei Sprachen gesprochen: Etruskisch und Latein.
Dennoch kam es nicht zu einer Verschmelzung der beiden Völker. Seit dem Ende des 7. Jh.s v. Chr. herrschten in Rom etruskische Könige. Sie wurden von der römischen Bevölkerung allmählich als Fremdherrscher empfunden, die man loswerden wollte.
So kam es auch zu kriegerischen Auseinandersetzungen mit den Etruskern; dabei konnten die Römer der Übermacht der Feinde kein entsprechendes Heer entgegenstellen – Entschlossenheit und Opferbereitschaft mussten zwangsläufig zu ihren Waffen werden. Es war die Zeit der altrömischen Heldinnen und Helden, die sich mit Tapferkeit (**virtūs**) gegen die Feinde der jungen Stadt behaupteten. Die Römer bezeichneten diese Epoche fortan als die „gute alte Zeit".
Die Namen der heldenhaften Kämpfer dieser Zeit kannte im Rom der folgenden Jahrhunderte jedes Kind: Cloelia, Mucius Scaevola, Marcus Curtius und Horatius Cocles sind nur einige von ihnen. Sie dienten als leuchtende Vorbilder bei der Erziehung der römischen Jugend. So konnte man zum Beispiel auf dem Forum eine Bronzebüste des Horatius Cocles bewundern. In ihrem Schatten erzählte man den Heranwachsenden ehrfürchtig von seiner großer Heldentat am Pons Sublicius, der alten Tiberbrücke, und von Larcius und Herminius, seinen treuen Gefährten gegen die Etrusker.

Die Heldentat des Horatius Cocles. Gemälde eines flämischen Meisters. Um 1480. Frankfurt am Main, Städel Museum.

G

Sabini in urbem veniunt.
Romani Sabinos venire vident.
3 Postea Sabini Romanos filias corripere vident.
Propinqui Romanos Sabinas corripuisse audiunt.
Sabinos diu Romam armis petivisse audivimus.

Infinitiv Perfekt – Akkusativ mit Infinitiv (AcI)

T Einer für alle

Der Pons Sublicius stellte den einzigen Zugang zur Stadt dar, der nicht durch die starke Stadtmauer gesichert war. Ein Angreifer musste lediglich über die Brücke gelangen und stand praktisch schon auf dem Forum. Das wussten die Etrusker und eines Tages, als das römische Heer sich gerade in den Sabiner Bergen aufhielt, zogen sie mit einem Heer gegen Rom, in der Hoffnung, über die Brücke in die fast soldatenfreie Stadt marschieren zu können. Der Römer Mamercus war gemeinsam mit Horatius, Larcius und Herminius am Pons Sublicius postiert. Am Abend berichtet er in seiner Stammtaverne von seinen Erlebnissen:

In ripa Tiberis cum Horatio, Larcio Herminioque comitibus pontem[1] defendere debui. Primo hostes videre non potuimus. Subito autem clamorem audimus – iam Tuscos ad ripam venire videmus. Hostes accedere video, pontem relinquere non dubito, in urbem contendo. Etiam comites in urbem currere puto. Ubi autem in urbe fui, – vae![2] – comites adhuc[3] in ponte stare video. Nunc certe scio amicos in periculo esse. Hostes aspiciunt amicos, amici exspectant hostes. Tacent Romani, tacent Tusci. Tandem Horatius per iram clamat: „Venite, Tusci! Nos[4] pugnare patriamque defendere cupimus." Hostes primo accedere dubitant, tum autem arma capiunt. Scio comites pontem tenere non posse – lacrimas tenere non possum. Subito autem Horatium vocare audio: „Defendite patriam, amici! Rescindite[5] pontem!" Horatius comites pontem rescindere iubet. Quid faciunt Larcius Herminiusque? Horatio parent pontemque rescindere instituunt. Horatium autem hostes gladio[6] petere et cum hostibus pugnare video. Iam hostes Horatium necavisse puto. Repente autem Horatium de ponte in aquas Tiberis desilire[7] video. Et statim pons cum clamore corruit[8]. Tusci in ripa remanent. Horatius autem per aquas urbem petit; Tiberis enim deus Horatio et comitibus adest.

(nach Livius, Ab urbe condita)

[1] pōns, pontis *Brücke*
[2] vae! *o weh!*
[3] adhūc *bis jetzt, noch*
[4] nōs *wir*
[5] rescindere *einreißen*
[6] gladius *Schwert*
[7] dēsilīre *herabspringen*
[8] corruere *zusammenstürzen*

1 Mamercus gerät beim Erzählen seiner Geschichte in große Aufregung. Überlegt, an welchen Stellen der Geschichte Mamercus besonders viel Spannung in seine Erzählung legt. Übt dann den Vortrag und lest den Text einander vor.

2 Vergleicht die Tätigkeiten des Horatius Cocles, Larcius und Herminius mit dem Verhalten des Mamercus. Diskutiert, wer sich eurer Ansicht nach richtig verhält.

3 Informiert euch über Cloelia, Marcus Curtius und Mucius Scaevola. Erklärt anhand der Geschichten, die sich um sie ranken, was die Römer unter „vorbildlichem Verhalten" verstanden. Vergleicht die vier mit euren Vorbildern und diskutiert, ob sie sich auch für euch als Vorbild eignen.

Ü

probavisse
habere
noluisse
narrare
tenuisse
servare
munivisse
complere
deposuisse
colere
cupivisse
voluisse
esse
potuisse

a Bilde zu den Formen des Infinitiv Präsens die des Infinitiv Perfekt und umgekehrt.

b Von der Stadt aus blickt der Tavernenwirt Manius ängstlich auf die gegen Horatius vorgehenden Etrusker und hält sich entsetzt die Hände vors Gesicht. Übersetze:

„Vae mihi! Video Tuscos iam per urbem properare! Video hostes iam tabernam petere! Video Tuscos iam vina e taberna corripere! Audio hospites iam flere! Horatium urbem defendere posse non puto."

Nach der Heldentat des Horatius ist er wieder beruhigt. Er weiß: Seine Befürchtungen sind nicht eingetreten. Fülle die Lücken seiner Rede und übersetze:

„Tusci per urbem non properant. Host ? tabernam non pet ? scio. Tusc ? vina e taberna non corrip ? scio. Hosp ? non fl ? scio. Horati ? urbem defendere potuit."

Giovanni Antonio Pellegrini: Mucius Scaevola vor König Porsenna. 1720. Venedig, Ca' Rezzonico.

c Nachdem Mamercus in der Taverne des Manius seine Geschichte erzählt hat, belauscht er ein Gespräch zwischen Manius und einem anderen Gast. Setze die fehlenden Endungen ein und übersetze den Text:

Gast: „Audivi Mamerc ? contra hostes non pugn ? ." (vorzeitig)
„Scis Mamerc ? mihi numquam plac ? ." (vorzeitig)
Manius: „Ego Mamercum non amo. Audivi Mamerc ? etiam fle ? ! (vorzeitig)
Mamerc ? vir ? es ? non puto." (gleichzeitig)
Gast: „Vinum praebe mihi, amice! Nos *(wir)* viri sumus!"

d Entscheide jeweils, welcher der beiden Sätze einen AcI enthält, und übersetze beide Sätze!

1. Amici Horatio adesse volunt.
   Romani Horatium pontem defendere volunt.
2. Romani urbem servare cupiunt.
   Horatius amicos pontem rescindere cupit.
3. Romani Horatium sciunt.
   Manius Mamercum flevisse scit.
4. Amici clamorem audiunt.
   Amici Tuscos clamare audiunt.
5. Mamercus hostes videt.
   Mamercus hostes pontem accedere videt.

e Welche Übersetzung ist richtig? Versuche, die Fehler in den falschen Übersetzungen zu erklären.

1. **Scimus Horatium urbem Romam servavisse.**
a) Wir wissen, dass Horatius die Stadt Rom rettet.
b) Wir wissen, dass Horatius die Stadt Rom gerettet hat.
c) Wir kennen Horatius, der die Stadt Rom gerettet hat.

2. **Horatius amicum ad urbem currere videt.**
a) Horatius sieht zur Stadt und läuft zum Freund.
b) Horatius sieht seinen Freund und läuft zur Stadt.
c) Horatius sieht seinen Freund zur Stadt laufen.

3. **Uxores maritos lacrimas tenere non posse vident.**
a) Die Frauen können sehen, dass ihre Ehemänner die Tränen nicht zurückhalten.
b) Sie sehen, dass Frauen und Männer ihre Tränen nicht halten können.
c) Die Ehefrauen sehen, dass ihre Männer die Tränen nicht halten können.
d) Die Frauen sehen mit Tränen, dass sich ihre Männer nicht zurückhalten können.
e) Die Männer sehen mit Tränen, dass sie ihre Frauen nicht halten können.

f Mit Hilfe der Präpositionen kannst du die Bedeutung zusammengesetzter lateinischer Wörter (Komposita) selbst erschließen. Du kennst bereits **ad** und **adesse** – was bedeutet wohl **ab-esse**? Erschließe auch: **ab-ducere, ad-ducere, de-ducere, e-ducere.**

Pietro Bernini: Der Opfertod des Marcus Curtius. 17. Jh. Wandskulptur in der Galleria Borghese, Rom.

Domenico Beccafumi: Die Flucht der Cloelia. 1530. Florenz, Galleria degli Uffizi.

Die Lektion 11 plus enthält keinen neuen **Wortschatz**.

Die **Grammatik** zu Lektion 11 plus befindet sich im Begleitband auf **S. 54f.**

12 Das Maß ist voll

Die letzten römischen Könige waren etruskischer Abstammung. Das Kernland der Etrusker, deren Herkunft bis heute ungeklärt ist, umfasste das Gebiet zwischen den Flüssen Arno und Tiber. Es entsprach damit in etwa der heutigen Toskana, deren Name auf die Etrusker – lat. **Tusci** – zurückzuführen ist. Weil sie reiche Bodenschätze (Eisen, Kupfer, silberhaltiges Blei) besaßen und viel Seehandel betrieben, konnten die Etrusker ihre Macht weit nach Norden und Süden hin ausdehnen.

Als um 500 v. Chr. ihre einflussreiche Stellung in ganz Italien zu bröckeln begann und mit dem Etrusker Tarquinius Superbus ein skrupelloser Tyrann auf dem römischen Thron saß, suchten die Römer nach einer günstigen Gelegenheit, sich von Tarquinius und der Königsherrschaft zu befreien (siehe **T**).

Rekonstruktion des Rundtempels der Vesta auf dem Forum, der schon zur Königszeit unter dem zweiten König Numa Pompilius erbaut wurde. Vesta war die Schutzgöttin der Stadt. Ihre Priesterinnen hüteten im Tempel das heilige Feuer.

G

Ein Fremdenführer auf dem Forum:

Ecce Forum Romanum! Forum magnum est.
Ibi multi homines, multae tabernae, multa aedificia sunt.
Spectate magnas basilicas, spectate magna templa deorum!
Hic videtis templum Vestae deae.
Vestam multis muneribus colimus.
Nam Vesta dea bona et magna est.

T

Das Maß ist voll

Tarquinius Superbus, der siebte König Roms, ist bei den Römern wegen seiner grausamen Herrschaft zunehmend verhasst. Die Situation verschärft sich, als Lukretia, die Frau des aus einer bedeutenden Familie stammenden Collatinus, von Tarquinius' Sohn Sextus überfallen und vergewaltigt wird. Lukretia, die – obwohl unschuldig – ihre Ehre für immer verloren sieht, weiß keinen anderen Ausweg als sich selbst das Leben zu nehmen.
In Collatia, dem Wohnort der Lukretia in der Nähe Roms, ist die Empörung so groß, dass L. Iunius Brutus, ein Freund des Collatinus, mit einer großen Schar junger Männer bewaffnet nach Rom zieht.

Lucius Iunius Brutus.

Post mortem Lucretiae Brutus cum multis viris Romam petivit et forum occupavit. Romani Brutum et comites forum occupare audiverunt. Voces et arma et multitudo virorum Romanos terruerunt. Homines statim ad forum properaverunt, quod causam clamoris cognoscere voluerunt. Ubi de scelere filii regis et de sorte misera Lucretiae audiverunt, iram non iam tenuerunt.
Tum Brutus magna voce: „Lucretiam“, inquit, „semper Collatino marito uxorem bonam fuisse scitis; Lucretiam semper deos coluisse scitis. Nunc non iam vivit propter iniuriam Sexti Tarquini. Expellite tandem gentem superbam Tarquiniorum! Scelera regis non ignoratis. Num de nece Servi Tulli[1], num de nece multorum virorum bonorum dicere debeo? Si tuti a sceleribus et iniuriis esse vultis, expellite regem et totam gentem Tarquiniorum, liberate tandem urbem a magno periculo!“
Et Romani et Collatini[2] verba Bruti probaverunt. Tarquinii autem iram hominum timuerunt et Romam relinquere properaverunt. Ita Tarquinius Superbus rex ultimus Romanorum fuit. *(nach Livius, Ab urbe condita)*

[1] Servius Tullius: *Vorgänger des Tarquinius, den dieser hatte töten lassen*

[2] Collātīnī, ōrum *die Collatiner*

❶ Wie werden die Tarquinier in **T** dargestellt? Stelle alle Hinweise in einer Liste zusammen.
❷ An welchen Formulierungen wird in der Rede des Brutus (Z. 8–16) erkennbar, dass nun „das Maß voll ist“?
❸ Stelle grafisch – z. B. durch Pfeile – dar, in welchem Verhältnis die in **T** auftretenden Personen zueinander stehen.
❹ Wie stellst du dir Brutus bei seiner Rede (Z. 8–16) vor? Fertige eine ausdrucksstarke Zeichnung an, die Brutus in dieser Situation zeigt.

Liktor mit Rutenbündel und Beil.

❺ Als nach außen sichtbares Symbol für die unumschränkte Herrschergewalt des Königs gab es verschiedene Zeichen, wie z. B. Purpurgewand und Goldkranz. Daneben konnte sich der König in der Öffentlichkeit von zwölf Amtsdienern, den Liktoren, begleiten lassen. Sie trugen Rutenbündel (**fasces**) bei sich, aus denen Beile herausragten. Wofür konnte das Beil Symbol sein?

Römische Götter.
Relief auf dem Triumphbogen von Benevent, 2. Jh. n. Chr.

Ü

a Suche alle Adjektive aus **T** heraus und bestimme, in welcher der beiden Funktionen (attributiv oder prädikativ) sie jeweils verwendet werden. Schreibe sie in eine getrennte Liste.

b Übersetze die Sätze. Bestimme jeweils den Gebrauch des Adjektivs.
1. Hic videtis multos deos et deas Romanorum.
2. Scitis Romanos multos deos coluisse.
3. Dei boni sunt, nam hominibus adsunt.
4. Homines boni iram deorum non timent.
5. Nam ira deorum magna est.

c Wähle aus den gegebenen Adjektiven aus und ergänze die Lücken. Übersetze dann:

multa – tota – multi – multae
1. In Foro Romano ? mercatores et ? tabernae sunt.
2. Itaque homines ? ex urbe forum petunt.
3. Sed etiam ? templa et aedificia fori homines delectant.

bonum – magna – multis
1. Lucius Atiam amicam ? donis delectare vult. 2. Sed Atia Lucium non semper laudat, nam non ? dona amat, sed amicum ? .

d v- oder u-Perfekt? Bilde jeweils die entsprechende Perfektform:
potestis – prohibemus – petunt – estis – vult – fles – doleo – tacent – complet – cupitis - deponis – servare – colere – timet – liberamus – cognoscis – alit – sunt – auditis – licet – corripis

„Formenstaffel!" Welches Team gewinnt?
Wir bilden vier Mannschaften. Der Gruppenführer jedes Teams erhält einen Staffelstab, nennt den Nominativ Singular und gibt den Stab an den nächsten Mitstreiter weiter. Dieser „verwandelt" die Form in die nächste verlangte usw.
Vorsicht: Bemerkt der folgende Spieler, dass die Form seines Vordermanns falsch ist, nimmt er den Staffelstab nicht an. Der Gruppenführer notiert die Formenreihe. Sieger ist das Team, das als erstes alle richtigen Formen beim Lehrer bzw. bei der Lehrerin abgibt.
Nom. Sg. → Pl. → Abl. → Dat. → Sg. → Abl. → Gen. → Pl. → Akk. → Sg.

uxor bona
magnum iter
homo miser
amicus bonus

LATEIN LEBT

1. Nenne zu den folgenden Wörtern europäischer Sprachen das lateinische Herkunftswort und gib dessen Bedeutung an:

frz. *porte*/rum. *portal*
sp. *vivir*/port. *viver*
engl. *sign*/frz. *signe*
sp. *hombre*/it. *uomo*
rum. *orador*/frz. *orateur*
engl. *to prove*/sp. *probar*
it. *buono*/frz. *bon*
port. *paz*/engl. *peace*
frz. *défendre*/engl. *to defend*
it. *vedere*/rum. *vedea*

2. Welche der hier genannten europäischen Sprachen gehört nicht zu den romanischen Sprachen? Vergleiche auch die farbig hervorgehobenen Sprachgebiete auf der Karte rechts oben.

Romanische Sprachgebiete im heutigen Europa.

Z

Menenius Agrippa

Nach der Vertreibung des Tarquinius lag die Macht nicht mehr bei einem Einzelnen, sondern verteilte sich auf die wenigen führenden römischen Adelsfamilien, die Patrizier (**patriciī, ōrum**). Sie bekleideten die höchsten Ämter des Staates. Die Plebejer (**plēbēī, ōrum**), die den größten Teil der Bevölkerung Roms ausmachten, blieben dagegen von jeglicher Macht ausgeschlossen. Aus Protest gegen diese Ungerechtigkeit zogen diese schließlich zu Beginn des 5. Jh.s v. Chr. aus der Stadt aus. Dem Patrizier Menenius Agrippa gelang es jedoch, sie zur Rückkehr nach Rom zu bewegen ...

Ubi Menenius Agrippa in monte Sacro[1] fuit, plebeios ad se vocavit et oravit: „Venite Romam[2], viri boni! Facite pacem cum patriciis! Tota urbs in magno periculo est, nam tuti ab hostibus non iam sumus." Sed plebei: „Num patriciis iniurias facere licet? Patricios homines superbos esse videmus. Hominibus autem superbis non paremus!" Tum Menenius: „Et patricii et plebei urbem defendere debent. Credite mihi, viri boni! Audite fabulam[3] ..."

[1] mōns Sacer *Heiliger Berg (Zufluchtsort der Plebejer)*

[2] Rōmam *nach Rom*

[3] fābula *Geschichte*

Bronzestatue eines Redners. So könnte sich Menenius an die Plebejer gewandt haben.

Menenius erzählte den Plebejern die Geschichte vom Magen und den Gliedern: Die Glieder wollten einst dem Magen nichts mehr zuführen, weil dieser immer nur nahm, aber nie etwas gab. Als aber infolge des Hungerns eine Schwächung des gesamten Körpers eintrat, sahen die Glieder ein, dass auch der Magen eine wichtige Funktion hatte, und gaben ihm fortan wieder zu essen.

Tum plebeis placuit Menenio parere Romamque petere. Ita Menenius urbem e magno periculo servavit. *(nach Livius, Ab urbe condita)*

Die Plebejer verstanden sogleich, was Menenius ihnen sagen wollte. Du auch? Übertrage die Geschichte vom Magen und den Gliedern auf die Verhältnisse in Rom.

13 Hannibal ante portas

Schwurszene Hannibals mit seinem Vater.

Nach dem Tod Hamilkars, des obersten Feldherrn der Punier, wählte das Heer 221 v. Chr. unter großem Jubel dessen ältesten Sohn, Hannibal, zum Nachfolger als Heerführer. Er war gerade einmal 26 Jahre alt!

Hannibal hatte von klein auf als Soldat beim Heer gelebt. In jungen Jahren war er mit seinem Vater nach Spanien gezogen und hatte sich dort sogleich bewährt. Er war beliebt unter den Soldaten und von allen geachtet:

„Sie kannten keinen Feldherrn, dem sie mehrvertrauten, für den sie mehr wagten. Er war äußerst kühn, wenn es galt gefährliche Aufträge zu übernehmen.
Keine Anstrengung konnte seinen Körper ermüden und seinen Mut besiegen.
Gleich groß war seine Ausdauer in Hitze und Kälte. Viele haben ihn gesehen, wie er zwischen Wachen und Soldatenposten auf der Erde schlief, oft nur mit einem Militärmantel zugedeckt. Als Erster zog er in den Kampf, als Letzter verließ er die beendete Schlacht."
Mit solch bewundernden Worten bedachte ihn selbst der römische Historiker Livius.
Antike Quellen berichten aber auch, dass Hannibal von seinem Vater zum ewigen Hass auf die Römer erzogen wurde. Als er neun Jahre alt war, soll er feierlich – mit erhobener Hand vor dem Altar des höchsten karthagischen Gottes Baal stehend – geschworen haben, niemals einen guten Gedanken an die Römer zu verschwenden und erst dann Ruhe zu geben, wenn das feindliche Rom endgültig besiegt sei.

G

Romani, ubi Collatinos viderunt, primo ita dixerunt:
- Cur ad nos venistis, Collatini? Cur arma cepistis?
- Num Romani vobis iniurias fecerunt?
- Cur tu, Brute, Collatinos in urbem duxisti?
- Deponite arma, viri! Nos cum amicis pugnare non cupimus.

Tum Brutus ad Romanos accessit et de sorte Lucretiae narravit.

T

Hannibal ante portas

Hannibal hielt seinen Schwur und setzte den Kampf seines Vaters Hamilkar gegen Rom mit aller Anstrengung fort. Im Jahr 218 v. Chr. überquerte er von Spanien aus völlig überraschend mit dem gesamten Heer die vereisten Alpen und stand plötzlich in Italien. Die Römer leisteten Widerstand, doch vergeblich: Nach mehreren Niederlagen gegen die Punier verloren sie schließlich bei Kannä 216 v. Chr. trotz zahlenmäßiger Überlegenheit fast das gesamte Heer. Der Weg nach Rom war für Hannibal frei. In Rom löste diese Nachricht Angst und Schrecken aus.

Uxores Romanorum, postquam Hannibalem legiones Romanas vicisse audiverunt, totam urbem vocibus suis compleverunt. Uxor quaedam[1]: „Di[2] boni, adeste mihi miserae! Cuncti filii mei cum hoste pugnaverunt. Num filios amisi?“ Alia autem uxor: „Cur tu te miseram vocas? Tibi multi filii sunt – et maritum tuum in urbe mansisse scimus. Ego autem maritum non iam habeo mihique unus filius restat. Non solum tu, sed etiam nos saluti virorum nostrorum timemus[3]!“

Etiam senatores statim in curiam convenerunt, de sorte urbis consuluerunt: Unus e senatoribus ita dixit: „Hannibal magnis laboribus milites elephantosque[4] per Alpes in Italiam duxit, multa oppida cepit, legiones nostras vicit, nunc certe Romam contendere cupit. Nobis autem legiones non iam sunt. Equidem ita censeo: Aperite portas victori!“ Alius autem senator: „Ego vero sententiam tuam non probo. Hannibal nos proelio vicit, sed victor belli non est. Moenia Romae alta sunt. Cuncti Romani urbem armis servare debent!“ *(nach Livius, Ab urbe condita)*

[1] quaedam *eine*

[2] dī ~ deī

[3] timēre *m. Dat. fürchten um*

[4] elephantus: *vgl. Bild*

Hannibal aber nutzte die Gunst der Stunde nicht und verzichtete auf einen sofortigen Angriff gegen Rom.

Tellerbild: Zum Krieg gerüsteter Elefant, 3. Jh. v. Chr.

❶ Ermittle vor der Übersetzung, welche Personen in den beiden Abschnitten von **T** sprechen und über welche Personen sie reden; beachte dazu vor allem die Eigennamen und die Substantive.

❷ Zu welcher Zeile aus **T** passt das Tellerbild?

❸ **T** zerfällt in zwei Teile: Z. 1–9 und Z. 10–19. Was bestimmt jeweils thematisch (Personen, Inhalt) die beiden Teile? Was haben beide Teile gemeinsam?

❹ Zitiere lateinische Stellen aus **T**, die Panik und Angst der Menschen belegen (Z. 1–9).

❺ Stellt die Situation der **uxores** im 1. Abschnitt von **T** in einem Standbild dar.

❻ In welche zwei Lager waren die Senatoren offenbar gespalten? Wie lassen sich beide Haltungen begründen (Z. 11–19)?

❼ Sammelt Argumente für und gegen die Kapitulation der Römer. Orientiert euch dabei an den unterschiedlichen Standpunkten der Senatoren in **T**. Arbeitet eure Argumente zu einer kleinen Rede aus. Wählt einen Redner, der die Argumente vorträgt.

Ü

Sprachparallelen: LATEIN LEBT
Lateinische Verben der a-Konjugation (**-are**) enden im Französischen auf *-er* (Aussprache: ē); viele Verben der **i-Konjugation** (**-ire**) enden im Französischen auf *-ir*.
1. Bilde demnach die französischen Infinitive zu **portare, liberare, venire** und **munire**.
2. Welche lateinischen Infinitive stecken in den französischen Verben *narrer* und *aimer*?

a Schreibe alle neuen Perfektformen aus **T** heraus. Gib jeweils den Infinitiv an und bilde die entsprechende Präsensform.

b Zerlege die folgenden Formen in Perfektstamm und Endung. Gib an, ob Dehnungsperfekt oder s-Perfekt vorliegt und nenne den Infinitiv Präsens. Übersetze die Formen.
mansimus – risisti – pervenerunt – vidistis – egit – fecimus – aspexisti – reliquerunt – accessi – veni

c Bilde zu den vier gelernten Arten der Perfektbildung je drei Beispielformen mit verschiedenen Verben. Trage deine Formen mit Übersetzung vor und erläutere sie.

d Vervollständige die Sätze, indem du aus den Töpfen jeweils eine passende Subjunktion und ein passendes Prädikat auswählst. Übersetze die Sätze.

1. Multi Hannibalem magnum imperatorem vocant, ? milites elephantosque per Alpes ? .
2. Milites Romani, ? elephantos Poenorum ? , saluti suae timuerunt *(fürchten um)*.
3. ? Hannibal magno proelio legiones Romanas ? , multi senatores portas urbis aperire voluerunt.
4. Alii senatores autem: „ ? Romam servare ? , nobis arma deponere non licet."

e Setze folgende Formen passend in den Text ein und übersetze:
vos – nobis – magnos – mihi – nos

Milites Hannibalis: „Quo *(wohin)* ? ducis, Hannibal? Iam multos comites amisimus!"
Hannibal militibus respondet: „ ? labores non ignoro. ? per montes Alpium in Italiam duxi. Credite ? : Nunc Italia ? patet!"

f Irrläufer gesucht! Übersetze auch alle Formen:
moenia – oppida – sententia – itinera
ago – egisti – agit – egi – ego
tacete – audi – arma – vince – credite
repente – ripam – subito – palam – circiter

g Führe jeweils drei Begriffe zu einem Wortfeld zusammen und gib jedem Wortfeld eine passende Überschrift:
arma – poeta – aqua – mater – sacrum – taberna – deus – thermae – liber – hostis – pater – pecunia – templum – mercator – carmen – victor – frigidarium *(Kaltwasserbad)* – liberi

ALIUD EST DICERE,
ALIUD FACERE.

LABOR OMNIA VINCIT.

VENI, VIDI, VICI.

omnia *alles*

Hannibals Übergang über die Alpen. Lithografie nach einer Zeichnung von Alfred Rethel (1816–1859).

Hannibals Übergang über die schneebedeckten Alpen stellte für die damalige Zeit eine unglaubliche militärische Leistung dar. Bis heute versuchen Forscher den genauen Weg Hannibals nachzuzeichnen.

1. Welcher Punkt des Feldzugs ist auf dem obenstehenden Bild erreicht? Woran erkennst du dies?
2. Wie wirkt Hannibal, wie wirken seine Soldaten auf den Betrachter? Gib eine kurze Beschreibung.

Büste Hannibals.

Z

Interview mit Hannibal

Mehreren Schülern, die an einem Forschungsprojekt teilnehmen, ist es gelungen, sich mittels Zeitmaschine in die Zeit des Zweiten Punischen Krieges zwischen Rom und Karthago (Carthāgō, inis *f*) zu versetzen und in das Lager Hannibals vorzustoßen. Sie befragen ihn zu den Hintergründen seines spektakulären Feldzugs über die Alpen ...

Adulescens: „Magno cum agmine militum et multis cum equis elephantisque Carthaginem reliquisti, Hannibal. Nunc in Italiam pervenisti, sed multa arma, bestias, milites amisisti. Cur magnis cum laboribus iter per Alpes fecisti?“ Hannibal: „Romanos terrere volui: Agmen per Alpes duxi, cunctos hostes vici, multa oppida cepi. Nunc Romani nos timent, nunc Italia nobis patet.“ Adulescens: „Militesne tibi semper paruerunt?“ Hannibal: „Ita est. Equidem magnos labores belli suscepi[1] – sicut[2] milites mei. Itaque me amant mihique parent.“ Adulescens: „Cur Romanos armis petitis?“ Hannibal: „Romani cum legionibus Italiam relinquere et terras alienas[3] petere non dubitant. Etiam Carthaginem capere cupiunt; itaque Romanos vincere debemus.“

[1]suscipere (*Perf.* suscēpī) *auf sich nehmen*
[2]sīcut *wie*
[3]terrae aliēnae *fremde Länder*

14 Scipio contra Hannibalem

Als im Jahre 204 v. Chr. römische Truppen unter dem Kommando des **Publius Cornelius Scipio** von Sizilien aus nach Afrika übersetzen und Karthago bedrohen, muss Hannibal, der seit dem Sieg bei Kannä keine entscheidenden Erfolge mehr erzielen konnte, unbesiegt Italien verlassen und zur Verteidigung seiner Heimat nach Afrika zurückkehren.
Zwei Jahre später gelingt Scipio bei Zama der entscheidende Sieg über das punische Heer. Karthago, die große Rivalin, ist besiegt. Scipio wird in Rom begeistert empfangen und als großer Held gefeiert. In den folgenden Jahren bekommt er die höchsten politischen Ämter und erringt weitere militärische Erfolge. Doch die Neider lassen nicht lange auf sich warten und verwickeln Scipio in Prozesse, sodass er schließlich Rom verlassen muss. 183 v. Chr. stirbt er auf seinem Landgut in Kampanien.

G

Certe iam audivistis de Hannibale,
qui milites suos in Italiam duxit,
cuius milites Italiam intrare non dubitaverunt,
cui milites semper paruerunt,
quem Romani diu timuerunt.
Romanos diu terruit Hannibal,
de quo certe iam audivistis.
Multa oppida Italiae Hannibalem (hostes)
non prohibuerunt.
Quem (Quos) ubi viderunt,
statim portas aperuerunt.

Münzprägung aus Carthago Nova (Spanien): auf der Vorderseite das Porträt Hannibals, auf der Rückseite die Darstellung eines Elefanten.

Büste Scipios.

T Scipio contra Hannibalem

Marcus, Titus und Aulus sprechen mit ihrem Lehrer über die römische Geschichte. (MAG = magister *Lehrer*).

MAG: Vos iam de Publio Cornelio Scipione, quem Africanum appellamus, audivistis. Scire volo ...

AULUS: Sed Scipio vir Romanus fuit. Cur virum Romanum appellamus Africanum?

MAG: Bene rogas, Aule. Potesne respondere, Tite? *Titus tacet.*

MAG: Et tu, Marce?

MARCUS: Audivi Scipionem in Africa, quae est patria Poenorum, hostes superavisse.

MAG: Non solum hostes vicit, Marce, sed imprimis Hannibalem! Victoria sua Scipio Romam tandem a magno periculo liberavit.

MARCUS: Tamen Scipioni, cui senatores postea triumphum[1] decreverunt, in urbe manere non licuit.

MAG: Ita est, Marce. Propter crimen falsum[2] Scipio, cuius virtutem patres vestri cunctique Romani laudant, Romam reliquit.

TITUS: Fueruntne Scipioni uxor liberique?

AULUS: Nonne scis Corneliam, quae est filia Scipionis, Tite?

TITUS: Nescio. Neque vero tu, Aule, cuncta scis.

MAG: Aulus non errat, Tite. Multi dicunt Corneliam, cui duodecim[3] liberi fuerunt, exemplum clarae uxoris matrisque fuisse. Quae post mortem mariti non desperavit, sed familiam sola curavit. Imprimis Tiberio et Gaio[4] filiis semper consiliis bonis adesse studuit ....

Nunc magister multa de vita Corneliae narrat. Denique pueros dimittit. Qui gaudent, nam ad thermas contendere volunt.

[1] triumphus *Triumphzug (Siegeszug durch die Stadt zum Kapitol)*

[2] crīmen falsum: *Scipio wurden von seinen Gegnern Bestechung und Unterschlagung von Geld vorgeworfen.*

[3] duodecim *zwölf (nur drei Kinder überlebten)*

[4] Tiberiō et Gāiō: *gemeint sind Tiberius und Gajus Gracchus (s. Eigennamenverzeichnis)*

1. Was bedeutet **contra** in der Überschrift?
2. Warum ist Scipio berühmt geworden?
3. Erstellt anhand der Informationen aus **T** jeweils ein Porträt des Scipio und der Cornelia.

Lehrer mit Schülern, Marmorrelief aus Neumagen an der Mosel, 2. Jh. n. Chr. (Trier, Rheinisches Landesmuseum).

Ü

MULTUM, NON MULTA.

QUOD LICET IOVI,
NON LICET BOVI.

bovī *dem Rind*

a Schreibe alle Relativpronomina aus T heraus. Nenne das Bezugswort. Was unterscheidet die Relativpronomina in Zeile 21 und 25 von den übrigen?

b Wandle die Sätze nach dem folgenden Muster um.
Übersetze dann.
Beispiel: Philippus tabernam intrat (Philippus librum emere cupit).
Philippus, qui librum emere cupit, tabernam intrat.

1. Thermae magnae sunt (Lucius thermas intrat). 2. Lucius gaudet et ridet (Amici Lucii iam adsunt). 3. Lucius mercatores non videt (Mercatores turbam appellant).
4. Atia hodie ad forum properat (Atia est amica Lucii). 5. Ibi Atia amicas videt (Cum amicis semper tabernas intrat). 6. Postea cum Lucio equos spectat (Equi in Circo Maximo currunt).

c Ergänze die Lücken durch einen relativen Satzanschluss.
Übersetze dann.
1. Ad Tiberim Faustulus Romulum et Remum aspicit. ? lupa *(Wölfin)* servavit et aluit. 2. Faustulus pueros Accae uxori dat. ? statim Romulum et Remum tenet et liberos suos vocat. 3. Postea Remus murum Romuli ridet. ? subito fratrem petit et necat.

d Bilde zusammenhängende Sätze, indem du wie im folgenden Beispiel jeweils einen zweiten Satz zum AcI machst. Übersetze dann.
Nuntius narrat: „Hannibal milites per Alpes in Italiam duxit." →
Nuntius Hannibalem milites per Alpes in Italiam duxisse narrat.
1. Senator dicit: „Dux Poenorum legiones nostras vicit."
2. Mulieres Romanae putant: „Hannibal certe Romam contendere cupit."
3. Senator alius censet: „Hannibal victor belli non est."

e Was gehört zusammen?

1. rege	5. patrem	A. tuae	E. magnum
2. imperatorum	6. virtutis	B. ultimo	F. altis
3. iter	7. sortes	C. multos	G. miseras
4. moenibus	8. poetas	D. clarorum	H. nostrum

Übrigens: Diese Aufgabe lässt sich in ein „Memory"-Spiel umwandeln: Schreibt dazu die Formen auf Kärtchen, legt diese umgedreht auf den Tisch und los geht's! Wer merkt sich die meisten „Paare"?

f Entschlüssle den folgenden Spruch und erkläre seinen Sinn:

MULTOSTIMETQUEMMULTITIMENT

WORTSCHATZ

Beachte die Mehrdeutigkeit der Verben:
1. Marcus forum petit. Hostes urbem armis petunt.
2. Tibi gratias ago. Servi bestias in montem agunt. Multa negotia in foro agimus. Senatores de bello paceque agunt.
3. Acca pueros ad se vocat. Acca pueros liberos suos vocat.
4. Amici adsunt. Amici mihi adsunt.

ÜBERSETZUNG

Übersetze. Achte dabei insbesondere auf die Bedeutung der Adjektive und Pronomina.
1. Multa de Romanis narro. 2. De bonis et malis *(Übel)* cogitamus. 3. Patrem suos amare scimus. 4. Cuncti victoria gaudent. 5. Audivimus nostros bene pugnavisse. 6. Multi miseris adsunt.

Rekonstruktionszeichnung von Karthago im 2. Jh. v. Chr.: Die Größe der Stadt war gewaltig; dreimal so groß wie Rom zählte sie über 150 000 Einwohner. Welchen Eindruck musste die Stadt auf den Betrachter machen? Beschreibe ihr Aussehen.

Z

Rom oder Karthago?

Der einflussreiche Politiker M. Porcius Cato warnte die Römer nach Scipios Sieg über die Punier vor verfrühter Freude und verlangte die vollständige Zerstörung Karthagos.

Postquam Scipio Poenos in Africa vicit, senatores Romani virtutem victoris multis verbis laudaverunt: „Virtus tua, qua hostem vicisti, sine exemplo est.“ „Tu Poenos, qui magno cum agmine militum nostros petiverunt, non solum in Africa, sed etiam uno proelio superavisti.“ „Audivimus neque elephantos, quos Poeni secum[1] duxerunt, te terruisse.“
M. Porcius Cato autem ita dixit: „Cur Scipio in Africa non remansit, cur Carthaginem[2] non petivit, cur moenia alta urbis non delevit[3], cur Hannibalem, imperatorem Poenorum, non cepit? Qui non solum vivit, sed iam de novo[4] bello cogitat. Dum[5] Carthago muros habet, victoria paceque gaudere nobis non licet. Ceterum censeo Carthaginem esse delendam!“
(Im Übrigen meine ich, dass Karthago zerstört werden muss.)

[1] sēcum *mit sich*

[2] Carthāgō, Carthāginis *f Karthago*

[3] dēlēre (*Perf.* dēlēvī) *zerstören*

[4] novus, a, um *neu*

[5] dum *solange*

15 Anschlag auf den Konsul Cicero

Cicero klagt Catilina vor dem Senat an (63 v. Chr.). Wandgemälde von Cesare Maccari aus dem 19. Jh. (Rom, Palazzo Madama).

Im Jahre 70 v. Chr. machte zum ersten Mal ein junger Mann namens **M. Tullius Cicero** auf sich aufmerksam, als er einen aufsehenerregenden politischen Prozess gegen einen einflussreichen Gegner für sich entschied. Fortan ging die politische Karriere Ciceros steil bergauf.

Im Jahre 63 v. Chr. erlangte der **homo novus** – so nannte man einen Emporkömmling, der nicht aus einer der adligen Familien Roms stammte – das Konsulat und damit den Höhepunkt seiner Laufbahn.

M. Tullius Cicero (106 – 43 v. Chr.). Marmorbüste aus augusteischer Zeit (Rom, Kapitolinisches Museum).

G

Quid de Marco Tullio Cicerone scitis?

Is vir consul clarus fuit.
Multi eum bonum virum vocant.

Orationes eius clarae sunt.
Eas orationes hodie quoque legimus.

Perfekt (Reduplikation, ohne Stammveränderung) – Pronomen **is** – Ablativ der Zeit

T

Anschlag auf den Konsul Cicero

Im Jahre 63 v. Chr. plante eine Gruppe von Verschwörern unter Führung Catilinas die politischen Verhältnisse in Rom radikal zu verändern und die Macht an sich zu reißen. Als eine gewisse Fulvia über ihren Geliebten Quintus Curius erfuhr, dass der Konsul Cicero noch in derselben Nacht von den Verschwörern ermordet werden sollte, eilte sie sofort zu dessen Haus. Da sie sich als Frau an die Hausherrin zu wenden hatte, bat sie Ciceros Sekretär Tiro, der die Tür öffnete, Ciceros Frau Terentia zu benachrichtigen.

Multa nocte Tiro dominam suam e somno excitavit. Terentia, ubi eius vocem sollicitudinemque[1] animadvertit, statim surrexit. Tum Tiro: „Dominus“, inquit, „in periculo est. Ecce, Fulvia adest, quia dominum summo in periculo esse censet.“ Terentia eam salutavit[2], tum Fulvia dixit: „Quintus Curius meus et pauci viri hodie apud M. Porcium Laecam[3] fuerunt. Audi ea, quae consuluerunt: Consulem, maritum tuum, in aedibus vestris necare volunt!“
Terentia, postquam verba Fulviae audivit, ad Ciceronem contendit eique periculum nuntiavit. Qui statim e cubiculo[4] cucurrit, cunctos servos arcessivit, eis imperavit: „Currite ad ianuam[5] et claudite eam! Defendite me ab iis hominibus, qui me necare volunt!“
Prima luce profecto duo homines ad aedes consulis accesserunt. Diu ante ianuam steterunt, tum eam aperire frustra studuerunt, denique discesserunt.
Postridie[6] Cicero senatores in templum Iovis Statoris[7] convocavit. Ubi Catilinam vidit, iram non iam tenuit eumque ita accusavit: „Iam diu, Catilina, consilia tua cognovimus. Me bene defendi ab insidiis, quas mihi in aedibus meis paravisti. Ita periculum mortis vitavi. Ego te moneo, a te postulo: Libera nos a periculo tuo, relinque tandem id templum urbemque nostram!“
Qua oratione Cicero Catilinam ex urbe pepulit.

(nach Sallust, De coniuratione Catilinae)

[1] sollicitūdō, inis *Unruhe*
[2] salūtāre *begrüßen*
[3] M. Porcius Laeca: *ein Mitverschwörer des Catilina*
[4] cubiculum *Schlafzimmer*
[5] iānua *Eingangstür*
[6] postrīdiē *am folgenden Tag*
[7] templum Iovis Statōris *der Tempel des Jupiter Stator (in dem oft Senatssitzungen stattfanden)*

❶ Suche alle Zeitangaben aus **T** heraus. Wie können Zeitangaben im Lateinischen ausgedrückt werden?

❷ Gliedere den Text nach Zeitabschnitten. Gib jedem Abschnitt eine passende Überschrift.

❸ Welche Szene des Textes spiegelt sich in dem Wandgemälde auf der linken Seite wider? Was sagt das Bild über die Situation Catilinas aus?

Ü

a Setze die richtigen Formen von **is, ea, id** ein und übersetze.
Quis est Tiro?
1. Multa de ? viro scimus. 2. Terentia ? saepe *(oft)* laudat. 3. Nam Tiro semper ? , quae Terentia imperat, bene facere studet. 4. Et familiam et ? , qui aedes intrant, bene curat. 5. Etiam Cicero Tironem amat: ? ad consilia admittit; cum ? itinera facit ? que libros suos et multa negotia mandat *(vertraut an)*. 6. Itaque multi Tironem non servum Ciceronis, sed ? amicum vocant.

b Mit Reduplikation oder ohne Stammveränderung?
Bilde die entsprechende Perfektform und übersetze.
stas – pellitis – animadverto – currimus – contendunt – do – restat – defendunt – instituit – attingo

c Während Cicero zur Senatssitzung unterwegs ist, berichten Fulvia und Tiro den anderen Hausbewohnern, wie es zu der Rettung kam. Da beide sehr aufgeregt sind, reden sie gleichzeitig - teile die Aussagen den beiden Sprechern zu (die Reihenfolge ist unwichtig) und ergänze die Endungen. Übersetze dann.
1. „Cicero ? iam dormire respondi." 2. „Fulvi ? Q. Curium amare cognovi." 3. „Cicero ? eos viros nunc accusare gaudemus." 4. „Serv ? dominum excitare iussi." 5. „Fulvi ? ad ianuam esse audivi." 6. „Domin ? in periculo esse narravit."

d Welche der folgenden Formen können sowohl Perfekt als auch Präsens sein? Bestimme jede Form:
respondit – contendit – defendi – ostenderunt – reliquit – venit – vidit – animadvertit – vitavisti – instituunt

e 1. Sortiere nach folgenden Gesichtspunkten:
a) Präpositionen mit Akk. b) Präpositionen mit Abl. c) Adverbien
in – ante – e/ex – in – sine – certe – per – ad – bene – profecto – a/ab – de – post – vero – pro – propter – subito – hodie – apud – cum
2. Erkläre die Bedeutung folgender Wörter:
prowestlich – Exminister – postmortal – abnormal

LATEIN LEBT

1. Führe jeweils die unterstrichenen Wörter auf ihre lateinische Wurzel zurück und erschließe den Satz-inhalt: Ride bene chi ride ultimo. (italienisch) Te digo „muchas gracias." (spanisch)

2. Erschließe, welche Wörter jeweils zusammengehören:

amicus	italienisch	sempre	deutsch	*sehen*
videre	französisch	homme	deutsch	*Tempel*
homo	italienisch	amico	deutsch	*eintreten*
semper	italienisch	tempio	deutsch	*Freund*
templum	spanisch	entrar	deutsch	*Mensch*
intrare	französisch	voir	deutsch	*immer*

ÜBERSETZUNG

Ubi Tiro ianuam *(Eingangstür)* aperuit, Fulvia ei dixit: „Ad aedes vestras venio, quod consul, dominus tuus, in summo periculo est. Curre ad dominam nuntiaque ei periculum!"

1. Beurteile die folgende Übersetzung nach Genauigkeit und Korrektheit. Ergänze bzw. korrigiere: Nachdem Tiro die Tür geöffnet hatte, sagte Fulvia: „Ich komme zu euch, weil dein Herr in großer Gefahr schwebt. Laufe zu deinem Herrn und melde ihm dies!"

2. Auf welche Wörter des Textes treffen die folgenden Angaben jeweils zu? Verbform im Imperativ / Präposition mit Ablativ / weibliches Dativ-Objekt / s-Perfekt / kausale Subjunktion / temporale Subjunktion / Verbum der i-Konjugation / männlicher Nominativ

Z

Cicero wird gejagt

Viele Jahre später (43 v. Chr.) hatte Cicero den übermächtigen Politiker Marcus Antonius in mehreren Reden scharf angegriffen; denn im Streben des Antonius nach Alleinherrschaft sah Cicero eine Gefahr für die römische Republik und die Herrschaft des Senats. Antonius schwor Rache und befahl seinen Leuten, den Widersacher zu töten.
Als Cicero, der sich außerhalb Roms befand, von Freunden über den Racheplan des Antonius erfuhr, blieb ihm nur die Flucht, und er beklagte sich bitter über sein Schicksal:

Postquam Cicero amicis gratias egit eosque dimisit, statim de fuga[1] cogitavit: „Di[2] boni, adeste mihi familiaeque meae miserae! Antonium in foro ‚bestiam' et ‚hostem patriae' appellavi. Qui certe iam milites suos ad me misit; mihi hic manere non licet. Num ego patriam e multis periculis frustra servavi? Nonne ego fui is consul, qui Catilinam ex urbe expulit atque ita patriam ab eius sceleribus liberavit? Tum senatores virtutem meam laudaverunt meque ‚patrem patriae' vocaverunt. Semper ego cuncta pericula superavi et libertatem[3] rei publicae[4] defendi. Nunc autem patriam Italiamque relinquere atque vitam meam servare debeo."

(nach Livius, Ab urbe condita)

[1] fuga *Flucht*
[2] dī ~ deī
[3] lībertās *Freiheit*
[4] reī pūblicae *des Staates*

Was bedeutet pater patriae (Z. 9) wörtlich? Finde eine passendere Übersetzung.

Anfang einer Ausgabe von Ciceros Briefen. Mittelalterliche Handschrift. Welche lateinischen Wörter kannst du entziffern?

16 Cäsar im Banne Kleopatras

Fast zeitgleich mit Cicero erlebte ein anderer großer Römer seinen politischen Aufstieg: **C. Iulius Caesar**, der – 100 v. Chr. geboren – aus einer der angesehensten römischen Adelsfamilien stammte. 59 v. Chr. wurde Cäsar Konsul. Um seine politisch ehrgeizigen Ziele durchzusetzen, war ihm beinahe jedes Mittel recht.

Seine Gegner warfen ihm vor, gegen die Gesetze verstoßen und das Konsulat für seine persönlichen Zwecke missbraucht zu haben. 58–51 v. Chr. eroberte Cäsar Gallien und dehnte den römischen Machtbereich weit nach Norden hin aus. Zu dieser Zeit stand er in Rom in höchsten Ehren. Doch seine Gegner klagten ihn erneut an. Da Cäsar nicht bereit war, sich freiwillig der Anklage zu stellen, kam es zum Bürgerkrieg und zur Auseinandersetzung mit Pompejus, dem neben Cäsar mächtigsten Mann Roms. Pompejus war vom Senat beauftragt worden, mit seinen Truppen Cäsar entgegenzutreten. Nachdem er Cäsar in der entscheidenden Schlacht bei Pharsalos (48 v. Chr.) unterlegen war, musste er nach Alexandria in Ägypten fliehen, wo er durch Verrat ermordet wurde.

G Cicero, postquam se ab insidiis bene defendit, statim senatores in templum convocavit. Ubi Catilina templum intravit, Cicero iram non iam tenuit eumque verbis vehementibus accusavit. Dum Cicero de sceleribus Catilinae dicit, multi senatores surrexerunt et magna voce clamaverunt. Ea oratione Cicero ingentem gloriam *(Ruhm)* paravit.

Königin Kleopatra VII. (69–30 v. Chr.), Marmorbüste, um 30 v. Chr. (Berlin, Staatliche Antikensammlung).

T

Cäsar im Banne Kleopatras

Anstatt sich weiter um seine Gegner zu kümmern, hatte Cäsar, der Sieger über Pompejus, nur noch Augen für Kleopatra, die schöne Königin der Ägypter. In Rom begann man sich Sorgen zu machen.

Multos homines in forum convenire videmus; de Caesare atque Cleopatra verba vehementia faciunt:

– Num Caesar, qui cunctis imperatoribus virtute praestitit, propter eam mulierem in Aegypto manere vult? Quid? Num id verum est? Num id credere licet? Etsi alii potentem, alii pulchram eam vocant, mulier est. Num mulier plus valet quam victoriae pristinae? Victorem totius Galliae mulieri parere puto.

– Multi te, o Caesar, servum Cleopatrae vocant; nam cum apud reginam[1] es, ei placere studes eamque magnis donis delectas. Aegyptum relinquere non vis, quamquam fratrem Cleopatrae[2] vicisti pacemque iam paravisti.

– Num Caesar morte Pompei contentus est? Nonne pericula novi belli videt, nonne consilia inimicorum perspicit? Qui magnas copias parare instituerunt, dum Caesar cum Cleopatra nave iter per Nilum facit.

– Num monumenta Aegypti apud Caesarem plus valent quam victoriae? Caesar, si patriam servare et imperium temperare vult, Aegyptum statim relinquere debet.

– Cleopatra Caesarem et corpore pulchro et ingenti copia auri et multis aliis illecebris[3] sibi adiunxit. Eam timere debemus, quia non solum regnum Aegypti, sed etiam Romam tenere studet. Multis e nuntiis conicio: Ea mulier non Caesarem amat, sed eius potentiam.

[1] rēgīna *Königin*

[2] frātrem Cleopatrae: *Gemeint ist Ptolemaios XIII., der die Römer in Alexandria angreifen ließ.*

[3] illecebra *Verlockung*

❶ Der Text gliedert sich in vier Abschnitte (Z. 1–2 / Z. 3-12 / Z. 13–19 / Z. 20–24). Fasse kurz den Inhalt jedes Abschnittes zusammen.

❷ Worin sehen die Römer die größten Gefahren in der Beziehung zwischen Cäsar und Kleopatra?

❸ Der Historiker Christian Meier schreibt in seinem Cäsar-Buch über Kleopatra:

Sie war nicht eigentlich schön, wenn man nach den überlieferten Porträts urteilen darf, die Nase in der Tat beachtlich, an der Spitze etwas eingebogen, die Lippen sehr voll. Aber sie muss Cäsar bezaubert haben ... Kleopatra war aber zugleich eine hochgebildete Frau, sprach viele Sprachen wie ihre Muttersprache. Sie war politisch von überragender Klugheit, verschlagen, zu jeder Intrige fähig. Bestrickend seien ihre Umgangsformen gewesen, unwiderstehlicher Reiz sei von ihr ausgegangen und habe jeden in seinen Bann geschlagen. Alle ihre körperlichen Vorzüge stellte sie in den Dienst ihrer Politik.

a) Welche Informationen über Kleopatra stimmen mit **T** überein? Was erfährst du darüber hinaus über Kleopatra?

b) Vergleiche die Büste Kleopatras mit der Comic-Zeichnung (S. 80): Gib die Unterschiede an. Erkläre sie.

Büste Cäsars, um 20 v. Chr. (Rom, Vatikanische Museen).

Zeit für eine **„Formenstaffel"** (vgl. 12Ü, S. 66)!
Drei Gruppen deklinieren um die Wette (Singular und Plural).
Auf die Plätze, fertig, los!

vir potens | oratio vehemens | ingens periculum

Ü

a Suche den Irrläufer:
doni – genti – vehementi – multo – altae – viro – saluti
potentium – tutum – vocum – carminum – insidiarum
moenia alta – tota gens – magna voce – reges boni

b Verbinde die Aussagen sinnvoll. Ergänze auf der linken Seite eine der angegebenen Subjunktionen. Übersetze die Sätze dann und gib an, auf welche Lektion sie sich jeweils beziehen.
quod (quia) – cum – postquam – dum – etsi – quamquam – si – ubi

1. ? Romani de scelere filii regis audiverunt,
2. ? servi ianuam *(Eingangstür)* claudunt,
3. ? lupa *(Wölfin)* pueros servavit et aluit,
4. ? Scipio Hannibalem in Africa vicit,
5. ? pueri bene respondent,
6. ? pauci viri sumus,
7. ? tuti ab insidiis esse vultis,
8. ? inimici novas copias paraverunt,

a) Faustulus eos Accae uxori dedit.
b) urbem armis defendere debemus.
c) iram non iam tenuerunt.
d) magister *(Lehrer)* eos laudat.
e) tamen Caesar apud Cleopatram mansit.
f) Tarquinios superbos expellere debetis.
g) timor *(Furcht)* Ciceronem occupavit.
h) Romani eum Africanum appellant.

c Füge die Infinitive passend ein und übersetze:
delectavisse, amare, praestare
1. Homines Caesarem cunctis imperatoribus ? dicunt.
2. Homines Caesarem Cleopatram donis ? dicunt.
3. Homines Cleopatram non Caesarem, sed eius potentiam ? dicunt.

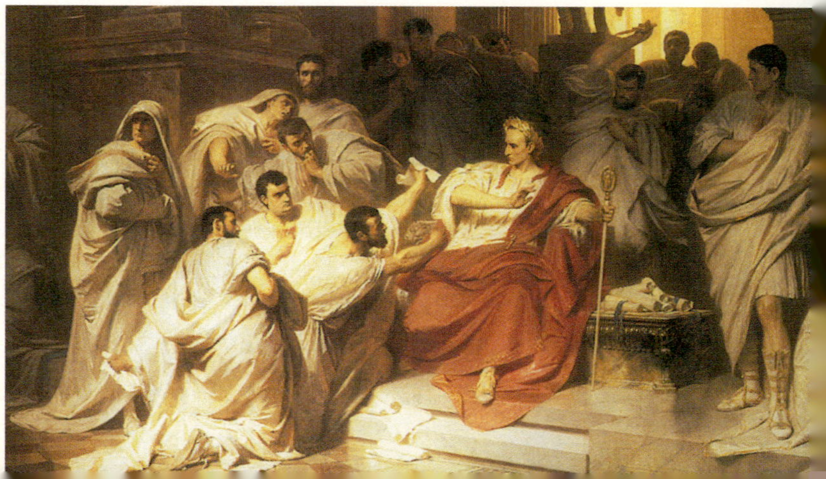

Karl von Piloty (1826–1886): Die Ermordung Cäsars (Hannover, Niedersächsische Landesgalerie).

LATEIN LEBT

Erschließe den Inhalt des folgenden italienischen Textes zum Forum Romanum. Welche lateinischen Wörter erkennst du? Welche Wörter, die du noch nicht gelernt hast, kannst du erschließen?

Qui vedete il Foro Romano. Era il centro politico, religioso, economico, giudiziario e sociale della Roma antica. Questi sono i pochi resti dei tempi, basiliche, archi trionfali e della curia, la sede del senato Romano.

Blick auf das heutige Forum Romanum.

Z Die Ermordung Cäsars

Mehr und mehr Stimmen in Rom erhoben sich gegen die Macht Cäsars:

„Caesar, cuius ingentem potentiam timemus, regnum capere vult." „Tarquinius rex ultimus non fuit: Nam Caesar rex novus esse cupit." „Quod si prohibere volumus, Caesarem necare debemus."

Schließlich in der Senatssitzung des 15. März 44 v. Chr. ...

Senatores, postquam in curiam convenerunt, Caesarem exspectaverunt. Qui curiam petere dubitavit, quod Calpurnia uxor eum verbis vehementibus monuit: „Ea nocte somnium[1] me terruit: Te mortuum[2] vidi. Mane hic, Caesar, quia saluti tuae timeo[3]!" Paulo post Brutus senator ad aedes Caesaris venit eumque rogavit: „Ubi es, Caesar? Cur in curiam non venis? Senatores te exspectant." Quamquam Calpurnia maritum tenere studuit, is denique cum Bruto curiam petivit. Quam dum Caesar intrat, senatores surrexerunt eumque salutaverunt[4]. Unus e senatoribus ... *(nach Sueton, Divus Iulius)*

[1]somnium *Traum*
[2]mortuus, a, um *tot*
[3]timēre *m. Dat. fürchten um*
[4]salūtāre *begrüßen*

Vollende den letzten Satz auf Deutsch. Betrachte dazu das Bild links: Was sollte der Senator, der unmittelbar vor ihm kniet, tun?
Wie ist Cäsar schließlich ermordet worden? Beschreibe die Beteiligten.

Das haben wir gelernt.

Was können wir aus der **Geschichte Roms** lernen?
– Sie zeigt uns beispielhaft, wie aus einem winzigen Staat ein riesiges Weltreich entstehen kann und dass der Lauf der Ereignisse sehr oft vom Verhalten und Einsatz einzelner Personen bestimmt wird.
– Sie erklärt auch, warum das Lateinische bis heute in vielen europäischen Sprachen fortlebt: Weil es infolge der Ausdehnung Roms zum Weltreich von einer unbedeutenden Regionalsprache für lange Zeit zu einer internationalen Handels- und Verkehrssprache wurde. Dies können wir vergleichen mit der Bedeutung des Spanischen in Lateinamerika oder des Englischen heute in vielen Bereichen!

Viele Gestalten der römischen Geschichte sind heute so berühmt wie damals. Schreibe aus deiner Kenntnis der letzten sechs Lektionen in jeweils einem Satz auf, weswegen folgende Personen berühmt geworden sind: Romulus, Tarquinius Superbus, Hannibal, Scipio Africanus, Cicero, Cäsar, Kleopatra. Zeige, dass diese Berühmtheit nicht nur positive Seiten hat!

Cäsar auf der Vorderseite eines Denars: erste Münzdarstellung einer lebenden Person in Rom (44 v. Chr.).

a Im Lateinischen gibt es, wie du jetzt weißt, unterschiedliche Arten der Perfektbildung. Um die Perfektformen rasch bestimmen zu können, solltest du zu jeder Perfektform den Infinitiv Präsens, die „Lernform", angeben können.
Ordne die Verben der folgenden Liste nach ihrer Art der Perfektbildung zu Gruppen. Gib jeweils den lateinischen Infinitiv Präsens an.
flevi – duxerunt – defendisti – stetimus – pepulistis – cupivit – monuerunt – vidi – cucurristi – venimus – vicistis – mansit – voluistis – animadverti – cognovisti – fuerunt – audivimus – deposuit – risimus – feci – aspexerunt – dedit – clausisti

b Du hast gelernt, dass die lateinischen Adjektive in Kasus, Numerus und Genus mit ihrem Bezugswort übereinstimmen. Doch Vorsicht: Dies bedeutet nicht, dass Bezugswort und Adjektiv immer die gleichen Endungen haben müssen! Ergänze bei den folgenden Beispielen die Adjektivendungen und übersetze.

viri potent ?	uxorum bon ?
carmen pulchr ?	in mult ? itineribus
sortem miser ?	poeta clar ?
nostr ? ex urbe	ingent ? corpora

c Im Unterschied zum Adjektiv stimmt das Relativpronomen (qui, quae, quod) nicht in allen drei Punkten (Kasus, Numerus, Genus) mit seinem Bezugswort überein. Übersetze die folgenden Sätze und stelle fest, in welchem Punkt das Relativpronomen sich nicht nach seinem Bezugswort richtet. Überlege, warum das so ist.
1. Libros Ciceronis, qui Romam e magno periculo servavit, hodie quoque legimus.
2. Itaque scelera, quibus Catilina Romanos terruit, non ignoramus.

Wer hat Cäsia geraubt?

Was lernt ihr kennen?
In den nächsten vier Lektionen wird eine spannende Geschichte erzählt, in der viel Aufregendes passiert. Aber es soll nicht zu viel verraten werden.
Dabei werden zahlreiche Themen des Lebens in der Antike angesprochen; ihr erfahrt z. B. etwas über Reisen im Altertum. Überlegt:
Welche Fortbewegungsmittel gab es?
Wie bequem waren Reisen damals?
Mit welchen Gefahren musste man rechnen?

Es wäre gut, wenn ihr euch mit einer Karte des Mittelmeerraumes vertraut macht.

Eine wichtige Rolle, wenn auch nur am Ende unserer Sequenz, spielt der berühmte Pompejus, den ihr als politischen Gegner Cäsars bereits kennt.

Gibt es in der Nähe eures Wohnortes Spuren aus der Römerzeit? Wo? Gibt es vielleicht noch Spuren von alten Römerstraßen?

Verschafft euch Informationen darüber, wie die Römer ihre Straßen bauten – und wie man sie heute baut.

Eine Zeitungsmeldung aus dem Jahr 2001:

Störtebeckers Erben werden immer brutaler

Djakarta. 466 Schiffe wurden im Jahr 2000 von Piraten auf den Weltmeeren gekapert. Der Schaden beläuft sich auf sieben Milliarden Mark. 72 Seeleute wurden bei den Überfällen getötet.

Informiert euch darüber, welche Gefahren in der römischen Antike von Seeräubern ausgingen und wer gegen sie kämpfte. Was kann man heute gegen Seeräuber unternehmen?

17 Aufregung im Hause des Senators

Unsere Geschichte beginnt auf dem Esquilin, einer für römische Verhältnisse Topwohnlage, denn hier wohnen die Reichen und Mächtigen. In einer ruhigen, nicht sehr belebten Straße befindet sich auch das Haus des einflussreichen Senators Lucius Caesius Bassus. Schon mehrfach ist er in der Kurie durch kluge Äußerungen aufgefallen. Leider gibt es auch Neider, so zum Beispiel seinen politischen Gegner Marcus Fundanius Secundus, der keine Gelegenheit auslässt, ihn schlechtzumachen. Senator Lucius hegt deshalb tiefen Groll gegen seinen Intimfeind. Lucius hat einen großen Haushalt: Zu seiner **familia** zählen nicht nur seine Frau und seine Tochter Cäsia, sondern auch viele Sklaven. Einer davon ist Balbus, der Türhüter …

G

Nonnulli *(einige)* senatores in curiam properant.
Video nonnullos senatores in curiam properare.
Consules senatores in curiam convocavisse scimus.
Eos nunc de bello et pace agere puto.
Postea consules urbem Romam tutam esse in foro nuntiant.

Akkusativ mit Infinitiv (AcI): Erweiterung

T

Aufregung im Hause des Senators

Balbus servus ante aedes Luci Caesi Bassi senatoris stat. Subito Caesia, filia senatoris, ex aedibus excedit. Videt Balbum eumque intro[1] mittit: „Abi intro[2], serve! Quid ante aedes facis?“ Servus, dum aedes intrat, in via subito clamorem audit. Quid videt? Nonnulli viri, quorum capita velata[3] sunt, Caesiam capiunt atque abducunt – filiam domini rapiunt. Protinus Balbus in aedes ruit et clamat: „Adeste! Adeste! Latrones[4] filiam domini rapere puto!“ Cuncti, qui in aedibus sunt, magno cum clamore in atrium[5] ruunt. Etiam Lucius Caesius Bassus senator adest: „Quid indicavisti, Balbe? Quis filiam meam rapuit?“ Balbus nuntiat: „Nonnullos viros filiam tuam capere et abducere vidi.“ – „Quin tu Caesiae adfuisti?“

Nunc Chrysalus servus accedit: „Domine, Balbus filiae tuae adesse non potuit. Nam Caesiam eum in aedes misisse audivi.“

Senator magna voce clamat, quod Marcum Fundanium Secundum auctorem sceleris putat: „Nemo nescit Marcum Fundanium mihi semper infestum fuisse et nuper in curia verbis improbis me laesisse. Manifestum est Marcum Fundanium filiam meam rapuisse.“ Uxor senatoris accedit: „Scisne certe Fundanium auctorem esse? Ego Fundanium id scelus commisisse non puto. Suspicionem tuam falsam esse conicio.“ Lucius Caesius Bassus iubet: „Tacete! Quaerite latrones! Interrogate vicinos[6]! Reperite filiam meam! Continete latrones! Puellam eis eripite!“

[1]intrō *hinein*
[2]abī intrō! *Geh hinein!*
[3]vēlātus, a, um *verhüllt*
[4]latrō, ōnis *Räuber*
[5]ātrium *Atrium*
[6]vīcīnus *Nachbar*

❶ Auf welche Stelle in **T** bezieht sich das Bild links?
❷ Charakterisiere die auftretenden Personen mit Hilfe von Wendungen aus **T**.
❸ Beurteile die Reaktionen der einzelnen Personen (ab Z. 7). Sind sie jeweils angemessen?
❹ Stelle Vermutungen an, wie die Geschichte weitergehen könnte; bedenke, dass bei Kriminalgeschichten oft auch unvorhersehbare Wendungen auftreten. Beziehe in deine Überlegungen folgende Fragen mit ein:
Wer könnte Cäsia geraubt haben?
In welcher Absicht?
❺ Wie beurteilst du die Schuldzuweisung des Senators in Z. 17 ff.? Begründe dein Urteil mit einem Rechtsgrundsatz.
❻ Welches Vorgehen nach einer Entführung würdest du heute empfehlen? Wie unterscheidet sich dein Vorschlag von dem des Senators Lucius Caesius Bassus?
❼ Plant für **T** eine Comic-Sequenz: Wie viele Bilder benötigt ihr? Verteilt den Text geschickt auf Sprechblasen und Bildunterschriften.

Ü

a Bilde zusammenhängende Sätze, indem du wie im folgenden Beispiel jeweils den zweiten Satz zum AcI machst:

Beispiel: Chrysalus servus nuntiat: Caesia ad portam properavit.
→ Der Sklave Chrysalus berichtet: Cäsia ist zur Tür geeilt.
→ Der Sklave Chrysalus berichtet, dass Cäsia zur Tür geeilt ist.
→ Chrysalus servus nuntiat Caesiam ad portam properavisse.

1. Chrysalus narrat: Caesia Balbum intro *(hinein)* misit.
2. Vidi: Nonnulli viri filiam domini abduxerunt.
3. Senator putat: Balbus servus improbus est.
4. Magna voce senator dixit: Marcus Fundanius Secundus est sceleris auctor.
5. Scio: Marcus Fundanius me verbis laesit.
6. Manifestum est: Balbus filiae senatoris non adfuit.

b Welche Endung passt? Wähle aus.
am – visse – um – re – is – as – am – isse

1. Marcus Iuliam amicam pulchr ? esse scit.
2. Claudia Marcum Iuliae amic ? esse putat.
3. Manifestum est Marcum Iuliam ama ? .
4. Claudia Marcum amicam don ? delecta ? nuntiat.

c Stellt aus dem Wortschatz der Lektionen 1–17 in zwei Spalten alle Verben des Sagens und der Wahrnehmung zusammen, weil von solchen Verben ein AcI abhängen kann.

d Bilde zu den Formen des Infinitiv Präsens die des Infinitiv Perfekt und umgekehrt:
laudare – induxisse – excedere – dixisse – laedere – quaesivisse – reperire – praestitisse – valere – respondisse – esse

ÜBERSETZUNG

Welche Übersetzung ist richtig?

1. Scimus Lucium Caesium senatorem fuisse.
a) Wir wissen, dass Lucius Caesius Senator ist.
b) Dass Lucius Caesius Senator war, wissen wir.
c) Wir kennen Lucius Caesius, der Senator gewesen ist.

2. Manifestum est servos filiam senatoris non repperisse.
a) Es ist nicht klar, dass die Sklaven die Tochter des Senators gefunden haben.
b) Es ist offensichtlich, dass die Sklaven die Tochter des Senators finden.
c) Es war klar, dass die Sklaven die Senatorentochter nicht finden würden.
d) Es ist offensichtlich, dass die Sklaven die Senatorentochter nicht gefunden haben.

3. Senator servos filiam quaerere iubet.
a) Der Senator befiehlt den Sklaven, die Tochter zu suchen.
b) Der Senator befahl, dass die Sklaven die Tochter suchen sollten.
c) Der Senator ordnet an, dass Sklaven seine Tochter gesucht haben.

Das Urteil des Paris. Griechische Vasenmalerei, 5. Jh. v. Chr. (Berlin, Staatliche Antikensammlung). Paris (rechts) sollte unter Hera, Athene und Aphrodite (von links) die schönste Göttin auswählen. Jede versprach ihm ein großzügiges Geschenk – Aphrodite wollte ihm die schönste Frau der Welt geben.

Z

Wer hat die schöne Helena geraubt?

Im Auftrag seines Vaters Priamos machte der trojanische Königssohn Paris eine Gesandtschaftsreise nach Griechenland. Dabei gelangte er auch nach Sparta. Der König von Sparta, Menelaos, war aber nicht anwesend. Seine Gattin, Helena, die damals schönste Frau der Welt, empfing den Gast. Und die Göttin Aphrodite bewirkte, dass sich Helena in Paris verliebte ...
Wir sehen einige Zeit später Menelaos von seiner Reise zurückkehren:

Menelaus: „Servi, ubi est uxor? Quis Helenam vidit?“
Nemo respondet. Denique unus e servis accedit: „Domine, reginam[1] non iam adesse puto.“
Menelaus, quem verba servi excitant: „Quid dixisti, improbe? Narra! Quid scis?“
Servus: „Nuper magnum agmen hospitum Spartam[2] venit. Quorum dux[3] fuit Paris[4], filius regis Troianorum[5]. Uxor tua hospites in aulam[6] induxit. Nos servi Paridem vestes pulchras gerere et uxori tuae munera dare vidimus. Servae reginam formam[7] adulescentis laudavisse dixerunt.“
Rex clamat: „Verum non dicis! Iram meam excitas. Ubi nunc est Helena? Vocate reginam!“
Servus: „Valde[8] doleo, domine. Nemo nescit Paridem uxorem tuam abduxisse. Nonnulli reginam sua sponte[9] cum filio regis Troianorum ex aedibus tuis excessisse putant.“
Menelaus: „Tace, improbe! Ea dicere non licet. Ad naves! Capite arma! Convocate cunctos reges Graecorum[10]! Uxorem liberare debemus.“

[1] rēgīna *Königin*
[2] Spartam *nach Sparta*
[3] dux *Anführer*
[4] Paris, idis *Paris*
[5] Trōiānī, ōrum *die Trojaner*
[6] aula *Palast*
[7] fōrma *schönes Aussehen*
[8] valdē *sehr*
[9] suā sponte *freiwillig*
[10] Graecī, ōrum *die Griechen*

18 Den Entführern auf der Spur

Reisen in der Antike war beschwerlich, auch wenn die Römer hervorragende Straßenbauer waren. Einfache Leute gingen zu Fuß. Zu Pferde war man schneller, aber bequemer ging es sicherlich im vierrädrigen, gefederten Reisewagen mit beweglicher Vorderachse und Deichsel. Übernachten konnte man in den **tabernae** oder in Stationen, wo die Pferde gewechselt wurden. Aber auch die Wirte **(caupones)** einer Straßenschenke boten ein einfaches Lager an. Natürlich gab es in größeren Städten auch luxuriöse Herbergen mit Bädern und guter Küche.
Im Römischen Reich reiste man sicherer und schneller als z. B. um 1800 irgendwo in Europa; denn das Straßennetz wurde überwacht.

G

Dominus Balbum servum vocat; eum accedere iubet.
Balbus statim accedit; se iam adesse dicit.
3 Dominus eum esse servum bonum putat.
Et Balbus se servum bonum esse putat.

T

Den Entführern auf der Spur

Die Nachforschungen des Senators Lucius Caesius Bassus in Rom ergeben, dass die Entführer seiner Tochter die Stadt auf der Via Appia in Richtung Capua verlassen haben. Zusammen mit seinem Freund Titus und einem Sklaven macht er sich zu Pferde auf die Verfolgung. Auf dem beschwerlichen Landweg geht es über die Albaner Berge nach Kampanien in die Landstadt Capua. Hier, in den verwinkelten Straßen mit Kneipen und zweifelhaften Unterkünften, endet vorläufig die Spur; nur ein Zufall kann weiterhelfen:

Senator: „Paene cunctis in tabernis fuimus. Sed caupones[1] se filiam meam et latrones[2] vidisse negaverunt. Ubi sunt latrones? Eos Capuam numquam petivisse existimo.“ Nunc Titus vires amicum deficere sentit et dicit: „Tu es Lucius Caesius Bassus senator! Animo deficere non debes.“ Et Lucius, qui Titum sibi adesse gaudet, dexteram amici capit: „Bene dixisti! Verba tua multum valent. Iam vires crescere sentio.“
Titus: „Caupo, quem paulo ante interrogavimus, contendit plerosque peregrinos[3] in id hospitium[4] convenire, quod prope[5] forum est.“ Senator: „Veni mecum, Tite! Ad id hospitium accedere volo.“
Ambo per vias angustas oppidi currunt; iterum atque iterum viam ex hominibus quaerunt. Tandem ante eas aedes stant, quas quaesiverunt. Sed Titus: „Eh, non oportet senatorem eam speluncam[6] intrare.“ Senator: „Equidem sentio filiam meam hic esse, immo vero certe scio eam hic esse.“
Intrant hospitium et cauponem interrogant. Sed caupo primo respondere dubitat – postea dicit: „Concedo, domini: Profecto nonnulli viri hic fuerunt, qui virginem pulchram secum duxerunt. Unus e viris umerum virginis continuit. Sed in hospitio meo non iam sunt: Et hospitium et oppidum heri[7] reliquerunt. Eos nave Athenas petere audivi.“

[1] caupō, ōnis *Gastwirt*
[2] latrō, ōnis *Räuber*
[3] peregrīnus *Fremder*
[4] hospitium *Gasthaus*
[5] prope *m. Akk. nahe bei*
[6] spēlunca *Spelunke*
[7] herī *gestern*

❶ Entscheide anhand von **T**, welche Aussage jeweils zutrifft:

a) Senator Lucius ist:
niedergeschlagen – fröhlich – optimistisch

b) Sein Freund Titus ist:
lustlos – albern – aufmunternd

c) In die Kneipe hineinzugehen findet Titus:
nicht schlecht – nicht angemessen – nicht nötig

d) Der Wirt ist:
redselig – nur gezwungenermaßen zur Auskunft bereit – geheimnisvoll – zögernd mit seiner Antwort

e) Die Auskunft führt:
zurück nach Rom – in ein anderes Gasthaus – aufs Meer – zu dem schönen Mädchen

❷ Finde mit Hilfe der Karte im Buchdeckel heraus, welche Route die beiden Freunde genommen haben.

Ü

a Stelle in Anlehnung an **T** sinnvolle Sätze zusammen:

Lucius senator	nonnullos viros	amicum deficere	negaverunt
Caupo	vires	Capuam numquam petivisse	existimat
Caupones	latrones	filiam senatoris in tabernis suis vidisse	concedit
Titus	se	cum virgine pulchra in taberna fuisse	sentit

b Übersetze die Sätze. Bestimme dort, wo du einen AcI entdeckst, den Akkusativ und den Infinitiv. Entscheide jeweils, ob die Aussage des AcI im Verhältnis zum Prädikat des Satzes gleichzeitig oder vorzeitig ist.

1. Lucius et Titus in oppido Brundisio[1] consistunt et in tabernis caupones[2] interrogant. 2. Tandem unus e cauponibus se adulescentem et virginem vidisse putat: 3. „Audivi eos de Athenis dicere. 4. Sed certe non scio. 5. Nam homines hic in taberna multa de Graecia et Athenis narrare manifestum est. 6. Multos oppidum Brundisium relinquere et Athenas petere non ignoramus.“ 7. Nunc Lucius: „Tibi, caupo,“ inquit, „gratias ago. 8. Sed et amicum meum et me vires defecisse puto. 9. In aedibus tuis nos recreare[3] volumus. 10. Da nobis cibos et vinum!“ 11. Caupo: „Vos in aedibus meis manere gaudeo.“ 12. Titus, qui iam bibit: 13. „Ah, vinum tuum bonum esse animadverto. 14. Iam vires crescere sentio.“ 15. Titus: „Graecia et Athenae nos iam exspectant.“ 16. Lucius: „Sed antea[4] mare[5] nos exspectat.“ 17. Titus: „Oh! – Iterum bibere volo.“

[1] Brundisium: *heute Brindisi*
[2] caupō, ōnis *Gastwirt*
[3] recreāre *erholen*
[4] anteā *vorher*
[5] mare *Meer*

c Stelle die Konnektoren (Bindewörter) zusammen, die in **T** die Sätze miteinander verknüpfen. Gib jeweils die Wortart (z.B. Demonstrativpronomen, Adverb) an. Ermittle ggf. das Beziehungswort aus dem vorausgehenden Satz oder die Sinnrichtung eines Adverbs.

d Leicht zu verwechseln!
Bestimme jeweils Wortart und Form und übersetze dann:

virginum – virium – virum	via – vita (2x) – vivis – viis
sumimus – sumus – summus	muneris – muris – munus
aliis – altis – alitis – alis	negat – necant – negotia
liberi – libri – liberatis	patet – parant – parent – parentes

existimare
quaerere
adiungere
deficere
defendere
sentire
reperire

„Perfektwürfel“
Jede Gruppe erhält einen Würfel. Reihum werden die folgenden Verben gemäß der gewürfelten Zahl „verwandelt“: Wer ⚀ würfelt, bildet die 1. Pers. Sg. im Perfekt, wer ⚃ würfelt, die 1. Pers. Pl. usw. Wer eine falsche Form bildet, scheidet aus.

Welche Übersetzung ist richtig? ÜBERSETZUNG

Vires crescere sentio.

a) Die Männer fühlen, dass sie wachsen.
b) Ich habe bemerkt, dass die Kräfte zunehmen.
c) Dass meine Kräfte zugenommen haben, fühle ich.
d) Ich fühle, dass die Kräfte wachsen.
e) Ich merke, dass die Männer größer werden.

Caupo hospites nave Athenas petere audivit.

a) Der Wirt hat gehört, dass die Gäste mit einem athenischen Schiff fahren wollten.
b) Der Wirt hörte, dass die Gäste mit einem Schiff Athenes fahren wollten.
c) Der Wirt hörte, dass die Gäste zu Schiff nach Athen wollten.
d) Der Wirt hat gehört, dass die Gäste mit einem Schiff nach Athen gefahren sind.

Z

Herkules und Deianira

Hercules[1], postquam ad Oeneum regem venit et Deianiram, filiam eius, aspexit, eam uxorem habere cupit. Quod Oeneus hospiti libenter[2] concedit. Tum Hercules ex aedibus Oenei discedit, dum Deianira nuptias[3] exspectat. Sed paulo post Eurytion[4] centaurus Deianiram a rege petit; nam eam in matrimonium ducere[5] vult. Et pater, qui vim centauri timet, id hospiti improbo concedit. Tum Eurytion fratres convocat et cum iis nuptias parat, dum filia regis dolet et flet.

Hercules autem paulo post sponsam[6] suam visit[7] et aedes Oenei intrat: Ibi centauros nuptias parare videt. Statim Eurytionem sagitta[8] necat. Etiam alios centauros vincit. Denique Deianiram capit eamque abducit.

[1]Herculēs, is *Herkules*
[2]libenter *gern*
[3]nūptiae, ārum *Hochzeit*
[4]Eurytiōn, ōnis *Eurytion*
[5]in mātrimōnium dūcere *heiraten*
[6]spōnsa *Braut*
[7]vīsere *besuchen*
[8]sagitta *Pfeil*

Herkules heiratet Deianira und führt mit ihr eine glückliche Ehe. – Doch einige Jahre später haben die beiden Ehegatten eine Begegnung mit dem Kentauren Nessus, der nicht vergessen hat, was Herkules seinem Verwandten Eurytion und dessen Brüdern angetan hatte.

Informiere dich über das weitere Schicksal des Herkules und der Deianira in einem Lexikon.

Beschreibe die abgebildete Sagengestalt eines Kentauren.

19 Auf hoher See

Reisen auf See war in der Antike immer ein Wagnis. Da die Schiffe nur geringen Tiefgang hatten, konnten sie leicht kentern.
Zwar gilt das Mittelmeer als recht ruhiges Meer; aber bei Stürmen können doch hohe und gefährliche Wellen entstehen. Die antiken Seefahrer scheuten das Kreuzen auf offenem Meer und fuhren in Sichtweite der Küste. Gefährlich war das Reisen zur See auch wegen der Seeräuber, die zwischen den zerklüfteten Ufern lauerten, um die Schiffsladungen zu rauben und die Passagiere zu versklaven. Oft wurden Menschen auch als Geiseln genommen, um Lösegeld von den Angehörigen zu erpressen.
Im Jahre 67 v. Chr. sah sich der Senat in Rom gezwungen, den tüchtigen Feldherrn Pompejus mit dem Oberbefehl über das gesamte Mittelmeer zu betrauen. Pompejus hatte sich bereits militärischen Ruhm erworben, vor allem bei der Bekämpfung des römischen Feldherrn Sertorius, der in Spanien eine gefährliche Revolte gegen Rom angezettelt hatte, und bei der Niederschlagung des von Spartakus angeführten Sklavenaufstandes. Pompejus wurde auch der neuen Aufgabe gerecht: In nur drei Monaten wurde er Herr der Lage und befreite das Reich von der Plage der Seeräuber.

❶ Informiere dich und erkläre folgende Fachbegriffe:
Galeere - Rammsporn - Triere - Enterbrücke

❷ Beschreibe die Situation auf dem Bild. Mit welchen Gefahren mussten Matrosen, Soldaten, Passagiere und Ruderer rechnen?

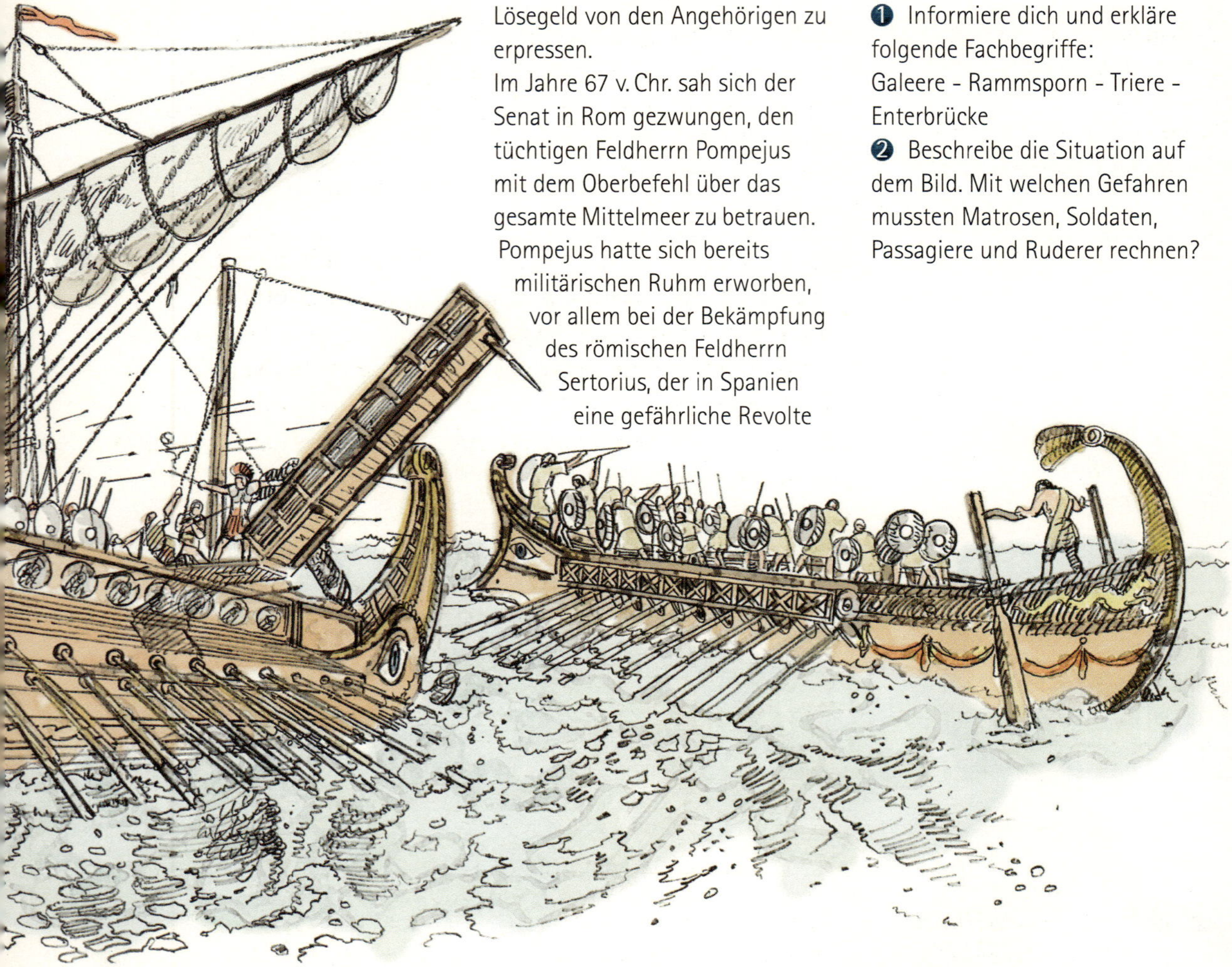

G

Iter facere pulchrum est.
Apud Romanos iter facere pulchrum non erat.
Ii, qui hodie iter faciunt, pauca solum pericula timent.
Romani, qui iter faciebant, multa pericula timebant.
Itaque sine comitibus itinera non faciebant.

Imperfekt – Tempora in erzählenden Texten

T

Auf hoher See

Senator Lucius hat mit seinem Freund Titus in Capua erfahren, dass die beste Möglichkeit zur Überfahrt nach Athen die Schiffsreise von Brundisium aus sei. Dorthin müssen die beiden Freunde aber eine harte und beschwerliche Route über mehrere Tage durch das mittelitalische Gebirge bewältigen, ehe sie endlich im Hafen von Brundisium ein Schiff finden, das sie für eine beträchtliche Summe mitnimmt ...
Inzwischen sind zwei Tage vergangen. Und wo befinden sich unsere beiden Freunde? Wir sehen sie unter Deck eines unbekannten Schiffes. Sie sind gefesselt.
Was in der Zwischenzeit passiert ist, erfahren wir aus der Erinnerung des Senators Lucius:

Nox erat obscura. In puppi[1] gubernatorem[2] solum videbam. Ceteri vectores[3] et nautae quiescebant. Neque venti adversi mare turbabant neque Neptunus vectores magnis undis terrebat. Ego in puppi sedebam, gubernatorem observabam. Nos in tuto esse existimabamus et finem itineris desiderabamus.
Repente unus e nautis clamavit. Navem aliam ostendit, quae magna celeritate per undas volabat: „Defendite navem nostram! Sunt piratae. Qui nos capere cupiunt."
Quamquam nautae navem nostram e periculo servare studebant, tamen piratae armati navem ceperunt et nos superaverunt; tum magno cum clamore pecuniam nostram rapuerunt.
Etiam me amicumque meum scelerati in navem suam traxerunt nosque in alveum[4] obscurum duxerunt. Intus iam alios captivos esse animadvertimus.
Subito vocem audivi: „Pater! Esne hic?" Pariter unam e captivis surgere et ad me accedere vidi. Iam Titus clamavit: „Est filia tua, quam diu quaesivimus!" Tum ego: „Quotiens desperavi! Modo latrones[5] te rapuisse conieci. Nunc te repperi. At piratae te ceperunt, nunc etiam me. O nos miseros!"

[1]puppis, is *Achterdeck (Plattform am Ende eines Schiffes, wo sich das Steuerruder befand)*
[2]gubernātor, ōris *Steuermann*
[3]vector, ōris *Reisender*
[4]alveus *(Schiffs-)Bauch*
[5]latrō, ōnis *Räuber*

❶ Stelle fest, welches Tempus in den einzelnen Textabschnitten vorherrscht (ausgenommen die wörtliche Rede).

❷ Überprüft, mit welchem Tempus im lateinischen Text jeweils das Folgende ausgedrückt wird:
- Beschreibung der Situation
- Erzählung
- Spannung
- andauernde Handlung

Modell eines römischen Handelsschiffes, auf dem auch Passagiere fuhren.

Ü

a Ordne die Formen in die Säcke:

valebam – negat – occupavit – cogitabat – gaudebat – eratis – miserunt – erant – interest – monet – vitabamus – necavistis – probamus – damus – praebetis – servant – admittebam – surgis – consulo – cupiebas – vivunt – defendi – fuit – vidistis – capiebas

b Sortiere die Formen aus Ü a nach Singular und Plural.

c Welche Form passt nicht in die Reihe?

1. tenebam – parabam – eram – victoriam – quaerebam
2. gaudent – consulunt – sunt – appellant – probabant
3. agitis – comitis – mittitis – narratis – estis
4. dubitat – liberat – laborat – probat – manebat
5. exemplo – cognosco – neco – erro – moneo – sum

d Ich weiß alles!

Nautae clamant. – Scio nautas clamare.

Mache auch die folgenden Sätze von scio abhängig, notiere sie und unterstreiche – wie im Beispiel – die Veränderungen.

1. Mercator laboravit. 2. Viri equos tenent. 3. Homines in viis stant. 4. Pueri venerunt. 5. Puellae discedunt. 6. Piratae puellam rapuerunt. 7. Senator finem itineris desiderat.

„Stumme Staffel"

Wir bilden mehrere Teams. Jeder Mannschaftsführer erhält ein Blatt Papier, notiert die Verbform der ersten Formenkette (video) und gibt das Blatt an den nächsten Mitspieler weiter. Jedes Teammitglied verwandelt die Form des Vordermanns schriftlich gemäß der Aufgabe.
Gewonnen hat das schnellste „fehlerfreie" Team. Das Gleiche gilt für die folgenden Formenketten.

1. video – 2. Pers. Pl. – Impf. – Sg. – 3. Pers. – Pl. – Präs. – 2. Pers. – Sg. – Impf.
2. surgunt – 1. Pers. – Impf. – Sg. – Präs. – 2. Pers. – Impf. – Pl. – Präs.
3. perspicis – Pl. – Impf. – 3. Pers. – Sg. – Präs. – Pl. – Impf. – 1. Pers.
4. est – Pl. – 2. Pers. – Impf. – Sg. – 1. Pers. – Pl. – Präs. – 3. Pers. – Impf.
5. statis – Sg. – Impf. – 3. Pers. – Pl. – Präs. – Sg. – 1. Pers. – Impf. Pl.

ÜBERSETZUNG

Vergleicht die in **Z** abgedruckte Übersetzung mit dem lateinischen Text. Überlegt, warum der lateinische Text kürzer ist. Wo ist die Übersetzung gegenüber der lateinischen Vorlage relativ frei?

Z Ein unverhofftes Wiedersehen

Senator Lucius spricht im Schiffsbauch mit seiner Tochter:

Unbekannte Wörter sind im lateinischen und deutschen Text kursivgedruckt.

Lucius: Deis gratias ago. Nam me ad filiam duxerunt.
Caesia: O pater, te oro: *Ignosce* mihi! Te *fefelli*, quamquam te *fallere* non cupivi.

Lucius: Quid dicis? Esne *insana*?
Caesia: Neque latrones me rapuerunt neque inimici tui. Immo vero *mea sponte* cum amico meo *Roma fugi*. Nam te timebamus.

Lucius: Mene *fugisti*? Non *intellego*. Sed quis amicus tuus est?
Caesia: *Iam dudum* amo Publium Fundanium Secundum; qui me quoque amat. Sed *obstatis* vos patres, tu et pater Publi. Itaque *dolum adhibuimus*: Latrones me rapuisse *simulavimus*. *Quo modo* patres nostros *fallere* studuimus. Postea in Graecia vivere cupiebamus.

Lucius: Sed ubi est amicus tuus?
Caesia: Nescio. Piratae navem nostram ceperunt. Publius autem piratas *fugit* et in undas *desiluit*. *Fortasse mortuus* est.

Lucius: Den Göttern Dank! Denn sie haben mich zu meiner Tochter geführt!
Cäsia: Ach Vater, ich bitte dich: *Verzeih* mir! Ich habe dich *getäuscht*, obwohl ich dich nicht *täuschen* wollte.
Lucius: Was sagst du da? Bist du *verrückt*?
Cäsia: Weder haben mich Räuber entführt noch deine Feinde. Im Gegenteil, ich bin *freiwillig* mit meinem Freund *aus Rom geflohen*. Denn wir hatten Angst vor dir.
Lucius: Vor mir *bist du geflohen*? Das *verstehe ich* nicht. Aber wer ist denn dein Freund?
Cäsia: Ich liebe *schon lange* Publius Fundanius Secundus; dieser liebt mich auch. Aber ihr Väter *steht dem im Wege*, du und der Vater des Publius. Deshalb *griffen wir zu einer List: Wir täuschten vor*, dass Räuber mich geraubt hätten. *Auf diese Weise* suchten wir unsere Väter zu *täuschen*. Später wollten wir in Griechenland leben.
Lucius: Aber wo ist dein Freund?
Cäsia: Ich weiß es nicht. Die Piraten haben unser Schiff gekapert. Publius aber *entfloh* den Piraten und *sprang* in die Fluten. *Vielleicht* ist er *tot*.

20 Ein glückliches Ende?

Pyramus und Thisbe.

Bereits in der Antike gab es die Literaturgattung „Roman“. In allen antiken Romanen kamen bestimmte Motive und Themen vor:

- Eine Liebe wird durch widrige Einflüsse unmöglich gemacht.
- Held und Heldin werden getrennt.
- Einer von beiden oder beide müssen eine lange Irrfahrt (Odyssee) auf sich nehmen.
- Diese Irrfahrt ist geprägt von zahlreichen Abenteuern.
- Am Ende gibt es eine Wiedererkennungsszene.
- Meist grenzt das überraschende Happy-End an ein Wunder.

In unserer Geschichte ist auch ein Motiv, das in die Weltliteratur Eingang gefunden hat, verarbeitet:

Daphnis und Chloë.

Zwei Liebende können nicht zueinanderfinden, weil die Eltern oder die Begleitumstände dagegen sind.

1 Informiert euch über eines der nachstehenden Werke der Weltliteratur, in denen dieses Motiv verarbeitet ist, und referiert darüber kurz vor der Klasse:

- Pyramus und Thisbe
- Romeo und Julia
- Porgy und Bess
- Westside-Story
- Denn sie wissen nicht, was sie tun.

2 Informiert euch – z. B. mit Hilfe eines Literaturlexikons – über den Inhalt des griechischen Hirtenromans *Daphnis und Chloë* (2./3. Jh. n. Chr.).

G Nuper Publius ad forum ibat. Subito Marcum amicum vidit; eum adiit: „Quo *(wohin)* is, Marce?“ Marcus: „In circum ire cupio. I mecum, Publi!“ Ambo in Circum ierunt. Marcus: „Vidistine equum patris mei? Is equus et celer et fortis est.“ Publius: „Eum equum et celerem et fortem esse scio. Neque omnes equi tam *(so)* celeres sunt.“

T

Ein glückliches Ende?

Das Piratenschiff ist auf dem Weg zu seinem Versteck irgendwo an der zerklüfteten illyrischen Küste. Da meldet der Beobachter im Mastkorb mit einem Entsetzensschrei:

„Adite! Adeste! Video naves Romanas adire. Periculum nobis instare puto.“ Et omnes piratae ad puppim[1] ruunt. Quid vident? Profecto naves celeres classis Romanae adeunt et piratis instant; eorum navem cingunt. Dum scelerati clamant: „Nunc periimus!“, milites fortes Romanorum iam in navem piratarum transeunt. Nonnullos piratas in undas eiciunt, ceteros necant. Unus e militibus: „Inite in alveum[2]! Sumite praedam et liberate captivos!“ Postea captivi piratarum ad Pompeium, qui classem Romanam regit, eunt: „Salve, Pompei! Tu nos e periculo eripuisti.“ Pompeius respondet: „Non facile erat piratas superare. Sed is vir nobilis, quem hic videtis, nobis adfuit: Publius Fundanius Secundus.“ Protinus Caesia Publium adit et clamat: „Publi, quomodo[3] ad classem Romanam venisti? Ego te in undis perisse putavi, postquam piratas fugisti et de nave desiluisti[4].“ Publius Fundanius: „Fortuna fortibus adest. Audi!“ Et de calamitate narrat ...

Publius erzählt, dass der Piratenüberfall in Sichtweite der Küste stattgefunden habe, sodass er sich – den Göttern sei Dank – an Land habe retten können; mit Hilfe mitleidiger Küstenbewohner sei er einen Tag später zur Flotte des Pompejus gelangt, die – welch ein Zufall – in der Nähe vor Anker gelegen habe. Pompejus sei über seinen Hinweis, in welche Richtung die Piraten gefahren seien, sehr erfreut gewesen und habe tags darauf mit mehreren Schiffen die Verfolgung aufgenommen.

Tum Lucius Caesius Bassus clamat: „Adulescens, tu filiaque mea me fefellistis; sed Pompeius, imperator nobilis, auxilio deorum et virtute sua nos omnes liberavit. Quamquam es filius Marci Fundani Secundi, inimici mei, tamen tibi gratus sum. Te adulescentem probum puto; nam ceterīs virtute praestitisti, Caesiam numquam deseruisti. Manifestum est te filiam meam amare.“

[1]puppis, is *Achterdeck*

[2]alveus *(Schiffs-)Bauch*

[3]quōmodo *wie*

[4]dēsilīre (*Perf.* dēsiluī) *hinabspringen*

Marmorbüste des Pompejus, 1. Jh. v. Chr. (Kopenhagen, Ny Carlsberg Glyptothek).

❶ Erkläre mit Textbelegen, welche Momente der Geschichte zum Happy-End geführt haben. Welche Personen hatten Anteil an der Rettung?

❷ Stellt aus den Lektionstexten 17 – 20 alle Fakten so zusammen, dass sich eine schlüssige Abfolge der Geschichte ergibt.

❸ Vergleicht eure Vermutungen zum Verlauf des Geschehens (Lektion 17, S. 87 Aufgabe 4) mit dem tatsächlichen Verlauf der Geschichte.

❹ Die Geschichte lässt sicherlich Fragen offen: Warum haben die Liebenden Rom verlassen? Mit welchem Ziel inszenierten sie die Entführung? 19 **Z** (S. 97) kann dir bei der Beantwortung helfen.

❺ Verfasst auf Deutsch Berichte aus der Perspektive verschiedener Personen (Pompejus, Publius Fundanius Secundus, Senator Titus, Cäsia). Vergleicht sie und stellt fest, wo es Unterschiede in der Berichterstattung gibt. Worauf sind diese Abweichungen jeweils zurückzuführen?

Ü

IMPERIUM SINE FINE DEDI.

TE HOMINEM ESSE MEMENTO!

SAPIENS OMNIA SUA SECUM PORTAT.

mementō *bedenke*
sapiēns *der Weise*

a Übersetze:

ibam	ibatis	istis	iimus
i	eunt	eo (!)	is (!)
ibant	ii	ite	imus
ierunt	ibamus	it	ibas
itis	isti	ibat	ire

Übrigens: Auch diese Übung lässt sich in ein kniffliges „Memory" (vgl. 14 **Ü** e) verwandeln, indem ihr z. B. die Formen der ersten und zweiten Spalte und die richtigen Lösungen dazu auf Karten schreibt.

b Setze in die angegebenen Tempora und übersetze dann alle Formen:
imus (Impf./Perf.) transeo (Impf./Perf.)
adibant (Präs./Perf.) inistis (Präs./Impf.)

c Welche Adjektivform(en) passt (passen)?
viri (nobiles/nobili/nobilis/nobile)
militem (fortium/fortem/fortes)
equis (celeris/celeri/celeribus)
vestes (miseras/miseris/miserae)
poetae (nobili/nobiles/nobilis)

d Welche Form passt nicht in die Reihe?
omnis – manifestae – celeris – ceteris – fortis – contenti
multorum – facilium – bonorum – forum – omnium
plerasque – nonnullas – potentes – celeritas – faciles
pulchrum – vestrum – totum – superbum – fortium

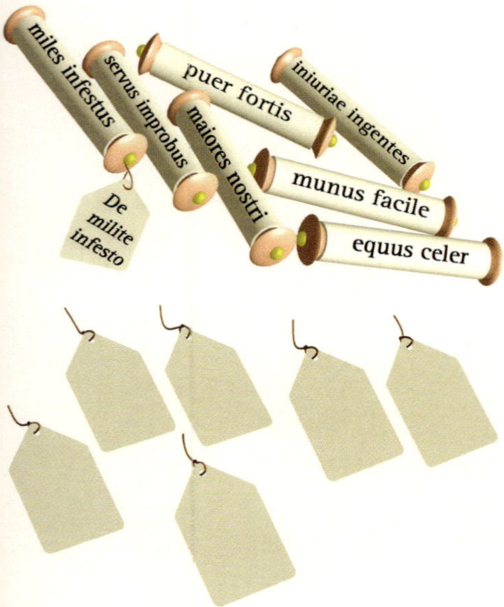

e In der Buchhandlung des Athenodorus ist eine neue Lieferung eingetroffen. Nun beschriftet der Buchhändler die Rollen, indem er gemäß dem Beispiel Etiketten anbringt. Kannst du ihm helfen?

f Wer ist mit welchem Pronomen gemeint?
1. Piratae virtute sua se servare volunt. 2. Nam piratae se viros fortes esse existimant. 3. Etiam Romani eos fortes esse existimant. 4. Tamen piratae se perire sentiunt.
Markiere in den Sätzen 2–4 jeweils den Wortblock, der den AcI bildet.

g Kombiniere die folgenden Adjektive jeweils mit **vir**, **nuntius**, **nauta** und **mulier**; dekliniere dann laut im Singular und Plural.

fortis, nobilis, probus, sceleratus, potens

LATEIN LEBT

Erkläre die kursivgedruckten Wörter im folgenden „*Quiz*":
1. Wer kennt Kapitän *Nemo* aus dem Roman „20 000 Meilen unter dem Meer" des französischen Schriftstellers Jules Verne? 2. Für wen ist ein *Omnibus*? 3. Was ist in der Mathematik ein *Quotient*? 4. Wer von euch hatte schon einmal in einem Schulfach ein *Defizit*? 5. Was versteht man unter einem *sensiblen* Menschen? 6. In welchem *Kapitel* des Buches „Winnetou" lässt der *Autor* Karl May den Helden sterben? 7. Was macht ein Detektiv, wenn er Leute *observiert*? 8. Warum steht auf manchem LKW ein Schild mit der Aufschrift *Transit*?

Z Herkules besiegt den Riesen Kakus

Herkules (lat. Herculēs, Herculis) ist berühmt geworden durch die zwölf „Arbeiten", die er verrichten musste. Unter anderem hat er in Spanien auch Geryon, einen gewalttätigen Riesen mit drei Oberkörpern, im Kampf besiegt. Als Siegesbeute nahm Herkules dessen große Rinderherde mit und trieb diese auf einem beschwerlichen Landweg über Südfrankreich bis nach Italien.

Hercules postquam Alpes transiit, eo loco[1], ubi postea Romulus urbem Romam condidit[2], constitit et quievit. Ibi Cacus vivebat, qui erat latro[3] sceleratus. Dum Hercules quiescit, Cacus ad eum adiit et nonnullos boves[4] Herculis in speluncam[5] suam duxit. Boves autem retro[6] ibant, quia Cacus eos caudis[7] traxit. Ibi se tutum esse putabat. Postridie[8] Hercules boves quaesivit. Primo boves reperire non poterat, quia vestigia[9] boum non intellegebat[10]. Subito autem voces boum audivit. Nunc difficile[11] non erat in speluncam inire et latronem vi superare. Homines, qui in ea regione[12] vivebant, postquam Cacum perisse audiverunt, convenerunt et virum fortem laudaverunt. Tum Hercules boves secum duxit et in Graeciam rediit[13].

(nach Livius, Ab urbe condita)

Herkules tötet Kakus. Marmorgruppe von Baccio Bandinelli (1534) in Florenz (Piazza della Signoria).

[1] locus *Ort*
[2] condere (*Perf.* condidī) *gründen*
[3] latrō, ōnis *Räuber*
[4] bovēs, boum *m Rinder*
[5] spēlunca *Höhle*
[6] retrō *rückwärts*
[7] cauda *Schwanz*
[8] postrīdiē *einen Tag später*
[9] vestīgium *Spur*
[10] intellegere *verstehen*
[11] difficilis, e *schwierig*
[12] regiō, ōnis *Gegend*
[13] redīre *zurückgehen*

Das haben wir gelernt.

Inhaltlich hast du einiges über **antikes Reisen** erfahren. Während bei uns das Reisen einen ganz hohen Stellenwert besitzt, zur Freizeitgestaltung zählt und zum Lebensgefühl beiträgt, sah das in der Antike anders aus. Damals reisten nur Kaufleute und sehr reiche Leute. Mit Hilfe der Informationstexte und der Lesestücke kannst du dir nochmals vor Augen führen, wie die Reisebedingungen waren. Überlege auch, welche Rolle der Faktor „Zeit" im Vergleich zu heute spielte.

Findet weitere Vergleichspunkte beim Reisen damals und heute, denen nachzuspüren sich lohnt.

a Du hast im grammatischen Bereich mit dem **AcI** eine typische Satzkonstruktion des Lateinischen kennengelernt, die wir in der Regel im Deutschen nicht nachahmen können.

Verdeutliche dir anhand der folgenden Sätze nochmals die Unterschiede zwischen der lateinischen Konstruktion und der deutschen Wiedergabe. Überlege auch, worauf du beim Übersetzen achten musst:

Pompeius milites Romanos naves piratarum capere et omnes piratas necare iubet.	Pompejus gibt den Befehl, dass die römischen Soldaten die Piratenschiffe kapern und alle Piraten töten sollen.
Tum Pompeius piratas etiam Lucium senatorem cepisse et in navem suam traxisse nesciebat.	Damals wusste Pompejus noch nicht, dass die Piraten auch den Senator Lucius gefangen genommen und auf ihr Schiff verschleppt hatten.

b Mit dem Perfekt und dem Imperfekt hast du gleich **zwei Vergangenheits-Tempora** gelernt. Obwohl es im Deutschen diese Tempora ebenfalls gibt, stellt man doch Unterschiede bei der Verwendung fest.

Erläutere an folgenden Sätzen den Tempusgebrauch im Lateinischen im Vergleich zum Deutschen:

Nox erat.

Omnes quiescebant.

Subito vocem audivi ...

Versuche die Sätze auch im Englischen wiederzugeben.

Dem Wirken der Götter ausgeliefert?

Die Götter der **Römer:**

Jupiter: oberster aller Götter und Herrscher des Himmels

Juno: oberste Göttin und Jupiters Gemahlin, Göttin der Frauen und der Geburt

Minerva: Göttin der Weisheit und des Handwerks

Mars: Gott des Krieges

Neptun: Gott des Meeres und des Wassers

Apollo: Gott des Lichts und der Künste

Merkur: Götterbote, Gott des Handels und der Reise

Venus: Göttin der Liebe und der Schönheit

Diana: Zwillingsschwester des Apollo; Göttin des Mondes und der Jagd

Was lernt ihr kennen?

Auf dieser Seite begegnet ihr den wichtigsten Göttern der Römer. In den folgenden Lektionen erfahrt ihr, wie nach Auffassung der Römer das Leben vom Wirken der Götter geprägt war, wie und mit welchen religiösen Handlungen man dieses Wirken der Götter erforschte. Ja, man hoffte, den Willen der Götter und das Schicksal beeinflussen zu können.

- Verschafft euch Bilder von antiken Tempeln. Beschreibt und zeichnet einen römischen Tempel. Fertigt den Grundriss eines römischen Tempels an. Bastelt allein oder mit anderen ein Modell.

21 Äneas, Vater der Römer

Mit dem Sieg des Oktavian, des Großneffen Cäsars, über M. Antonius in der Schlacht bei Aktium (31 v. Chr.) ging für Rom eine Zeit jahrzehntelanger Bürgerkriege zuende: Oktavian war unangefochtener Alleinherrscher. Besiegelt wurde dies 27 v. Chr. durch die vom Senat beschlossene Verleihung des Ehrentitels **Augustus** („der Erhabene").
Dieses Datum gilt als Beginn der römischen Kaiserzeit.
Augustus sicherte und erweiterte die Reichsgrenzen, ordnete die Verwaltung neu und versuchte, die alten römischen Tugenden der harten Arbeit, Frömmigkeit und ehelichen Treue wiederzubeleben.
Augustus brachte Rom eine lange Epoche des Friedens und Wohlstands, er förderte Künste und Wissenschaften und schmückte die Stadt mit Bauwerken von noch nie gesehener Pracht.

Die Statue, geschaffen von G. L. Bernini (1618–20), zeigt Äneas, der aus dem brennenden Troja flüchtet. Auf den Schultern trägt er seinen Vater Anchises; an ihn klammert sich sein Sohn Askanius, der das heilige Herdfeuer in einer kleinen Schale bewahrt. Die Penaten, die Schutzgötter des Hauses und der Stadt, hält Anchises.

Einer der Dichter, die Augustus besonders förderte, war **Publius Vergilius Maro**. Er verfasste zur Verherrlichung des Kaisers und des römischen Volkes die „Äneis", ein Epos über den trojanischen Helden Äneas. Dieser war nicht nur der Stammvater der Römer, sondern auch Ahnherr des julischen Geschlechtes, dem Augustus angehörte. Da Äneas als Sohn der Venus galt, konnte so die göttliche Abkunft des Kaisers gefeiert werden.
Vergil erzählt den Weg des Äneas aus dem zerstörten Troja zu der von den Göttern geweissagten neuen Heimat. Nach Jahren der Irrfahrt gelangt er mit seinen Schiffen nach Afrika. Dido, die Königin Karthagos, nimmt ihn und seine Gefährten freundlich auf und verliebt sich in Äneas. Auf Geheiß Jupiters muss er Karthago jedoch verlassen. Nachdem er sogar in die Unterwelt hinabgestiegen ist, wo sein toter Vater Anchises ihm seine Zukunft und die spätere Größe Roms offenbart, gelangt er schließlich nach Italien: die von den Göttern bestimmte neue Heimat. Nach langen Kämpfen gelingt es ihm, die einheimischen Latiner zu besiegen und mit ihnen Frieden zu schließen. Auch Juno, die Äneas immer feindlich gegenüberstand, erkennt ihn nun als Stammvater der Römer an.
Die „Äneis" wurde zur Nationaldichtung der Römer und beeinflusste die europäische Literatur über Jahrhunderte hinweg ...

G

Servus nonnullos viros filiam domini rapuisse viderat; in aedes celeriter cucurrit.
Marcus Fundanius Bassum senatorem improbe laeserat; itaque Bassus eum filiam suam cepisse putavit.
Navis piratarum, quae per undas maris volabat, senatorem amicumque vehementer terruit.

T

Äneas, Vater der Römer

Jupiter schickt Merkur nach Karthago, um Äneas zum Aufbruch zu mahnen.

Mercurius Aeneam vidit gerere pulchram vestem Punicam, quam Dido ei libenter donaverat. Itaque nuntius Iovis stupuit[1], deinde ad Aeneam celeriter accessit: „Audi, Aeneas! Iuppiter me misit, te monet: Quid hic facis? Cur eo loco te tam improbe geris? Cogita de fato tuo! Hic iucunde vivere tibi non licet. Relinque Carthaginem, nam Italiam petere debes. Posteris tuis illic novam patriam para!"

Verba Mercuri Aeneam vehementer terruerunt. Itaque vir pius, qui imperio Iovis semper paruerat, consilium cepit fugam petere et regiones Punicas relinquere. Statim comites ad litus vocavit, eos classem et arma parare iussit.

At Dido, quae consilia Aeneae iam animadverterat, eum verbis flectere temptavit et dixit: „Cur me tam turpiter fallis? Cur fugere properas, cur tam crudelis es? Nunc dolum tuum perspexi!" Postquam Dido diu tacuit, tristi voce adiecit: „Tibi nimis credidi, nam te amavi."

Aeneas autem, quem Mercurius de fato monuerat, graviter gemuit[2]: „Numquam tibi conubium[3] promisi. Cogita deos vitam meam regere! Iuppiter, pater deorum hominumque, me novam patriam quaerere iussit. Etiam Troiam non mea sponte reliqui. Anchises pater in somno me in Italiam ire monuit. Desine me teque querelis[4] tuis vexare[5]: Italiam non mea sponte peto." *(nach Vergil, Aeneis)*

[1] stupēre (*Perf.* stupuī) *erstaunt sein*

[2] gemere (*Perf.* gemuī) *seufzen*

[3] cōnūbium *Ehe, Heirat*

[4] querēla *Klage*

[5] vexāre *quälen*

❶ Erkläre, warum sich Merkur erstaunt zeigt, als er Äneas in Karthago trifft.

❷ Erläutere anhand von Wendungen aus **T**, wie Dido den Aufbruch des Äneas empfinden muss.

❸ Im Informationstext wird erklärt, dass Äneas sein Schicksal, das die Götter ihm mitteilen, auf sich nehmen muss.
Erkläre anhand von **T**, was es für einen Menschen bedeuten kann, den Willen der Götter zu erfüllen.

Äneas tritt mit seinem Sohn Askanius (Julus) vor Dido. Fresko (1757) von Giovanni Battista Tiepolo (Vicenza, Villa Valmarana).

Ü

a Welches Zeitverhältnis tritt zwischen lateinischen Haupt- und Gliedsätzen auf, in denen Plusquamperfekt verwendet wird? Untersuche die Sätze von **T**.

b Stelle alle Adverbien aus **T** zusammen und ordne sie nach ihrer Bildungsweise.

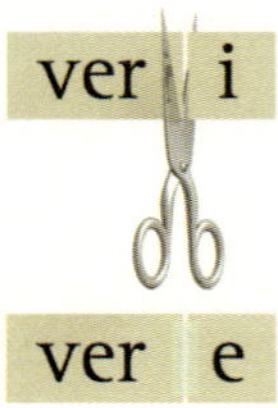

c „Adverbienwerkstatt"
Bilde zunächst zu folgenden Adjektiven den Genitiv. Schneide dann die Endung ab, damit du den Wortstamm erhältst, und klebe die richtige Adverbendung an.
Ein Tipp: Im Team geht die Arbeit leichter von der Hand.

verus	gravis	vehemens
fortis	celer	improbus
crudelis	clarus	pulcher
turpis	contentus	iucundus

d Ganz genau!
Die Aussagen von Satz 1–4 werden von Satz zu Satz genauer. Durch welche sprachlichen Mittel wird dies erreicht?

1. Bassus: „Publio gratias ago, quod filiam servavit."
2. Bassus: „Publio adulescenti gratias ago, quod filiam meque servavit."
3. Bassus: „Publio, adulescenti nobili, gratias ago, quod filiam meque fortiter servavit."
4. Bassus: „Publio, adulescenti nobili, gratias ago, quod vitam meam, filiae amicique fortiter servavit."

Trojanisches Pferd. Nachbildung. In Troja steht heute dieses neue hölzerne Pferd. Kinder können über eine Leiter in das Innere des großen Holzpferdes klettern und griechische Eroberer spielen.

e Irrläufer gesucht!

clamoris	hominis	capitis	ventis
celeri	omni	clari	ingenti
iterum	criminum	virtutum	victorum
pulchre	contente	bene	morte

f Setze in die folgenden Sätze die richtige Form (Adjektiv oder Adverb) ein und übersetze dann:

1. Romani urbem ? (fortis) defendebant.
2. Romani se dominos ? (potens) esse putabant.
3. Amicus meus, cui nomen Felix (felix, felicis *glücklich*) est, semper ? (felix) est et ? (felix) vivit.

g Übersetze. Achte dabei auf das Zeitverhältnis.

1. Legiones, quas Pompeius in provinciam duxerat, multa bella gerebant.
2. Liber, quem mihi dederas, mihi non placuit.
3. Amicae, quae Romam iam viderant, Claudiae forum ostenderunt.

LATEIN LEBT

Was bedeuten die Adjektive in den folgenden Wendungen?
Wenn du die Adjektive dir bekannten lateinischen Verben zuordnest, kannst du die Ausdrücke leicht übersetzen:
1. **hostis terribilis** 2. **aedes stabiles** 3. **amica amabilis** 4. **periculum incredibile**
Was bedeutet also das Suffix **-bilis** bzw. **-ilis**?
Du findest es in vielen Fremdwörtern (Stabilität, Immobilien, Senilität), auch in unserer Adjektivendung -bel, z. B. passabel, plausibel, praktikabel, miserabel, akzeptabel.
Auch in Fremdsprachen taucht das Suffix immer wieder auf:

Italienisch:	*portabile*	*incredibile*	*terribile*	*impossibile*
Englisch:	*portable*	*incredible*	*terrible*	*impossible*

Finde mindestens drei weitere Fremdwörter bzw. fremdsprachliche Vokabeln, die so gebildet sind.

Z

Das hölzerne Pferd

Nach fast zehn Jahren Krieg sind die Griechen eines Morgens von der Küste Trojas verschwunden. Die Trojaner meinen, dass die Feinde endlich die Belagerung Trojas aufgegeben und mit ihren Schiffen die Küste verlassen haben. Sie gehen aus ihrer Stadt und entdecken am Strand das hölzerne Pferd. Eifrig beraten sie, was mit diesem zu geschehen habe. „Ins Meer stürzen!", sagen die einen. „Verbrennen!", schreien die anderen, wieder andere wollen das Pferd den Göttern weihen.

Postquam Troiani[1] diu de equo ligneo[2] consuluerunt, eum in urbem ducere ibique collocare[3] decreverunt. Putaverunt enim Graecos[4] equum deis reliquisse. Laocoon[5] solus, sacerdos[6] Neptuni, dolum Graecorum perspexit. Ex urbe ad litus cucurrit et magna voce clamavit: „Discedite! Fugite! Quidquid id est, timeo Danaos et dona ferentes."
(Was auch immer es ist, ich fürchte die Griechen, auch wenn sie Geschenke bringen.)

Vix[7] verba dixerat, cum gemini angues[8] ad litus celeriter pervenerunt, Laocoontem eiusque filios petiverunt, eos crudeliter necaverunt. Troiani Laocoontem pro verbis suis poenam miseram solvisse[9] putaverunt. Tum magno cum gaudio equum in urbem duxerunt. *(nach Vergil, Aeneis)*

[1]Trōiānī, Trōiānōrum *die Trojaner*
[2]ligneus, a, um *hölzern*
[3]collocāre *aufstellen*
[4]Graecī, Graecōrum *die Griechen*
[5]Lāocoōn, Lāocoōntis *Laokoon*
[6]sacerdōs *Priester*
[7]vix *kaum*
[8]geminī anguēs *zwei Schlangen*
[9]poenam solvere (*Perf.* solvī) *eine Strafe erleiden*

Laokoongruppe.
Römische Marmorkopie einer Bronzefigur aus Pergamon (um 140 v. Chr.), gefunden in Rom in den Ruinen eines Kaiserpalastes (Rom, Vatikanische Museen).

22 Ein Götterspruch aus Delphi

Religion bedeutete bei den Römern, sorgfältig auf die Weisungen der Götter achtzugeben; denn man glaubte, dass diese in Erscheinungen, Träumen, vielfältigen Zeichen und Orakeln den Menschen ihren Willen offenbarten.

Heiliger Bezirk von Delphi.

Die Menschen meinten, durch Opfer, Geschenke, Gebete und Gelübde den Göttern zu gefallen und so Unglück von sich und anderen abwenden zu können. Zahlreich sind die erhaltenen Zeugnisse des religiösen Lebens, angefangen von kleinen Hausaltären und Kultgegenständen bis zu großen Tempelanlagen wie in Delphi.

Das bekannteste Orakel befand sich im griechischen Delphi. Auch die Römer fragten dieses Orakel um Rat. Man glaubte, dass der Gott Apollo durch eine Priesterin, Pythia genannt, zu den Menschen spreche. Die Fragesteller übergaben den Apollopriestern ihre Bitten; diese trugen sie dann Pythia vor. In Ekstase gab Pythia unverständliche Laute von sich, die die Priester in oftmals zweideutige Antworten für die Fragesteller formulierten. Natürlich zeigten sich die Besucher durch großzügige Geschenke erkenntlich.

Apollo.

Apollotempel in Delphi.

G

„Quid facis, Claudia?“ „Forum peto, Cornelia. Sed postea amicam conveniam et cum ea domum ibo.“ „Quis te conveniet, Claudia?“ „Iulia aderit et me vestibus novis ornabit.“ „Etiam ego vestes probare volo. Tum nos omnes thermas adibimus.“ „Ibi iam alii amici amicaeque erunt. Qui ad me accedent et vestes meas laudabunt.“ „Certe, si vestes ostendes. Itaque forum petere propera!“

T

Ein Götterspruch aus Delphi

Nach der vernichtenden Niederlage der Römer gegen Hannibal bei Kannä im Jahre 216 v. Chr. (vgl. 13 **T**) gerieten die Römer in Panik. Sie konnten sich die Katastrophe nur damit erklären, dass sich die Götter von Rom abgewandt hätten. Verschiedene Ereignisse des vorangegangenen Jahres wurden nun im Nachhinein als böse Vorzeichen gedeutet; wenn man nur aufmerksamer gewesen wäre, hätte man gewarnt sein müssen – so glaubte man. Der Senat beauftragte einige Männer, die verschiedenen Prophezeiungen auszuwerten. Ja sogar vom berühmten griechischen Orakel des Apollo in Delphi erwartete man einen Ratschlag in dieser schlimmen Situation:

Senatores Quintum Fabium Pictorem cum legatione Delphos misisse scimus. Qui postquam templum intravit, intus sacerdotes interrogavit: „Quomodo[1] deos placabimus[2]? Quando dei tandem calamitatum finem facient?“ Et Pythia sortem dedit. Sed legati Romanorum voces Pythiae non intellexerunt.

[1] quōmodo *wie*
[2] plācāre *beschwichtigen*

Die Priesterin Pythia gibt in Delphi ein Orakel. Griechisches Vasenbild, um 440 v. Chr. (Berlin, Staatliche Antikensammlung).

Daraufhin deuteten die Priester des Apollotempels die Worte der Pythia: Sie nannten dem Abgesandten verschiedene Götter und Göttinnen, denen die Römer einen Bußgottesdienst halten und Geschenke darbringen sollten. Der Tempelvorsteher befahl ihm, mit einem Lorbeerkranz geschmückt nach Rom zurückzufahren und diesen Kranz auf dem Altar des Apollotempels in Rom niederzulegen. Quintus Fabius versprach dies zu tun und opferte noch in Delphi den genannten Göttern, um diese günstig zu stimmen.

Tum Quintus Romam rediit et senatoribus in curia nuntiavit: „Vobis, Romani, dicam ea, quae sacerdotes responderunt: Deos placate suppliciis ac sacris! Si enim dei nobis aderunt, tuti erimus, immo vero civitas Romana multum valebit et Poenos superabit; victoria populo Romano erit. Ita civitatem Romanam servabimus. Tum vos, Romani, Pythio Apollini e praeda donum mittere debetis. Tamen superbiam a vobis prohibete! Aliter dei vos deserent. Quae dixit Pythia, ut sacerdotes Apollinis confirmaverunt. Ego autem ex oraculo exii et statim omnibus deis, quos sacerdotes dixerant, sacrum feci. Unus e sacerdotibus antea caput meum corona[3] ornaverat. Quam coronam nunc in nostrum templum Apollinis portabo eiusque in ara deponam.“ Senatores statuerunt: „Nos omnia sacra statim magna cum cura faciemus.“ *(nach Livius, Ab urbe condita)*

[3] corōna *Kranz*

1 Welche Forderungen werden den Römern vom Orakel gestellt? Überlege, welche Erwartungen die Römer nach diesem Orakel haben können.

2 Vergleicht **T** (ab Z. 7) mit dem Originaltext des römischen Historikers Livius, der hier in Übersetzung abgedruckt ist.
Der Gesandte Quintus Fabius Pictor kehrte aus Delphi nach Rom zurück und las die Antwort vor, wie sie aufgeschrieben war. Darin wurden auch die Götter und Göttinnen genannt, denen man einen Bußgottesdienst halten solle und wie dies zu geschehen habe. Dann hieß es weiter: „Wenn ihr danach handelt, Römer, werden eure Probleme besser und leichter werden. Die Lage eures Staates wird sich mehr nach eurem Sinne gestalten und der Sieg in diesem Krieg wird den Römern beschieden sein. Wenn ihr dann den Staat wohl geführt und gerettet habt, sollt ihr dem pythischen Apollo von eurem erworbenen Gewinn ein Geschenk schicken und von der Beute, ihrem Ertrag und den eroberten Rüstungen ihm ein Ehrengeschenk darbringen. Werdet aber nicht überheblich!" Als er dies aus dem griechischen Orakeltext übersetzt vorgelesen hatte, sagte er, er habe die Orakelstätte verlassen und dann sofort allen diesen Göttern ein Opfer mit Weihrauch und Wein dargebracht. Auch sei ihm vom Tempelvorsteher befohlen worden: Wie er mit einem Lorbeerkranz geschmückt das Orakel betreten und das Opfer dargebracht habe, so bekränzt solle er auch sein Schiff besteigen und den Kranz nicht eher ablegen, als bis er nach Rom gelangt sei. Alle Anordnungen habe er gewissenhaft und sorgfältig befolgt und den Kranz in Rom auf den Altar des Apollo gelegt.
Der Senat beschloss, diese Opfer und Bußgottesdienste möglichst bald mit Sorgfalt durchzuführen.

Am Ende des Livius-Textes ist zweimal von „Sorgfalt" die Rede: Wo findet sich in unserem lateinischen Text die Entsprechung?

Ü

Fries vom Apollo-Sosianus Tempel in Rom, 20 v. Chr. Siegeszeichen in Form einer erbeuteten Rüstung (Rom, Kapitolinisches Museum).

a Setze die folgenden Präsensformen ins Imperfekt und Futur:
sumus – habes – ducitis – animadvertitis – vinco – ades – eunt – sentit – adiciunt – sedemus – it – perimus – cingis – postulant

b Ordne die folgenden Formen in deinem Heft nach den Tempora (Präs., Impf., Fut., Perf.):
veniunt – terruisti – transibat – estis – probabimus – capient – respondent – surgebatis – rapit – commiserunt – intelleget – dolebo – constiti – imperat – deposuistis – attingemus – erat
Ergänze zu jeder Form die anderen drei Tempora.

c Welche Form passt jeweils nicht in die Reihe?
1. interrogabit – intelleget – ibit – ignorabit – interest
2. defendebamus – decernebamus – aderamus – probamus
3. audiemus – aperiemus – tenemus – sentiemus – capiemus
4. duces – vives – aderis – bibis – reges – reperies
5. quaerit – vidit – respondit – venit – reliquit – rediit

WORTSCHATZ

Erkläre die Bedeutung der Komposita aus der Bedeutung des Präfixes und des Verbum simplex:

ad- (hinzu-, dabei-)	ac-cedere, ad-ire, ad-iungere, ad-mittere
dis- (auseinander-)	di-mittere, dis-cedere
ex- (heraus-)	ex-cedere, ex-pellere, ex-spectare, e-icere, e-ripere
con- (zusammen-)	con-venire, con-vocare, con-icere, com-ponere
re- (zurück-, wieder-)	re-vocare, red-ire, re-stare
per- (hindurch-)	per-spicere, per-venire

d Konjugiert zu dritt:

intellego et intellexi et intellegam
redeo et redii et redibo
adicio et adieci et adiciam
fallo et fefelli et fallam
sedeo et sedi et sedebo

Z

König Krösus missversteht ein Orakel

Croesus, rex Lydorum[1], se esse beatissimum[2] omnium hominum putabat. Nam multas et magnas regiones vicerat. Tamen Solon philosophus[3], qui aliquando[4] hospes Croesi fuerat, regi dixerat: „Nemo ante mortem beatus[5] est.“

[1]Lȳdī, ōrum *die Lydier*
[2]beātissimus *der glücklichste*
[3]philosophus: *vgl. Fw.*
[4]aliquandō *einmal*
[5]beātus *glücklich*

Das wiederum hatte Krösus, der über sagenhaft großen Reichtum verfügte, dem Gast nicht glauben wollen. Vielmehr vergrößerte er durch weitere Eroberungen seine Macht.

Croesus ne Persarum[6] quidem[7] vires timebat, qui erant Lydorum propinqui: „Persas vincam. Antea autem legatos Delphos petere et Pythiam adire iubebo.“
Et Pythia respondit: „Si Halyn fluvium[8] transibis, magnum regnum delebis[9].“ Croesus iis verbis gaudebat; nam cogitabat: „Si Halyn transibo, Persas vincam.“
Itaque milites convocavit et cum iis Halyn fluvium transiit et proelium cum Persis iniit. Sed Persae copias Lydorum celeriter superaverunt. Croesum captivum ad Cyrum, regem Persarum, duxerunt. Cyrus milites suos Croesum flammis[10] dare iussit.
Tum Croesus verba Pythiae intellexit: Regnum suum deleverat, postquam Halyn fluvium transiit. Et fortunam suam doluit, quia cognovit: Nemo ante mortem beatus est.

(nach Herodot, Historien)

[6]Persae, Persārum *m die Perser*
[7]nē ... quidem *nicht einmal*
[8]Halys *(Akk.* Halyn*)* fluvius *Fluss Halys (kleinasiatischer Grenzfluss zwischen Lydien und Persien)*
[9]dēlēre *(Perf.* dēlēvī*)* *vernichten*
[10]flamma: *vgl. Fw.* flammīs dare: *vgl. dazu das Vasenbild*

Krösus auf dem Scheiterhaufen. Rotfigurige griechische Vase, um 500 v. Chr. (Paris, Musée du Louvre).

23 Keine Angst vor Gespenstern

- *Der Trainer der siegreichen Mannschaft hat schon drei Wochen lang seinen Pullover nicht gewechselt.*
- *„Toi, toi, toi!" sagen die Schauspieler vor der Premiere.*
- *Am Freitag, dem 13., gehe ich keinen Schritt aus dem Haus!*
- *Bei einer Klassenarbeit bringe ich immer mein Maskottchen mit.*
- *Die Eishockey-Spieler rasieren sich alle nicht, solange ihr Team im Play-off steht.*
- *Wenn man sich in einer Gruppe begrüßt, soll man sich nicht überkreuz die Hände reichen.*

Sind die aufgeführten Vorstellungen für dich einsichtig? Welche davon sind für dich wichtig?
Was ist Aberglaube?
Versucht eine Definition auch unter Berücksichtigung des folgenden antiken Beispiels:

Die Medusa (rechts) war eine schreckliche Sagengestalt. Denn wer in die wahnsinnigen Augen ihres von Schlangen umrahmten Gesichtes blickte, erstarrte zu Stein. Warum trugen Soldaten Schilde mit dem Medusenhaupt? Warum war auf Haustüren das Medusenhaupt angebracht?

Magische Gemme aus dunkelgrünem Jaspis. Oben Vorderseite: Dämon. Unten Rückseite: Ein Zauberwort, das sowohl vorwärts wie rückwärts zu lesen ist. Warum hat sie der Besitzer wohl ständig bei sich getragen?

G

Amicae Iuliam donis delectant. Iulia ab amicis donis delectatur. Amicae: „Te muneribus delectamus. Tu a nobis delectaris." Iulia: „Ego a vobis donor. A vobis donari pulchrum est. Quotiens a vobis iam donabar! Etiam parentes donis vestris delectantur. Iterum atque iterum parentes et ego donis vestris delectabamur. Sed nunc vos a me donabimini."

T

Keine Angst vor Gespenstern

Gerade in der römischen Kaiserzeit, in der der überlieferte Glaube an die Götter immer mehr in den Hintergrund trat, kamen im Alltagsleben überall abergläubische Vorstellungen auf. Auch gebildete Menschen aus der Oberschicht waren nicht frei davon. So wurden z. B. fantastische Gespenstergeschichten kritiklos verbreitet, wie uns der Brief des Schriftstellers **Gaius Plinius** an seinen Freund Sura (Anfang 2. Jh. n. Chr.) zeigt:

C. Plinius Surae suo salutem dicit.

Te interrogo: Tune monstra esse putas? Equidem iterum atque iterum fabulis miris commoveor et terreor. Etiamne tu talibus fabulis permoveris et timore[1] caperis?

Incredibile est, quod nunc narrabo: Antiquis temporibus erant Athenis aedes amplae, sed infames[2]. Nam tempore nocturno ibi sonus[3] ferri et vinculorum audiebatur. Mox etiam senex ignotus videbatur, qui vincula gerebat. Omnes, qui iis in aedibus vivebant, noctes terribiles[4] fuisse contendebant. Nam a monstro e somno excitabantur. Iterum atque iterum ii, qui hic vivebant, aedes relinquebant.

Quondam venit Athenas Athenodorus philosophus. Cui omnia narrantur, sed: „Neque perturbor neque perterreor“, inquit, „immo vero vos a monstro liberabimini.“ Et aedes conducit.

Iubet nocte se solum in aedibus relinqui. Etiam servi dimittuntur. Primo erat silentium; deinde ferrum et vincula moveri audit. Tum videt monstrum. Quod e tenebris procedit et signa dat. Athenodorus a sene ignoto in peristylium[5] ducitur, ubi monstrum subito abest.

Postridie[6] philosophus effodi[7] eum locum iussit, ubi monstrum abierat. Ibi ossa[8] et vincula inveniebantur. Postquam ossa rite sepeliri[9] sivit, aedes a monstro liberae erant.

Equidem credo iis, a quibus tales fabulae confirmantur.

Vale! *(nach Plinius, Epistulae)*

[1] timor, ōris *Furcht*
[2] īnfāmis, e *berüchtigt*
[3] sonus *Geräusch*
[4] terribilis, e *schrecklich*
[5] peristȳlium *Innenhof*
[6] postrīdiē *am nächsten Tag*
[7] effodere *aufgraben*
[8] os, ossis *n Knochen*
[9] rīte sepelīre *ordnungsgemäß bestatten*

❶ Stelle alle Merkmale zusammen, an denen man erkennt, dass **T** ein Brief ist. Worin unterscheidet sich ein römischer Brief von einem Brief, wie wir ihn abfassen würden, oder von einer E-Mail?

❷ Untersuche die Verwendung der Tempora in Z. 5–24. Überlege, weshalb ab Z. 12 wiederholt Präsensformen auftreten.

❸ Welche Gewährsleute nennt Plinius für seine Geschichte? Sammle die Stellen, an denen Plinius sich auf Gewährsleute direkt oder indirekt berufen kann. Was könnte Plinius, einen immerhin gebildeten Vertreter der Oberschicht, zu seinem abschließenden Urteil bewogen haben?

Ü

a Schreibe aus **T** alle Verbformen (ausgenommen Formen von **esse** und der Komposita von **esse**) heraus und setze sie in das andere Genus verbi (Aktiv bzw. Passiv). Zu welchen Verben gibt es kein Passiv?

b Ordne im Heft: Welche Formen sind Aktiv, welche Passiv?
superabimur – excitatur – occupaberis – claudimus – turbari – ignoras – ornor – dabatur – muniuntur – appellabaris – vincentur – discedit – cognoscimur – pugnatis – trahitur – responde – ostendi – reperire
Bestimme anschließend die Formen und übersetze sie.

c Bilde eine Formenreihe in der angegebenen Person im Aktiv und Passiv für Präsens, Imperfekt und Futur:
Beispiel: vocare (3. Pers. Sg.)
Aktiv: vocat – vocabat – vocabit
Passiv: vocatur – vocabatur – vocabitur
capere (1. Pers. Sg.), liberare (3. Pers. Pl.), monere (2. Pers. Pl.), decernere (3. Pers. Sg.), audire (1. Pers. Pl.)

d Ordne die deutschen Übersetzungen zu.
du lobst – du lobtest – du wurdest gelobt – du wirst gelobt werden – du wirst loben – du wirst gelobt
laudas – laudabas – laudabis – laudaris – laudabaris – laudaberis

e Wo wird in den folgenden Sätzen ein Täter genannt, wo eine Ursache und wo keines von beiden?
1. Fabula mira narratur. 2. Multi fabulis miris terrentur. 3. Ego non terreor. 4. Neque ea fabula, quae narratur, terreor. 5. Quae fabula ab amico meo narratur. 6. Amicus a monstro non terretur. 7. Itaque ea fabula ab amico hospitibus narratur. 8. Ita hospites delectantur.

f Ermittle die Passivformen und übersetze sie ins Lateinische; die dazu benötigten lateinischen Verben stehen alle im Wortschatz 22 und 23:
er wird veranlasst – sie werden vorrücken – ich werde erlauben – wir werden gefunden werden – sie wurden angeworben – es wird beschlossen – ihr werdet bemerken – ihr werdet bemerkt – du wirst ermutigen – du wirst ermutigt – ich werde beunruhigt – sie werden eingeschüchtert – du wirst weggehen – er wurde in Verwirrung gebracht

g Äneas – statt Aktiv im Passiv:
Mercurius ad Aeneam mittitur. Aeneas a Mercurio monetur. Aeneas verbis Mercuri terretur. Postea comites ad litus vocantur. Aeneas: „Regiones Punicae a nobis relinquentur. Patria nova a nobis quaeretur.“

Konjugieren im Französischen LATEIN LEBT

Bringe die folgenden Verbformen von *faire* (lat. facere) und *finir* (lat. finire *beenden*) in die richtige Reihenfolge. Begründe, worauf sich deine Entscheidung jeweils stützt.
ils font – nous faisons – je fais – tu fais – vous faites – il fait
nous finissons – tu finis – vous finissez – je finis – il finit – ils finissent

Ein schwieriges Puzzle

Bildet in Anlehnung an **T** fünf sinnvolle lateinische Sätze.
Als Hilfe sind auch die deutschen Entsprechungen angegeben, allerdings nicht in der richtigen Reihenfolge.

aedes relinquebant – amplae aedes – antiquis temporibus – audiebatur – erant Athenis – ii, qui hic vivebant – incredibile est – iterum atque iterum – tempore nocturno ibi – qui vincula gerebat – quod nunc narrabo – sed infames *(berüchtigt)* – senex videbatur – sonus *(Geräusch)* ferri et vinculorum

aber berüchtigt – befand sich in Athen – das Geräusch von Eisen und Ketten – verließen das Haus – der Fesseln trug – diejenigen, die hier lebten – ein alter Mann wurde gesehen – ein stattliches Haus – es wurde gehört – immer wieder – in alter Zeit – zu nächtlicher Zeit dort – unglaublich ist – was ich jetzt erzählen werde

Bronzemodell einer Schafsleber mit Bezeichnung der einzelnen Felder zur Deutung der Vorzeichen, 2. Jh. v. Chr.

Z Der Feind soll verflucht sein!

Obwohl die Römer schon geglaubt hatten, dass ihre Herrschaft in Mittelitalien gefestigt sei, kam es im Jahr 340 v. Chr. zu einem Krieg gegen die Stämme der Latiner. Wieder einmal stand alles auf dem Spiel. Die beiden Konsuln Decius Mus und Titus Manlius zogen in die Schlacht. Vorher opferten die beiden römischen Feldherrn den Göttern, wie es üblich war. Doch offensichtlich reichte das nicht aus:

Nam uterque[1] consul nocte in somno vidit virum, qui dixit: „Ex altero[2] populo deis debentur milites, ex altero debetur imperator. Unius populi imperator et se et legiones hostium deis devovebit[3]; cuius populo erit victoria."

Da die Opferschauer, die aus den Eingeweiden der geschlachteten Tiere die Zukunft deuteten, die Träume der Konsuln bestätigten, verabredeten die beiden Konsuln, dass derjenige mit seinem Opfertod die Götter umstimmen solle, dessen Legionen vor dem Feind weichen würden.

Et Latini[4] et Romani proelium inierunt. Diu Latini a militibus Romanis prohibebantur. Tum autem legiones Decii fugere coeperunt[5]. Decius Romanos nunc perire et ab Latinis vinci intellexit. De somnio[6] cogitavit et magna voce clamavit: „Iane[7], Iuppiter, Mars pater, Quirine[8], Bellona[9], Lares, vos adeo: Date populo Romano vim victoriamque et exstinguite[10] hostes! Quibus verbis me atque legiones hostium deis devoveo." Decius statim hostes petivit. Denique Decius necatur, hostes autem a militibus Romanis vincuntur. *(nach Livius, Ab urbe condita)*

[1] uterque *jeder von beiden*
[2] alter – alter *der eine – der andere*
[3] dēvovēre *weihen*

[4] Latīnī *die Latiner*
[5] coepērunt *sie begannen*
[6] somnium *Traum*
[7] Iānus: *Gott des Ein- und Ausgangs*
[8] Quirīnus: *Name des zum Gott erhobenen Romulus*
[9] Bellōna: *Kriegsgöttin, Schwester des Mars*
[10] exstinguere *vernichten*

24 Ein Opfer für Mars

In unserem Sprachgebrauch hat sich der Begriff des „Opferns" erhalten, auch wenn er nicht mehr mit der ursprünglichen Bedeutung zusammenhängt.
Wie ist der Begriff in den folgenden Sätzen zu verstehen?

„Im Krieg mussten viele Opfer beklagt werden."
„Beim Schachspiel hat er ein Bauernopfer gebracht."

„Die Zahl der Drogenopfer hat abgenommen."
„Sie hat sich bei der Pflege ihres kranken Mannes aufgeopfert."

Große Opferzeremonien werden in Rom seit der Königszeit auf dem Marsfeld gefeiert. Die gesamte Bürgerschaft Roms versammelt sich dort.
Auch heute herrscht Hochbetrieb, denn die **Zensoren** haben die Vermögenseinschätzung der einzelnen Bürger abgeschlossen. Die Zensoren sind die obersten römischen Steuerbeamten. Sie kontrollieren nicht nur die Staatsfinanzen, sondern beaufsichtigen auch die Vermögensverhältnisse und die Lebensführung (!) der Bürger. Alle fünf Jahre teilen sie die Bevölkerung in Vermögensklassen ein und setzen danach die Steuern fest. Dieses Ereignis ist wichtig für die einzelnen Familien, besonders für diejenigen, die etwas auf sich halten: Denn die Entscheidung der Zensoren hat einen erheblichen Einfluss auf das Ansehen und die weitere Zukunft einer Familie.
Mit der Veranstaltung auf dem Marsfeld ist eine feierliche Opferzeremonie (die sogenannte **lustratio**) verbunden: Die Bürger Roms treten in wohlgeordneten Reihen zur Musterung an und schauen der Opferzeremonie zu, bei der ein Schwein (**sus**), ein Schaf (**ovis**) und ein Stier (**taurus**) dem Gott Mars geopfert werden.

G

Senatores Quintum Fabium ad oraculum miserunt.
Quintus Fabius a senatoribus ad oraculum missus est.
Quintus Fabius, postquam a senatoribus Delphos missus est, templum Apollinis intravit.
Quintus Fabius a senatoribus Delphos missus templum Apollinis intravit.
Postea Quintus corona *(Kranz)* ornatus Romam rediit.
Antea ea, quae Pythia dixerat, a sacerdotibus nuntiata erant.

T Ein Opfer für Mars

Wir befinden uns im Jahre 184 v. Chr., als Marcus Porcius Cato zusammen mit Lucius Valerius Flaccus Zensor war.

Paulatim in Campum Martium conveniebant homines, qui a Marco Porcio et Lucio Valerio convocati erant. A quibus per duos annos cives censi erant. Cives censi agmine longo a censoribus instructi sunt. Tum cives in Campum Martium convocati lustrationem[1] exspectabant. Denique Marcus Porcius cum collega[2] palam agmen instructum lustravit[3]: Processit cum lictoribus; hostiae[4] actae sunt a compluribus viris, qui antea propter nomina delecti erant: Felix, Fortunatus, Prosper[5]. A quibus viris lectis hostiae, quarum capita ornata erant, ter[6] circum multitudinem civium ductae sunt. Deinde censores aram Martis in Campo Martio positam adierunt. Ibi a sacerdotibus sanguis hostiarum interfectarum exceptus est earumque exta[7] probata sunt. Tum Marcus Porcius Cato magna voce oravit: „Mars, supplices te adimus! Audi supplicia nostra! Tibi salutem publicam mandamus. Serva tu, sacro nostro motus, populum Romanum et auge eius gloriam! Officia tibi debita a nobis semper summa cum religione servata sunt. Respice preces nostras! Tibi grati erimus. Et iterum tibi lustratio erit.“ *(nach Livius, Ab urbe condita; Cicero, De divinatione)*

[1] lūstrātiō, ōnis *Opferzeremonie*
[2] collēga *m Amtskollege*
[3] lūstrāre *mustern, reinigen*
[4] hostia *Opfertier*
[5] Fēlīx, Fortūnātus, Prosper: *alle drei Namen bedeuten „glücklich, beglückt, gesegnet"*
[6] ter *dreimal*
[7] exta, ōrum *Eingeweide*

1 Stellt euch vor, ihr wärt offizieller Veranstalter einer **lustratio**: Fertigt in Anlehnung an die Sachinformationen und **T** ein Veranstaltungsprogramm für eine **lustratio** an!

2 Opfern bedeutete in der Antike: die Götter durch ein Geschenk wohlgesonnen machen, damit sie einen bestimmten Wunsch erfüllen. Weise dies anhand des Opfergebetes (Z.16–21) nach. Woran wird deutlich, dass Götter und Menschen in einem gegenseitigen Abhängigkeitsverhältnis stehen?

3 Zahlen und Symbole (z. B. der Kreis) können magische und beschwörende und somit heilige Bedeutung haben. Finde Beispiele hierfür im Text. Welche Beispiele aus heutiger Zeit sind dir bekannt, wo solche Zahlen, Symbole oder Riten Bedeutung haben?

4 Nomen est omen. – *Der Name ist ein Vorzeichen.* Erkläre mit diesem lateinischen Sprichwort Z. 8 f.

Ein Priester opfert. Ausschnitt aus einem römischen Relief 1. Jh. n. Chr. (Paris, Musée du Louvre).

Ü

a Schreibe aus **T** alle PPP-Formen heraus und überlege, ob du im Deutschen besser wörtlich, mit Relativsatz oder Adverbialsatz übersetzt.

b Bilde das PPP zu folgenden Verben:
accusare – legere – mittere – procedere – interficere – augere – censere – movere – agere – excipere – turbare – respicere – vocare – debere – instruere – habere – audire – ducere

c Verwandle ins Passiv. Die Auflösung der ersten Sätze hilft dir:
1. Claudius amicum exspectavit. – Amicus a Claudio exspectatus est.
2. Amicos delectavimus. – Amici a nobis delectati sunt.
3. Consul senatorem accusaverat. – Senator ...
4. Mulierem vidisti.
5. Hostes milites superaverant.
6. Ii omnes interfecerunt.
7. Puellas donaveratis.
8. Amicus me excitavit.

Von der Analyse zur Übersetzung

ÜBERSETZUNG

1. Markiere zuerst das Nomen, auf das sich das Partizip bezieht.
2. Isoliere dann den Wortblock, der aus dem Partizip und den davon abhängigen Ergänzungen besteht (durch Einklammern).
3. Übersetze den Satz ohne diesen Wortblock.
4. Übersetze diesen Wortblock wörtlich und mit Relativsatz.
5. Überprüfe, ob du den Wortblock sinnvoller mit einem Adverbialsatz (weil ..., nachdem ...) wiedergeben kannst.
6. Übersetze den ganzen Satz.

1. Cives a censoribus convocati in Campum Martium conveniunt. 2. Omnes longo agmine instructi lustrationem *(Opferzeremonie)* exspectant. 3. Nam censores cives in Campum Martium convocatos Marti deo mandabunt. 4. Mars deus sacris motus civitatem Romanam servabit. 5. Hostes urbem a Marte servatam non superabunt. 6. Immo vero Romani hostes proelio perturbatos superabunt.

d Füge zu den kursivgedruckten Substantiven die passenden Partizipialausdrücke hinzu:

a) ab imperatore convocati
b) ab imperatore datum
c) convocatos
d) ab hostibus paratas
e) oratione excitatis
f) paratis

1. *Milites* statim conveniunt.
2. Imperator *milites* oratione excitat.
3. Imperator se *insidias* non timere nuntiat.
4. Milites quoque se *insidiis* non terreri confirmant.
5. Et omnes *signum* audiunt.
6. Paulo post imperator cum *militibus* hostes petit.

Z

Prometheus hilft den Menschen

Prometheus vom alten Göttergeschlecht der Titanen hatte die Menschen erschaffen; dies ärgerte die olympischen Götter, weil sie von den Menschen nicht beachtet wurden:

Dei decreverunt: „Homines peribunt. Eos interficiemus.“ Itaque Prometheus deos adiit et cum iis de officiis hominum et de religione consuluit; denique promisit: „Dei ab hominibus colentur. Homines in aris deis sacra facient. Et dei ab hominibus culti eos servabunt iisque aderunt.“ Quod a deis probatum est. Prometheus autem superbia commotus deos fefellit: Magnum taurum[1] necavit. Dimidium[2] tauri necati deis promisit.

[1]taurus *Stier*
[2]dīmidium *Hälfte*

Prometheus hatte aber nach der Zerstückelung des Tieres zwei Haufen aufgeschichtet: Auf die eine Seite legte er die guten Fleischstücke und bedeckte sie mit dem unappetitlichen Magen, auf die andere Seite legte er die kahlen Knochen, die er sorgfältig mit den üppigen und auf den ersten Blick einladenden Fettschichten bedeckte. Jupiter, der allwissende Göttervater, durchschaute sehr wohl diesen Betrug. Trotzdem ging er auf Prometheus' List ein und wählte im Namen der Götter den Teil, der mit Fett bedeckt war; das bedeutete aber für künftige Opfer, dass die Götter jedes Mal Fett und Knochen, also die ungenießbaren Teile eines Opfertieres, erhalten sollten, dass aber die Menschen beim Opfermahl zu Ehren der Götter die Fleischstücke und Innereien verzehren durften.

Iuppiter autem fraudem[3] Promethei vindicare[4] voluit. Itaque Prometheo dixit: „Nos ab hominibus colemur. Homines nobis sacra facient. Sed propter superbiam tuam homines ignem[5] non habebunt. Homines ignem habere non sinam.“ Et Prometheus ea verba Iovis probavit.
Tum autem clam[6] solem[7] adiit; a sole ignem cepit et hominibus dedit. Tum homines igne a Prometheo donati multum valebant: Igne confirmati bestiis imperabant.
Sed Iuppiter ira commotus Prometheum in monte Caucaso[8] in vinculis esse iussit.

[3]fraus, fraudis *Betrug*
[4]vindicāre *rächen, bestrafen*
[5]īgnis, is *Feuer*
[6]clam *heimlich*
[7]sōl, sōlis *Sonne*
[8]mōns Caucasus *Kaukasusgebirge*

Lange Zeit musste der gefesselte Prometheus grausame Qualen ertragen; denn täglich flog ein Adler, der Vogel Jupiters, herbei und fraß von seiner Leber; und Tag für Tag wuchs die Leber wieder nach. Erst Herkules befreite Prometheus von seinen Qualen.

Atlas und Prometheus. Griechisches Vasenbild, um 560 v. Chr.

25 Der Triumph des Paullus

Ein siegreicher Feldherr darf im Triumphzug mit seinem Heer, den Gefangenen und der Beute durch die Stadt Rom ziehen.
Im Jahre 168 v. Chr. war es dem römischen Feldherrn **L. Aemilius Paullus** in der Schlacht bei Pydna endlich gelungen, König Perseus von Makedonien entscheidend zu besiegen. Dieser hatte sein Reich immer mehr ausgedehnt, worauf sich viele griechische Städte und kleinasiatische Fürstentümer an Rom um Hilfe gewandt hatten. Und Rom half tatkräftig und mit Erfolg.
Die Beute, die den Römern in die Hände fiel, war so gewaltig, dass die römischen Bürger fortan keine Steuern mehr bezahlen mussten. Livius und andere antike Historiker berichten, dass in Rom an drei aufeinanderfolgenden Tagen 250 Wagen mit erbeuteten Statuen und Gemälden im Triumphzug mitgeführt wurden; 3 000 Männer sollen 750 Gefäße mit Silbergeld, außerdem Schalen, Krüge und Becher getragen haben; natürlich fand auch eine Parade der siegreichen Truppen samt Feldherr und den Gefangenen statt.

G

Et Caesar et Maiestix erant duces *(Anführer)* potentes. Hic paucis solum Gallis *(Gallier)* imperabat, ille imperium Romanum regebat. Hunc multi propter virtutem laudant, illius virtus a multis auctoribus antiquis laudatur. Huic Asterix et Obelix aderant, ille quondam haec dixit: „Veni, vidi, vici."

T

Der Triumph des Paullus

Omnes cives illuc conveniunt, ubi praeclarum spectaculum videre possunt. Imprimis in foro magna est turba hominum, qui et victorem ducem et regem captum spectare volunt. Nimio gaudio permotus unus e turba: „Mox venient et ad Capitolium ibunt." Ad haec alius dicit: „Cur non in foro triumphi finem facient?"

Cui ille respondet: „Deis quoque, non solum mortalibus debetur triumphus. Nam hos bella gerere, illos autem victoriam dare credimus. Haec iam maiores nostri intellexerunt. Itaque Paullus, postquam illud bellum confectum est, in Capitolio deis gratias populi Romani aget."

Iam incedunt hostiae[1] a sacerdotibus ductae. Tum homines, qui triumphum spectant, valde[2] delectantur: Praeda hostium victorum ostenditur. Clamant: „Ecce, haec signa aurea et marmorea[3], illa arma ex aere facta, illae tabulae pictae[4], illae vestes regiae. Spectate et haec et illa! Tanta pecunia, tantum argentum, tantum aurum, tantum aes!"

Deinde rex captus ante victorem ducitur. Hic auro purpuraque[5] fulget[6], ille in vinculis it. Huius dignitas a duobus filiis augetur, qui post patrem eunt; illius miseriam augent filii simul cum patre capti.

Tum transit agmen longum equitum et legionum, dum turba clamat: „Io triumphe[7]!" *(nach Livius, Ab urbe condita)*

[1]hostia *Opfertier*
[2]valdē *sehr*
[3]marmoreus *marmorn*
[4]pictus *bemalt*
[5]purpura *Purpur*
[6]fulgēre *glänzen*
[7]Iō triumphe! *Hurra, Triumph!*

1 Fertigt anhand von **T** ein Plakat an, auf dem die Aufstellung des Triumphzuges deutlich wird.
2 Verfolge auf der Karte der Stadt Rom den Weg des Triumphzuges, der vom Marsfeld über den Circus Flaminius, das Velabrum und die Via Sacra auf dem Forum zum Kapitol führte.
3 Wo endet der Triumphzug? Wie wird dies in **T** begründet? Erkläre demnach, weshalb dieses Thema „Triumphzug" zur Sequenz „Römische Religion" gehört.
4 Welche Details kannst du auf dem Becher erkennen?

Kaiser Tiberius auf dem Triumphwagen.
Becher von Boscoreale. 1. Hälfte des 1. Jh.s n. Chr. (Paris, Musée du Louvre).

Ü

ⓐ Wer ist jeweils **hic**, wer **ille**?
Achte darauf, dass du nicht durcheinanderkommst.

1. Quis nescit Asterigem et Obelicem?
2. Hunc propter staturam *(Gestalt)* ridemus, illum propter virtutem laudamus.
3. Huic est canis *(Hund)* nomine Idefix, illius auxilio multa pericula prohibentur.
4. Ille potu magico *(durch den Zaubertrank)* incredibilia facit, hic semper multa edere *(essen)* cupit.
5. De hoc et illo narrare oportet.

ⓑ Bestimme das geheimnisvolle x:

nos	:	illi	=	nobis	:	x
eius	:	huius	=	eos	:	x
hanc	:	illam	=	hae	:	x
eos	:	hos	=	eorum	:	x
quas	:	illas	=	quibus	:	x
me	:	hunc	=	mecum	:	x

ⓒ Füge an Stelle der Ziffern die entsprechende Form von **hic** bzw. **ille** ein. Übersetze dann den kurzen Text:
hae – haec – haec – haec – hanc – illa – ille – illum

Multi homines in (1) vicum *(Dorf)* praeclarum Gallorum *(Gallier)* convenerunt. Nam Maiestix, (2) dux virorum fortium, mulieres placare *(beruhigen)* debet. (3) est Epona, uxor ducis. Et (4) est Barbula, quae (5) verbis laedit. Nam Barbula huic infesta est, quia coniunx *(Gatte)* Eponae in scuto *(auf einem Schild)* portatur, cum domo *(aus dem Haus)* exire vult. Dum (6) verbis illius dolet, Obelix adit et (7) dicit: „(8) mulieres delirant *(spinnen)*!"

ⓓ Markiere den Wortblock, der aus dem Partizip und der zugehörigen Ergänzung besteht.
Übersetze dann das Participium coniunctum mit allen bisher gelernten Möglichkeiten:
Servi a domino vocati domum cucurrerunt.

O TEMPORA, O MORES!

SERVA ME,
SERVABO TE.

ⓔ Übersetze die beiden nebenstehenden Sentenzen und versuche nach dem folgenden Beispiel eine freiere Wiedergabe im Deutschen:

Sine Cerere et Baccho *friget* Venus.
Ohne Ceres und Bacchus *friert* Venus.
Ohne Wein und Brot ist die Liebe tot.

Suche für alle drei Sentenzen Beispiele aus deinem Erfahrungsbereich.

ⓕ Setze zu jedem PPP ein passendes Substantiv (im gleichen Kasus) und übersetze dann die Wendung:
permota – factum – victus – capta – confectum – interfecti

Welche Wörter kannst du aus dem Lateinischen erklären?
Auf dem Schulhof wurde die Misere publikgemacht. Aber das war keine exzeptionelle Neuigkeit mehr, denn die Schüler dachten nicht daran, die Instruktionen des Rektors zu respektieren. Als erstes wehrten sie sich gegen die Zensur der Schülerzeitung.

LATEIN LEBT

Z Cäsar – ein Gott?

Merkwürdig kommt es uns vor, dass einige bedeutende Römer „vergöttlicht" wurden; man glaubte also, dass sie unter die Götter aufgenommen worden seien. Von Cäsar wird nach seiner Ermordung Folgendes berichtet:

Primo Brutus et Cassius, postquam Caesarem cum amicis interfecerunt, corpus dictatoris[1] in Tiberim mittere volebant. Tum autem Antonius et Piso, amici Caesaris, eos prohibuerunt et Caesarem publico funere efferri[2] iusserunt.
Quod senatores probaverunt; timebant enim iram populi, qui dictatorem amaverat eiusque mortem dolebat. Immo vero senatores Caesarem ut deum coli decreverunt.
Hoc Antonius consul statim populo indicavit; multi enim cives, qui in forum convenerant, funus[3] spectare studebant. Antonius e Caesaris testamento[4], quod ille paulo ante fecerat, recitavit[5].
Ita cives valde[6] moti sunt; nam Caesar omnes cives post mortem suam trecentis sestertiis[7] donari iusserat. Postquam Antonius togam cruentam[8] de corpore Caesaris movit, populus ad tribunal[9] contendit et dictatoris corpus flammis[10] dedit.
Alii mensas e tabernis mercatorum rapiebant et in flammas eiciebant, alii argentum et aurum.
Denique multi cives ira commoti illos viros, qui Caesarem interfecerant, in viis necare studebant; sed Brutus eiusque comites iam Roma[11] fugerant.
Et ecce, per septem[12] noctes cometes[13] visus est. Ita omnes Caesarem a deis in caelum acceptum[14] esse putabant.
(nach Sueton, Divus Iulius)

[1] dictātor, ōris *Diktator*
[2] fūnere efferrī *zu Grabe getragen werden*
[3] fūnus *n Leichenbegängnis*
[4] testāmentum: *vgl. Fw.*
[5] recitāre *vortragen*
[6] valdē *sehr*
[7] trecentī sestertiī *300 Sesterzen (Silbermünzen)*
[8] cruentus *blutig*
[9] tribūnal *n Podium*
[10] flamma: *vgl. Fw.*
[11] Rōmā *aus Rom*
[12] septem *sieben*
[13] comētēs *m: vgl. Fw.*
[14] in caelum acceptus *in den Himmel aufgenommen*

Das Volk Roms vor Cäsars Bahre. Gemälde von P. Gagliardi.

Das haben wir gelernt.

Der thematische Schwerpunkt der Sequenz lag auf dem Bereich römische Religion. Wenn wir heute durch Museen oder Schlossparks gehen, Wandmalereien auf Deckengewölben oder alte Bilder in Kunstgalerien betrachten, immer begegnen wir Darstellungen der römischen Götter, ja sogar in der modernen Werbung spielen sie mitunter eine Rolle. Deshalb teste dich selbst: Welche der abgebildeten Götter kannst du identifizieren?

In dieser Sequenz gab es folgende Grammatik-Schwerpunkte:
Passiv, **PPP** und **Futur**

ⓐ Das **Passiv** ist dir bereits aus dem Deutsch- und Englischunterricht geläufig. Führe dir nochmals den Perspektivenwechsel vor Augen, indem du mit Hilfe der Grammatik erklärst, was sich jeweils geändert hat:
Senatores legatum Delphos miserunt.
Legatus Delphos missus est.
Legatus a senatoribus Delphos missus est.
Übersetze die lateinischen Sätze auch ins Deutsche und Englische. Was kannst du beobachten?

ⓑ Das **Participium coniunctum** ist eine Spezialität des Lateinischen. Zeige am folgenden Beispiel, dass man es im Deutschen nicht nachahmen, sondern andere Übersetzungsmöglichkeiten wählen sollte:
Perseus rex ab Aemilio Paullo proelio victus et postea captus nunc a civibus hac victoria motis exspectatur.

ⓒ Mit dem **Futur** nimmt es der Lateiner offensichtlich genauer als wir im Deutschen. Und wie ist es im Englischen? Vergleiche:

Cras veniam.	*Morgen* komme ich.	I'll come *tomorrow*.
Tune quoque venies?	Kommst du auch?	Will you come, too?
Certe veniam.	Sicher komme ich.	Certainly I'll come.

Pioniere des Geistes

Wir wenden uns nun verschiedenen Provinzen des **imperium Romanum** zu. Zuerst befassen wir uns mit Griechenland, das für die kulturelle Entwicklung der Römer sehr wichtig war.
Im 2. Jahrhundert vor Christus wurde Griechenland durch den Sieg des Aemilius Paullus (vgl. Lektion 25) zur römischen Provinz Achaia und viele Griechen kamen als Kriegsgefangene nach Rom. Dadurch lernte man in Italien auch die kulturellen Errungenschaften der Griechen kennen. An vielen Stellen des römischen Imperiums entstanden Bauwerke nach griechischem Vorbild, vor allem aber wirkten die griechische Sprache und Literatur auf die Römer.
Man erzählte griechische Sagen, fasste Reden und philosophische Abhandlungen nach griechischem Muster ab und übertrug griechische Theaterstücke ins Lateinische. Dadurch lernten die Römer neue und spannende Geschichten kennen, wurden aber auch mit wichtigen Fragen, die viele Lebensbereiche berührten, konfrontiert: Woher kommen Blitz und Donner? Wer oder was bestimmt mein Schicksal?
Was passiert mit mir, wenn ich mich verliebe? ...
Versucht einmal selbst, auf diese Fragen eine Antwort zu finden. Dabei helfen euch aber auch die Griechen und Römer, die in den nächsten Lektionen vorkommen.

Griechischer Tempel in Pästum (Süditalien).

Relieftafel mit griechischer Schrift.

Odysseus blendet Polyphem (Vasenbild).

26 Der Mythos von Narziss und Echo

John William Waterhouse (1849–1917): Narziss und Echo (Liverpool, Walker Art Gallery).

Besonders wichtig bei der Übernahme kultureller Vorstellungen der Griechen war die Mythologie. Für die Römer der Frühzeit waren die Götter weniger menschlich handelnde Personen, sondern Mächte in der Natur. Nun wird diese Vorstellung durch die griechischen Mythen stark beeinflusst: Neue Götter werden in Rom verehrt und die Welt der römischen Heldensage wird eng mit der griechischen verbunden. Abgesehen von ihrem hohen Unterhaltungswert sind die Mythen der Griechen aber auch in einem anderen Sinne ausgesprochen interessant: Sie erklären nämlich sehr anschaulich, welche Ursachen bestimmte Naturerscheinungen in der Welt haben, die den Menschen umgibt. Das einfachste Beispiel ist sicherlich der Blitz: Nach den heutigen Erkenntnissen der Physik handelt es sich um eine elektrische Entladung, nach der griechischen Mythologie sind es Feuerkeile, die Hephaistos (lateinisch: **Vulcanus**), der Gott der Schmiede, anfertigt und die Zeus (lateinisch: **Iuppiter**) als Waffe benutzt.

Der römische Dichter Ovid (43 v. Chr.–17 n. Chr.) hat in seinen „Metamorphosen" (Verwandlungen) viele Mythen ausgestaltet. Diese wurden dann so bekannt, dass sein Werk und seine Geschichten bis heute berühmt sind.

G

In foro Anna aspicit amicos triumphum spectantes.
Puella nomina amicorum vocans per turbam properat.
3 Subito amicos non iam videt.
Tandem pueri amicam magna voce clamantem aspiciunt et vocant: „Veni, Anna, hic sumus!"
6 Anna gaudet, quod voces amicorum clamantium audit, et ad eos currit.
Tum pueri puellae multa interroganti omnia ostendunt.

Partizip Präsens Aktiv (PPA)

T

Der Mythos von Narziss und Echo

Die Nymphe Echo war von Juno für ihre Geschwätzigkeit damit bestraft worden, dass sie immer nur die letzten Worte von dem wiederholen durfte, was vorher jemand gesagt hatte. In Echos Umgebung lebte Narziss, ein junger Mann, wunderschön, aber auch so stolz und unnahbar, dass er sich keinem anderen Menschen zuwenden wollte.

Quondam Echo, quae in silva vivebat, aspexit Narcissum bestias capientem. Ubi inter arbores vidit hunc iuvenem pulchrum, amore accensa est. Per silvam et agros vestigia eius petens ab eo magis magisque amari cupiebat.
Sed cum eum appellare vult, natura hoc vetat.
Tum demum Narcissus eam audit adeuntem, sed non videt.
Itaque interrogat: „Quis adest?“ – „Adest!“ respondet Echo.
Narcissus verbum auribus accipit et puellam verbum repetentem quaerit. Sed nihil videns: „Cur“, inquit, „me fugis?“ – „Me fugis!“ illa repetit.
Hic autem territus magna voce clamat: „Huc veni!“ Et illa amore ardens vocat vocantem.
Rursus Narcissus: „Te videre volo!“ – Et Echo: „Volo!“
Nunc puella iuveni pulchro occurrit.
Sed ille fugit fugiensque clamat: „Veto corpus meum a te tangi!“
Ita Echo a Narcisso fugiente repulsa est et in silvam se recepit. Hinc sola vivebat in antro[1]. Amor tamen manebat – dolor crescebat. Tandem membra amantis solvuntur; manet vox. *(nach Ovid, Metamorphosen)*

Hirschjagd. Ausschnitt aus dem Mosaik von Westerhofen, Lkr. Eichstätt (Bayern). Beginn des 3. Jh.s n. Chr.

[1]antrum *Höhle*

❶ Vor der Übersetzung:
Ein Schüler und eine Schülerin übernehmen die Rollen der beiden Hauptfiguren und lesen diejenigen Sätze laut vor, die in wörtlicher Rede wiedergegeben sind. Die anderen beschreiben dann, wie das Zusammentreffen der beiden offensichtlich abgelaufen ist. Haltet fest, welches Ende der Geschichte ihr erwartet. Vergleicht nach der Übersetzung das tatsächliche Ende der Geschichte mit euren Erwartungen.

❷ Bildet Gruppen und erstellt eine Abfolge von Fotos zu der Geschichte! Hängt die fertigen Werke aus und vergleicht, bei welcher Gruppe die charakteristische Bewegung der beiden Hauptfiguren (Flucht – Verfolgung) am besten zu sehen ist.

❸ In Ovids Werk nehmen die Hauptfiguren jeweils eine andere Gestalt an. Überlege dir unter diesem Gesichtspunkt ein mögliches Ende des Narziss.

Auch der Dichter Ovid lebt weiter: Das Hotel „Ovidius“ in Venedig.

Ü

a Das Kennzeichen für ein PPA (-nt-) findet sich manchmal auch in anderen Formen. Suche aus der folgenden Liste die Formen heraus, bei denen es sich um ein PPA handelt (Tipp: Bestimme zuerst die Lernform). Die Anfangsbuchstaben dieser Formen ergeben einen wichtigen Begriff aus der Geometrie (übrigens auch ein PPA).
argenti – terrente – ingentibus – ardentis – petunt – vehementia – nescientes – venti – contento – gerenti – excipientium – adulescentium – nuntiantibus – tacens – contendent – exeuntem

Franz von Stuck (1863 – 1928): Narziss betrachtet sein Spiegelbild.

b Dekliniere im Singular und Plural:
puella clamans – iuvenis fugiens – corpus ardens – puer fugere volens – equus currens

c Achte bei der Übersetzung vor allem auf das Zeitverhältnis:
1. Iuno verba a marito dicta falsa esse putabat. 2. Itaque Iovem quaesivit, qui dixerat se in monte bestias capere velle. 3. Iuno autem aspexit Iovem cum virginibus pulchris, quae nymphae *(Nymphen)* appellantur, in monte se delectantem! 4. Protinus Echo nympha deae maritum quaerenti occurrit et multa verba faciens Iunonem diu tenebat. 5. Interea *(inzwischen)* aliae nymphae iram Iunonis timentes celeritate incredibili fugerunt. 6. Denique Iuno ira accensa nympham garrulam *(geschwätzig)* punivit *(bestrafen)*.

ÜBERSETZUNG

Du weißt schon von der Übersetzung des PPP, dass das Partizip durch die KNG-Kongruenz an sein Bezugswort angebunden ist. So ist es auch beim PPA. Markiere in den folgenden Sätzen das Bezugswort des Partizips und isoliere den Partizipialblock (durch Einklammern). Übersetze dann jeden Satz ohne den Partizipialblock; baue zuletzt diesen Wortblock sinnvoll in den Satz ein.

Narcissus et amici bestias capientes per campos et silvas properant. Subito iuvenis amicos non iam videt et eos quaerens solus ad stagnum *(Teich)* venit. Ibi in undis puerum pulcherrimum aquam bibentem aspicit. Iuvenis nesciens se faciem *(Gesicht)* suam videre hunc puerum aquam bibentem tangere cupit. Narcissus autem aquam tangens simul faciem pueri turbat.

LATEIN LEBT

Im Italienischen findest du das lateinische PPA wieder: Wer ist wohl mit den folgenden Bezeichnungen gemeint?
l'amante, il credente, l'ignorante, il mittente, lo studente

WORTSCHATZ

Sammelt aus **T** sämtliche Verben, welche die Hin- und Herbewegungen zwischen Narziss und Echo wiedergeben.
Bildet zwei Gruppen von Verben:
1. Bewegung auf etwas zu 2. Bewegung von etwas weg

d Ordne die Satzteile zu sinnvollen Sätzen und unterstreiche jeweils Partizip und Bezugswort:
1. amicos – cives - thermas – salutant *(begrüßen)* – intrantes
2. etiam mercatores – vident – negotia agentes – in thermis
3. a Romanis – nos quoque – thermas – spectamus – instructas

Z Phaëthon: Hochmut kommt vor dem Fall

Hier eine weitere Geschichte aus dem Schatz der griechischen Mythen – überlege dir bei der Übersetzung, in welchen Fällen diese Begebenheit wohl erzählt wurde! Vielleicht kannst du dir ja auch Situationen in deinem eigenen Leben vorstellen, auf die genau diese Geschichte gut passen würde ...

Phaethon iuvenis semper verba superba faciebat confirmans se filium Solis[1] dei esse. Quia amici ridentes id non credebant, Phaethon ad aedes regias Solis contendit. Aedes auro argentoque factas intravit et patri veste aurea ornato dixit: „Audi preces meas, pater! Ostende et mihi et amicis verba turpia facientibus te patrem meum verum esse.“ Sol respondit: „Tu es filius meus; dabo tibi omnia, quae petis.“ Et Phaethon cupivit currum[2] patris. Ille autem verbis filii territus respondit: „Ingens est, quod petis, Phaethon! Quid putas? Homo es, non deus. Currus ignifer[3] a me tantum regi potest; via nimis periculosa[4] est et vires te deficient. Desine id petere, fili!“ Sed Phaethon non desiit – et tandem Sol puero vehementer roganti paruit. Denique Phaethon currum patris regens periit – et terra[5] sole accensa paene exusta[6] est.

(nach Ovid, Metamorphosen)

[1] Sōl, Sōlis *Sol (der Sonnengott)*

[2] currus *Wagen*

[3] īgnifer *Feuer-, feurig*

[4] perīculōsus: *Adj. zu* perīculum

[5] terra *Erde*

[6] exūrere (-ūssī, -ūstum) *verbrennen*

Welche Stelle aus **Z** ist im folgenden Bild dargestellt? Erläutere, welche anderen Informationen aus **Z** im Bild deutlich werden.

Herabstürzender Phaëthon. Kolorierter Holzschnitt aus dem Mittelalter.

27 Penelope vermisst Odysseus

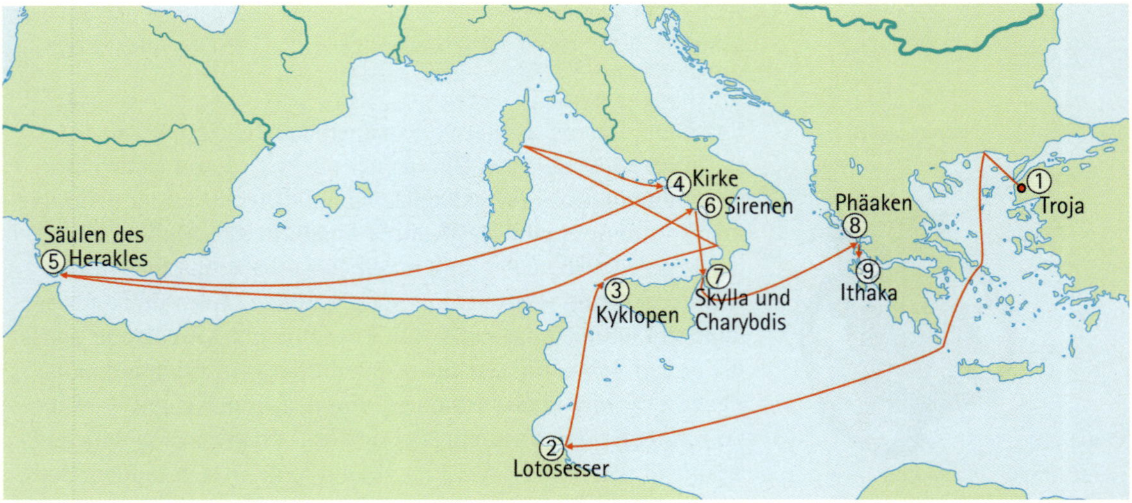

Auf der Karte ist eingezeichnet, wie die Irrfahrt des Odysseus vielleicht verlaufen ist.

Wir haben in der letzten Lektion Verwandlungsgeschichten kennengelernt, die ursprünglich aus der griechischen Mythologie kommen. Zur Sagenwelt der Griechen gehören auch die Berichte von den Taten großer Helden, die ausführlich in Versen erzählt wurden. Diese Geschichten nennt man Epen. Der Dichter **Homer** berichtet in dem Epos „**Ilias**" vom langen Kampf um Troja. In seinen Schilderungen begegnen wir dem griechischen Fürsten **Odysseus** (lateinisch Ulixes), einem Helden, der in jeder schwierigen Lage einen Ausweg weiß – Homer nennt ihn den „listenreichen" Odysseus!

In seinem anderen großen Epos, der „**Odyssee**", schildert uns Homer die Abenteuer, die Odysseus nach der Zerstörung Trojas auf seiner langen Irrfahrt durch fremde Meere und Länder erlebte, bevor er endlich heimkehren konnte. Was bewegte den Helden eigentlich vor seiner Abfahrt? Wohin ging seine Sehnsucht? Wusste er, was er zurückließ? In Gisbert Haefs Roman „Troja" (1997) fragt sich Odysseus, als er bereits lange unterwegs ist: „Wer sitzt auf dem Thron, wenn der Fürst heimkehrt und feststellt, er ist kein Fürst mehr, kein Gemahl und kein Vater?"

Wir wollen uns im Folgenden vorstellen, wie sich die Lage der Zurückgebliebenen auf Ithaka darstellte: Der Trojanische Krieg war zuende; nach ihrem Sieg über die Trojaner waren die überlebenden Helden der Griechen – wenn sie nicht auf ihrer gefahrvollen Rückfahrt umgekommen waren – nach Hause zurückgekehrt. Odysseus wurde von den Göttern noch an einer Heimkehr gehindert.
Auf der Insel Ithaka wartete seit mittlerweile 20 Jahren Penelope auf die Rückkehr ihres Gatten. Inzwischen war eine Menge von sogenannten Freiern, d.h. Männern, die den Platz an Penelopes Seite einnehmen wollten, in den Palast eingezogen. Diese versuchten der Wartenden einzureden, dass Odysseus tot sei und sie einen von ihnen heiraten solle. Penelope aber blieb zurückhaltend und versuchte mit allen möglichen Listen, Zeit zu gewinnen ...

G Ulixes per maria errans convenit nympham *(Nymphe)* pulchram, cui nomen erat Calypso *(Kalypso)*. Quae Ulixem amans per nonnullos annos virum apud se tenuit. Sed Ulixes ipse Penelopam uxorem desiderabat! Calypso animum Ulixis perspiciens tamen eum abire non sivit. Itaque Iuppiter ipse Mercurium ad nympham misit; qui ei vehementer flenti imperavit: „Ulixem dimitte!" Denique Calypso virum multis muneribus ornatum dimisit.

T

Penelope vermisst Odysseus

Während Penelope sehnsüchtig auf ihren Mann Odysseus wartet, hat sie vielleicht eines Nachts weinend und voller Verzweiflung einen solchen Brief geschrieben:

Penelopa Ulixi suo salutem dicit.

Si tu vales, bene est. Ego ipsa non valeo. Hanc epistulam Penelopa tua amore mota tibi non redeunti mittit, Ulixes. Heu me miseram![1] A te – familiam tuam certe desiderante – nullam accepi epistulam, nullum solacium. Sed opus non est te mihi respondere: Ipse veni!

Ego deserta in lecto iaceo; longas et perpetuas vigilias vix sustineo. Animus meus timore agitatur: Nam postquam Troia perdita est, nonnullos comites tuos in patriam redisse vidi – sed te ipsum sub tecto nostro non video. Aliae uxores contentae sunt, sed uxor ducis ipsius sola est. Ita me de vita tua metuentem tristes curae conficiunt. Sine te nihil mihi contingit, nihil me delectat. Ubi tu nunc labores periculaque suscipis? Cur non redis? Domum rediens amorem tuum ostende! Non ignoras: Tua sum. Penelopa coniunx Ulixis semper erit et numquam alii viro nubet. Equidem tibi redeunti amorem meum ostendam!

Nunc turba virorum locum tuum cupientium me premit; non iam sustineo illos, quos tu – absens[2] ipse – opibus tuis alis. Magna est audacia illorum virorum bona tua consumentium. Mihi ipsi vires non sunt in illos inimicos vehementer consulere. Ego ipsa illos eicere non possum. Tu es arx et ara mihi – domum veni!

(nach Ovid, Heroides)

[1] Heu mē miseram! *Ach, ich Unglückliche!*

[2] absēns *abwesend*

Penelope am Webstuhl. Nachzeichnung eines griechischen Vasenbildes um 450 v. Chr. (Chiusi, Museo civico).

❶ Suche alle PPA aus **T** heraus und ordne sie den verschiedenen Personen (Penelope, Odysseus, Freier) zu. Welcher erste Eindruck ergibt sich dadurch von den einzelnen Personen?

❷ Lest in einem Sagenbuch nach, was Odysseus und seine Mitfahrer an den einzelnen Stationen der Irrfahrten erlebt haben. Bildet Gruppen, die je ein Abenteuer vorstellen.

❸ Erkläre, was damit gemeint ist, wenn jemand sagt, er habe eine „Odyssee" hinter sich.

❹ Lies in einem Sagenbuch nach, warum der Kampf um Troja ausbrach (vgl. auch 17 **Z**) und wie er zuende ging.
Welches war die bekannteste List des Odysseus? Wenn es dir nicht mehr einfällt, sieh dir noch einmal das Foto auf S. 106 an und lies 21 **Z** durch.

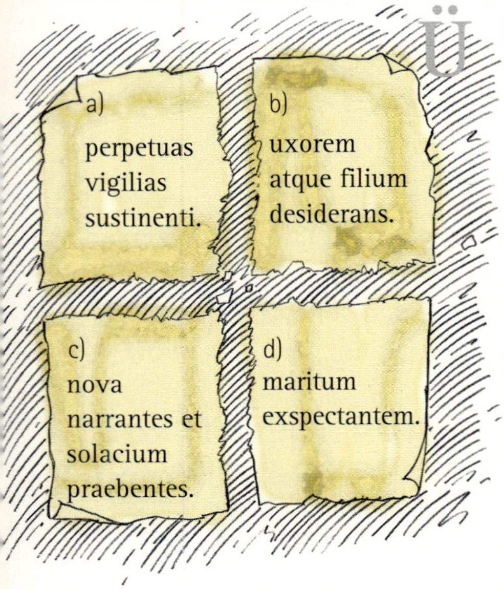

Ü

a Stell dir vor, dass **T** lediglich die Endfassung des Briefes an Odysseus ist und dass Penelope in einer ersten Fassung noch viel mehr Sätze zu Papier gebracht, dann aber doch zerrissen hat.
Diese Schnipsel liegen uns jetzt vor und wir müssen sie ordnen:
Füge die auf der linken Seite abgedruckten Satzfetzen so an die untenstehenden Teile an, dass sinnvolle Sätze entstehen und übersetze diese dann:

1. Iam diu abest maritus 2. Vires non iam sunt mihi
3. Curae ingentes permovent me 4. Semper audire cupio viros

b In ihrer Sehnsucht nach Odysseus hat Penelope sicherlich jedem zugehört, der irgendetwas von ihrem Gatten zu berichten wusste. Vielleicht ist ihr einmal Folgendes passiert: Eine Freundin, die mit ihrem Mann, einem Gewürzhändler, auf Reisen war, erzählt nach ihrer Rückkehr von einer Begegnung in der Hafenstadt Pylos ...
Achte bei der Übersetzung dieser Begebenheit vor allem auf eine jeweils passende Übertragung der Formen von ipse.

„Homines multa et de Ulixe ipso et de amicis eius narrant, sed ego ipsa maritum tuum vidi, Penelopa. Is cum puella ignota, quae pulchris vestibus ornata erat, palam per portum *(Hafen)* ambulabat *(spazierengehen)*. Statim: 'Ulixes!', clamo. 'Ulixes, Ulixes!', repeto – sed subito nauta magna voce me ad navem vocat. Postea Ulixem quaerens circumspectavi *(sich umsehen)*, sed neque Ulixem neque puellam ignotam vidi. Hac ipsa nocte illum portum reliquimus. – Audi, Penelopa, perturbata sum, sed verum est: Ulixes ipse erat!"

c Ist ipse wirklich so neu?
Trage in dein Heft nebeneinander die folgenden vier Tabellen ein und vervollständige sie (im Sg. und Pl.). Setze hinter die Formen, die besonders auffallen und daher genau gelernt werden müssen, ein Ausrufezeichen.

is	ea	id	hic	haec	hoc	ille	illa	illud	ipse	ipsa	ipsum
eius			huius			illius			ipsius		
usw.			usw.			usw.			usw.		

d Amantes non vident. Videntes non amant.
Sucht bzw. überlegt euch ähnliche Sätze (auch im Deutschen), die sich umdrehen lassen.

LATEIN LEBT

Die folgenden Fremdwörter sind offensichtlich von Formen des PPA abgeleitet. Nenne jeweils das PPA (im Nom. Sg.) und den Infinitiv Präsens des betreffenden lateinischen Verbs.

Student, Ignorant, Laborant, Repetent, intelligent, solvent, Tangente, Konsument, Mandant, Regent, Dezernent

Z Plinius an Calpurnia: Sehnsucht tut weh

Der berühmte römische Schriftsteller Plinius, den du bereits aus 23 T kennst, war einmal wegen einer Reise von seiner geliebten Ehefrau Calpurnia getrennt. Im Unterschied zu der Situation, in der sich Odysseus und Penelope befanden, kamen die Briefe seiner Frau tatsächlich bei Plinius an; das erleichterte ihm die Trennung sehr. Und Calpurnia fand während der Abwesenheit ihres Mannes einen besonderen Trost, wie wir aus einem Brief des Plinius wissen:

C. Plinius Calpurniae suae salutem dicit.
Scripsisti[1] te absentia[2] mea tristem esse, sed tibi unum solacium esse:
Pro me libros meos tenes, quos scripsi tibique reliqui.
Laudo, quod me absentem[3] desideras, laudo, quod his ipsis libris solacium invenis!
Sed – vix credes: Quotiens tu ipsa marito absenti magnum solacium das!
Epistulas enim tuas accepi neque eas legere desino.
Te verba pulchra scribentem etiam magis desidero.
Cuius enim verba scripta tam pulchra sunt, huius verba dicta tantum amoris habent!
Tu tamen multas epistulas scribe – nam hae pariter me delectabunt et dolebunt.
Vale! *(nach Plinius, Epistulae)*

[1]scrībere (scrīpsī, scrīptum) *schreiben*

[2]absentia: *Subst. zu* abesse

[3]absēns *abwesend*

❶ In diesem Brief wird deutlich, dass beiden Ehepartnern die Trennung zwar sehr schwerfällt, aber auch erleichtert wird. Wodurch wird Calpurnia und wodurch Plinius getröstet?

❷ Stell dir vor: Eine Person, die du sehr magst, verlässt dich für einige Zeit: Womit könntest du getröstet werden?

Römisches Ehepaar. Fresko aus Pompeji, 1. Jh. v. Chr. (Neapel, Nationalmuseum).

28 Was steckt hinter den Naturgewalten?

Walter Crane (1845–1915): Die Pferde des Neptun (München, Neue Pinakothek).

In den vorausgegangenen Lektionen hast du schon einige Geschichten aus der Sagenwelt der Griechen kennengelernt. Am Beispiel der Nymphe Echo hast du auch erfahren, dass die Vorstellungen der Sagenwelt den Menschen dazu dienten, Erscheinungen in der Natur zu erklären. Der griechische Dichter Homer beschrieb den Gott Poseidon – so lautet der griechische Name für Neptun – einmal so: *„Und Poseidon, der Herr, der Erderschütterer, stieg von dem felsigen Berg herab und schritt weit aus mit seinen Füßen und es erzitterten die großen Berge und der Wald unter den Füßen, wie er dahinging. Dreimal griff er aus mit dem Schritt und mit dem vierten erreichte er sein Ziel. Dort angekommen schirrte er die beiden Pferde mit eisernen Füßen an seinen Wagen, schnell fliegende Pferde mit goldenen Mähnen. Und er kleidete sich selbst auch in Gold und fasste eine goldene gut gefertigte Geißel und stieg auf seinen Wagen. Und er trieb durch die Wogen und es hüpften die Meerungeheuer unter ihm überall her aus den Tiefen und erkannten ihren Herrn. Und voller Freude trat das Meer auseinander und sie flogen ganz leicht dahin und die eiserne Achse des Wagens blieb dabei trocken."*

● Welche Bedeutung hatte der Gott Neptun? Werte zur Beantwortung das Bild und den Text des griechischen Dichters Homer aus.
Male ein Bild, das zeigt, wie der Gott ein Erdbeben auslöst.

G

Vergleiche:
a) Homines deos timent. - Timor hominum magnus est.
b) Homines deos timent. - Timor deorum magnus est.

Eine neue Deklination:
Populus Romanus magistratūs creat *(wählt)*.
Magistratūs Romani populo imperant.
Populus imperio magistratuum paret.
In senatu de bello et pace agitur.
Magistratūs senatui parent.
Auctoritas *(Einfluss)* senatūs magna est.

T Was steckt hinter den Naturgewalten?

Das gebirgige griechische Festland und die vielen griechischen Inseln liegen in einer Region, die häufig von See- und Erdbeben heimgesucht wurde.
Im Jahre 372 v. Chr. wurde die griechische Stadt Helike an der Küste des korinthischen Golfes völlig zerstört und versank in den Fluten des Meeres:

Ad Helicem[1], oppidum Graeciae, erat templum Neptuni sacrum; quem deum homines dominum oceani[2] appellabant et – potentiam eius timentes – colebant. Eundem deum alio nomine Ennosigaeon[3] nominabant. Aliquando[4] complures homines Ionii[5] in hoc templo Neptunum colere voluerunt. Sed senatus huius oppidi eos e templo pepulit.
Et eodem anno totum oppidum ingenti motu terrae et fluctibus maris periit.

[1] Helicē *Stadt am korinthischen Golf in Griechenland*
[2] oceanus: *vgl. FW*
[3] Ennosigaeon *(griech. Akk.) 'den Erderschütterer'*
[4] aliquandō *einst*
[5] Īōnius, a, um *jonisch, aus Kleinasien*

Wie haben die Menschen dieses Erdbeben erlebt?

Praecesserat[6] diu tremor[7] terrae. Quare iidem magistratus, qui antea homines Ionios e templo pepulerant, – sceleris memores – nunc iram Neptuni timebant. Metu dei commoti ex oppido excedere civibus persuadebant.
Tamen multi cives – consilium magistratuum neglegentes – intra domos et moenia oppidi manebant.
At illa nocte tremor terrae crevit: Homines e somno territi non solum moveri omnia, sed etiam verti et frangi credunt. Domos motu terrae cadentes fugiunt, animum demittunt, manus ad caelum tendunt. Omnia luctūs plena sunt.
Audiuntur undique clamores: Alii parentes, alii liberos, alii coniuges vocant. Omnes eodem metu mortis capti sunt.
Audiuntur undique gemitus hominum; audiuntur undique carmina Neptuni sacra.

[6] praecēdere *(Perf. praecessī) vorausgehen*
[7] tremor *Zittern*

Karl Brüllow (1799–1852): Untergang einer Stadt (St. Petersburg, Russisches Museum).

❶ Stelle aus **T** lateinische Begriffe und Formulierungen zusammen, die das Verhältnis zwischen Menschen und Göttern beschreiben.

❷ Wie haben sich die Menschen dem Bericht zufolge das Erdbeben erklärt? Belege deine Antwort mit lateinischen Zitaten.

❸ Informiert euch darüber, wie heute Erdbeben erklärt werden. Diskutiert, ob die heutige Erklärung für Menschen, die eine solche Naturkatastrophe erleben, eine Hilfe darstellt.

Ü

a Suche alle Genitive aus **T** und überlege, ob sie dem Typ a) oder b) aus **G** entsprechen.
Suche nach passenden deutschen Übersetzungen für die Genitive des Typs b).

b Übersetze die folgenden Ausdrücke treffend: **amor patris** (2x), **metus mortis**, **timor Romanorum** (2x), **fiducia** *(Vertrauen)* **sui**

c Übertrage die folgende Tabelle in dein Heft. Bestimme die in **T** vorkommenden Formen dieser Substantive, trage sie ein und vervollständige anschließend die Tabelle.

				Endungen
Nom. Sg.	senatus	magistratus	metus	-us
Gen. Sg.	?	?	?	-ūs
Dat. Sg.	?	?	?	
... usw.				

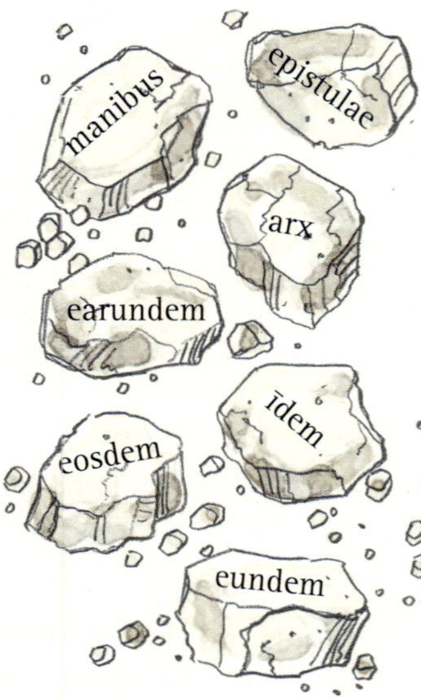

d Ein Erdbeben hat die Wörter durcheinandergebracht!
Stelle Pronomina und mögliche Beziehungswörter wieder richtig zusammen und übersetze.

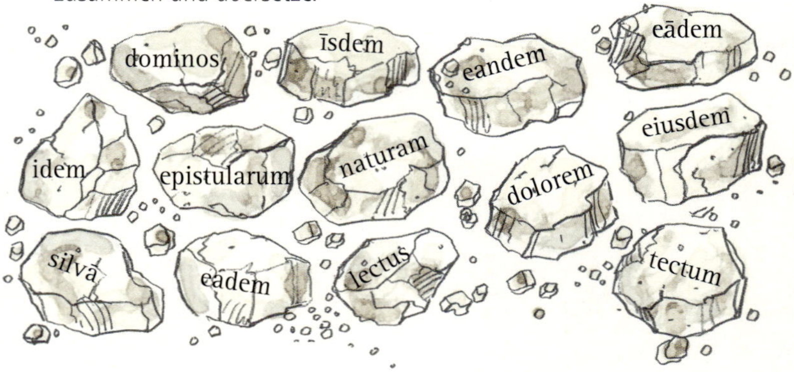

e Ordnung und System!
Ordne die folgenden Substantive in die vorgegebenen Deklinationstabellen ein. Suche nach Ähnlichkeiten zwischen den einzelnen Deklinationsklassen, damit du dir das Lernen durch Hilfen erleichtern kannst.
magistratūs, cenis, cenae, magistratibus, laborēs, domini, magistratu, laborum, dominum, labori, laborem, cenam, magistratuum, labore, domino, cenā, laboribus, laboris, cenas, magistratum, dominorum, dominos, dominis, cenarum, magistratui

	o-Dekl.	a-Dekl.	3. Dekl.	u-Dekl.
Nom.	domin-us	cen-a	labor	magistrat-us
Gen.				
usw.				

LATEIN LEBT

Ordne die folgenden Fremdwörter den Sachgebieten Literatur, Religion, Politik und Medizin zu:

Plenarsaal, Fraktur, Dom, sakral, Magistrat, Epistel, Presse, Delegierter, Fabel, Konfirmation, Kur, Angina

Führe sie auch auf die lateinischen Herkunftswörter zurück.

Z Thales erklärt das Erdbeben

Als Helike zerstört wurde, glaubten die meisten Menschen, dass das Erdbeben durch den Gott Neptun ausgelöst worden sei. In der kleinasiatischen Stadt Milet hatte allerdings schon lange vorher der Philosoph Thales über die Entstehung von Erdbeben nachgedacht.
Er gehörte zu einer Reihe von Männern, die versuchten, die Erscheinungen der Welt mit ihrer Vernunft (griechisch: „logos") zu deuten.
In Europa haben also zuerst die Griechen einen neuen Weg beschritten, Naturerscheinungen zu erklären. Die Römer sind den Griechen auf diesem Weg gefolgt. Und letztlich versuchen auch wir bis heute, die Welt mit Hilfe der menschlichen Vernunft zu verstehen.

Vixerat ante illum motum terrae, quo Helice perdita est, Thales[1] philosophus in Ionia[2]. Qui cogitaverat etiam de causis, quae motum terrae efficiunt[3]: Aqua primum elementum[4] est. Nam orbis[5] aqua portatur ut navis magna et gravis. Motu aquae terram portantis etiam terra movetur ut navis fluctibus agitata.

Multi philosophi, qui postea de natura et de motibus terrae cogitabant, alias causas motus esse dixerunt. Iidem autem animum Thalis laudabant, quod censuit iram deorum non esse causam motuum. Ita philosophus ille ratione[6] timorem deorum vicit – quamquam errabat de veris causis, quae motum terrae efficiunt.

[1] Thalēs, is *Thales*
[2] Iōnia *Kleinasien*
[3] efficere *hervorrufen*
[4] elementum *Grundstoff*
[5] orbis *Erdkreis*
[6] ratiō, ōnis *f* *Vernunft*

❶ Spätere Philosophen hielten die Theorien des Thales teilweise für falsch. Erkläre, weshalb sie ihn trotzdem verehrten.

❷ Informiert euch (z.B. im Internet unter der Adresse www.philosophenlexikon.de), über welche weiteren Probleme Thales nachgedacht hat, und stellt euren Mitschülern die Ergebnisse vor.

Ist doch „logisch"!

LATEIN LEBT

Das griechische Wort „logos" bedeutet *Vernunft* und *planvolles Denken*. So kommt es, dass die Bezeichnungen vieler moderner Wissenschaften, die ihre Wurzeln im antiken Griechenland haben, aus dem Griechischen kommen und oft mit der Endung „-logie" (= Lehre von ...) gebildet werden:

Archäo-logie

Geo-logie

Bio-logie

Psycho-logie

Stelle die Namen weiterer Wissenschaften zusammen und erkläre mit Hilfe eines Lexikons ihre Bezeichnung.

29 Römer und Philosophie?

Philosophenmosaik. Pompeji, 1. Jh. n. Chr. (Neapel, Nationalmuseum).

Mit Thales (vgl. 28 **Z**) beginnen die Griechen um 600 v. Chr., nicht mehr in den Mythen, sondern in der Philosophie Erklärungen über die Götter, die Menschen und die Welt zu suchen. Es geht ihnen dabei um Fragen wie:

- „Bestimmen die Götter oder das Schicksal das Handeln der Menschen?"
- „Was tun wir eigentlich, wenn wir denken?"
- „Wie sollte ein Staat aufgebaut sein?"

So entwickeln dann vor allem Platon und Aristoteles umfassende philosophische Systeme; im 3. Jh. v. Chr. kommen die Gedanken der Stoiker und Epikureer hinzu, die sehr schnell großen Einfluss gewinnen und danach die Geschichte der Philosophie für lange Zeit bestimmen sollten.

In Rom tritt man erst im Jahr 155 v. Chr. in direkten Kontakt mit dieser Art des Denkens. Drei bedeutende Philosophen aus Athen besuchen Rom und vertreiben sich die Zeit damit, ihre seit langem entwickelte Art logisch zu argumentieren öffentlich vorzuführen; so etwas ist in Rom bisher noch unbekannt. Viele Jugendliche reagieren darauf begeistert, die Älteren ablehnend. Vor allem der greise Politiker Marcus Porcius Cato macht massiv Front gegen diese Philosophen, die er abfällig **Graeculi** („Griechlein") nennt.

G

Terra movetur; itaque magistratus urbis homines domos relinquere iubent. Homines autem consilium magistratuum neglegunt. Eo consilio neglecto urbs plena hominum est. Itaque multi eorum muris domuum laeduntur et interficiuntur. Muris homines laedentibus magnus clamor auditur. Nunc demum homines urbem deserunt. Urbe deserta nemo redit.

Ablativus absolutus

M. Porcius Cato, 234–149 v. Chr. (Paris, Musée du Louvre).

Mark Aurel, Kaiser von 161–180 n. Chr. (Rom, Nationalmuseum).

T

Römer und Philosophie?

Cato stellt im Senat den Antrag, die Philosophen aus Rom auszuweisen:

„Dico vobis, patres conscripti: Ex urbe pellere debemus illos philosophos Graecos, qui orationibus suis non solum mutabunt animos adulescentium Romanorum, sed etiam exstinguent civitatem nostram! Civitatis nostrae interest adulescentes Romanos orationibus eorum aures non praebere. Orationibus Graecorum auditis multi eorum philosophiam magni aestimare incipiebant; magna pars eorum mox huic disciplinae studebit.

At si id facient, civitas nostra peribit. Credite mihi: Sententiis philosophorum Graecorum cognitis adulescentes nostri corpora non iam exercebunt; vim corporum neglegent. Vi corporum neglecta inopiam laboresque non iam sustinebunt et in bellis male pugnabunt. Sed periculis ingentibus imperio nostro instantibus necessarium est milites Romanos magna vi pugnare. Quod si non iam facient, imperium amittemus; denique urbs ipsa ab hostibus petetur.

Quare vos moneo: Vindicate in illos Graecos, qui iuvenes Romanos docent; damnate eorum philosophiam! Nam philosophia causa funeris nostri erit. Dum vivam, nullo modo sinam iuvenes Romanos philosophia Graeca corrumpi. Itaque illos Graecos ex urbe nostra expellite! Philosophis ex urbe pulsis mores nostri non peribunt."

Hac oratione habita nonnulli senatores his verbis acerbis restiterunt. Sed Catone iterum atque iterum Graecos reprehendente animi senatorum mutati sunt. Denique expulsio[1] philosophorum decreta est.

[1] expulsiō, ōnis *Vertreibung*

Das untere Bild zeigt Mark Aurel, der zwischen 161 und 180 n. Chr. Kaiser war. Er hatte eine für einen römischen Herrscher seltene Leidenschaft, die Philosophie. Um dies sichtbar zu machen, trug er einen Vollbart, damals ein typisches Kennzeichen für einen Philosophen. Mark Aurel verfasste sogar eine umfangreiche philosophische Abhandlung, und zwar in der Sprache der Philosophie, dem Griechischen.

❶ Erkläre das Sprichwort: Barba *(der Bart)* non facit philosophum.

❷ Vergleiche die Bilder von Cato und Mark Aurel und überlege, welche Art von Mensch in den Gesichtern erkennbar werden soll.

❸ Erläutere anhand von **T**, was Cato aufgrund des griechischen Einflusses für das Leben in Rom befürchtet.

Ü

ⓐ Stelle alle Partizipien aus **T** in einer Liste zusammen und notiere dazu die Bezugswörter. Vergleiche dein Ergebnis mit den Listen deiner Mitschüler.

ⓑ Wenn man das Partizip eines Ablativus absolutus mit seinem Bezugswort verbindet, entsteht eine Wortgruppe. Finde in **T** solche Wortgruppen und suche verschiedene Wiedergabemöglichkeiten für das Deutsche. Überlege, welche Übersetzung dem Lateinischen am nächsten kommt.

ⓒ Suche im folgenden Satzgefüge die Partizipien. Beschreibe den Unterschied in ihrer grammatischen Verwendung.
Verbis philosophorum cognitis Cato habuit orationem a multis senatoribus laudatam, in qua philosophi damnati sunt.

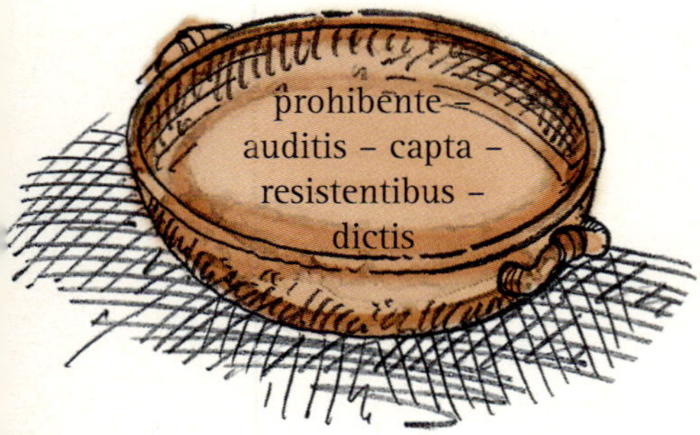

ⓓ Im Topf stecken verschiedene Partizipien. Füge in jeden Satz ein Partizip ein, sodass sinnvolle Aussagen entstehen:

1. **His verbis ? Cato abiit.**
2. **Nullo hoste ? milites Romam petunt.**
3. **Troia ? Graeci in patriam redierunt.**
4. **Verbis philosophorum ? adulescentes imperium non iam defendent.**
5. **Multis hostibus ? Caesar arcem urbis capere non potuit.**

ⓔ Der Unterschied zwischen Aktiv und Passiv ist bei Partizipien wichtig:
Magistro *(Lehrer)* **reprehendente liberi non gaudent. –**
Magistro *(Lehrer)* **reprehenso liberi gaudent.**
Erkläre den Unterschied zwischen den beiden Sätzen.

ⓕ Füge mit Hilfe eines Ablativus absolutus die beiden Einzelsätze zu einem einzigen Satz zusammen:

Orationes	**ab adulescentibus Romanis**	**laudatae sunt.**
Cato	**philosophos in urbe manere**	**vetuit.**

Übersetze den entstandenen Satz. Welche Sinnrichtung passt für die Wiedergabe des Ablativus absolutus?

LATEIN LEBT

lateinisch:	**philosophia**	**philosophus**	**philosophicus**
deutsch:	*Philosophie*	*Philosoph*	*philosophisch*
englisch:	*philosophy*	*philosopher*	*philosophical*
französisch:	*philosophie*	*philosophe*	*philosophique*
italienisch:	*filosofia*	*filosofo*	*filosofico*

1. Sucht das Wort 'Philosophie' in weiteren Sprachen.
2. Entwerft eine ähnliche Liste zu einem anderen aus dem Lateinischen oder Griechischen stammenden Wort.

9 Beachte das Zeitverhältnis und übersetze:
hostibus pulsis – his epistulis cognitis – bello confecto – calamitate nuntiata – Caesare imperante – philosopho docente

Z Gespräch über den Philosophen Epikur

70 Jahre nach Catos Tod sprechen Memmius (M) und Lucretius (L) über Epikur (Epicūrus):

M: Dic mihi: Cur amas philosophiam Epicuri?

L: Epicurus non solum mihi ipsi, sed etiam omnibus hominibus donum magnum dedit: A metu deorum nos liberavit.

M: Quid dicis? Nonne credit Epicurus homines a deis regi?

L: Dicit deos neque in caelo nostro esse neque vitam hominum temperare. Intellegisne Epicurum hoc modo cunctos homines liberavisse? Sententiis Epicuri cognitis animus meus non iam turbatus est: Nam doctrina[1] eius metum deorum tollit. Metu deorum sublato felix[2] vivo. Gratias ago Epicuro.

M: Mihi persuasisti. Certe necessarium est multos Romanos studere huic doctrinae. Quare ostende praecepta[3] eius verbis tuis!

L: Quod faciam et Epicuro ducente philosophiam docebo.

(nach Lukrez, De rerum natura)

[1] doctrīna *Lehre*
[2] fēlīx *glücklich*
[3] praeceptum *Vorschrift*

Raffael (1483–1520): Die sog. Schule von Athen mit einer Darstellung aller berühmten griechischen Denker, im Zentrum Platon und Aristoteles. Fresko, um 1508–11 (Rom, Vatikan).

30 Die Tragödie der Antigone

Das Dionysos-Theater am Fuß der Akropolis in Athen, 4. Jh. v. Chr.

Im Dionysos-Theater in Athen fanden jährlich zu Ehren des Gottes Dionysos Theateraufführungen statt. Mehrere Dichter traten mit ihren Theaterstücken in einen Wettstreit. Eine Aufführung bestand aus drei ernsten und einem komischen Theaterstück: drei Tragödien und einer Komödie. Die berühmtesten athenischen Tragödiendichter waren Aischylos, Sophokles und Euripides. Bekannte Komödiendichter waren Aristophanes und Menander.
Alle Athener besuchten die Aufführungen. Der Eintritt war frei. In den Theaterstücken wurden Probleme behandelt, die das ganze Volk und sein Zusammenleben betrafen, zum Beispiel Krieg und Frieden, Gewaltherrschaft, Gehorsam und Auflehnung, Frömmigkeit, Männer und Frauen.
Später nahmen sich auch Dichter in Rom diese Theaterstücke zum Vorbild; von Rom aus wurden sie zum kulturellen Erbe Europas. So werden die Dramen der Griechen auch heute auf Bühnen in der ganzen Welt aufgeführt.

● Informiere dich über die Titel griechischer Theaterstücke und versuche herauszufinden, ob einzelne Stücke zur Zeit in deutschen Theatern aufgeführt werden. (Suchtipp: Internetausgabe der Zeitung 'Die Zeit' oder unter www.kulturkalender.de)

G Vergleiche den lateinischen Satz und die deutschen Wiedergabemöglichkeiten.

Philosophis ex urbe pulsis tamen Romani philosophiae studebant.

a) Nachdem die Philosophen aus der Stadt vertrieben worden waren, interessierten sich die Römer dennoch für Philosophie.
b) Obwohl die Philosophen aus der Stadt vertrieben worden waren, interessierten sich die Römer dennoch für Philosophie.
c) Die Philosophen waren aus der Stadt vertrieben worden; aber trotzdem interessierten sich die Römer für Philosophie.
d) Trotz der Vertreibung der Philosophen aus der Stadt interessierten sich die Römer für Philosophie.

T

Die Tragödie der Antigone

Der griechische Dichter Sophokles stellt in verschiedenen Tragödien das Schicksal der Königsfamilie von Theben dar: Sie ist durch einen Fluch zum Unheil verdammt. Darunter hat schon König Ödipus fürchterlich gelitten. Aber auch seine Söhne Eteokles (Eteoclēs, Eteoclis) und Polyneikes (Polynīcēs, Polynīcis) und die Töchter Antigone und Ismene können dem Verderben nicht entgehen:

Post Oedipodis mortem Eteocles et Polynices de imperio urbis certaverunt[1]. Denique Polynices Thebas reliquit et ad Argos[2] iit. Ibi multis sociis collectis ad Thebas magno cum exercitu rediit. Qui exercitus Polynice duce ante portas Thebarum proelium commisit. Eteocles urbem defendit. Fratribus in proelio occisis Creon avunculus[3] imperium in urbe obtinuit.

Antigona et Ismena in scaenam[4] procedunt:

I: Quid mente agitas, soror? Video te dolore commotam per domos Oedipodis, patris nostri, errare.

A: Creonte auctore Eteocles frater magno in honore est, corpus autem Polynicis iacet insepultum[5]. Morte puniet[6] Creon eum, qui Polynicem sepulcro[7] condet. – Quo flagitio cognito mentem tuam ostende! Scio te honestam esse deisque parere. Dei autem Polynicem sepulcro condi iubent.

I: O miseram sororem! Creonte talia iubente quid facere possumus?

A: Una mecum Polynicem fratrem meum et tuum sepulcro conde!

I: Rege id prohibente magnum facinus audes. Cave iram Creontis! Aditum ad fratrem difficilem esse audivi; nam custodes armati a Polynice omnes prohibent.

A: Sed fratrem non sepelire[8] flagitium est. Id faciam, quod et deis debetur et fratri!

I: Mulieres sumus; legibus urbis a viris constitutis parere oportet. Nos deos obsecrare debemus – ita veniam impetrabimus, si Creonti nunc paremus. Equidem Creonte invito tantum facinus committere non audebo.

A: Tu menti tuae pare! Ego sola fratrem sepulcro condam.

Fratre sepulto Antigona a Creonte morte punita est.

(nach Sophokles, Antigone)

[1] certāre *streiten*
[2] ad Argos *nach Argos (griechische Stadt)*
[3] avunculus *Onkel*
[4] scaena *Bühne*
[5] īnsepultus *unbeerdigt*
[6] pūnīre *bestrafen*
[7] sepulcrum *Grab*
[8] sepelīre (*PPP* sepultum) *beerdigen*

❶ Den Bruder beerdigen oder nicht? Formuliere die Argumente, die Ismene und Antigone nennen, mit deinen Worten und gib die Zeilen des lateinischen Textes an, auf die du dich beziehst.

❷ Um welche konkrete Problematik geht es in der „Antigone"?

❸ Antigone streitet in der Tragödie auch mit Kreon. Erfindet einen Dialog zwischen Antigone und Kreon, in dem auch Argumente Kreons deutlich werden.

Ü

a Suche die Sätze in **T**, die einen Ablativus absolutus enthalten, und erprobe verschiedene Übersetzungsmöglichkeiten.

b Die Ablativi absoluti und die deutschen Fortführungen der Sätze sind durcheinandergeraten. Ordne sie richtig zu und wähle für den Ablativus absolutus jeweils eine treffende Übersetzung.
Antigone hat den Bruder begraben, aber Soldaten Kreons haben sie beobachtet. Das Schicksal nimmt seinen Lauf:

1. Antigona a militibus capta ...
2. Civibus in forum convocatis ...
3. Mente puellae non mutata ...
4. Ira Creontis magis magisque aucta ...
5. Antigona a Creonte damnata ...
6. Antigona interfecta ...
7. Morte filii Haemonis nuntiata ...

a) ... machte Kreon Antigone in aller Öffentlichkeit bittere Vorwürfe, dass sie einem Feind des Vaterlandes – gegen seinen ausdrücklichen Befehl - die Ehre eines Begräbnisses hatte zuteil werden lassen.
b) ... wurde sofort Kreon benachrichtigt.
c) ... erkannte Kreon, dass er sich durch seine Härte gegenüber der mutigen Antigone selbst ins Unglück gestürzt hatte.
d) ... nahm sich auch Hämon das Leben.
e) ... geriet Kreon fürchterlich in Zorn.
f) ... ließ sich Antigone von ihrem wütenden Onkel trotzdem nicht einschüchtern.
g) ... stürzte der Sohn des Kreon, Hämon, der Antigone liebte, in tiefe Verzweiflung.

Antigone vor Kreon. Süditalienisches Vasenbild, um 380 v. Chr. (London, British Museum).

c Triumph im Eiscafé!
Finde passende deutsche Wendungen für die nominalen Ablativi absoluti, die in dieser Geschichte stecken.

Es geschah an einem ganz normalen Schultag. MARCO AUCTORE fasste die Klasse 8b einen waghalsigen Entschluss: Das italienische Eiscafé gegenüber der Schule sollte erobert werden und tägliche Tributleistungen in Form von Eiskugeln zahlen. AUGUSTO IMPERATORE brachen die Legionäre der Klasse (die Jungen natürlich!) morgens um neun Uhr unter den bewundernden Blicken der Mitschüler aus der Schule auf. Die Mädchen sollten zuerst die beiden italienischen Kellner ablenken. MAGISTRĀ DUCE (magistra = *Lehrerin*) gelang ihnen das auch ganz hervorragend! PUERIS INVITIS stürmten diese aber dann gleich selbst in das Café und machten mit dem Inhaber aus, dass sie in Zukunft umsonst Eis essen dürften, wenn sie die geplanten Tributleistungen an die Schule verhindern würden. SCELERE PUELLARUM MANIFESTO zogen sich die Jungen maulend zurück ...

LATEIN LEBT

Unsere Theater leben bis heute aus den Wurzeln der griechischen und römischen Antike. Informiert euch über Bedeutung und Ursprung folgender Wörter:

Theater, Orchester, Szene, Autor, Tragödie, Komödie, Drama, Monolog, Dialog, Chor, Person.

Z

Ödipus erkennt sein Schicksal

Ödipus war der Sohn des Lajos und der Jokaste, des Königspaares von Theben. Er sollte als Kind in der Wildnis ausgesetzt werden, weil seine Eltern eine fürchterliche Prophezeiung bekommen hatten: Er werde seinen Vater töten und die eigene Mutter heiraten. Aber ein mitleidiger Hirte hatte ihm das Leben gerettet, sodass Ödipus überlebte und heranwuchs. Eines Tages machte sich Ödipus, der nicht wusste, wer er wirklich war, auf die Reise nach Theben. Auf dem Weg traf er auf seinen Vater Lajos, den er nicht erkannte. Die beiden gerieten in einen heftigen Streit, in dessen Verlauf Ödipus seinen Vater tötete.

Patre interfecto Oedipus Thebas venit et uxorem regis in matrimonium duxit[1], ignorans eam matrem suam esse. Matre in matrimonium ducta[1] regnum obtinuit. His sceleribus commissis tota urbs a deis punita est[2]. Multis civibus peste[3] interfectis Oedipus oraculum de causa pestis consuluit. Oraculum iussit hominem, qui Laium necaverat, puniri[2]. Quare Oedipus curā civium commotus non dubitavit quaestionem de morte regis instituere[4]. Multos homines interrogavit. Tandem fatum suum cognovit: Intellexit se ipsum patrem necavisse et matrem in matrimonium duxisse.
Scelere suo cognito Oedipus oculos sibi ipse effodit[5] Thebasque reliquit.

[1] in mātrimōnium dūcere *heiraten*
[2] pūnīre *bestrafen*
[3] pestis *Pest*
[4] quaestiōnem īnstituere *eine gerichtliche Untersuchung einleiten*
[5] effodere (*Perf.* effōdī) *ausstechen*

Szenenbild einer Aufführung des Dramas „Ödipus" im Schauspielhaus am Gendarmenmarkt Berlin (1929).

31 Phädra zwischen Vernunft und Wahnsinn

Aischylos

Sophokles

Euripides

Besonders wichtig für die Geschichte des Dramas in Europa wird der athenische Tragödiendichter Euripides: Nur wenige Jahre jünger als Sophokles legt er in seinen Stücken besonderen Wert auf die Darstellung menschlicher Leidenschaften und auf das Verhalten von Menschen in Extremsituationen.
Diese Themen greifen dann auch die lateinischen Dramendichter auf. Die einzig vollständig erhaltenen römischen Tragödien sind die des Philosophen Seneca. Dieser war im 1. Jahrhundert n. Chr. nicht nur der Erzieher des Kaisers Nero, sondern vor allem auch ein bedeutender Philosoph, wodurch seine Bearbeitungen der bekannten mythischen Stoffe eine ganz besondere Ausprägung erhielten.
Die Tragödien Senecas übernahmen schließlich eine Art Mittlerfunktion zwischen den antiken Tragödien und den späteren Werken. So werden sie z.B. in der Zeit der Renaissance (das ist die Zeit der Rückbesinnung auf die Antike am Ende des Mittelalters) von vielen Dichtern nachgeahmt und haben auf diesem Weg das europäische Theater bis heute geprägt.
An ein Stück Senecas mit dem Titel „Phädra" ist der folgende Text angelehnt.

G

SYRUS: Cui placuit fabula de Antigona acta?
MARCUS: Mihi non placuit, quia res tristis est. Res tristes mihi non placent. Num tibi placuit ea fabula, Cornelia?
CORNELIA: Antigona mihi placuit. Hanc feminam exemplum magnae fidei esse puto!
SYRUS: Visne audire aliam fabulam tristem?
CORNELIA: Cur rogas? Equidem omnes tragoedias amo.

e-Deklination – Interrogativpronomen – Wort- und Satzfragen

Phädra mit einer Sklavin. Wandmalerei aus Pompeji, 1. Jh. n. Chr. (Neapel, Nationalmuseum).

T

Phädra zwischen Vernunft und Wahnsinn

Phädra ist die zweite Frau des Theseus, des Königs von Athen. Als Theseus längere Zeit fort ist, verliebt sich Phädra leidenschaftlich in Hippolytos, den Sohn des Theseus aus erster Ehe, also ihren Stiefsohn. Dieser ist ein zurückhaltender, aber auffallend schöner junger Mann, der sehr naturverbunden ist und gern auf die Jagd geht. Aus Frauen macht er sich jedoch noch gar nichts. Phädra hingegen wird sich ihrer Verwirrung immer stärker bewusst – sie kann doch nicht dieser Liebe nachgeben! Als sie auch noch ihre Heimat Kreta zu vermissen beginnt, die sie an die vergangene Zeit ihrer Freiheit erinnert, schaltet sich Phädras alte Amme ein:

PHAEDRA: O magna Creta, domina maris vasti: Cur me vitam in malis lacrimisque agere cogis? Nunc sola hic sum, quia Theseus abest neque fidem praestat uxori. At tamen ego adventum mariti desidero. Nam dies noctesque crescit et ardet malum, quod vehementer me sollicitat: Labores meos subire et deos donis colere mihi non iam libet, sed semper in silvis montibusque esse volo. – Quo petit animus meus?

NUTRIX[1]: Quam mulierem desperatam audio? Quid, misera, verbis tuis dicere vis? Quidnam illud malum est?

PHAEDRA: Amore Hippolyti incensa sum. – Satisne dixi?

NUTRIX: Quem amas? Nonne id te pudet? Hippolytus quasi filius tuus est! Te spei turpi dedis! Exstingue, Thesei clara coniunx, flammas amoris. Num dubitas? Num amori tuo cedere vis?

PHAEDRA: Res ita est, ut dixisti. Amore non levi capta sum. Equidem flammas amoris in animo meo exstinguere non possum. De ea re omnem spem deposui. Qui deus amorem exstinguet?

NUTRIX: Spem salutis in virtute tua ponere debes! Aliter res adversae nobis accident.

PHAEDRA: Id verum esse scio, sed – cui ea bona consilia das? Mihi ratio deest: Furor me vicit et regit. *(nach Seneca, Phaedra)*

[1] nūtrīx *Amme*

❶ Suche zu jeder in **T** vorkommenden Frage das Wort, das dir zusätzlich zum Satzzeichen das Signal gibt, dass es sich hier um eine Frage handelt. Stelle die entdeckten Wörter in einer Liste zusammen und bilde dabei möglichst sinnvolle Gruppen.

❷ Beschreibe mit eigenen Worten den Konflikt, in dem sich Phädra befindet. An welcher Stelle in **T** wird er besonders deutlich?

❸ Die Tragödie „Phädra“ wurde von mehreren bekannten Schriftstellern Europas immer wieder neu geschrieben. Könnt ihr euch vorstellen, wie eine heutige Fassung dieses Tragödienstoffes aussehen müsste, damit ihr sie gespannt lest? Formuliert in Kleingruppen den Dialog aus **T** in einer modernen Version (auch als Drehbuch möglich).

Ü

a Dekliniere (im Singular und Plural) nebeneinander in deinem Heft dies und nox. Markiere die Gemeinsamkeiten.

b Bestimme und übersetze:
1. vires (2), consules (3), aspicies, dies (3), vides, incipies, aes, amantes (2), abes (2), tristes (2), statues.
2. verum (2), rerum, puerum, liberum, umerum, carminum.
3. se (2), spe, sorore, considere, iucunde, nubere.

c Ein bewusstloser Mann liegt am Boden. Um ihn herum stehen mehrere Menschen, die laut Fragen stellen:
Quis est? Ubi vivit? Cur ...
Skizziere zusammen mit zwei Mitschülern ein Bild, auf dem diese Situation abgebildet ist. Tragt dann diese und weitere denkbare Fragen in Sprechblasen ein.

d Zwei Besucher der Tragödie „Phädra" haben nur noch Plätze in der letzten Reihe bekommen. Einer der beiden ist kurzsichtig und lässt sich von seinem Begleiter die Situation auf der Bühne beschreiben.
Er fragt: „Quid vides?" Schreibe die weiteren Fragen auf, mit denen er die in den Antworten kursiv gedruckten Wörter erfragt:
1. *Mulierem tristem* video.
2. Magna voce clamat, *quia patriam non iam videt.*
3. *Nutrix* manum dat mulieri.
4. Mulier tristis *flammas amoris* exstinguere non potest.
5. Nutrix *feminae* bona consilia dat.

Deklinationenwürfel

Jeder Würfel ist beschriftet mit Formen zweier Wörter. Auf den gegenüberliegenden Seiten stehen die entsprechenden Formen des anderen Wortes. Wie lauten diese?

Griechische Theatermasken und Szenenrekonstruktion aus einer Komödie des Aristophanes, um 400 v. Chr. (München, Deutsches Theatermuseum).

Z So benimmt sich keine Römerin!

Im 1. Jh. v. Chr. hat man in der römischen Gesellschaft viel über die Lebensweise der Patrizierin Clodia gelästert, die angeblich ein Verhältnis mit einem jüngeren Mann aus der Nachbarschaft, einem gewissen Cälius, hatte. Dieses Gerücht benutzt auch der Redner Cicero, um den politischen Einfluss der Clodia zu schwächen. In einer Rede vor Gericht wendet Cicero dazu folgenden Trick an: Das Publikum soll sich vorstellen, mit welchen Worten Clodia von ihrem eigenen Bruder beschimpft und erniedrigt werden könnte:

„Quid facis tumultum[1], soror? Quid furori te dedis? Quid clamorem tollis et multis verbis parvam[2] rem magnam facis? Adulescentem aspexisti; corpus pulchrum et oculi te tetigerunt; semper eum videre voluisti.
Visne nunc tu, nobilis mulier, illum filium patris parci[3] tuis opibus vincire[4]? Cave: Id tibi non continget; ille te repellet neque tua dona tanti[5] esse putabit.
Cur mens tua nunc non redit? Obsecro te: Habes ad Tiberim hortos[6], quo omnes iuvenes conveniunt; ibi multos iuvenes, multos amores novos invenies. Cur hunc adulescentem nullo modo te cupientem premis?“ *(nach Cicero, Pro M. Caelio oratio)*

[1] tumultus *Tumult, Aufruhr*
[2] parvam rem magnam facere *„aus einer Mücke einen Elefanten machen"*
[3] parcus *sparsam*
[4] vincīre: *zu* vinculum
[5] tantī esse *so viel wert sein*
[6] hortus *Garten, Park*

In der Art und Weise, wie Cicero den Bruder sprechen lässt, wird die Einschätzung von Clodias angeblichen Verfehlungen sehr deutlich. Ermittle, welche Rolle gerade die Fragesätze hierbei spielen, indem du sie (im Deutschen) als Aussagen formulierst!

Beschreibe, welche besonderen Tugenden eines Ehepaares du aus dem Relief ableiten kannst und welche „Gefahren" für genau diese Tugenden die Statue der Aphrodite ausstrahlt. Beziehe deine Beobachtungen auch auf **T**.

Die Griechen entdecken den „Logos"

Die Philosophie der Griechen bot ein völlig neues System zu denken, sich Unbegreifliches zu erklären ... Du hast in den letzten Lektionen einige Philosophen kennengelernt, die verschiedene Denksysteme vertraten. Kennst du auch diesen Philosophen?

a Informiere dich in einem Fremdwörterlexikon über Ursprung und Bedeutung folgender Wörter: Politik, Demokratie, Theologie, Psychologie und Physik.

b Griechische Mythen prägen europäische Literatur, Kunst und Musik bis in unser Jahrhundert.
Füge die Namen bekannter mythischer Heldinnen und Helden im richtigen Kasus in folgende Sätze ein: Num ? amore Hippolyti incensa est? Polynice sepulcro *(Grab)* condito ? a Creonte capta est. Troia capta ? per multa maria errabat. ? currum *(Wagen)* patris regens periit.

c Übertrage die Tabelle in dein Heft und setze die folgenden Namen an den richtigen Stellen ein: Thales, Homer, Kaiser Mark Aurel, Ovid, Platon, Aristoteles, Aischylos, Epikur, Sophokles, Lukrez, Euripides, Seneca

Kulturelle Leistungen der Griechen	Römische Vermittler der griechischen Kultur
Griechische Verwandlungssagen	?
Heldensagen: ?	Vergil
Griechische Philosophen: ? , ? , ? , ?	? , Cicero, Seneca, ?
Tragödiendichter: ? ? , ? , ?	?

Die Römer profitieren vom Orient

Rom war über seine Beziehung mit Griechenland auch in Kontakt mit Kleinasien getreten. Die Städte an der kleinasiatischen Westküste waren zwar in ihrer Lebensform griechisch geprägt, doch sie unterschieden sich von Griechenland in einem wichtigen Punkt: Hinter ihnen standen bedeutende Kulturen des Orients. Es fügten sich hier griechisches Denken und orientalische Prachtentfaltung zu einer einmaligen Verbindung zusammen. Dies war für die Römer besonders anziehend.

Ephesos. Hafenstraße

Troja. Rekonstruktion der antiken Stadtmauer.

Priene. Bouleuterion (Rathaus)

Pergamon. Zeusaltar (Berlin, Pergamonmuseum)

⬢ Sucht auf einer modernen Karte der türkischen Westküste Orte, die zu einer Besichtigung empfohlen werden, und sammelt Material zu diesen Orten.

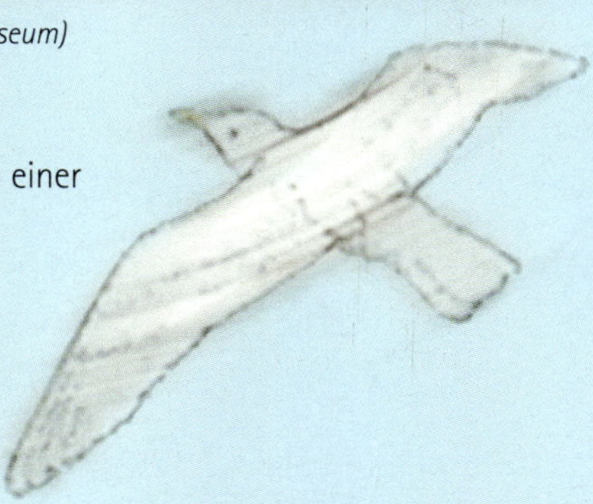

32 Äneas verliert seine Frau

Federico Fiori Barocci (1526–1612): Äneas' Flucht aus Troja (Rom, Galleria Borghese).

Wie du schon weißt, beginnt die Geschichte von der Gründung Roms mit der Zerstörung Trojas in Kleinasien (vgl. Lektion 21). Du erinnerst dich: Äneas verlässt in göttlichem Auftrag seine zerstörte Heimat, um nach Italien zu segeln. Die Hausgötter, seinen Vater und seinen Sohn nimmt er mit. Aber was wird aus der Mutter seines Sohnes, seiner Gattin Krëusa?

Unterwegs trifft er die Königin Dido, verliebt sich in sie – verlässt sie dann aber auf göttliche Weisung, weil er den Auftrag hat, in Italien eine neue Heimat zu finden.

● Wie gelang es nun den römischen Dichtern, den Urvater der Römer als Vorbild hinzustellen, ohne ihn als rücksichtslos gegenüber Frauen erscheinen zu lassen? Der Text gibt wieder, wie der Dichter Vergil die Trennung von Äneas und Krëusa erzählt.

G

Marcus fortis est. Iulia fortior est.
Cornelia fortissima est.
Iulia fortior est quam Marcus.
Cornelia fortior est Iuliā.
Cornelia omnium fortissima est.

T

Äneas verliert seine Frau

Das trojanische Pferd hatte seinen Zweck erfüllt und den Griechen geholfen, die uneinnehmbaren Befestigungsmauern Trojas durch eine List zu überwinden. Die Griechen wüten fürchterlich in der fast vollständig eroberten Stadt:

Nobilissimi Troianorum patriam fortiter defendebant, sed Graeci fortiores erant Troianis. Qui acriter resistebant – sed hostes saevius pugnabant quam incolae[1] oppidi. Quo acrius Troiani resistebant, eo crudelius hostes incolas necabant. Nemini pepercerunt et totam urbem accenderunt: Ignis, qui est ferro crudelior, omnia perdidit. Etiam Aeneas patriam et domum suam quam fortissime defendens vim hostium non prohibuit.

Dei autem eum – Troia relicta – novam patriam quaerere et gentem suam clarissimam reddere iusserunt. Quare signo a deis dato una cum familiaribus ex oppido fugit: Patrem Anchisam et filium parvum Ascanium ex urbe eduxit. Creusam, coniugem carissimam, post filium ire iusserat.

Sed postquam periculum effugit, extra urbem constitit. Respiciens Creusam non iam conspexit. Tum Aeneas fortissimum se praebuit: Dolore acerrimo commotus solus in oppidum redit, per urbem perditam currit, uxorem saepe vocat. Sed nemo respondet.

Subito umbra Creusae ante oculos stat et: „Aeneas“, inquit, „dulcissime coniunx! Haec omnia non sine numine deorum eveniunt, qui te fortiorem aliis viris esse sciunt. Tu quaere sedes novas: Iter longius erit laboresque ingentiores erunt, sed invenies coniugem regiam condesque urbem potentissimam. Dei cives huius urbis dominos gentium facient. Ego autem Troiam non relinquam. Dei in hac regione me retinent. Vale et serva amorem Ascanii, filii communis!“ *(nach Vergil, Aeneis)*

Die Prophezeiungen der Gattin des Äneas wurden nach langen Jahren Wirklichkeit.

[1]incola *Einwohner*

Münzprägung Cäsars (47/46 v. Chr.): Äneas rettet seinen Vater und das Kultbild der Athene aus dem brennenden Troja.

❶ Suche in **T** Adjektive und Adverbien, die Äneas und sein Handeln charakterisieren.

❷ Welche Aussagen über die Gefühle des Äneas für seine Gattin Krëusa lassen sich **T** entnehmen? Belege deine Antworten mit Zitaten.

❸ Untersuche die Worte, die Krëusa an Äneas richtet: Welche Haltung zeigt sie gegenüber dem Plan der Götter? Welche Rolle spielt für sie die Liebe zu ihrem Mann?

❹ Erfinde eine Antwort des Äneas auf die Worte, die Krëusa an ihn richtet.

amica carissima

poeta clarissimus

fatum gravissimum

senator honestissimus

vir miserrimus

coniunx dulcissima

Ü

a Einen Vergleich kann man im Lateinischen mit „**quam**" oder mit dem Ablativ des Vergleichs ausdrücken. Notiere jeweils die Alternative zu den folgenden Sätzen aus **T**:

1. Graeci Troianis fortiores erant. – ?
2. Hostes saevius pugnabant quam incolae *(Einwohner)* oppidi. – ?
3. Ignis, qui est ferro crudelior, omnia perdidit. – ?
4. Dei te fortiorem aliis viris esse sciunt. – ?

b Steigerungsformen ohne Vergleich? Finde treffende deutsche Ausdrücke zur Wiedergabe des Elativs in den Wendungen der Randspalte.

c Übernimm die Tabelle in dein Heft, bestimme die Formen und ergänze entsprechend dem Beispiel.

	Positiv	Komparativ	Superlativ
Abl. Sg. *m*	acri	acriore	acerrimo
Adverb	graviter	?	gravissimē
?	forte	?	fortissimum
?	acerbē	?	?
?	celeribus	?	?
? *f*	?	graviorum	
?	?	?	facillimas

d Aus zwei mach eins!
Bilde jeweils einen einzigen Satz, indem du den zweiten Teil als AcI vom ersten abhängig machst.
Beispiel: Scis: Romulus Romam condidit.
→ Scis Romulum Romam condidisse.

1. Romani narraverunt: Lupa *(Wölfin)* Romulum et Remum aluit.
2. Manifestum est: Romani multis populis imperaverunt.
3. Scimus: Romani etiam cum Gallis pugnaverunt.
4. Audivistis: Multa aedificia pulchra in urbe Roma sunt.
5. Poetae narrant: Uxor ab Aenea saepe vocata est.
6. Aeneas dixit: Dei uxorem retinent.
7. Scimus: Comites Aenea duce Troiam reliquerunt.

WORTSCHATZ

In dieser Lektion hast du die Steigerung lateinischer Adjektive kennengelernt.
Doch was ist mit diesen deutschen Substantiven passiert?

Büchlein, Frauchen, Frauke, Mareike, Herzchen, Herzilein ... Dir fällt bestimmt noch mehr ein.
Auch im Lateinischen gibt es solche „Deminutiv-Formen" (Verniedlichungsformen) von Substantiven:
liber *Buch* → libellus *kleines Buch*, canis *Hund* → canicula *Hündchen*, Marcus → Marcellus

Sieh dir jetzt noch einmal die Regeln zur Steigerung an und beschreibe den Trick, mit dem eine Sprache Wörter „vergrößern" oder „verkleinern" kann.

LATEIN LEBT

Welche zwei Methoden, bei Adjektiven die Steigerung zu signalisieren, kannst du unterscheiden?

Lateinisch:	longus	longior	longissimus
Deutsch:	*lang*	*länger*	*der längste*
Englisch:	*long*	*longer*	*the longest*
Französisch:	*long*	*plus[1] long*	*le plus[1] long*
Italienisch:	*lungo*	*più[2] lungo*	*il più[2] lungo*

[1] lat./frz. *plus ~ mehr*
[2] it. *più ~ mehr*

Z „Pius Aeneas" – eine andere Sichtweise

Du kennst schon die Geschichte von Äneas (vgl. Lektion 21 und 32). Stell dir vor, die Königin Dido hätte der ersten Gattin des Äneas, Krëusa, einen Brief schreiben können, in dem sie ihre Wut und ihre Enttäuschung zum Ausdruck bringt, dass Äneas sie verlassen hat: Äneas erscheint in ganz anderem Licht.

Dido Creusae salutem dicit.
Omnes Aeneam pium appellant, sed nemo improbior est illo pio Aeneā. Nemo superbior, nemo crudelior est quam dux Troianorum. Nam reliquit et te, honestissimam omnium uxorum, et me, potentissimam omnium reginarum, quod imperio deorum parere debuit, ut ipse contendit. Homines fatum et officium gravius esse amore dicunt, quamquam nihil tristius est officio, nihil dulcius amore. Ille dux fortis, qui amorem officio praeponere[1] non audet, miserrimum omnium se praebuit.
Talis est virtus virorum! Talis est animus viri, qui urbem potentissimam condet!

[1] praepōnere *m. Dat. für wichtiger halten als*

Peter Paul Rubens (1577–1640): Der Tod der Dido (Brunswick, Bowdoin College Museum of Art).

33 Kaufleute feilschen in Ephesos

Bauten am Hafen von Ephesos (Rekonstruktionsmodell im Ephesos-Museum, Wien).

Nach Jahrhunderten des Krieges herrschte seit der Zeit des Kaisers Augustus auch im östlichen Mittelmeergebiet Frieden. So konnten in den folgenden Jahrhunderten die Menschen im gesamten Mittelmeergebiet sicher Handel treiben. Ephesos in Kleinasien war eine der größten Handelsstädte im Imperium Romanum. Ihre Glanzzeit hatte die Stadt unter Kaiser Hadrian (117 – 138 n. Chr.), der das gesamte Imperium bereiste, um den Wohlstand in den Provinzen zu fördern. In dieser Zeit muss die Stadt ungefähr 200 000 Einwohner gehabt haben. Sie besaß zwei Märkte, mindestens sieben Thermenanlagen, ein riesiges Gymnasium, ein Theater, ein Stadion, Straßen mit Säulengängen, zahllose Tempel, Wasserleitungen und sogar eine der bedeutendsten Bibliotheken der Kaiserzeit, die Celsusbibliothek. Viele prächtige Gebäude verdankte Ephesos reichen Bürgern, die bereit waren, ihre Stadt auf eigene Kosten zu verschönern. Die Handelsgeschäfte im Hafen waren eine wichtige Voraussetzung für den Wohlstand der Stadt. Die Abwicklung der Geschäfte war ganz unproblematisch, denn im ganzen Reich wurde in einheitlicher römischer Währung bezahlt und überall galt das römische Recht.

G Vergleiche:

longus	longior	longissimus
fortis	fortior	fortissimus
3 bonus	melior	optimus

T

Kaufleute feilschen in Ephesos

Quintus Crassus Oeconomicus und Croesus Monopolista – das sind natürlich Phantasienamen für zwei Kaufleute. Aber dass sich zwei Kaufleute zur Zeit des Kaisers Hadrian im Hafen von Ephesos treffen, ist durchaus vorstellbar.
Gerade ist der Römer Crassus mit seinem Schiff im Hafen angekommen:

Plurimae naves in portu sunt, audiuntur ubique[1] voces hominum diversis linguis clamantium. Mercator Romanus in taberna amicum invenit et Graecā linguā Croesum salutat[2]: „Chaire!“[3] „Salve!“, ille respondet. Tum Latinā linguā de negotiis agitur:
„Vinum optimum importavi[4]: Vinum, quod superiore anno emisti, bonum erat, sed hoc anno etiam melius est. Vinum Italicum totius imperii optimum esse constat. Hoc vinum maiori usui tibi erit. Nam imperator Hadrianus, qui provinciis semper consulit, Ephesum visitabit[5]. Et senatores Romani una cum eo venient. Itaque Falernum[6] ab eis libenter sumptum maiore pretio vendes. Et maximo honori tibi erit hoc vinum imperatori offerre[7]“.
„Honor meus tibi magnae scilicet curae est! Quid aliud vendere cupis?“
„Oleum[8] minore pretio a senatore Romano, amico meo, emi: Oleum optimum vendit. Bonum pretium faciam amico bono. Sed manus manum lavat. Quid tu vendis?“
„Omnia, quae optas: Unguenta[9] ex oriente[10] importata; sed magno constant.“
„Mmh. Quippe omnia, quae ex oriente importantur, Alexandriae[11] et Antiochiae[12] minimo pretio emuntur.“
„Sed iter longius est. Periculosius[13] est haec omnia Romam vehere. Piratae ...“
„Piratae maxime timent imperatorem Hadrianum, qui – ut ipse dixi – provinciis semper consulit.“

[1] ubīque *überall*
[2] salūtāre *begrüßen*
[3] Chaire *(griechisch) Sei gegrüßt!*
[4] importāre: *vgl. Fw.*
[5] vīsitāre *besuchen*
[6] Falernum *Falernerwein*
[7] offerre *anbieten*
[8] oleum *Öl*
[9] unguentum *Salbe, Parfüm*
[10] oriēns, ntis *Osten*
[11] Alexandrīae *in Alexandrien*
[12] Antiochīae *in Antiochia*
[13] perīculōsus *gefährlich*

❶ Die Namen der Kaufleute in **T** sind erfunden. Informiere dich in einem Fremdwörterlexikon über Herkunft und Bedeutung der Fremdwörter „Ökonomie“ und „Monopol“.

❷ Überlege, ausgehend von den Zeilen 1–5, welche Bedeutung die lateinische Sprache für die Wirtschaft im Römischen Reich hat.

❸ Was fällt an dem Gespräch der Kaufleute auf? Untersuche ihre Sprache im Hinblick darauf, wie sie ihre Ware an den Mann bringen wollen.

Ü

a **consulere** mit Dativ oder Akkusativ?
Setze je nach Zusammenhang die eingeklammerten Wörter in den richtigen Kasus und übersetze:

1. Pater et mater (liberi) magna cura consulunt.
2. Consul (senatores) de re publica consulit.
3. Dominus (servus) bene consulere debet.
4. Senator Romanus (amicus) consulit, nam amicus multas res cognovit.
5. Manus manum lavat! Itaque Valeria (amica) consulit, quae ei adfuit.

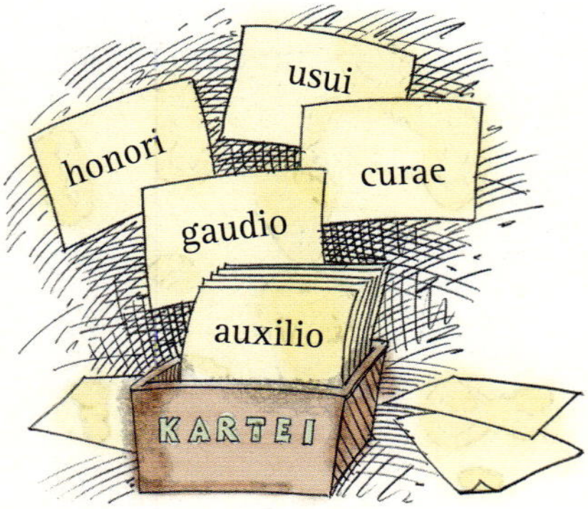

b Welchem Zweck dient das ?
Ergänze jeweils die Dative des Zwecks. Suche dann eine passende deutsche Formulierung als Übersetzung.

1. Feriae *(Ferien)* liberis ? sunt.
2. Pater amico filios ? misit.
3. Antiquis temporibus equi hominibus, qui agros colebant, ? erant.
4. Salus civium senatoribus ? esse debet.
5. Labor magis quam pecunia hominibus ? est.

LATEIN LEBT

Vergleiche die Vokabelzettel mit den Fremdwörtern in den deutschen Sätzen und erkläre dann die Bedeutung der deutschen Fremdwörter.

plures | minor | pessimus[1] | maximus | maior

optimus | minimus | melior | peior[2]

Ich bin lieber **Optimist** als **Pessimist**.
Er kümmerte sich mit **maximalem** Einsatz um die notleidende Bevölkerung.
Bilde den **Plural**!
Die Regierungspartei hat die **Majorität** im Parlament.
Durch Bewässerung erzielt man eine **Melioration** des Bodens.
Die Aktie konnte nur **minimale** Gewinne erzielen.
„Kindisch" ist ein **Pejorativum** zu „kindlich".
Die deutschstämmige Bevölkerung bildet eine **Minorität** in Polen.

[1]pessimus *der schlechteste* [2]peior *schlechter*

ÜBERSETZUNG

Achte bei der Übersetzung des folgenden Dialogs zwischen einem Römer und einem Weinhändler besonders auf die Wiedergabe der Komparative.

1. Mercator: „Hoc vinum melius est.
2. Illud autem melius est quam hoc."
3. Romanus: „Sed pretium utriusque *(von beiden)* maius est."

Die Celsusbibliothek in Ephesos, 2. Jh. n. Chr.

Z

Celsus – ein antiker Sponsor

Auf seinem Weg durch die Stadt sieht Quintus Crassus Oeconomicus in einer Prachtstraße ein gerade fertiggestelltes, besonders prunkvolles Gebäude. Crassus hört, was ein begeisterter Ephesier seinen Gästen aus Alexandria über das Gebäude erzählt:

„Celsus Ptolemaeanus, vir clarissimus, hoc aedificium civibus e testamento[1] donavit. Bibliotheca[2] publica est. Celsus vir honestissimus erat, amicus imperatoris Traiani. Ecce, in muris leguntur inscriptiones[3] Graecae et Latinae, in quibus de vita eius narratur: Senator Romanus erat. Proconsul[4] factus est provinciae Asiae, quae est clarissima omnium provinciarum.
Ibi saluti civium optime consulebat. Itaque filius Celsi non dubitavit bibliothecam quam luxuriosissime[5] ornare. Ecce muri marmorei[6], ecce sarcophagus[7] Celsi marmoreus[6], ecce ....“
Tum unus ex hospitibus civem Ephesium[8] interrogat: „Quid? Inscriptiones[3] de vita Celsi? Sarcophagus[7]? Estne bibliotheca publica an monumentum Celsi? Celsus gloriam sibi ipsi et familiae quaesivit!“
Sed civis Ephesius respondet: „Et salus civium et gloria sua Celso curae erant. Nam bibliotheca et civibus maximo usui est et Celso magnam gloriam parat.“

[1] ē testāmentō *durch testamentarische Verfügung*
[2] bibliothēca: *vgl. Fw*
[3] īnscrīptiō, ōnis *f Inschrift*
[4] prōcōnsul *Statthalter*
[5] luxuriōsus, a, um *aufwendig*
[6] marmoreus *aus Marmor*
[7] sarcophagus *Sarkophag (prunkvoller Steinsarg)*
[8] Ephesius, a, um *aus Ephesos*

34 Leben wie Lukull

Als man zu Beginn des 3. Jh.s n. Chr. eineinhalb Millionen kleiner, verschiedenfarbiger Würfel kunstvoll zusammensetzte, um den Boden im Speisesaal eines römischen Hauses prachtvoll auszugestalten, wusste man nicht, wie lange danach noch wichtige Persönlichkeiten der Weltpolitik über dem sog. Kölner Mosaik (im Römisch-Germanischen Museum) tafeln würden.

Die Hafenstädte in Kleinasien sind für Rom nicht nur Zentren des Handels, sie wirken auch kulturell als Stätten des Austauschs. Wenn römische Soldaten und Verwaltungsbeamte in die kleinasiatischen Provinzen geschickt werden, lernen sie dort eine Lebensart kennen, die ihnen z.T. aus Rom nicht bekannt ist. Eleganz in der Art zu wohnen und sich zu kleiden hat im Osten eine lange Tradition und das Essen ist hier weitaus feiner und luxuriöser. Auch zuvor unbekannte Früchte wie der Pfirsich oder die Kirsche gelangen aus Kleinasien nach Rom.

Der römische General Lukull, der um 70 v. Chr. in Kleinasien Feldherr gewesen ist, setzt diese Art der Lebensführung auch nach der Rückkehr in seine Heimat fort. So wird sein Name sprichwörtlich für einen aufwendigen und eleganten Lebensstil, der mit der früheren römischen Schlichtheit nichts mehr zu tun hat.

G Ein junger Römer wird auf dem Forum von einer zwielichtigen Gestalt angesprochen:

„Patrem tuum in Asia fuisse audivi. Quid de illo itinere et de eius negotiis scis? Aliqui mercator dixit patrem tuum multum auri et argenti Romam portavisse. Dic *(Sag)* mihi verum! Aliquid audire volo! Cur taces?“

„Nihil dicam! Nos omnes scimus te furem esse - et furis est semper aliquid rapere velle! Itaque nihil novi tibi narrabo!“

Indefinitpronomen (ali)quis – Genitiv der Zugehörigkeit – Genitivus partitivus

Hafen von Ostia (Rekonstruktionszeichnung).

Leben wie Lukull

Markus, der Sohn des Quintus Crassus Oeconomicus, ist mit seinem Vater nach Rom zurückgekehrt; im Hafen von Ostia trifft er auf seine alten Freunde. Sie wollen gegenüber ihrem weit gereisten Freund zeigen, dass auch sie in Rom inzwischen einige Kenntnisse vom eleganten Leben haben und breiten stolz ihre Kenntnisse vor Markus aus:

FLACCUS: „Ubi terrarum fuistis et quid novi Romam portavistis?“

MARCUS: „Videtisne illam navem? Patris est. In Asia pater magnam copiam rerum pulcherrimarum emit. Ob eam rem nobis cenam vere Lucullianam[1] fecit.“

CALLIDUS: „Quis vestrum, amici, novit hominem nomine Lucullum?“

MARCUS: „Nuper aliquis mihi dixit hominem semper bene cenantem Lucullum nominari!“

CALLIDUS: „Recte dicis - sed Lucius Licinius Lucullus re vera vir Romanus erat! In Asia multos annos provinciae praefuit quaestor[2]; multis rebus bene confectis aedilis factus est, deinde praetor; postea in Africam iit et inde ...

FLACCUS: „Equidem aliquid dicere volo! Lucullus etiam magnus imperator in omni genere belli fuit, et si quid ei commissum erat ...“

LENTULUS: „Satis est! Ego quoque Lucullo ingenium egregium fuisse accepi. Sed – quid ad rem pertinet? Num imperatoris magni est bene cenare? Marcus de cena Luculliana narravit!“

CALLIDUS: „In ultima parte vitae Lucullus non modo a militaribus muneribus, sed etiam a publicis se recepit; nam aliquo modo in otio vivere voluit. Postremo pecunia e praeda collecta hortos[3] et balnea[4] pulcherrime instruxit; aedificia magna et pretiosa[5] Luculli erant. Maximos sumptus faciens convivia ampla parabat et ipse variis voluptatibus multum pecuniae consumebat.“

LENTULUS: „Nunc intellexi: Vitam eo modo vivere viri vere magni est.“ *(nach Cicero, Academici libri)*

[1] Lūculliānus *lukullisch, des Lukull*

[2] quaestor *als Quästor*

[3] hortus *Garten*

[4] balneum *Bad*

[5] pretiōsus: *Adj. zu* pretium

❶ Erläutere aus **T** und **Z**, was mit dem Begriff „lukullische Freuden" gemeint ist.

❷ Finde mit Hilfe eines Geschichtsbuches oder eines Lexikons heraus, welche Stationen zu einer Ämterlaufbahn gehörten, wie Lukull sie absolviert hat.

Ü

a Quis-Quiz …

Markus irrt nachts durchs Haus, weil er ein Geräusch gehört hat. In die Dunkelheit hinein versucht er einen vermeintlichen Einbrecher anzusprechen. An einigen Stellen hat ihm allerdings die Angst die Stimme verschlagen, sodass du nachträglich die Lücken füllen musst, um seine Sätze verstehen zu können:

Setze an den passenden Stellen ein: aliquis, quis (3x), qui

1. Umbram video – ? es?
2. Si ? me audit, is vitam tristem aget!
3. Nam pater meus, ? est vir fortissimus, fures semper necat.
4. Num ? me audit?
5. ? adest! Te e tenebris in lucem voco.

b Typisch!

Du hast in dieser Lektion den Genitiv als einen Kasus kennengelernt, der etwas über die charakteristische Eigenart oder die besondere Aufgabe von jemandem aussagt. Verbinde demnach die beiden Spalten zu sinnvollen Sätzen:

consulis erat	res pulchras vendere
sacerdotis est	deos colere et mortalibus aures praebere
patris est	pericula subire et nihil timere
mercatoris est	membra fracta curare
viri fortis est	filios laudare
medici *(Arzt)* est	rem publicam regere neque in otio vivere

c Erfindet selbst typische Aussagen zu den abgebildeten Personen und schreibt die ergänzten Sätze auf:

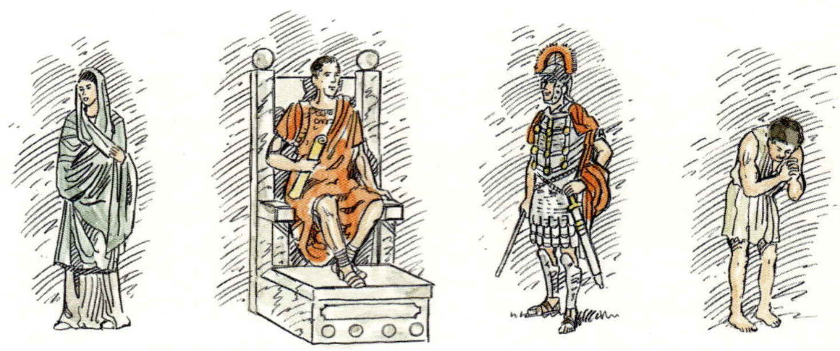

matris est ?

regis est ?

militis est ?

servi est ?

d Übersetze und ordne die Kasusbezeichnungen richtig zu:

Dativ des Zwecks	Lucullum egregium putamus.
Genitivus obiectivus	Hoc tibi honori est.
doppelter Akkusativ	Saluti civium consulis.
Genitivus partitivus	Domus patris parva est.
Dativ des Vorteils	Spes salutis magna est.
Genitiv der Zugehörigkeit	Multum temporis mihi est.

WORTSCHATZ

In dem Dialog in **T** geht es vor allem um die beiden Schwerpunkte, die Lukull in seinem Leben gesetzt hat: zunächst seine auf verschiedenen Ämtern aufgebaute Karriere und dann der genussreiche Ruhestand. Erstellt eine zweispaltige Tabelle, in der ihr zu beiden Bereichen die passenden Begriffe aus **T** heraussucht (Partnerarbeit; jede(r) übernimmt eine Spalte).

Z Speisen wie Lukull

„Speisen wie Lukull" ist noch heute eine bekannte Redensart. Über die besondere Lebensart des Lukull waren immer schon zahlreiche Anekdoten im Umlauf. Auf jeden Fall passen die hier ans Licht tretenden Charakterzüge gut zu dem, was wir bisher über Lukull wissen:

Quo modo Lucullus re vera vitam agebat? Certe illius viri erat non modo multas voluptates capere, sed etiam miro modo vitam agere, ut hae fabulae narrant:
Nonnullis Graecis Romam convenientibus Lucullus per multos dies libenter cenam dedit. Postremo autem illi homines modesti[1] – ut sunt Graeci – ad cenam venire dubitaverunt, quia sumptus domini eis non placuit. Tum Lucullus ridens dixit: „Certe, amici, aliquid sumptus facimus vobis, sed maximam partem Lucullo!"

Quondam Lucullus solus cenans unam solam mensam et cibos tantum modicos[2] aspexit. Inde ira incensus servum, qui cenam paraverat, vocavit. Is se defendit dicens: „Domine, veniam da! Non tantum sumptus feci et cibos leves facilesque paravi, quia hospites non exspectavisti." – „Quid?", respondit Lucullus. „Nonne sciebas Lucullum hodie apud Lucullum cenare?"

(nach Plutarch, Lukullos)

[1] modestus *bescheiden*

[2] modicus *(mittel)mäßig*

Erfindet nun selbst eine Geschichte, die zu Lukull, dem Genießer, passt.

Römisches Gastmahl im Triklinium.

35 Groß ist die Artemis von Ephesos!

Der Artemis-Tempel von Ephesos, erbaut zwischen 560 und 500 v. Chr. (Rekonstruktion).

Größe und Ruhm der kleinasiatischen Städte machten auf die Römer starken Eindruck. Besonders bestaunten sie die glanzvollen Bauten: Immerhin gab es in Kleinasien drei Bauwerke, die sogar zu den sieben Weltwundern (**miracula mundi**) gezählt wurden: der Tempel der Artemis (lateinisch: **Diana**) in Ephesos, das Grabmal des Fürsten Mausolos in Halikarnass und eine gewaltige Statue des Sonnengottes auf Rhodos, der dem südlichen Kleinasien vorgelagerten Insel.

G

Aeneas dux fuit magna virtute. Graecis autem urbem Troiam capientibus Aeneas tristissimo animo erat et pugnans necari voluit. Sed dei Aeneae, viro summa religione, imperaverunt: „Collige familiam tuam et properate ad litus! Tum navibus Asiam relinquite! Sed pater tuus, quia senex est, ire non iam potest; itaque eum ferre debes. Fer eum e finibus Troianorum! Si patrem ex urbe fers, imperio Iovis pares." His verbis commotus Aeneas patrem ex urbe tulit. Tum iter multorum annorum suscepit.

❶ Lies zur Vorbereitung die Geschichte von Demetrius und Paulus im Neuen Testament in ihrer deutschen Fassung (Apostelgeschichte 19, 23 – 40).

❷ Verfasst in Gruppen Beschreibungen zu den antiken Weltwundern.

ferre – Ablativ der Beschaffenheit – Genitiv der Beschaffenheit

Weihgeschenke aus dem Diana-Tempel in Ephesos.

[1] mīrāculum mundī *Weltwunder*

[2] quaestum facere *seinen Lebensunterhalt bestreiten*

[3] statūra: *vgl. Fw.*

[4] illūdere *verspotten*

[5] māiestās, ātis *Erhabenheit*

T Groß ist die Artemis von Ephesos!

Beim Diana-Tempel in Ephesos konnten die Besucher kleine Silberfiguren der Göttin kaufen; diese Figuren waren nicht nur Souvenirs, sondern ihnen wurde auch Glück bringende Wirkung zugeschrieben.
Demetrius, ein Produzent solcher Figuren, schreibt an seinen in Rom lebenden kranken Freund einen Brief:

Demetrius Marco suo salutem dicit.
Dolebam te morbum tuum nunc minus fortiter ferre, quam prius tuleras. Memoria tene illud philosophorum: „Quod fert fortuna, fer!“
Sed de alia re ac de condicione vitae tuae scribere volui. Scis templum Dianae Ephesiae unum ex miraculis mundi[1] esse. Hoc aedificium mira magnitudine est; quod cum aliis templis conferri non licet. Itaque multi homines urbem nostram visunt. Et multi eorum, qui hic vivunt – ut ego – quaestum faciunt[2] ex illo templo.
Ante paucos dies nuntius mihi allatus erat hominem quendam, nomine Paulum, Ephesum venisse. Qui primo ante portas aedis orationem habuerat de deo aliquo, quem Iesum Christum vocabat; deinde in theatrum ierat. Qua re audita celeriter ad theatrum ibam; ibi cernebam Paulum, virum parva statura[3], de theatro ad forum descendentem et iterum numen Dianae illudentem[4]. Statim clamavi: „Quis eiusmodi verba fert? Equidem haec numquam feram. Statim auferte hunc impium hominem, qui maiestatem[5] Dianae temptat! Certe enim scio: Maiestate Dianae sublata nemo urbem nostram viset. Postremo – hic Paulus nos omnes perdet.“ Cuncti, qui verba mea audiverant, clamabant: „Magna est Diana Ephesiorum! Diana, tu es praesidium urbis nostrae!“ Tunc magistratus, viri magni ingenii, Paulum vi a theatro averterunt et foras abstulerunt. Tum laetus domum ii.
Vale! *(nach der Apostelgeschichte)*

❶ Stelle zusammen, was du in **T** über das Artemis-Heiligtum erfährst.

❷ Überlege, von welchen Ängsten Demetrius geleitet wird und wie er seinen Angriff gegen Paulus begründet.

❸ Untersuche die Vergangenheitstempora in **T**. Versuche die Auffälligkeiten zu erklären.

❹ Verfasst einen Antwortbrief des Markus und versucht darin das Verhalten des Demetrius kritisch zu würdigen.

Die Orte, an denen die sieben Weltwunder lagen:

1 *Babylon: Hängende Gärten der Semiramis*
2 *Gizeh in Ägypten: Pyramiden*
3 *Alexandria: Leuchtturm von Pharos*
4 *Rhodos: Koloss des Sonnengottes Helios*
5 *Halikarnass: Mausoleum*
6 *Ephesos: Artemis-Tempel*
7 *Olympia: Zeus-Tempel*

a Sammle aus **G** und **T** alle Formen von **ferre**. Erstelle dann eine vollständige Liste der Formen des Präsensstammes.

b Suche aus **T** alle Ablative ohne Präposition heraus und stelle fest, welche Bedeutung sie im jeweiligen Satz haben.

c Ordne entsprechend **T** den genannten Personen oder Sachen ihre speziellen Eigenschaften zu:

Paulus est vir	magnae potentiae
Magistratus sunt viri	mira magnitudine
Aedis Dianae est	tristis animi
Diana est dea	magni ingenii
Marcus est amicus	animo impio.

d „Fer-flixte Formen"! Bestimme und übersetze:
fero – feremur – fert – ferte – ferro – aufer – confers – afferunt – conferebam – feram – ferri (2)

Suche (z. B. mit Hilfe eines Herkunftswörterbuchs) aus den folgenden Wörtern diejenigen heraus, die auf **ferre** oder eine Stammform davon zurückzuführen sind:

LATEIN LEBT

Koniferen – Atlas – relativ – Konferenz – Verrat – Ablativ – Dativ – Interferenz – absolut – Toleranz – Tulpe – Referat

Ermittle zu den Wörtern, die dir unbekannt sind, die Bedeutung.

Z

Ein Weltwunder aus Liebe

Mausolos (Mausolus) war im 4. Jahrhundert v. Chr. der König von Karien (ein Gebiet im Südwesten Kleinasiens mit der Hauptstadt Halikarnass); verheiratet war er mit Artemisia, einer außergewöhnlichen Frau:

Artemisia, quod Mausolum maxime amavit, mortem mariti gravissime fert. Ingenti luctu commota rem incredibilem suscipit: Mausolum vehementissime desiderans corpus eius comburit[1], deinde corpus combustum in pulverem[2] contundi[3] iubet; postremo, quod maritum semper in se ferre vult, hunc pulverem in aquam immiscet[4] et aquam bibit.
Tum magnum monumentum, quod Mausolus exstruere[5] coeperat, pulcherrime ornat; hoc modo omnibus hominibus amorem suum maximum ostendit.
Sed Artemisia non solum semper memor est mariti. Haec mulier maxima virtute et regnum suum multos per annos optime administrat[6] et in bello se fortem praebet: Non modo Rhodios[7], qui Halicarnassum temptant, ex patria sua cedere cogit, sed etiam Rhodum[8] ipsam capit. *(nach Gellius, Noctes Atticae)*

[1] combūrere (-būssī, -būstum) *verbrennen*
[2] pulvis, eris *m Staub*
[3] contundere *zerreiben*
[4] immiscēre *hineinstreuen*
[5] exstruere *errichten*
[6] administrāre *verwalten*
[7] Rhodiī, ōrum *die Bewohner von Rhodos*
[8] Rhodus *f Rhodos (griech. Insel)*

Rekonstruktion des Mausoleums von Halikarnass (erbaut um 350 v. Chr.).

Mausolos hatte schon zu seinen Lebzeiten damit begonnen, dieses Bauwerk errichten zu lassen; Artemisia sorgte dann für seine Fertigstellung und vor allem für eine glanzvolle Ausstattung.

Das haben wir gelernt.

ⓐ Wenn du die folgenden Fragen richtig beantwortest, erhältst du den lateinischen Namen der römischen Provinz, die im **imperium Romanum** eine besondere Stellung einnahm.

	richtig	falsch
1. Äneas konnte aus Troja mit seiner gesamten Familie entkommen.	G	A
2. Das lateinische Komparativzeichen lautet im Neutrum –**ius**.	S	R
3. Ephesus hatte zur Zeit von Kaiser Hadrian 20000 Einwohner.	A	I
4. Das griechische Chaire bedeutet 'Sei gegrüßt!'	A	E
5. Lucullus war in Kleinasien Quästor.	M	C
6. Die Römer aßen zu feierlichen Anlässen ausgefallene Delikatessen.	U	I
7. Demetrius hat seine Krankheit überwunden.	L	N
8. Artemisias Reich wird von Rhodos aus erobert.	U	O
9. Alle Endungen der **e**-Deklination beginnen mit einem –**e**-.	R	S

ⓑ In der Antike war Kleinasien die Provinz des römischen Reiches, die Maßstäbe setzte, Modetrends bestimmte, den Lebensstil vorgab. Auch bei uns gibt es bestimmte Länder, die zu den Vorreitern neuer Entwicklungen gehören.
Übersetze folgenden Text. (Die unterstrichenen Ausdrücke findest du als Zeichnungen erklärt.)

bracae caeruleae

Audivistis provinciam Asiam minorem, imprimis magnas urbes huius regionis ea constituisse, quae recentissimum *(der letzte)* clamorem appellamus. Hodie quoque paucae gentes novas propensiones definiunt *(Trends setzen)*. Iam diu bracas caeruleas gerimus, novis generibus musicae gaudemus, isicia Hamburgensia edimus *(essen)*, Cocam Colam bibimus, multas series televisionis Americae spectamus ... Quis non amat cafaeum ilico expressum aut vestes novissimas aut autocineta exquisita Italiae?
Multi homines ad praesentia accomodant *(mit der Mode gehen)* et multa verba Britannica in suam linguam accipiunt; nam id elegans *(chic)* esse existimant. Sed etiam Romani sui temporis verba Graeca accipiebant, quod id urbanum *(modern)* putaverunt.

series televisionis

isicium Hamburgense

autocinetum exquisitum

cafeum ilico expressum

Zivilisation in Mitteleuropa

Die Stadt Trier – hier zur Zeit der römischen Kaiser in einer rekonstruierten Luftansicht – liegt heute in Deutschland. Sie gehörte aber nicht zum römischen Germanien, sondern zu Gallien. Am Beispiel dieser Stadt verfolgen wir in verschiedenen Epochen, was es bedeutete, dass Gallien römisch wurde.

Die Römer haben nicht nur Südeuropa und die Länder um das Mittelmeer beherrscht. Du weißt sicher, dass Gajus Julius Cäsar Gallien erobert hat. 500 Jahre lang blieben die Römer in diesem Gebiet (des heutigen Frankreich, Belgien und Luxemburg) an der Macht. In den folgenden Lektionen kannst du verfolgen, welche Spuren diese Zeit hinterlassen hat und wie ganz Mitteleuropa von der römischen Kultur geprägt wurde.

● Was bedeuten Begriffe wie „Zivilisation" oder „Kultur" genau? Vielleicht könnt ihr nach den nächsten fünf Lektionen genauere Vorstellungen mit diesen Begriffen verbinden.

36 Luxus an der Mosel

Die Überreste der Thermenanlage in Trier aus dem 3. Jh. n. Chr. lassen die Pracht der Römerzeit noch erahnen.

Viele der römischen Zuwanderer nach Gallien machten durch Handelsbeziehungen über das gesamte Imperium hinweg gute Geschäfte und wurden auch sehr reich. Etliche von ihnen legten es dann durchaus darauf an, diesen Reichtum als Zeichen des römischen Sieges den Provinzbewohnern vorzuführen. So konnte man in den gallischen Städten sehr kostbar gekleidete Personen sehen, die ihren Reichtum auf dem Forum oder in den Thermen ganz ungeniert vorzeigten.
Das rief bei den Betrachtern nicht selten Kopfschütteln hervor.

G

Cornelia numquam contenta est.
Ante cenam dicit:
Si Flavus hodie veniret, bonos cibos ei pararem!
Si dona mihi daret, verba pulchra ei dicerem!
Si Flavus verba mea audiret, certe hic maneret!
Post cenam dicit:
Si Flavus hodie non venisset, bonos cibos mihi tantum paravissem!
Si dona mihi non dedisset, verba pulchra ei non dixissem!
Si Flavus verba mea non audivisset, certe hic non mansisset ...

Konjunktiv Imperfekt und Plusquamperfekt – Irrealis

T

Luxus an der Mosel

In Trier, einer der wichtigsten Städte Galliens, hat man im 3. Jh. n. Chr. sehr luxuriöse Badeanlagen gebaut, die einem Vergleich mit den Thermen in Rom oder Pompeji ohne Weiteres standhalten konnten. – Zwei Freunde treffen sich vor dem Ausgang der Kaiserthermen in Trier:

DRAPPES: Quid tu hic agis, amice? Unde venis?

DUMNACUS: E balneo[1] venio. Quare tu hodie non aderas? Si adfuisses, vehementer risisses.

DRAPPES: Hercules! Si hoc scivissem, ego quoque in balneum venissem! Sed dic mihi: Quid actum est?

DUMNACUS: Conspeximus senem calvum[2], tunica russea[3] ornatum, ludentem[4] pila[5] prasina[6]!

DRAPPES: Quis erat is senex?

DUMNACUS: Flavus, libertinus quidam, homo dives et rarissimus!

DRAPPES: Si homines tali natura non essent, vitam tristem ageremus. Narra modo!

DUMNACUS: Res singulas narrare nolo, sed hoc tantum audi: Post balneum tres servi Flavum unguento[7] perfundebant[8] et eum tergebant[9] lana[10] mollissima.

DRAPPES: Lana? Sed lana idonea non est ad ...

DUMNACUS: Verum dicis. Sed lana carior linteo[11] est.

DRAPPES: Nunc intellego: Si Flavus hominibus spectantibus res communes tantum ostenderet, nemo oculos in eum converteret.

DUMNACUS: Bene intellexisti! In ore omnium esse Flavo magnae curae est. Id tantum spectat. Itaque paulo post a duobus servis in lecticam[12] impositus est.

DRAPPES: Si ego lectica ferrer, non iam pedibus irem!

DUMNACUS: Exspecta – nondum omnia audivisti: Flavus auferebatur, cum subito servus quidam ad lecticam vocatus toto itinere cantavit.

DRAPPES: Tace, nimium diligenter narras! – Si Flavus intellegeret bona animi laudi esse, minores sumptus faceret.

(nach Petron, Satyricon)

[1] balneum *Bad(eanlage)*
[2] calvus *kahlköpfig*
[3] russeus *rot*
[4] lūdere *spielen*
[5] pila *Ball*
[6] prasinus *grün*
[7] unguentum *Salböl*
[8] perfundere (*PPP* perfūsum) *übergießen*
[9] tergere *abtrocknen*
[10] lāna *Wolle*
[11] linteum *Leinen*
[12] lectīca *Sänfte*

❶ Zeichne die in **T** beschriebenen Situationen und beschrifte die einzelnen Details mit lateinischen Begriffen.

❷ Überlege, was unter **bona animi** (Z. 29) zu verstehen ist, und nimm Stellung zur Aussage des Drappes.

❸ Überlegt, wie sich die Szene aus **T** im heutigen Trier abspielen würde, – wie wäre dann jedes Detail zu übertragen? Welches heutige Statussymbol entspricht wohl einer **lectica**? Schreibt dann auf dieser Basis einen neuen Dialog (auf Deutsch).

Ü

a Schreibe aus **T** sämtliche **si**-Sätze heraus und übersetze sie noch einmal ins Deutsche. Ersetze nun alle Formen des Konjunktiv Imperfekt durch die entsprechenden Formen des Konjunktiv Plusquamperfekt – und umgekehrt. Übersetze die neu entstandenen Sätze ebenfalls ins Deutsche. Wie haben sich die Aussagen inhaltlich verändert?

b Setze die folgenden Formen zunächst in den Konjunktiv Imperfekt, dann in den Konjunktiv Plusquamperfekt:
facit – it – videt - vult – intellegit – ridet – laudat – parcit – est

c Ein Sänftenträger des Flavus döst vor den Thermen im Schatten und führt dabei Selbstgespräche. Da er das Lateinische erst vor Kurzem erlernt hat, kennt er die Verbformen noch nicht so genau und redet daher stets in Infinitiven. Hilf ihm, indem du die in den Satz passenden Endungen der Verben ergänzt!

1. Si mater mea dea esse ..., ego quoque deus esse ...!
2. Si pater meus dives fuisse ..., ego servus non esse ...!
3. Si ego dominus esse ..., in tecto meo bene cenare ...!
4. Si domina quid dicere ..., numquam respondere ...!
5. Si nocte laborare ..., totum diem in lecto iacere ...!

d Beachte bei der Übersetzung die angegebene(n) Sinnrichtung(en) der Partizipien:
1. Homines theatrum aedificantes a civibus laudati sunt. (temporal, kausal) 2. Pater liberis magna voce clamantibus non adfuit. (konzessiv, temporal) 3. Hospites ad cenam vocati non venerunt. (konzessiv) 4. Cives e periculo servati militibus gratias egerunt. (kausal, temporal)

LATEIN LEBT

In welcher Situation könnte dein Lehrer/deine Lehrerin zu dir den folgenden berühmten lateinischen Satz sagen?

Si tacuisses, philosophus mansisses.

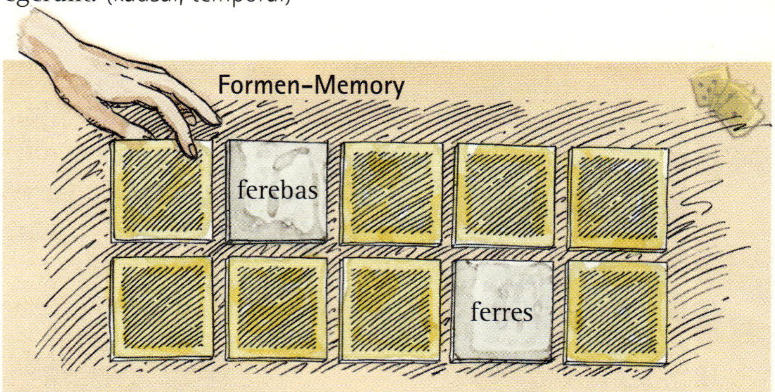

Bildet zu den folgenden Indikativformen jeweils die entsprechende Konjunktivform. Übertragt dann alle Formen auf gleichfarbige Kärtchen; die Rückseite bleibt jeweils frei. Fertig ist das Memory, mit dem ihr jederzeit – einzeln oder in der Gruppe – die Konjunktivformen üben könnt.

ferebas – ferebamus – ferebant – tuleram – tulerat – tuleratis – volebam – volebat – volebatis – volueras – volueramus – voluerant

Das Memory lässt sich mit beliebigen Formenpaaren erstellen.

Fußbodenmosaik aus einem römischen Bad in Thamugadi (Timgad, Algerien).

Schreibe aus dem folgenden Text die Fremdwörter heraus, die du auf Vokabeln dieser Lektion zurückführen kannst:
„Auf dem Weg zu seiner Doktorprüfung trat Wolfgang kräftig in die Pedale. Heute wollte er mit einem riesigen Spektakel seinen Zuhörern gewaltig imponieren. Das Prädikat **'magna cum laude'** war sein Ziel."

WORTSCHATZ

Z Hadrian in den Thermen

Dass es in den Thermen häufig Interessantes zu betrachten gab, zeigt die folgende Anekdote über Kaiser Hadrian:

[1]frequēns *häufig*
[2]lavārī *sich waschen, baden*
[3]tergum *Rücken*
[4]dēfricāre *abreiben, abtrocknen*
[5]posterus *folgend*
[6]balneum *Bad(eanlage)*

P. Aelius Hadrianus, quamquam imperator erat, frequenter[1] publice et una cum omnibus lavabatur[2]. Quodam tempore senem sibi notum aspexit et vidit eum tergum[3] defricare[4] muro. Imperator perturbatus interrogavit: „Cur tergum muro defricas, amice?" Senex respondit: „Si servum haberem, is me defricaret!" Hadrianus ubi id audivit, et servos et argentum ei donavit. Postero[5] die ille senex servos suos amicis ostendit et de fortuna sua narravit. Tum omnes dixerunt: „Si imperator nos vidisset, nobis quoque dona dedisset!"
Ita Hadrianus alio die balneum[6] intrans vidit multos senes, qui ad murum cucurrerunt ibique se defricare coeperunt ...
Statim imperator eos vocari iussit et alium ab alio defricari.
(nach Historia Augusta, Hadrianus)

37 Bevor Cäsar kam

Wohnraum einer keltischen Bauernfamilie, nachgestellt im Archäologischen Forschungszentrum in Dänemark.

Wie sah die Welt in Gallien aus, bevor die Römer ihre Kultur – denke zum Beispiel an die Thermen in Trier – dorthin brachten? Wenn wir darüber etwas erfahren wollen, sind wir auf die Informationen angewiesen, die die Römer selbst über die damaligen Einwohner, die Kelten, überliefern. Hätten sie nicht über die Kultur der Kelten berichtet, wüssten wir nur wenig über sie.

Die Einwohner Galliens, die Kelten, wohnten in Dörfern und kleinen befestigten Städten.
Das Volk lebte abhängig unter dem Schutz der Vornehmen.
Die Familienoberhäupter der Großfamilien lebten wie Adlige; sie übernahmen als Reiter Führungsaufgaben im Krieg oder waren Druiden – so hießen die gallischen Priester.

G

Vergleiche A und B:

Lucius laborat. Lucius diligens est.	Lucius diligenter laborat. (A)
Marcus laborat. Marcus laetus est.	Marcus laetus laborat. (B)
3 Quintus et Lucius ad domum currunt.	Quintus primus ad domum venit.
	Quintus victor ad domum venit.

Senator Romanus potens est. Ego autem potens non sum.
6 Senator Romanus multum potest. Ego autem paene nihil possum.

[1]cliēns, clientis *m Klient, Schutzbefohlener*

[2]contrōversia *Streitfall*

[3]sacrificium *Opferzeremonie*

[4]disciplīna *Ausbildung*

[5]antīquitus *seit alter Zeit*

T

Bevor Cäsar kam

Welche Bedeutung die „Priester" der Kelten hatten, erfahren wir in einem Bericht, den der römische Feldherr Cäsar über die Gallier und ihre Druiden verfasst hat.

In omni Gallia duo sunt genera hominum nobilium, equites et druides.

Nobiles familiis praesunt. Maximo honori eis est quam plurimos homines de plebe habere clientes[1]. Qui nobilibus in omnibus rebus adesse debent et iis ut servi parere consueverunt. Nobiles autem paene omnia possunt; qui plurimum valent non ingenio, sed nobilitate.

Equitum est bellum gerere. Nobilissimi eorum manibus militum praesunt duces.

Druides autem magna cum dignitate viventes in summo honore apud homines omnium ordinum sunt; iis res sacrae et iudicia curae sunt. In omnibus controversiis[2] rem decernunt et poenas constituunt, nemo iudicio eorum resistere potest. Qui enim druidum iudiciis non paret, eum omnes fugiunt, cum eo nemo sermonem init, is etiam a sacrificiis[3] abesse debet; is solus et miser vitam agit.

Si quis ei adesset aut eum adiret, etiam ipse a druidibus damnari posset.

Iuvenes disciplinae[4] causa frequentes ad druides conveniunt. Magnum ibi numerum versuum discunt. Ita iuventuti multa tradi potuerunt, quae druides antiquitus[5] docebant de terrae magnitudine, de siderum motibus, de deorum vi et potestate.

Nihil autem, quod sciunt, litteris mandant, tametsi litteras Graecas noverunt. Cuius rei duas causas afferunt:

„Si disciplina litteris mandata esset, etiam vulgus eam sciret. Neque memoriae studerent homines, si omnia litteris mandarentur." *(nach Caesar, Bellum Gallicum)*

❶ Die Druiden kümmern sich um vieles, was wir nicht zu den Aufgaben heutiger Priester zählen. Liste ihre Aufgaben auf und ordne sie modernen Berufen zu.

❷ Überlege, welche Vorteile und welche Nachteile es hat, dass diejenigen, die sich um Religion kümmern, so viele Aufgaben in der Gesellschaft übernehmen.

❸ Erkläre und begründe, weshalb das Wissen der Druiden nicht aufgeschrieben wurde.

Ü

a Alles von **esse** abgeleitet!

Ergänze die lateinischen Sätze sinngerecht mit den richtigen Komposita von „**esse**" und übersetze (Tipp: Manchmal hilft auch das Tempus, das passende Wort zu finden):

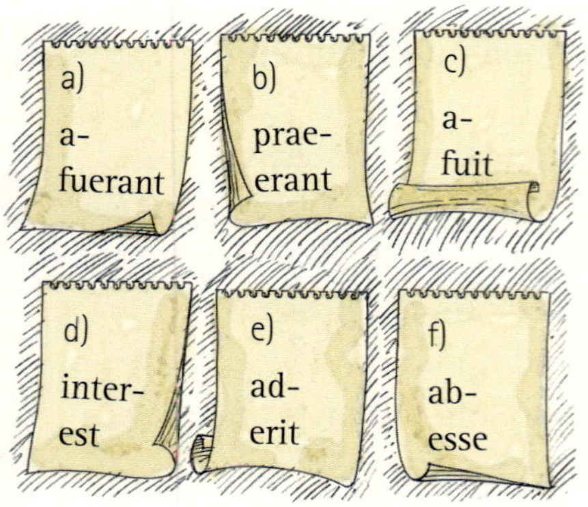

1. Ein Kelte warnt den anderen: „Den Druiden nicht zu gehorchen ist gefährlich; wer es nicht tut, wird von niemandem Hilfe erwarten können; denn: **Nemo ei ? , qui druidum iudiciis non paret.**"
2. In der Vergangenheit hatten einige der gallischen Adligen im Krieg eine herausgehobene Stellung: **Nobilissimi equitum plebi in bello ? .**
3. Miraculix kehrt sehr zufrieden von dem Treffen aller gallischen Druiden zurück, das jährlich stattfindet. In diesem Jahr waren alle da: **Nemo ? .**
4. Im Jahr davor war es ganz anders gewesen: **Multi ? .**
5. Jeder Druide weiß, dass er bei diesem Treffen dabei sein muss, und sagt sich immer wieder: „**A consilio ? non licet.**"
6. Die beiden Gruppen der gallischen Adligen unterscheiden sich erheblich: **Multum ? inter druides et equites.**

b System durchschaut – Form erkannt!

Bestimme und bilde die entsprechende Form des eingeklammerten Verbs. Beispiel: **praefuisse (posse)**: Inf. Perf. Akt. **(potuisse)**

ades (abesse), possent (interesse), potuissent (praeesse), adestis (posse), deeras (posse), fueras (abesse), adero (posse), fuissetis (posse), deessent (posse), praefuissem (posse), posses (interesse)

c Hannibal, Rom und das Prädikativum

1. **Hannibal puer promisit: Numquam amicus Romanorum ero.**
2. **Hannibal imperator multas gentes vicit; victor e proeliis abiit.**
3. **In urbe Roma homines supplices deos opem orabant.**
4. **Mulieres tristes ad caelum manus tollebant; frequentes templa adibant.**
5. **Hannibal senex dixit: Captivus Romanorum perire nolo.**

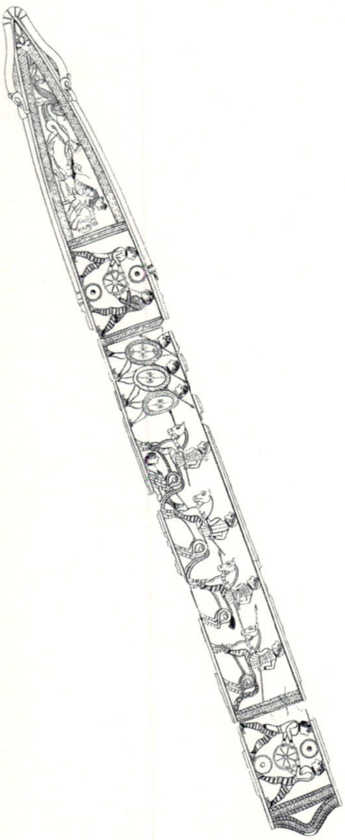

Die Verzierungen der keltischen Schwertscheide (aus Hallstatt, Österreich, um 480 v. Chr.) zeigen einen Kriegerzug.

LATEIN LEBT

Das hängt alles vom „Können" ab!

In all diesen Fremdwörtern taucht die lateinische Silbe „**pot-**" auf, die auch in **posse** (<**pot-esse**) steckt.

Informiere dich in einem Fremdwörterlexikon über die Bedeutung von:

Potenzial, potenziell, potenzieren, Potenz, Potentat, impotent

Welche dieser Wörter kannst du auch im Englischen (oder anderen Fremdsprachen) bilden?

Wilde Jagd von Geistern. Filmszene aus „Der Herr der Ringe" (USA 2001).

Z

Von Zwergen, Zauberern und Feen

In den Märchen, die noch heute in der Bretagne, in Wales, Irland und Schottland erzählt werden, tauchen Zwerge, Zauberer, verwandelte Bäume und Feen auf; solche Figuren, die auch in der folgenden Geschichte mitspielen, stammen aus der Vorstellungswelt der Kelten, bevor die Römer nach Gallien kamen:

Eques fortis nocte per silvam iter fecit. Subito terra aperta est, homunculus[1] e terra surrexit, ante equum constitit, equiti dixit: „Cave periculum mortis. Magus[2] in his regionibus vivit, qui homines rapta pecunia in arbores mutat. Nemo, qui silvam intravit, hunc magum superavit. Sed ibi nympha[3] in flumine[4] vivit, quae tibi aderit. Usque ad[5] hunc diem nemo illud flumen[4] invenire potuit. Tu autem a me ductus flumen primus invenies: Auxilio nymphae magum superare poteris." His verbis dictis ad illud flumen eum duxit. Nympha a homunculo vocata e fluctibus surrexit et equiti gladium[6] micantem[7] dedit. Gladio accepto eques neque nympham neque homunculum videre potest, sed subito magus ingens ante oculos stat. Eques autem gladio eum petit et interficit. Tum omnes arbores in homines mutantur.
Homines equiti laeti gratias egerunt eumque regem suum fecerunt.

[1] homunculus *Männlein, Zwerg*
[2] magus *Zauberer*

[3] nympha *Nymphe, Fee*
[4] flūmen, flūminis *n Fluss*
[5] ūsque ad *bis auf*

[6] gladius *Schwert*
[7] micāre *funkeln*

38 Teile und herrsche!

Szene aus einem Asterix-Comic.

Die Eroberung Galliens in den Jahren 58 – 51 v. Chr. war nicht nur eine militärische Leistung der römischen Soldaten und ihres Feldherrn Cäsar. Die Römer haben überall, wo sie herrschten, unter ihren Gegnern auch Freunde gefunden – wie es in der Asterixszene dargestellt ist. Und sie haben Unstimmigkeiten unter ihren Gegnern systematisch ausgenutzt, um ihre eigene Herrschaft abzusichern. So war es auch im Gebiet des heutigen Trier, wo der gallische Stamm der Treverer lebte.

G

Iuvenes ad druides conveniunt.
Iuvenes discere volunt.
Iuvenes ad druides conveniunt, ut discant.

Druides vulgus disciplinam scire nolunt.
Itaque disciplinam litteris non mandant.
Druides disciplinam litteris non mandant, ne vulgus eam sciat.

Druides disciplinam litteris non mandant.
Itaque vulgus eam non scit.
Vulgus disciplinam non scit, cum druides eam litteris non mandent.
Druides disciplinam litteris non mandant, ut vulgus eam non sciat.

Sitzender Soldat (Rekonstruktion).

T Teile und herrsche!

Cäsar hatte das Heer der Treverer in der Schlacht besiegt. Nun sollten die Fürsten diese Niederlage anerkennen, indem sie zu Verhandlungen erschienen, die Cäsar einberufen hatte. Aber das taten sie nicht.
Daraufhin zog Cäsar mit vier Legionen (etwa 20 000 Fußsoldaten und 800 Reiter) in das Gebiet der Treverer.
Er berichtet selbst darüber, wie die beiden wichtigsten Anführer des Stammes auf diese militärische Einschüchterung reagierten: Der eine akzeptierte die Niederlage und wurde zum Freund der Römer, der andere blieb ihr Feind.

In civitate Treverorum Indutiomarus et Cingetorix de primo loco inter se contendebant.
Cingetorix, cum de adventu legionum et auxiliorum cognovisset, ad Caesarem venit, ut egregiam fidem ostenderet.
At Indutiomarus milites conscripsit, ut bellum iterum pararet libertatemque gentis suae defenderet.
Alii principes civitatis adventu exercitus Romani territi ex vicis et oppidis ad Caesarem venerunt, ut de suis rebus cum eo agerent: „Venimus, ut amicitiam petamus fidemque demonstremus. Nam tanta est fides nostra, ut libenter te adeamus.“
Qua re adductus etiam Indutiomarus legatos ad Caesarem mittit, ne ab omnibus deseratur. Haec verba a legatis Caesari referuntur: „Plebs facile ab amicitia Romanorum deficit, sed mea auctoritate regitur. Nam tanta est apud plebem auctoritas mea, ut facile eos in officio retinere possim. Equidem efficio, ut a licentia revocentur. Itaque adhuc ad te non veni. Nam timeo, ne plebs Romanis inimica sit et – cum libertatem gentis defendere velit – novis rebus studeat. Mox in castra Romana veniam, ut fidem meam cognoscas.“
Caesar, cum perfidiam[1] Indutiomari perspiciat, tamen bellum non parat; sed poscit, ut Indutiomarus cum centum obsidibus ad se veniat. *(nach Caesar, Bellum Gallicum)*

[1]perfidia *heimtückisches Wesen*

❶ Beschreibe das Verhalten des Römerfeindes Indutiomarus. Erkläre seine Strategie.

❷ Wie kommt Cäsar zu der Sichtweise, dass Indutiomarus treulos und hinterlistig sei ?

❸ Obwohl das Pronomen „ich“ nicht auftaucht, stammt der Bericht von Cäsar selbst. An welchen Stellen muss man misstrauisch sein, ob seine Darstellung korrekt ist?

❹ Erkläre am Beispiel der Ereignisse im Gebiet der Treverer den Herrschaftsgrundsatz der Römer: „Teile und herrsche!“ (Divide et impera!)

Ü

a Suche aus **T** alle Konjunktive im Imperfekt, verwandle sie in den Konjunktiv Präsens und umgekehrt.

b Teile (ein) und herrsche!
Wer Konjunktivformen erkennen kann, findet in einem Satzgefüge oft schnell die untergeordneten Gliedsätze. Suche alle Formen heraus, die Konjunktiv sein können:
moneam, laudem, regem, regam, regerem, tangerem, spectabam, umbram, undam, moveam, teneam, dem, amorem, amarem, amem, vocem, des, ades, res, faceres, pares

c Der Konjunktiv ist abhängig!
Verwandle die direkten Aufforderungen in indirekte. Bilde dazu Gliedsätze mit **ut** nach dem angegebenen Beispiel.
Pater filium orat: Accede! Pater filium orat, ut accedat.

1. Dumnacus Drappem orat: „Narra de sene Flavo!"
2. Flavus servos orat: „Cantate!"
3. Crassus Croesum orat: „Vinum eme!"
4. Croesus Crassum orat: „Fac bonum pretium bono amico!"
5. Creusa Aeneam orat: „Relinque patriam!"

d In welchem logischen Verhältnis steht der **cum**-Satz zum Hauptsatz? Stelle jeweils den passenden **cum**-Satz zu seinem Hauptsatz und übersetze das lateinische Satzgefüge mit treffender Wiedergabe des **cum**:

1.	Die Menschen verehren die Götter: Homines deos colunt, ...	a)	... cum periculum magnum esset.
2.	Bei seiner Ankunft in Ephesos fand Crassus seinen Freund in einer Taverne: Crassus amicum in taberna invenit, ...	b)	... cum soror desperaret.
3.	Äneas suchte trotz großer Gefahren seine Gattin. Aeneas uxorem quaesivit, ...	c)	... cum iram eorum timeant.
4.	Antigone verlor im Gegensatz zu Ismene die Hoffnung nicht: Antigona spem non amisit, ...	d)	... cum in urbem veniret.

Lionel Royer (1852–1926): Vercingetorix wirft seine Waffen Cäsar zu Füßen. (Le Puy-en-Velay, Musée Crozatier).

Z Cäsars größter Gegner muss kapitulieren: Ein Ereignis – zwei Berichte

Der Gallier Vercingetorix (Vercingetorīx, Vercingetorīgis) hatte einen Aufstand gegen Cäsar organisiert; die Aufständischen hatten große Erfolge, wurden aber schließlich in Alesia belagert und mussten aufgeben. Vorher hatte Vercingetorix eine Versammlung seiner Verbündeten einberufen, über die Cäsar Folgendes berichtet:

Vercingetorix consilium convocavit et sociis dixit: „Hoc bellum non meā causā[1] suscepi, sed ut libertatem communem defenderem. Itaque nunc vobis concedo, ut me Romanis tradatis.“ Tum amici Vercingetorigis nuntios de hac re ad Caesarem miserunt. Caesar imperat, ut arma tradantur et principes producantur[2]. Ipse pro castris considit. Principes producuntur[2], Vercingetorix traditur, arma deponuntur. *(nach Caesar, Bellum Gallicum)*

[1] meā causā *aus persönlichen Motiven*
[2] prōdūcere *vorführen*

Über 100 Jahre später berichtet der griechische Schriftsteller Plutarch – anders als Cäsar – nicht zuerst über die Rede des Vercingetorix; sondern er beschreibt gleich die Kapitulation:

Vercingetorix armis pulcherrimis ornatus equum conscendit[3] et per portas oppidi equitavit[4]. Caesar pro castris consedit. Vercingetorix autem in equo sedens Caesarem circumibat[5]. Tum de equo desiluit[6], arma deposuit, ad pedes Caesaris tacens consedit. *(nach Plutarch, Vita Caesaris)*

[3] cōnscendere *besteigen*
[4] equitāre *reiten*
[5] circumīre *umkreisen*
[6] dēsilīre (*Perf.* dēsiluī) *herabspringen*

❶ Vergleiche den Bericht Plutarchs und den aus Cäsars eigener Feder miteinander. Welchen Eindruck von Vercingetorix und Cäsar soll der Leser jeweils bekommen?

❷ Auch die beiden Gemälde zeigen die Kapitulation des Vercingetorix. Beschreibe die Bilder und erkläre, welchen Eindruck von Vercingetorix und von Cäsar die beiden Maler vermitteln wollten.

Henri-Paul Motte (1846–1922): Vercingetorix ergibt sich Cäsar. (Le Puy-en-Velay, Musée Crozatier).

39 Welch ein großartiger Kaiser

Die Palastaula in Trier von Innen – Rekonstruktion ...

... und heute.

Nach der Eroberung Galliens entstand im Gebiet der Treverer eine römische Stadt: **Colonia Augusta Treverorum** – Trier, das heute zu Deutschland gehört. Aufgrund seiner Lage an der Mosel wurde Trier besonders wichtig als Handelsplatz für die Versorgung der Grenztruppen, die über 200 Jahre lang die nahe gelegene Grenze am Rhein gegen die Germanen sicherten. Später, im 4. Jahrhundert, wurde die Stadt noch wichtiger: Sie war zwar vorher von Germanen verwüstet worden, die jenseits des Rheines lebten. Aber nun machten verschiedene römische Kaiser Trier zur wichtigsten Stadt in Gallien; sie residierten hier, um Gallien besser gegen die Germanen schützen zu können. Zu den neuen Bauten gehörte auch die sogenannte Palastaula, ein prächtiges Gebäude für kaiserliche Empfänge.

Es war üblich geworden, dass die Leistungen des Kaisers bei öffentlichen Empfängen von Festrednern gepriesen wurden. Für diese Redner gab es in Trier auch eine berühmte Schule, in der junge Männer Rhetorik lernten, die Kunst überzeugend und eindrucksvoll zu reden.

⬢ Erfindet als Vorbereitung für **T** selbst eine Festrede für den Kaiser. Überlegt, was man alles rühmend erwähnen könnte.

G

Caesar nonnullas legiones in Treveros duxit.
Cingetorix videt, quantam multitudinem militum Caesar in Treveros duxerit.
Tamen alios principes interrogat, velintne libertatem defendere an non.
Qui Cingetorigem interrogant, num exercitui Romano resistere audeat.

T

Welch ein großartiger Kaiser

Ein Festredner spricht bei einem öffentlichen Empfang in der Palastaula:

Huc convenimus, cives coloniae Augustae Treverorum, ut gratias agamus imperatori nostro pro beneficiis eius. Quaero e vobis, num quis reprehendere possit res gestas imperatoris nostri.

Conspicite hanc ipsam palatii aulam[1] ingenti sumptu perfectam, ut videatis, quantas divitias[2] imperator nobis praebuerit! Spectate illam regionem, in qua vivimus, ut cognoscatis, quanta laetitia ab eo ipso nobis parata sit!

Te regente nemo inopia laborat; immo urbs omnibus divitiis toto orbe terrarum paratis abundat[3]. Cives artibus litterisque student, quia tu, imperator, provides, ut curis liberi vitam agere possint. Tu, imperator, tuo clarissmo exemplo homines doces, quanta sit cura imperatoris Romani, quanta sit fides Romana.

Nunc apertum est: Pace facta tota regione homines cum otio vitam agunt. Omnis belli clamor abest, cum tu flammas belli exstinxeris. Testes sunt copia frumenti omniumque fructuum, quam mercatores flumine Mosella vehunt, et villae pulchrae, quas homines tota regione aedificant. Dubito, utrum copia fructuum an aedificia pulchra maiori usui nobis sint. Quam praeclaram speciem haec regio praebet! Neque enim barbari – nuntio adventus imperatoris perterriti - Rhenum transire audebunt.

Tua igitur aetate, imperator, tuti vivimus! Tua cura urbs nostra magis magisque elata est, tua laude gloria totius rei publicae perpetua erit.

[1] palātiī aula *Palastaula*
[2] dīvitiae *Pl. Reichtum*
[3] abundāre *m. Abl. voll sein mit*

Die Moselbrücke in Trier (Rekonstruktion).

❶ Die Festrede steckt voller sprachlicher Besonderheiten, die die Wirkung steigern sollen: Beschreibe mit eigenen Worten, was dir aufgefallen ist.

❷ Sieh dir die Fachbegriffe und deutschen Beispiele für rhetorische Stilmittel an und suche nach lateinischen Beispielen für solche Stilmittel in der Festrede.

Anapher (Wiederaufnahme): „Seine Kraft ist es, die uns beschützt, seine Klugheit, die uns behütet, sein Ruhm, der uns Glanz gibt."

Apostrophe (Anrede): „In all diesen Gefahren hast du, unser Kaiser, uns beschützt."

Asyndeton (unverbundene Reihung): „Er kam, überblickte die Situation, handelte sofort."

Metapher (bildlicher Ausdruck): „Der Sieg entfachte ein Feuer der Begeisterung."

Paralleler Satzbau „Seht seine Kraft, die uns beschützt, damit ihr erkennt, wie sicher wir leben. Hört von seiner Stärke, die uns behütet, damit ihr wisst, wie gefestigt der Frieden ist."

Trikolon (dreigliedrige Aufzählung): „Ich kam, sah, siegte."

Ü

ⓐ Suche aus **T** alle Konjunktivformen und bilde die entsprechende Form im Indikativ.

ⓑ Ein Formenpuzzle – Lösung mit System!
Bilde aus den Zettelchen sinnvolle Konjunktivformen und bestimme sie mit Angabe der Grundform und der Bedeutung:

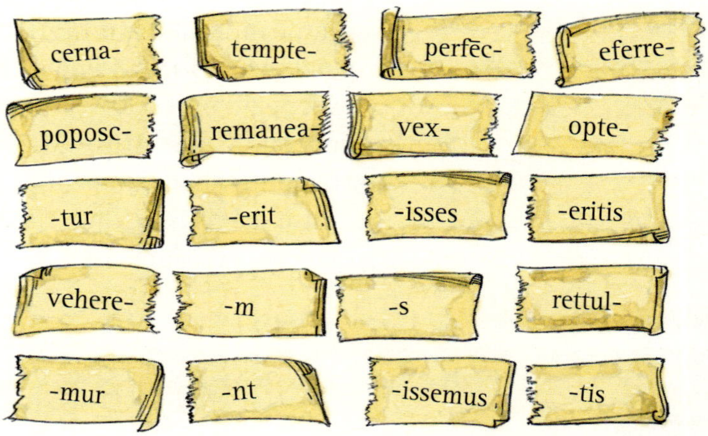

ⓒ Suche die indirekten Fragen aus **T** und formuliere sie als direkte Fragen.

ⓓ Gliedsätze können die Satzgliedfunktion eines Objekts übernehmen:
Die Bürger erkennen, wie großartig der Kaiser ist.
Die Bürger erkennen die Größe des Kaisers.
Suche aus **T** alle Gliedsätze, die ein Objekt vertreten.

LATEIN LEBT

Alles aus einem Text!
Suche in **T** nach den lateinischen Wörtern, die hinter folgenden Fremd- und Lehnwörtern stecken:

Konvent · Zivilisation · Kolonie · Gratifikation · Akt · Datum · Potenzial · Palast · Aula · Perfektion · Video · Quantität · Spektakel · Region · parat · laborieren · Orbit · Abundanz · Artist · Literatur · studieren · kurieren · vital · Exempel · human · Republik · Dozent · total · Fakten

e Bilde zu den folgenden Indikativformen die entsprechende Form im Konjunktiv Präsens, Imperfekt, Perfekt und Plusquamperfekt:
perficio – aedificat – provident – geris – adducimus – conscribunt – traditis – disco – potest – afferunt – cernis

Detektive unterwegs – wer knackt den Konjunktiv-Code?

	Tempus (T)	Person (P)	Genus verbi (GV)
1 perficere	1 Präsens	1 ich	1 Aktiv
2 aedificare	2 Imperfekt	2 du	2 Passiv
3 tradere	3 Futur	3 er (sie, es)	
4 conscribere	4 Perfekt	4 wir	
5 efferre	5 Plusquamperfekt	5 ihr	
6 adducere		6 sie	

Je vier Detektive, die alle mit Papier und Stift ausgerüstet sind, bilden eine Einsatzgruppe.
Jeder Detektiv nennt einen vierstelligen Zahlencode (z. B. 1562), den alle Gruppenmitglieder auf ihre Blätter notieren. Alle versuchen nun, die vier Zahlenkombinationen zu knacken, indem sie die lateinischen Konjunktivformen neben den jeweiligen Code schreiben (z. B. **perfecti (ae, a) essent**). Anschließend werden die Lösungen auf Richtigkeit überprüft und ggf. die Art des Fehlers (z. B. T) notiert. Wer die meisten Codes richtig knackt, ist der beste Detektiv.

Bronzestatue eines römischen Redners, um 80 v. Chr. (Florenz, Archäologisches Museum).

Z Welch ein fürchterlicher Kaiser

Zwei Studenten haben die Rede des Festredners gehört.
Bei ihrem Rhetoriklehrer, dem Rhetor, verfassen sie zur Übung ebenfalls Lobreden. Aber Schmähreden, in denen jemand kritisiert wird, gehören auch zum Unterrichtsprogramm; und außerdem hat der Rhetor ihnen beigebracht, jede Sache von zwei Seiten zu betrachten. Stellen wir uns vor, sie hätten zum Spaß die Lobrede auf den Kaiser ein wenig umformuliert!

Convenimus, cives coloniae Augustae Treverorum, ut reprehendamus imperatorem nostrum.
Conspicite hanc ipsam palatii aulam[1] ingenti sumptu ornatam, ut cognoscatis, quantas opes a civibus paratas pro honore suo imperator consumat.
Pauci cives tuti in oppidis viventes artibus litterisque student. Plurimi agros colunt.
Spectate illam regionem, in qua vivimus: Castra militum toto orbe terrarum conscriptorum plena sunt. Tu, imperator, exemplo tuo homines doces, quae sit virtus Romana: bellum gerere. Barbaris exercitus Romanos timentibus pax tamen deest. Tua gloria militari tuti vivimus, sed hostes amicos facere non potuisti. Vae[2] civibus, si quando[3] exercitus Romani vi hostium victi erunt.

[1] palātiī aula *Palastaula*
[2] Vae! *Wehe!*
[3] quandō *einmal*

40 500 Jahre hinterlassen Spuren

Ein Bücherschrank in der Antike ...
und heute.

Die Römer haben fast 500 Jahre lang in Gallien geherrscht und ihre Lebensweise verbreitet. Auch nach dem Ende ihrer Herrschaft haben sie das Leben dort noch bestimmt, weil die Menschen durch die Literatur der Römer und ihre ausdrucksreiche Sprache Bildung erlangen konnten.

In den Schulen las man die Gedichte Vergils, Theaterstücke des Dichters Terenz und Reden des Politikers und Anwalts Cicero. Auch heute ist unsere Sprache, wenn wir über Kultur und Literatur reden, noch von den Römern geprägt.

● Informiere dich in einem Herkunftswörterbuch über die Bedeutung und den Ursprung folgender deutscher Wörter, die auch für **T** wichtig sind: *Kultur, Literatur, Komödie, Diktum, Eloquenz, Poet, Sentenz, Studium, Stil.*

G Vergleiche und bilde analog die Deklinationsreihen zu **iste** – dieser (da):

ille – ipse – iste
illíus – ipsíus – istíus
3 illi – ipsi – isti

T

500 Jahre hinterlassen Spuren

Um 470 nach Christus war das Rhein- und Moselgebiet als Ganzes militärisch nicht mehr in der Hand der Römer, sondern wurde von germanischen Stämmen, vor allem von den Franken, kontrolliert.
Das römische Reich löste sich im Westen auf. Auch die Verhältnisse in Trier waren ganz unsicher: Wir wissen nicht genau, wie der fränkische Soldatenführer Arbogast, der in Trier residierte, politisch zum römischen Reich stand.
Aber ein Brief, den der in Südgallien lebende Bischof Sidonius Apollinaris an ihn geschrieben hat, zeigt, dass Arbogast schon lange ein Freund der Römer gewesen sein muss, allerdings auf eine ganz besondere Weise.

Sidonius Arbogasto suo salutem dicit.
Amicus attulit epistulam tuam, quae mihi, cum legissem, maximo gaudio erat. Pulcherrima est, cum veterum poetarum dictis et grandium oratorum[1] sententiis ornata sit. Repperi enim sententias Vergilii, Terentii, Ciceronis. Tanta enim est eloquentia[2] tua, tantus est cultus, ut facile videam te iam multos annos litteris studere. Sapis, ut cerno. Et cognosco te parem esse illis ducibus antiquis, quorum dextera et gladium et stilum[3] capere solebat, ut virtutem suam et in bello et in artibus ostenderent. Barbari feri Rhenum et Mosellam oppugnantes villas, vicos, oppida Romana circumveniunt. Isti sermonem Romanorum neglegunt, cum tu gloriam linguae Latinae conserves et vivam retineas. Furor iste barbarorum litteras nescit, cum tu – barbara gente ipse natus[4] – artes colas. Cum potentia Romana vi et impetu istorum occiderit, tamen per te omnes cognoscunt, quantopere[5] homo superet istas bestias, si litteris studet.

(nach Sidonius Apollinaris, Epistulae)

[1] ōrātor, ōris *Redner*

[2] ēloquentia *Beredsamkeit*

[3] stilus *Griffel (zum Schreiben auf Wachstafeln)*

[4] nātus *abstammend*

[5] quantopere *wie sehr*

Der Dom von Trier. Seine römischen Grundmauern gehen auf das 4. Jh. n. Chr. zurück.

❶ Zeige an den Sätzen, in denen Sidonius iste verwendet, dass dieses Pronomen oft eine abwertende Bedeutung hat.

❷ Stelle die Komplimente zusammen, die Sidonius dem germanischen Heerführer Arbogast in seinem Brief macht.
Welche Absicht verfolgt Sidonius damit? Beachte dazu auch die Ergebnisse aus Aufgabe 1.

❸ Erkläre, wie Sidonius seine Absicht stilistisch deutlich macht. Welche stilistischen Mittel kannst du richtig bezeichnen (vgl. S. 184 oben)?

Ü

a Bestimme die Form und bilde die entsprechende Form des eingeklammerten Pronomens. Beispiel: istam (hic) - Akk. Sg. *f* (hanc)
istis (hic), eius (ille), cui (is), horum (iste), cui (idem), qua (ille), eis (qui), huic (ipse), ista (ea), illum (idem), huius (quae)

b Was fällt in a) bei den Formen des Genitiv und Dativ Singular auf? Dazu passt ein hilfreicher „Lateinpaukerspruch". Ergänze ihn:
unus, solus, totus, ullus *(irgendeiner)*, alius und dazu nullus, diese Wörter haben alle „- ? " in dem zweiten Falle und im dritten enden sie stets auf einem langen „- ? ".

c Stelle aus **T** die Gliedsätze zusammen, die die Satzgliedfunktion eines Adverbiales übernehmen, und ordne sie nach Sinnrichtungen: Temporal-, Kausal-, Kondizional-, Konsekutiv-, Final-, Konzessiv- und Adversativsätze.

d iste hat nicht immer, aber oft pejorative (abwertende) Bedeutung. Versuche das bei der Übersetzung der folgenden Sätze zum Ausdruck zu bringen:

1. Antigone lässt sich durch Kreons Anweisung nicht zurückhalten:
   „Ista impia lege ab officio non revocor."
2. Kreon ist über Antigones Ungehorsam empört:
   „Istud facinus sine poena non erit."
3. Du erinnerst dich an Flavus, den neureichen Angeber aus 36 **T**:
   Isti libertino omnes scilicet homines invidebant.
4. Lehrer glauben, dass Hausaufgaben für Schüler gut sind:
   „Isto errore *(Irrtum)* complures magistri *(Lehrer)* laborant."

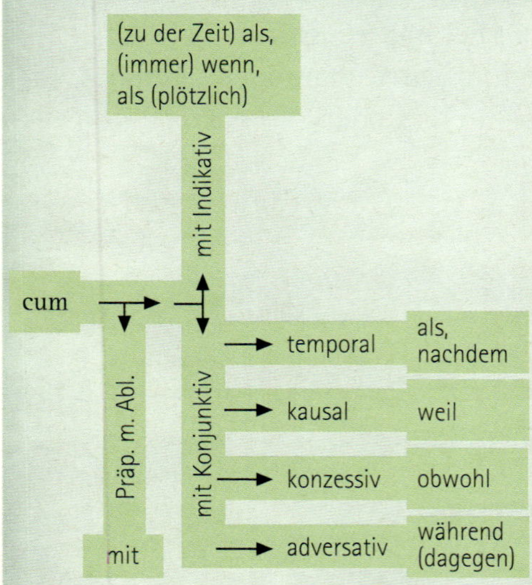

ÜBERSETZUNG

a) Ermittle in den folgenden Sätzen die Bedeutung von cum. Orientiere dich dabei an der „Straßenkarte".

1. <u>Cum</u> Romani in colonia Augustae Treverorum erant, imperator saepe ab oratoribus laudabatur.
2. <u>Cum</u> imperator in coloniam veniebat, ab oratoribus laudabatur.
3. Orator: „<u>Cum</u> imperatore laetitia in coloniam venit."
4. <u>Cum</u> orator finem orationis fecisset, cives imperatorem celebraverunt *(feierten)*.
5. <u>Cum</u> imperator civibus provideret, ab oratore laudatus est.
6. <u>Cum</u> imperator civibus provideret, tamen a iuvenibus reprehendebatur.
7. <u>Cum</u> alii imperatorem laudarent, alii eum reprehendebant.

b) Überprüfe mit der „Straßenkarte" deine Übersetzung der cum-Sätze in **T**.

Z Strenge oder lockere Erziehung

In **T** ist der Name des römischen Dichters Terenz gefallen; viele Menschen kannten offenbar seine Komödien.
Diese wurden wegen der eleganten Sprache und ihrer großen Weisheit und Menschlichkeit jahrhundertelang in den Schulen Roms und später ganz Europas von den Schülern gelesen.
Eine der Komödien – „Die Brüder" – behandelt das Problem strenger und großzügiger Erziehung:

Demea mercator, pater severissimus[1], duos filios adulescentes habuit. Unum, Ctesiphontem[2] nomine, ipse severissime educabat[3]. Alterum[4], Aeschinem[5] nomine, fratri suo tradidit, ut eum educaret[3]. Frater eum vitam cum omni licentia agere sivit, numquam reprehendit.

[1]sevērus, a, um *streng*
[2]Ctēsiphōn, ontis *Ktesiphon*
[3]ēducāre *erziehen*
[4]alter *der andere*
[5]Aeschinēs, is *Äschines*

Und was kommt dabei heraus? Beide Söhne, nicht nur der locker erzogene Äschines, verwickeln sich in Liebesgeschichten. Ktesiphon hat sich auch noch in eine Musikerin verliebt – nicht gerade eine standesgemäße Verbindung! Äschines hilft dem streng erzogenen Bruder, sein Liebesglück zu finden. Wie reagiert der strenge Vater Demea?

Demea primo non intellegit Ctesiphontem, quem ipse severissime educaverat, puellam amare. Itaque maxima ira commotus Aeschinem istum accusat. Sed cum Ctesiphontem quoque amore incensum esse intellexerit, animus mutatur. Neque Aeschinem neque Ctesiphontem reprehendit. Et Aeschinem et Ctesiphontem amicas suas in matrimonium ducere[6] sinit. Sed et filiorum animus mutatur; denique severitatem[7] patris laudant. *(nach Terenz, Adelphen)*

[6]in mātrimōnium dūcere *heiraten*
[7]sevēritās, ātis *Strenge*

Schauspieler bereiten sich auf eine Theateraufführung vor. Mosaik aus Pompeji, 1. Jh. n. Chr. Männer spielten auch die Frauenrollen.

Das haben wir gelernt

Ein berühmter Kelte

Setze den Namen des berühmten keltischen Anführers, der links abgebildet ist, in die Lücken ein und übersetze dann die Sätze.

1. ? et multi principes Gallorum bellum susceperunt, ut libertatem communem defenderent.
2. Militibus Gallorum fortiter pugnantibus tamen ? vincere non potuit.
3. Proelio confecto Caesar imperavit, ut ? et principes Gallorum arma deponerent.
4. Si ? vicisset, ...

Kannst du diesen Gedanken weiterentwickeln?

Spurensuche Römerzeit

In den vorausgegangenen Lektionen hast du die römische **Colonia Augusta Treverorum** kennengelernt. Hier findest du Abbildungen von Gebäuden in Trier. Kannst du sie den antiken Gebäuden zuordnen bzw. in dem antiken Stadtplan (S. 169) wiederfinden? Welchem „Zweck" dienen diese Gebäude heute?

Bis hierhin und doch weiter

Du hast in den letzten Lektionen schon erfahren, dass ein reger kultureller und wirtschaftlicher Austausch einsetzte, sobald die Römer ein fremdes Gebiet erobert hatten. Davon zeugen vor allem im heutigen Süd- und Südwestdeutschland noch zahlreiche Spuren. Eine Ausnahme bildete aber das Land der germanischen Volksstämme im Norden, die jenseits des Limes lebten, der die Grenze zwischen dem römisch besetzten und dem freien Germanien bildete. Germanen waren den Römern von Anfang an sehr fremd, wie zahlreiche Aussagen von römischen Autoren belegen.

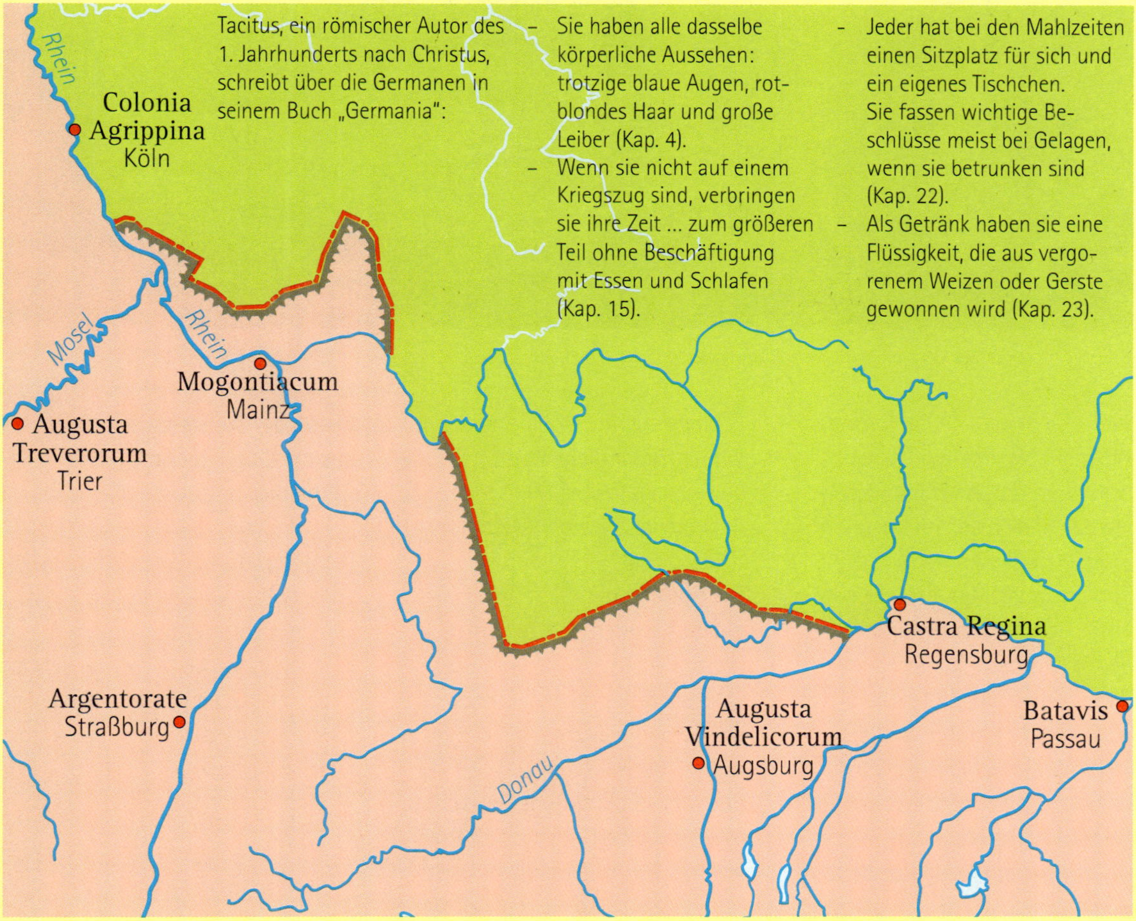

Tacitus, ein römischer Autor des 1. Jahrhunderts nach Christus, schreibt über die Germanen in seinem Buch „Germania“:

- Sie haben alle dasselbe körperliche Aussehen: trotzige blaue Augen, rotblondes Haar und große Leiber (Kap. 4).
- Wenn sie nicht auf einem Kriegszug sind, verbringen sie ihre Zeit ... zum größeren Teil ohne Beschäftigung mit Essen und Schlafen (Kap. 15).
- Jeder hat bei den Mahlzeiten einen Sitzplatz für sich und ein eigenes Tischchen. Sie fassen wichtige Beschlüsse meist bei Gelagen, wenn sie betrunken sind (Kap. 22).
- Als Getränk haben sie eine Flüssigkeit, die aus vergorenem Weizen oder Gerste gewonnen wird (Kap. 23).

Der so schwierige Kontakt zwischen Römern und Germanen riss aber selbst nach dem Untergang des **imperium Romanum** nicht ab: Um 800 n. Chr. kam es dann ausgerechnet im Norden und Westen des ehemaligen Imperiums doch wieder zu einer erheblichen Aufwertung der lateinischen Sprache.

41 Wer will schon nach Germanien?

Bäuerliches Leben der Germanen (Rekonstruktionszeichnung).

Wer sind eigentlich die Germanen? Wollte ein Römer eine zuverlässige Antwort auf diese Frage haben, musste er sich auf Informationen anderer verlassen – z. B. auf Berichte von Feldherrn, die bereits im fernen Germanien unterwegs gewesen waren, Kämpfe mit den dort lebenden Menschen ausgefochten hatten und die aus irgendwelchen Gründen nicht mehr weiter in dieses Land eingedrungen waren. Und diese Gründe hatten sie später natürlich den daheimgebliebenen Römern zu erklären. Erzählte solch ein Feldherr nicht notgedrungen von wilden, gefährlichen Völkern? Oder von unzivilisierten Menschen, mit denen eine Auseinandersetzung nicht lohnte?
Die Absicht, mit der jemand von einem fremden Volk berichtet, ist also wichtig.
Und wie waren die Menschen, die die Römer in Germanien trafen, nun wirklich?
Erst das vergleichende Betrachten von sämtlichen noch erhaltenen antiken Texten ermöglicht uns differenzierte Antworten auf diese Frage. Auch eine genaue Untersuchung der archäologischen Funde aus der Zeit, in der die Römer in Germanien waren, gehört dazu.

Die Betrachtung eines fremden Volkes ohne Vorurteile fällt jedoch nicht nur den heutigen Menschen schwer – sie war schon in der Antike nicht einfach, wie in **T** deutlich wird.

G

Filius: Mater, nunc in Germaniam ibo. Gaudeamus!
Mater: Audi, mi fili, consilia mea: Vir Romanus in Germania cibos leves capiat, bonos libros legat, puellas pulchras fugiat, epistulas longas matri scribat! – Utinam una tecum iter facere possem!

Hortativ – Jussiv – Optativ

T

Wer will schon nach Germanien?

Bevor sich Lucius nach dem Ende seines Militärdienstes in Augsburg (Augusta Vindelicorum) niederlässt, reist er noch nach Rom, um dort seine alte Mutter zu besuchen. Lucius sieht zuversichtlich in die Zukunft, da er jetzt endlich eine eigene Familie gründen kann; doch seine Mutter ...

MATER: Utinam Romae maneres! Audivi consuetudinem vitae Germanorum multum a moribus nostris differre.

LUCIUS: Sed inter Romanos vivam, quod multi veterani[1] eo deducebantur! Praeterea Germani, qui ad flumen Danubium habitant, paulo humaniores sunt quam ceteri; nam saepe ad eos mercatores veniunt.

MATER: Sed dic mihi: Quisnam Italia relicta Germaniam, asperrimam regionem, peteret, nisi patria esset? Non solum hieme tempestas ibi saeva est! Vellem viveret pater tuus, ut mihi adesset! Sed – me tacere oportet, quod femina sum.

LUCIUS: Quidquid tibi venit in mentem, dicas! At mea quoque verba audias! Non dubito, quin hac in regione vitam bonam vivere possim – prope dicam ibi bonos mores plus valere quam alibi bonas leges.

MATER: Dei omnia bona tibi dent! – Sed audi: A mercatore quodam audivi Germanos Solem et Vulcanum et Lunam deos habere, de reliquis autem deis immortalibus nihil cognovisse.

LUCIUS: Utinam ne istum mercatorem convenisses! Equidem in libro quodam legi Germanos maxime Mercurium colere ...

MATER: ... et interea ego audivi Germanos huic deo immolare[2] homines! – Mi fili[3]: Ubi isti barbari vivunt, ibi tu, vir vere Romanus, uxorem bonam invenire vis?!

LUCIUS: Feminae apud Germanos maximo in honore sunt: Aliquid sancti in eis esse putant neque consilia earum neglegunt. – At nihil iam dicamus ira incensi! Certe vitam liberam bonamque in Germania agam!

MATER: Hoc dei bene vertant! *(nach Tacitus, Germania; Caesar, Bellum Gallicum)*

[1]veterānus *ehemaliger Soldat, Veteran*

Soldatenspielfigur.

[2]immolāre *opfern*

[3]mī fīlī: *Vokativ zu* meus fīlius

❶ Welche Wünsche hat Lucius, welche Bedenken hegt seine Mutter? Erstelle eine Tabelle, in der du mit Pfeilen die Bezüge zwischen den Aussagen der beiden einzeichnest!

❷ Finde mit Hilfe eines Lexikons heraus, was unter einem „veteranus" zu verstehen ist: Wen bezeichnete man so und wie lebten die Veteranen?

Ü

a Ihr kennt den Konjunktiv aus den vorangegangenen Lektionen bereits als einen Modus, der in unterschiedlichen Gliedsätzen verwendet wird. Erstellt eine Übersicht, indem ihr die bisher bekannten lateinischen Subjunktionen, die einen Konjunktiv erfordern, und die Sinnrichtung der damit eingeleiteten Gliedsätze in eine Tabelle eintragt.

b Ermittle die unterschiedliche Verwendung der Konjunktive in Hauptsätzen von **T**, indem du die Textbeispiele in Gruppen zusammenfasst.

c Schreibe aus den folgenden Wörtern alle Verbformen heraus, die im Konjunktiv stehen, und übersetze sie. Ob du alle Formen gefunden hast, erkennst du daran, dass die Anfangsbuchstaben der herausgeschriebenen lateinischen Wörter (Achtung: v = u!) eine Aufforderung zum Weitermachen ergeben. Behalte die Reihenfolge der Wörter bei.
neget – accidet – vitam – educam – celerem – dubitetis – expelletis – excedatis – servem – servamus – praebeamus – effugiat – relinquam – postquam – errent – terrent – mandat – maneat – venia – venias – dignitas – sinant
Lösung: Utinam ?

FELIX VIVAS. Römische Trinkflasche (Mainz, Landesmuseum).

d Auf vielen Trinkgefäßen, die man auch im ehemaligen Germanien – besonders in den Weingegenden (z. B. an der Mosel und am Rhein) – gefunden hat, sind Sprüche zu lesen, die sich auf das Leben im Allgemeinen, auf die Liebe oder den Trinkgenuss beziehen. Übertrage die lateinischen Sprüche in passende deutsche Aufforderungen und erkläre, warum hier der Konjunktiv verwendet wird.

felix *(glücklich)* **sis**	**bibamus**
gaudeamus	**bene tibi sit**

e Es gibt ein berühmtes Studentenlied aus dem 18. Jahrhundert, das mit den Worten **gaudeamus igitur (iuvenes dum sumus)** beginnt. In den weiteren Zeilen des langen Liedes kommen immer wieder folgende Verbformen vor:
- **vivat/vivant**
- **crescat/crescant**
- **pereat/pereant**

Denk dir nun gemeinsam mit deinem Nachbarn kurze Liedzeilen aus, in denen ihr Wünsche für euer Leben formuliert! Ihr müsst zu den hier aufgeführten Verbformen nur die passenden Subjekte ergänzen. Schreibt die fertigen Zeilen auf – vielleicht fällt euch ja noch eine geeignete Melodie dazu ein.

LATEIN LEBT

Erkläre, was unter den folgenden römischen Rechtsgrundsätzen zu verstehen ist:
Audiatur et altera *(der andere)* **pars!**
Nulla poena sine lege.
Vim vi repellere licet.
In welchen Situationen können diese Sätze gelten?

Z

Jägerlatein

Besucher aus Rom, die nach Germanien kamen, hatten manchmal sehr merkwürdige Vorstellungen über dieses Land. Ein Beispiel dafür liefert die folgende Geschichte von Lucius, der vor seinem Umzug nach Augsburg seinen bereits in Germanien lebenden Freund Markus besucht, um dort Tiere zu jagen:

Nocte Lucius et Marcus armati in silvam eunt. Ibi Marcus magna voce narrat: „Audivi in hac silva multa genera bestiarum vivere, quae maxime differunt a ceteris! Utinam unam solam caperem!" Lucius varios strepitus[1] audiens dicit: „Utinam tacuisses! Nunc omnes bestiae nos in silva esse senserunt!"

MARCUS: „Nuper eo ipso loco vidi duas alces[2], quae sunt bestiae mira magnitudine, mira forma[3], mira ...!"

LUCIUS: „Tace! Bestiam venire audio!"

MARCUS: „Veni! Post arbores bestias exspectemus! Nam alces ad arbores se applicabunt[4] atque ibi dormient[5]. Tum nos succidemus[6] arbores ..."

LUCIUS (ridens): „... et alces cadent et nos capiemus alces, quia surgere non possunt!?! Quisnam fabulas eiusmodi credit? – Equidem statim domum ibo. Utinam ne in Germaniam venissem!"

Prima luce Lucius rursus in silvam redit et amicum invenit post arborem dormientem ... *(nach Caesar, Bellum Gallicum)*

[1]strepitus, ūs *Geräusch*

[2]alcēs, alcis *f Elch*

[3]fōrma *Gestalt*

[4]applicāre *anlehnen*

[5]dormīre *schlafen*

[6]succīdere *fällen*

Jägerlatein – „bezeichnete zunächst die dem Laien schwer verständliche Sondersprache der Jäger und ging dann auf die Aufschneidereien der Jäger über." *(Duden, Herkunftswörterbuch)*

Jagdszene. Mosaik aus Tunesien, 3. Jh. n. Chr. (Tunis, Bardo-Museum).

42 Die Seherin Veleda

Köln am Rhein mit Dom und Römerturm. Der Turm wurde um 50 n. Chr. erbaut und war Bestandteil der römischen Stadtmauer.

Abgesehen von den Kimbern und Teutonen, deren Eindringen in das römische Reich eine kurze Episode am Ende des zweiten Jahrhunderts v. Chr. blieb, begannen die wesentlichen Auseinandersetzungen der Römer und der Germanen in der Zeit Cäsars, der bei seiner Eroberung Galliens (58 – 51 v. Chr.) auch den Rhein in Richtung Osten überquerte und dort auf germanische Stämme traf. Seit dieser Zeit standen Germanen und Römer einander ummittelbar gegenüber.
Eroberungspläne durch Kaiser Augustus scheiterten mit der vernichtenden Niederlage des römischen Feldherrn Varus im heutigen Kalkriese im Teutoburger Wald (9 n. Chr.). Damit blieb im Nordwesten der Rhein die trennende Grenze. Um diese Grenze zu sichern, bauten die Römer viele Kastelle, aus denen sich dann oft größere Städte entwickelten. Hier lebten auch relativ viele Germanen, die durch Heirat oder Geschäfte ansässig geworden waren.
Doch nicht alle Bewohner erklärten sich mit der römischen Herrschaft am Rhein einverstanden: Es gab immer wieder Auseinandersetzungen, mehrfach sogar Aufstände, in denen die Römer manchmal auch Niederlagen hinnehmen mussten. Sieger und Besiegte standen also nicht von vornherein fest ...

G

Lucius uxorem petiturus in Germaniam venit.
Amici Romani dicunt eum multas feminas pulchras ibi visurum esse.
Profecto Lucius cognoscit Annam, filiam pulchram mercatoris.
Lucius vitam bonam una cum Anna acturus est.
Ambo non ignorant se in Germania mansuros (esse) et ibi contentos fore (futuros esse).

T

Die Seherin Veleda

Die germanische Seherin Veleda hatte beim Aufstand des Germanenstammes der Bataver (69/70 n. Chr.) einen vernichtenden Schlag gegen die römischen Legionen richtig vorhergesagt. Das Wort einer Seherin galt als Offenbarung der Götter. Selbst bei den Römern stand Veleda in hohem Ansehen, sodass sie später als Schlichterin bei Spannungen zwischen germanischen Völkern und Rom eintrat. Im Folgenden stellt sich die Seherin vor:

Veleda appellor mihique datum est res futuras videre. Equidem, cum de rebus futuris interrogor, spero me res secundas visuram esse; nam res adversas providere haud mihi placet. Itaque illa facultas[1] natura mihi data saepe gravis est.

Exemplum proferam: Miles in pugnam iturus de proelii exitu requirit. Qui si audit: „E vita excessurus es!“, aut tristis aut ira incensus abit. Sin autem[2] dico: „Video te incolumem rediturum esse!“, ille se postea praemium mihi daturum promittit et postero die animo laeto et forti se hostibus obicit.

Germani, cum nuper contra Romanos pugnarent, me consulturi venerunt. Inde auctoritas mea multo aucta est: Providi enim Germanos rem bene gesturos esse et dixi eos – quod tum incredibile erat – legiones Romanas victuros esse. Profecto id, quod dixeram, evenit. Ex illo tempore multi Germani me etiam deam esse putant.

Sed – ut supra memoravi – vita mea etiam dura est: Nec cum propinquis nec cum amicis habito; sola vivo in turri quadam. Praeterea: Ut cultus augeatur, homines neque cellam meam adire neque me ipsam appellare debent. Itaque ii, qui auxilium petunt, aliquem e propinquis meis deligunt et ad me mittunt, ut ille responsa[3] et consilia deorum a me accipiat.

At bono animo sum: Nunc Germani me magni aestimant …
… et clare video mox etiam Romanos me culturos esse.

(nach Tacitus, Historiae/Germania)

[1] facultās *Fähigkeit, Fertigkeit*

[2] sīn autem *wenn aber*

[3] respōnsum: *hier Subst.*

So präsentierte Michelangelo im 16. Jh. eine Seherin (Rom, Sixtinische Kapelle).

❶ Fertige vor der Übersetzung eine zweispaltige Tabelle an:
1. Spalte: In welche Abschnitte kann der Text unterteilt werden?
2. Spalte: Worüber spricht Veleda in den einzelnen Abschnitten (Schlüsselwörter!)?
Vervollständige während und nach der Übersetzung schrittweise die Tabelle.

❷ Vergleiche die Situation der Veleda mit den Informationen, die du in Lektion 22 über Pythia erhalten hast.

... durchaus einer Lektüre wert.

Ü

a Suche aus **T** die Formen des Partizip Futur heraus, die nicht Bestandteil eines AcI sind. Ordne sie nach den unterschiedlichen Verwendungsweisen. In welchem Zeitverhältnis stehen sie zu dem jeweils übergeordneten Prädikat?

b Quid volo? Quid spero?
Veleda erhält in ihrem Stamm offiziell die Position der Seherin und zieht in ihren Turm. Hier macht sie sich Gedanken über ihre eigene Zukunft. Sie fragt sich: „Was will ich eigentlich? Was erhoffe ich mir?" Die Antworten, die sie sich selbst gibt, stehen unten. Baue diese entsprechend dem Beispielsatz in einen AcI um, den du von spero abhängig machst.
„res futuras semper videre." → Spero me res futuras semper visuram esse.

1. „matrem et patrem frequenter videre"
2. „saepe praemia accipere"
3. „numquam desperare"
4. „deos immortales semper delectare"

c Zeichne in dein Heft eine Tabelle nach dem hier abgebildeten Muster und trage die unten abgedruckten Formen an den entsprechenden Stellen in die Tabelle ein. Die Wörter, die nicht in die Tabelle passen, ergeben einen lateinischen Spruch.

Vorzeitigkeit		Gleichzeitigkeit		Nachzeitigkeit	
Partizip	Infinitiv	Partizip	Infinitiv	Partizip	Infinitiv
?	?	?	?	?	?
?	?	?	?	?	?

redire – mutans – motum – fracturos – veni – fugisse – tacturum esse – traxisse – vidi – interfecta – educturam – aversuros esse – terreri – vici – narrantes

LATEIN LEBT

Morituri te salutant!
Erkläre, was dieser Ausspruch bedeutet und stelle einen Zusammenhang mit dem Bild unten her. – In welchen Situationen wird der Satz wohl heute verwendet?

Szenenbild aus dem Film „Gladiator" (USA 2000).

Z

Verhandlungen an der Stadtmauer

Köln am Rhein, 69 n. Chr.: Einige umliegende Germanenstämme rufen zusammen mit benachbarten Galliern zum Aufstand gegen die Römer auf. Dazu schicken die Aufrührer auch in die Stadt Köln Gesandte, um die dort ansässigen Germanen, die Ubier, zu überreden, am Aufstand gegen die Römer teilzunehmen:

„Cognovimus vos quoque liberos inter liberos vivere velle. Romani autem flumina ac terram claudunt, ut nos a colloquiis congressibusque[1] prohibeant. Itaque amicitiae nostrae causa nunc magna atque crudelia facere debetis: Promittite vos omnes Romanos, qui vivunt in finibus vestris, interfecturos. Liceat nobis vobisque – ut licebat maioribus nostris – in terra nostra vivere!“ Ubii autem de rebus futuris metuentes nesciebant, utrum consilia acciperent an repellerent. Deinde his verbis responderunt: „Una cum vobis ceterisque Germanis, propinquis nostris, vivere volumus. Sed promittere non volumus nos interfecturos esse parentes, fratres, liberos nostros. Nam Romanis quoque, qui huc deducti sunt et nobiscum interea sanguinem miscuerunt[2], haec quasi patria est.“

(nach Tacitus, Historiae)

[1] colloquia congressūsque *Unterhaltungen und Zusammenkünfte*

[2] miscēre *vermischen*

Das römische Köln im 3./4. Jh. n. Chr. Zeichnung von Roderic Stokes (Köln, Römisch-Germanisches Museum).

43 Endstation Limes

Rekonstruktion eines hölzernen römischen Wachturms bei Lorch (Baden-Württemberg).

Ihr wisst schon (vgl. S. 196), dass die Römer Germanien nicht erobern konnten. Ihre Herrschaft erstreckte sich nur auf die Gebiete am Rhein und in Südwestdeutschland. Der römische Kaiser Domitian (81–96 n. Chr.) ließ eine einschüchternde Befestigungsanlage an der Grenze zum freien Germanien bauen, um die reiche römische Provinz vor räuberischen Überfällen zu schützen. Dazu gehörten ein Grenzwall mit Überwachungstürmen (der „Limes"), Lager für römische Grenztruppen (die „Limeskastelle") und Straßen zu den größeren Legionslagern der Provinz. Die Soldaten der Grenzkastelle lebten zusammen mit ihren Familien in kleinen Dörfern bei den Lagern. An bewachten Grenzübergängen wurden Waren und Menschen, die die Grenze passierten, kontrolliert.

Vor dem Bau des Limes hatte Domitian Krieg gegen einen Germanenstamm geführt.

Zur Erinnerung an seinen Sieg ließ er sich mit dem Ehrentitel **„Germanicus"** anreden.

Bedeutet nun der Limes, den Domitian bauen ließ, für die Römer einen Triumph oder ist er ein Zeichen der Schwäche gegenüber den Germanen?

G

Magistra *(Lehrerin)* liberos laudavit. Liberi laudati sunt. (A1)
Magistra liberos laudat. Liberi laudantur. (A2)
Liberi clamaverunt. Clamor factus est. (B1)
Liberi clamant. Clamor fit. (B2)

Beschreibe den Unterschied zwischen A1 und A2.
Was fällt im Vergleich dazu bei B1 und B2 auf?

fieri – Pronomina als Pro-Formen

Marmorbüste des Kaisers Domitian, 1. Jh. n. Chr. (Rom, Konservatorenpalast).

T

Endstation Limes

Stellen wir uns vor, wir säßen zur Regierungszeit des Kaisers Domitian in einer römischen Kneipe und hörten dem Gespräch zweier Männer zu: Du wirst schnell herausfinden, welche Haltung die beiden gegenüber dem umstrittenen Herrscher haben:

– Accepistine nuntium recentem? Victoriam clarissimam de Germanis peperit imperator noster Dominus et Deus Domitianus.

– Mmh. Audivi eum vulgo „Germanicum" nominari.

– Ita est, hercule! Hoc nomine res gestae imperatoris laudantur. Germani enim auctoritati eius parent. Spero eum mox cum militibus Romam venturum. Tum triumphus fiet, in quo imperator clarissimus praedam nobis ostendet; captivos in servitutem ducet.

– Fiat, ut dicis. Non dubito, quin milites Romani in acie fortiter contra Germanos pugnaverint; sed incertum est, vicerintne illos re vera[1].

– Quid? An nescis, quae imperatore auctore ad Rhenum facta sint? Castra ubique[2] posita sunt. Domitianus multas munitiones fieri iussit. Barbaros vicit. Isti bellum imperio Romano inferre non audebunt. Omnibus rebus imperator providet.

– Sed cur aedificantur turres et castra? Cur fines imperii munitionibus teguntur? Quae quidem ostendunt Germanos subiectos non esse. Equidem memoria teneo Arminium[3] Varo[4] eiusque legionibus in saltu Teutoburgiensi[5] insidias paravisse exercitumque Romanum caede maxima exstinxisse. Superbia imperatoris Domitiani nomen „Germanicum" vindicat.

Tertius vir accessit.

– Meā quidem sententiā nihil ad salutem imperii pertinet, sintne victi Germani an non. Milites potius provideant, ut fines imperii bene defendantur! Haec erat voluntas imperatoris Augusti post illum diem atrum, quo Varus cladem[6] gravem accepit.

[1] rē vērā *tatsächlich*

[2] ubīque *überall*

[3] Arminius *germanischer Feldherr, der den Römern 9 n. Chr. eine vernichtende Niederlage beibrachte*

[4] Vārus *römischer Feldherr, Gegner des Arminius*

[5] saltus Teutoburgiēnsis *Teutoburger Wald*

[6] clādēs, is *Niederlage*

❶ Gib die Haltung der drei Gesprächspartner mit eigenen Worten wieder.

❷ Untersuche den Satzbau in den Aussagen der beiden ersten Gespächspartner (lange oder kurze Sätze, Hauptsätze oder Satzgefüge, Fragen oder Aussagen) und beschreibe den Zusammenhang zwischen ihrer Sprache und Denkweise.

❸ Informiert euch über die Entstehung und die Geschichte des Limes und nehmt Stellung dazu, ob er Stärke oder Schwäche der Römer gegenüber den Germanen beweist.

Ü

a Verwandle die aktiven Formen ins Passiv und umgekehrt.

Aktiv:	faciunt	faciemus	?	fecisti	?
Passiv:	?	?	fiat	?	facti sumus

Aktiv:	fecerint	?	faciebatis	fecissent	feceras
Passiv:	?	fiebant	?	?	?

VOLENTI NON FIT INIURIA.

NOLI FACERE MALUM, UT INDE FIAT BONUM!

b Finde jeweils angemessene Bedeutungen zur Wiedergabe von **fieri** und **facere** sowie den Komposita:

1. Munitiones non solum ad Rhenum fiunt. 2. Saepe fit, ut milites munitiones faciant. 3. Munitionibus perfectis milites – ut fieri solet – novas munitiones aedificare debent. 4. Itaque fines imperii Romani – impetu hostium facto – multos per annos incolumes erant. 5. Hieme quid fiet de arboribus? Comas *(Blätter)* demittent.

c Suche aus **T** alle Pronomina und gib an, für welches Wort sie stehen.

d Wenn man versteht, wofür die Pronomina **haec** und **illa** stehen, wird der Spottvers des römischen Dichters Martial richtig bissig.

Thais nigros dentes habet. Laecania niveos dentes habet.

Thais habet nigros, niveos Laecania dentes.
Quae ratio *(Grund)* est? Emptos haec habet, illa suos.
(Martial V, 43)

e Suche lateinische Bezugswörter, an die du die folgenden Partizipien sinnvoll anfügen kannst.

subiecti – vindicantes – tectos – illata – excessuri – speranti – mansurus – petitum – relictos – conservantem

Schwarzer Peter

Bildet zu den folgenden Präsensformen jeweils die entsprechende Perfektform.
Übertragt anschließend alle Formen auf Kärtchen.
Auf ein Kärtchen könnt ihr Thais oder Laecania (vgl. **Ü** d) als „Schwarzen Peter" malen. Fertig ist das Kartenspiel!
Die Karten werden verteilt und verdeckt gehalten. Dann wird reihum gezogen. Jedes vollständige Präsens-Perfekt-Paar darf abgelegt werden. Gewonnen hat, wer die meisten Karten ablegen kann; und wer am Ende Thais oder Laecania in der Hand hält, ist der „Schwarze Peter".

circumvenio – occidis – profert – providemus – deducitis – differunt – infero – subicis – parit – fimus – obicitis – requirunt

Übrigens: Auch „Schwarzer Peter" lässt sich mit beliebigen Wortpaaren herstellen.

Z Handel am Limes

Markus lebt in Germanien in einem Dorf direkt neben einem Limeskastell zusammen mit seiner Mutter und seinem Vater. Seine Mutter ist eine Germanin, sein Vater römischer Soldat, der seit ein paar Jahren im Limeskastell Dienst tut. Markus und seine Mutter haben sich heute zusammen mit anderen Frauen und Jugendlichen auf den Weg zu einem bewachten Tor im römischen Grenzwall gemacht, wo der Vater auf Wachtposten steht:

Ad portam mercatores Romani adsunt. Qui – Mogontiaco[1] venientes – Germaniam petunt. Eorum carri[2] unguentorum[3], vini aliarumque rerum pleni sunt: Unus e mercatoribus Marcum interrogat, velitne secum ad Germanos commeare[4]. Aliis mercatoribus ridentibus ille se una cum eis iturum negat.
Subito unus e militibus Romanis e turri clamat. Nonnullis rogantibus, quid fiat, ille se turbam Germanorum conspexisse nuntiat. Hac re nuntiata Marcus patrem interrogat, sintne hostes. Sed Germanos accedentes agricolas[5] esse videt. Qui saepe ad hanc portam limitis[6] veniunt.
Mater Marci et aliae uxores militum Romanorum e Germanis quaerunt, quid vendant. Unus e Germanis cum mulieribus de pretio anseris[7] agit Latina lingua. Magnus clamor fit. Sed mater Marci – Germana de gente nata[8] – Germana lingua cum illo agit. Itaque bono pretio anserem[7] emit. Marcus verba matris cum agricola agentis non intellegit. Sed matrem hunc anserem emisse gaudet; postea apud alios de matre gloriatur[9].

[1] Mōgontiacō *aus Mainz*
[2] carrus *Karren*
[3] unguentum *Salbe*
[4] commeāre *eine Handelsreise unternehmen*
[5] agricola *Bauer*
[6] līmes, itis *Grenze*
[7] ānser, eris *m Gans*
[8] nātus (dē *m. Abl.*) *abstammend (von)*
[9] glōriātur dē *m. Abl. er prahlt mit*

44 Es geht nicht ohne Latein

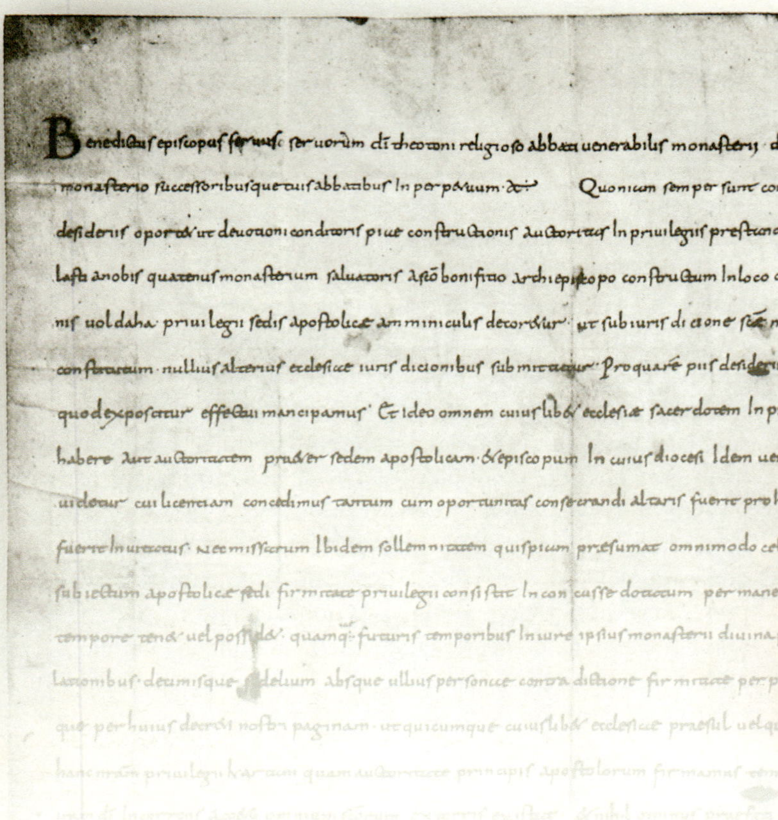

Benedictus episcopus servus servorum dei theotoni religioso abbati venerabilis monasterii dni salvatoris et per te in eodem venerabile monasterio successoribusque tuis abbatibus in perpetuum. Quoniam semper sunt concedenda quae rationabilibus congruunt desideriis oportet ut devotioni conditoris piae constructionis auctoritas in privilegiis praestandis minime denegetur. Igitur quia postulasti a nobis quatenus monasterium salvatoris a sco bonifatio archiepiscopo constructum in loco qui vocatur boconia erga ripam fluminis uoldaha privilegii sedis apostolicae adminiculis decoretur ut sub iuris dicione sce nrae cui do auctore deservimus ecclesiae constitutum nullius alterius ecclesiae iuris dicionibus submittatur. Proquare piis desideriis faventes hac nostra auctoritate id quod exposcitur effectui mancipamus. Et ideo omnem cuiuslibet ecclesiae sacerdotem in praefato monasterio dicionem quamlibet …

Im Scriptorium eines Klosters (Mittelalterliche Elfenbeinschnitzerei).

Im Verlauf des dritten Jahrhunderts n. Chr. zeigt sich, dass Rom die nördliche Grenze seines Reiches nicht mehr schützen kann: 238 überschreiten Goten die untere Donau und dringen tief in das römische Reich ein; einzelne Stämme erreichen sogar Kleinasien. Wenig später werden große Teile des Limes zerstört.
Auch wenn es danach gelingt, das Vordringen dieser Stämme erst einmal zum Stillstand zu bringen, ist die Grenze an Rhein und Donau nicht mehr sicher. 375 erobern die Hunnen große Gebiete im Norden des Reiches, 410 wird Rom selbst von den Westgoten eingenommen und geplündert. Am Ende des fünften Jahrhunderts gibt es dann auch keinen römischen Kaiser mehr: Die Herrscher Italiens sind nun Ostgoten.
Dennoch ist die Idee des Imperium Romanum auch danach nicht tot. Ausgehend vom Stamm der Franken entsteht im Norden und Westen des ehemaligen Reichs eine politische Einheit.
In diesem Gebiet versucht um 800 n. Chr. Karl der Große auch eine kulturelle Einheit zu schaffen, indem er das Lateinische zur Amtssprache macht und damit die antiken Vorbilder wieder in den Vordergrund stellt.
Die Verbreitung der lateinischen Amtssprache nahm dann von den Klöstern ihren Ausgang.

G

Liberi legere et scribere cupiunt.
Pueri et puellae cupidi legendi et scribendi sunt.
Legere et scribere iis gaudio est.
Legendo et scribendo gaudent.
Legendi et scribendi causa liberi conveniunt.
Pueri et puellae semper ad legendum et scribendum parati sunt.
Et tu?

nd-Formen (Gerundium)

Reiterstatuette Karls des Großen. 9. Jh. (Paris, Musée du Louvre).

T

Es geht nicht ohne Latein

In einem dieser Klöster sitzt als wirklich guter Lateinkenner der Mönch Berengar noch in tiefer Nacht am Schreibpult und arbeitet an einer Zusammenfassung von Karls Brief. Gleich zu Beginn seiner Arbeit wird Berengar klar, dass Karl mit seinem neuesten Schreiben ausgerechnet die Situation des Lateinischen an den Klosterschulen kritisiert. Persönlich getroffen und verbittert kommentiert er hierauf beim weiteren Schreiben die Worte Karls, wobei er diesen direkt anredet:

„Cum his annis a quibusdam monasteriis[1] saepius scripta nobis mitterentur, cognovimus in plerisque eorum sermones incultos[2].“

– Dicis „incultos“? Totum diem diligenter scribo. Scribendo tempus meum consumo. In scribendo tantum bene vivo. Nemo tam peritus[3] scribendi est quam ego. Quis ergo incultus?

„Praeterea bene novimus errores verborum periculosos[4] esse; multo verum periculosiores sunt errores sensuum!“

– Num putas me scribere tantum posse? Num dubitas, quin etiam sensus verborum sanctorum comprehendam? Gratias tibi ago. Equidem scio multo periculosiores esse errores regum.

„Quamobrem vos monemus: Non modo curae sit vobis litterarum studium, sed etiam tam cupidi discendi sitis, ut facilius et rectius mysteria[5] divinae scripturae[6] perspiciatis!“

– Perspicere? Prius de mente mea dubitavisti – et nunc contendis me idoneum esse ad perspiciendum!? Minime! Nihil aliud nisi homo indignus sum. Libellos legere et recitare et scribere satis mihi est.

„Nunc viri idonei ad hoc opus deligantur! Illi et voluntatem discendi et cupiditatem alios instruendi habeant ...“

– Ah[7], tandem intellego! Volo! Quid aliud? Cupidus sum. Quodcumque praecipis – equidem sine mora ad instruendum paratus sum. At – dum haec lego, hora abit: Statim multos alios artem bene scribendi docebo. Interim alius haec scribendo delectetur!

Vale! *(nach Karoli epistola de litteris colendis)*

[1] monastērium *Kloster*
[2] incultus, a, um *ohne Bildung*
[3] perītus *m. Gen. erfahren in*
[4] perīculōsus: *Adj. zu* perīculum
[5] mystērium *Geheimnis*
[6] scrīptūra *Schrift*
[7] āh *aha!*

1 Teilt die Klasse in zwei Gruppen: Die eine Gruppe soll die Position Karls vertreten, die andere die des Mönchs. Versucht nach einer Diskussion eine gemeinsame Lösung zu entwickeln!

2 Stellt Informationen über die Praxis der Vervielfältigung von Schriften (von der Antike über das Mittelalter bis hin in die jetzige Zeit) zusammen. Seht dazu auch in Lektion 10 nach.

Ü

a Achtung, Verwechslungsgefahr! -nt- oder -nd-?
Setze in die folgenden Formen die passenden Buchstaben ein, gib den dazugehörigen Infinitiv an und bestimme die nun vollständige Form. (Mache dir vorher klar, welcher Deklination das Gerundium folgt und welcher das PPA.)

excita ? o – ostende ? es – orna ? em – da ? o – quiesce ? ibus – ad trahe ? um – time ? i (2x) – demonstra ? is – defende ? ia – accede ? i (2x) – erra ? o – para ? ibus – flecte ? ium

b Ersetze in **G** (Z. 1–4) die Formen von **legere** und **scribere** durch die folgenden Infinitive bzw. Ausdrücke. Übersetze die neu entstandenen Texte.

1. ridere
2. librum Latinum legere (Achtung: Das Objekt wird nicht verändert!)
3. aliquid novi discere
4. nihil facere
5. magistros *(Lehrer)* sollicitare
6. ? (Denk dir selbst ein passendes Verb aus!)

Die Nacht ist lang, das Bein tut weh; Karolus übt das ABC (Wilhelm Busch).

c Scribere facile non est.
Über Karl wird berichtet, dass er ein sehr lernbegieriger Mensch war, mit dem Schreiben allerdings seine Schwierigkeiten hatte – unter seinem Kopfkissen lagen angeblich immer Tafeln und Blätter bereit. Stell dir vor, dass Karl eines Nachts im Selbstgespräch die folgenden Sätze vor sich hin sagt. Das Wort, um das sich alles dreht, ist jedoch kaum zu verstehen. Setze du nun die entsprechenden Formen von scribere ein.

„Semper sponte mea paratus sum ad ? !
Cur nemo me artem ? docet?
Omnes familiares sciunt me cupidum ? esse!
? causa somnum vix capio.
In ? non proficio *(ich mache Fortschritte)*."

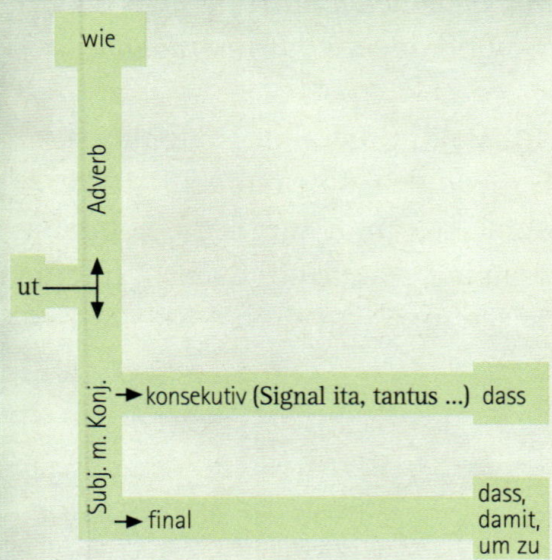

ÜBERSETZUNG

Ermittle in den folgenden Sätzen die Bedeutung von ut. Orientiere dich dabei an der „Straßenkarte".

1. Berengar, <u>ut</u> scitis, linguam Latinam non ignorabat.
2. Berengar totam noctem laborabat, <u>ut</u> epistulam imperatoris conscriberet.
3. Verba imperatoris virum ita sollicitabant, <u>ut</u> ea reprehenderet.

b) Überprüfe mit der „Straßenkarte" deine Übersetzung des ut-Satzes in **L**.

WORTSCHATZ

Stelle möglichst viele lateinische Wörter zum Sachfeld „Schule" zusammen. **T** und **Z** helfen dir dabei.

Klosterschreibstube.

Schreibregeln für Mönche

Nachdem unser Mönch sich gut ausgeruht hat, möchte er nun möglichst bald die Anregungen Karls, die du aus **T** kennst, in die Tat umsetzen. So verfasst er für seine zukünftigen Schüler ein paar – nicht immer ernst gemeinte – Leitsätze für 'gutes Schreiben', die er als ständige Erinnerung an die Wand des Schreibsaals hängen möchte.

I. Difficilem et duram scribendi artem discimus, id est: Quam diligentissime et quam plurimum scribemus. Scribendo semper delectabimur!

II. A somno prohibiti artem bene scribendi perdimus. Ergo: Nocte in cellis nostris dormiemus[1] (non bibemus), ut die bene scribamus!

III. Virtutes nostrae in scribendo videbuntur.

IV. Non statim, si quid nos turbet, libros deponamus! Omnes turbationes[2] vincat cupiditas scribendi: Ad scribendum nati[3] sumus!

V. Celeriter scribendo non fit, ut bene scribatur, sed bene scribendo fit, ut celeriter scribatur.

VI. Tempus Dei verba scribendi nobis numquam desit!

(nach Quintilian, Institutio oratoria)

[1] dormīre *schlafen*

[2] turbātiō, ōnis: *Subst. zu* turbāre

[3] nātus, a, um *geboren*

Erstellt in Gruppen ein ähnliches Plakat mit lateinischen Regeln für euren Unterricht – verwendet hierbei das Gerundium.
Lasst euch bezüglich des Vokabulars von eurer Lateinlehrerin/eurem Lateinlehrer helfen.

45 Typisch germanisch?

Gab es den „typischen Germanen"? Gibt es heute den „typischen Deutschen"?

Die Idee, das antike **imperium Romanum** wiederzubeleben, bleibt während des Mittelalters immer lebendig. Nachdem das Reich Karls des Großen schon bald nach seinem Tod zunächst in drei, dann in zwei Teilreiche zerfällt, bleibt der offizielle Titel des Kaisers für den Herrscher im Ostreich (dem Heiligen Römischen Reich Deutscher Nation) bestehen. Mit diesem Anspruch, Nachfolger der römischen Imperatoren zu sein, versuchen die deutschen Könige, auch Italien und hier vor allem Rom für ihr Reich zurückzugewinnen. Dagegen leisten viele Bewohner Italiens immer stärkeren Widerstand; in diesen Widerstand bauen sie auch die alten Beurteilungen der Römer über die Germanen ein. Wieder spielt die Absicht, mit der über die Germanen gesprochen und geurteilt wird, eine wichtige Rolle.

G Multis libris lectis duo amici, qui legendi cupidi non iam erant, in bibliotheca (!) stabant dicentes se de populis diversis pauca scire. Itaque decreverunt se in alias terras ituros esse, ut iter facientes multaque videntes homines quoque ipsos cognoscerent.

Satzwertige Konstruktionen (Übersicht)

T

Typisch germanisch?

Um die Mitte des 15. Jahrhunderts entdeckte man im Kloster Hersfeld die Schrift „Germania" des Geschichtsschreibers Tacitus (um 100 n. Chr.) wieder. Ohne auf die zeitliche Distanz zu achten, bezogen die Gelehrten des 15. Jahrhunderts die Beschreibung der Volksstämme des alten Germanien auf ihre eigene Zeit. In der folgenden Geschichte treffen wir kurz nach dieser Wiederentdeckung der „Germania" einen deutschen Klosterschüler namens Conradus und den aus Italien stammenden Mauricius in einer regen Auseinandersetzung über die soeben von ihnen gelesenen Informationen:

MAURICIUS: Legistine omnibus Germanis corpora magna esse? Si res ita se habet, quaero, cur tu tam parvus sis.

CONRADUS: Verba eiusmodi dicens mihi persuades te stultum et ignarum esse: Tot annis praeteritis me Germanum antiquum esse putas! – Si res a Tacito editas mecum comparare pergis, tibi ostendam, quemadmodum nos, homines parvi, ...

MAURICIUS: Desine adeo clamare! Interea cognovi, cur vos non verbis, sed viribus semper certare[1] cupiatis: Tacitus scripsit corpora Germanorum ad bellum tantum valere ...

CONRADUS: Tace!

MAURICIUS: ... et vos oculos crudeles habere. Profecto – forte me talibus oculis spectas, quasi hostes simus. Vos Germani semper parati estis ad ...

CONRADUS: Quid? Ad laborandum?! Verum dicturus es. Mecum veni in bibliothecam[2]; nam – ut opinio mea est – diversos libros de factis et moribus Germanorum compositos legere debemus, praesertim cum credere non possim vitam Germanorum solum e pugnis constitisse. Etiam Tacitus dixit Germanos pudorem magni aestimavisse et ...

MAURICIUS: ... et liberos eorum in omni domo nudos atque sordidos[3] vivere.

CONRADUS: Talibus verbis a te dictis nunc haec tantum intellego: Tu durus et iniquus et invidiae plenus es! Abi potius, Maurici, aliter Germanus quidam minimus pudorem suam omittet et odio incensus hostem Romanum doloribus maximis afficiet! *(nach Tacitus, Germania)*

[1]certāre *(wett)streiten*

[2]bibliothēca *Bibliothek*

[3]sordidus *schmutzig*

Fertigt eine Kopie von **T** an und bearbeitet zu zweit den lateinischen Text folgendermaßen: 1. Zeichnet euch mit einer Farbe Hilfsmarkierungen zu komplizierten Konstruktionen ein (z. B. AcI einklammern, Partizipien an das Bezugswort anbinden etc.) 2. Mit einer anderen Farbe hebt ihr die im Text deutlich werdenden Vorurteile über die Germanen hervor.

Ü

a Schreibe aus den folgenden Wörtern die Partizipien heraus, bestimme sie und benenne jeweils das Zeitverhältnis (VZ, GZ, NZ).
Wenn du die Anfangsbuchstaben der Partizipien nacheinander liest (Achtung: v = v/u), erkennst du, wozu deine Markierungen bei der Arbeit an lateinischen Texten nützlich sind:
venientes – oranti – rogato – licentia – educturum – mentem – nuntiata – tacentem – liberaturos – vehementes – abeunti – sperans – vivos – territi – visos – defendent – nescientibus – comitibus – gaudentium – centum

ÜBERSETZUNG

Mache dir vor dem Übersetzen die Struktur des folgenden Satzes klar, indem du in eine erste Zeile nur den Hauptsatz vollständig abschreibst. In einer zweiten Zeile fügst du dann an den entsprechenden Stellen jeweils nur die Subjunktion und das Prädikat der Gliedsätze an. Übersetze erst hiernach den gesamten Satz.

Lucius, postquam cum uxore sua iam multos annos apud Germanos vixit, fabulis de bestiis raris Germaniae adductus Marcum amicum, qui ad pericula suscipiendum semper paratus erat, oravit, ut se in silvam duceret.

b Übersetze, ohne Gliedsätze zu verwenden:
1. His rebus nuntiatis milites Romani in hostes impetum fecerunt.
2. Militibus nostris accedentibus hostes fugerunt.
3. Omnibus armis relictis pacem petiverunt.

c Nimm bei der Übersetzung der folgenden Ablativi absoluti je zwei verschiedene Sinnrichtungen an und übersetze entsprechend. Suche dann für jede Sinnrichtung eine passende deutsche Fortsetzung.
His verbis dictis ①. Pecunia data ②. Multis cedentibus ③. Liberis flentibus ④. Capta urbe ⑤. Armis depositis ⑥.

ÜBERSETZUNG

Schreibe den folgenden Satz ab, unterstreiche Subjekt und Prädikat und versuche, die unterschiedlichen satzwertigen Konstruktionen graphisch voneinander zu trennen. Übersetze dann den Satz.

Nulla bestia visa duo amici cenandi cupidi domum redierunt dicentes se mox aliquas bestias inventuros et interfecturos esse.

Z Dumm gelaufen

Der Mönch Philipp von Ferrara, der im Auftrag seines Ordens viel herumkam und interessante Beobachtungen über die Verschiedenheit der Nationen machte, verfasste zu Beginn des 14. Jahrhunderts folgende Geschichte:

Quodam tempore duo Lombardi[1] forte una cum Teutonico[2] iter facientes dixerunt: „Para, amice, nobis cenam bonam! Nam – Teutonicis semper bene viventibus – tu optime talia facere potes.“

Magna anguilla[3] a Teutonico empta Lombardi diu consulebant, quemadmodum socium fallere possent – habere enim voluerunt partem optimam anguillae.

Igitur alter[4] Lombardus sine pudore dixit: „Domine, caput anguillae edere[5] nolo, quia nuper os[6] eius paene me interfecit.“

Sine mora alter dixit: „Equidem caudam[7] edere nolo, quia nuper edi caudam non bene paratam et subito in gravem morbum cecidi.“

Paulatim Teutonicus eos dolo se fallere velle intellexit: „Certe“, inquit, „nolo vos tanta pericula vitae subire. Ergo: Hic, qui non capit caudam, capiat caput et ille, qui non capit caput, accipiat caudam. Hinc ego, simplex[8] et indignus Teutonicus, habebo reliquam partem anguillae.“

(nach Philipp von Ferrara, Liber de introductione loquendi)

[1]Lombardus *lombardisch, Lombarde (Norditaliener)*
[2]Teutonicus *germanisch, Germane*
[3]anguīlla *Aal*
[4]alter – alter *der eine – der andere*
[5]edere (*Perf.* ēdī) *essen*
[6]os, ossis *Knochen*
[7]cauda *Schwanz*
[8]simplex *einfach*

❶ Welches Bild wird in **Z** über den **Teutonicus** vermittelt? Belege deinen Eindruck am Text.

❷ Erzählt Geschichten (oder Witze) aus heutiger Zeit, die ähnlich beginnen.

❸ Ermittelt (z. B. durch Fragen in der Familie, an einer Austauschschule, in Erdkunde oder durch Recherchen im Internet), welche Vorurteile es heutzutage in anderen Ländern über unser Land gibt. Könnt ihr den Ursprung wenigstens einiger dieser Vorurteile herausfinden?

Das haben wir gelernt.

Waren die Germanen wirklich so?

Germani frigidissimo (frigidus *kalt*) anni tempore in fluminibus natant (natare *schwimmen*).
Nonne tenetis memoria, quid Tacitus de eis scripserit?

Utinam herbas *(Kraut, Pflanze)* utiles *(nützlich)* capiant!

Silentium, liberi! Abeamus!
Ne impediamus *(hindern, stören)* otium patris!

Fundstücke aus Kalkriese.

a Wunschbilder

Der Konjunktiv im Hauptsatz drückt eine Aufforderung oder einen Wunsch aus – wie intensiv nun jemand etwas wünscht, musst du im Deutschen möglichst genau wiedergeben. Die folgende Tabelle soll dir vor Augen führen, wie die einzelnen Schattierungen des Konjunktivs aussehen.

Hortativ	Jussiv	Optativ
Hic maneamus!	Filius meus hic maneat.	Utinam filius meus hic maneat!

Zeichne die Tabelle in dein Heft und ergänze sie:
- In der 3. Zeile soll mit drei verschiedenen Bildern der jeweilige Satz umgesetzt werden: Zeichne Mutter und Sohn.
- In der 4. Zeile soll eine treffende deutsche Übersetzung eingetragen werden.

b Was bleibt? Römisches in Germanien ...

Ist Germanien wirklich so „unrömisch"? Stellt aus dem Vokabular der letzten fünf Lektionen die Fremdwörter zusammen, die aus dem Lateinischen kommen und auch in eurem Alltag oft verwendet werden. Sucht dann mit Hilfe eurer Familie zu Hause weiter, wo ihr noch Römisches entdecken könnt: Kennt ihr lateinische Namen aus der Werbung? Findet ihr vielleicht einzelne römische Monumente in der Umgebung? Sammelt die Ergebnisse und präsentiert sie in der Klasse.

Sieg über Rom!

9 nach Christus. Das **imperium Romanum** reicht mittlerweile von Ägypten bis zur Nordsee und will sich nun auch Germanien einverleiben. Da geschieht das Unglaubliche: Angeführt von dem 25-jährigen Cherusker Arminius vernichten die Germanen die Legionen des römischen Statthalters Varus im Engpass von Kalkriese (in der Nähe von Osnabrück). – Daraufhin ziehen sich die Römer hinter den Rhein und den Limes zurück.

Alte und neue Religionen im Weltreich

Der letzte Abschnitt unseres Buches führt uns in Provinzen, die sich nach dem Ende der Antike weit von Rom entfernten: die Gebiete des heutigen Israel, Ägypten, Libyen und Tunesien. Der Grund für diese Entwicklung lag im Bereich der Religion, denn in diesen Gebieten setzte sich am Ende der Antike und zu Beginn des Mittelalters immer nur eine Religion – der Islam – durch. Das führte dazu, dass diese Gebiete eine andere geistige Entwicklung als Europa nahmen. Von der Provinz Judäa allerdings kam über Kleinasien und Griechenland der Glaube an einen einzigen Gott und dessen Sohn Jesus nach Rom. Später teilte sich der christliche Glaube in einen katholischen Weg (in West- und Mitteleuropa) und einen orthodoxen Weg (Osteuropa).

46 Die Römer verstehen die Juden nicht

Der Tempelberg in Jerusalem: Zustand zur Zeit vor dem großen Aufstand gegen Rom. In der Mitte der Tempel des Herodes, links daneben die Festung Antonia, der Sitz der römischen Prokuratoren.

Kurz vor der Mitte des 1. Jh.s v. Chr. hatte der römische Feldherr Pompejus viele Küstengebiete im östlichen Mittelmeerraum erobert, darunter auch das Gebiet des heutigen Israel.
Hier lernten die Römer ein Volk kennen, dessen Sitten und Gebräuche sie in vieler Hinsicht fremdartig fanden: die Juden.
Am erstaunlichsten war für sie die Religion dieses Volkes: Die Juden glaubten nur an einen einzigen Gott, der Himmel und Erde geschaffen hat, und nicht wie die anderen Völker an eine Vielzahl verschiedener Götter und Göttinnen. Da die Juden trotz der Eroberung durch die Römer diesen Glauben nicht aufgeben wollten, war bei ihnen der Widerstand gegen die Eroberer besonders heftig.
Dieser Widerstand war allerdings vergeblich: Der Aufstand gegen die römische Besatzung Jerusalems in den Jahren 66–70 n. Chr. scheiterte, da Rom alle militärischen Mittel aufbot. Jerusalem wurde von den Römern zurückerobert und das religiöse Zentrum, der Tempel des Herodes auf dem Tempelberg, niedergerissen; die Juden mussten ihr Land verlassen.

G

Unserem Mönch macht der Brief Karls des Großen weiterhin Probleme. Denn auch sein Abt empfiehlt, Karls Mahnung zu beachten:

„Ita scribe, ut Carolus iubet! Ne neglexeris verba Caroli!“
Berengar denkt über seine Situation nach:
„Quid ego nunc faciam? Paream?
Quid faciat abbas *(Abt)* meus, si non pareo? Dicat: ‘Ne putaveris te ita scribere posse, ut vis.’
Tamen ei non parebo! Equidem ita scribam, ut semper scripsi!
O Carole, utinam ne hanc epistulam scripsisses!“

Potentialis – Deliberativ – Prohibitiv

T

Die Römer verstehen die Juden nicht

Während der Aufstand gegen die Römer für die Juden tragisch endet, wird in Rom gefeiert. Als sichtbares Zeichen des Sieges soll im Senat der Beschluss gefasst werden, einen Triumphbogen für den erfolgreichen Feldherrn Titus, einen Sohn des regierenden Kaisers Vespasian (Vespasiānus) zu errichten. Hierzu hält ein Redner im Senat die folgende Rede:

Oro vos, patres conscripti: Tito, filio divi Vespasiani, a senatu populoque Romano arcus[1] aedificetur! Quis enim credat umquam meliorem imperatorem fuisse illo homine? Nisi Titus exercitui nostro praefuisset, Iudaeos non vicissemus. Et quale bellum fuit – bellum adversus gentem populo Romano inimicissimam!

Quare autem isti nos oderunt? Haec quam brevissime vobis dicam: Causa est religio eorum. Nemo vestrum crediderit, qualis ista sit. Etiam mihi mira videtur[2] ista religio; tamen ne credideritis verba mea ficta esse!

Omnia sunt apud Iudaeos profana[3], quae apud nos sacra, omnia apud istam gentem permissa, quae nobis prohibita[4]. Edunt[5] alia ac nos, bibunt alia, vivunt aliter, temperant ab alienis hominibus, omnino latere volunt. Quod autem maius est: Iudaei in unum deum solum credunt, quem creatorem[6] terrae et caeli vocant; inter eos constat huic deo nullam formam esse.

Quid plura addam? Utinam nunc recte iudicetis de religione eorum! Mihi quidem persuasum est: Bene fecit Titus, lumen imperii nostri, quod hanc gentem vicit. Itaque Titum magno honore afficiamus! Nam filius Vespasiani dignus est arcu maximo et pulcherrimo. *(nach Tacitus, Historiae)*

[1] arcus, ūs *Triumphbogen*
[2] vidētur *er (sie, es) (er)scheint*
[3] profānus, a, um *gewöhnlich*
[4] prohibitus, a, um *verboten*
[5] edere *essen*
[6] creātor, ōris *Schöpfer*

❶ Wie schlägt sich in der sprachlich-stilistischen Gestaltung der einzelnen Sätze das Anliegen des Sprechers nieder? Welche Reaktion beim Publikum beabsichtigt er damit?

❷ Sammle die Kritikpunkte, die dieser Redner gegen die jüdische Religion vorbringt, und ordne sie nach der Bedeutung, die sie für ihn offensichtlich haben. Suche auch nach Möglichkeiten einer Widerlegung.

Der Titusbogen in Rom, 81 n. Chr. erbaut.

Ü

ⓐ Sammle die verschiedenen Konjunktivformen, die in den Hauptsätzen von **G** und **T** vorkommen; ordne diese dann nach ihrer Verwendung im Satz. Erläutere mit eigenen Worten ihre Bedeutung. Suche eine möglichst treffende Wiedergabe im Deutschen.

ⓑ Finde – z. B. mit Hilfe einer Deutschgrammatik – heraus, welche Bedeutungen des lateinischen Konjunktivs auch im Deutschen durch diesen Modus wiedergegeben werden können. Wie drücken wir die anderen lateinischen Konjunktivbedeutungen aus?

ⓒ Bilde zu den Indikativformen, die in **T** vorkommen, den entsprechenden Konjunktiv und benenne die mögliche Bedeutung, die dieser Konjunktiv in einem Hauptsatz haben könnte. Beispiele:

appellamus: appellemus	–	1. wir wollen nennen (Hortativ)
		2. wir dürften nennen (Potentialis)
		3. sollen wir nennen? (Deliberativ)
gessit: gesserit	–	er könnte ausführen (Potentialis)

ⓓ Stelle die richtige Zuordnung her:

Iussiv	Hoc faciamus!	Er dürfte / könnte ...
Hortativ	Quid faciam?	Hoffentlich ... !
Potentialis	(Utinam) maneat!	Was soll ... ?
Deliberativ	Hoc faciat!	Wenn er doch ... !
Optativ (erfüllbar)	Hoc faciat / fecerit.	Er soll ... !
Optativ (unerfüllbar)	Utinam maneret!	Lasst uns ... !

Der nach dem Sieg über die Juden entstandene Titusbogen zeigt auf den Innenseiten den Triumphzug der Sieger. Wie du schon weißt, wurden in einem solchen Zug immer auch Beutestücke aus dem eroberten Land mitgeführt. Welche kannst du hier erkennen?

Z Der Gott Israels spricht

Ein besonders wichtiges Ereignis der jüdischen Geschichte ist der Auszug der Israeliten aus Ägypten unter Führung des Moses im 13. Jh. v. Chr.

Moses, quamquam erat homo ex gente Iudaeorum, multos annos in aedibus Pharaonis[1], regis Aegyptiorum[2], vixit. Cum autem intellexisset gentem suam ab Aegyptiis graviter vexari[3] et Pharaonem esse regem crudelissimum, sibi ipsi dixit: „Utinam ne gens mea tam graviter vexaretur. Pharao nostra miseria adeo delectatur, ut preces usui non sint. Itaque Iudaei ex Aegypto effugiant! Sed quo modo id faciant? Opus est homine magna virtute, qui Iudaeos regat. Quis autem dubitet hunc laborem esse difficillimum? Egone ipse hunc laborem subeam? Sed vis mea parva est. Utinam deus noster mihi signum det!"
Ut signum cernat, Moses in desertum[4] it. Ibi videt fruticem[5], qui igne captus est, sed flammis non consumitur. Subito audit vocem de caelo talia dicentem: „Ne timueris, Moses! Vidi inopiam populi mei, qui est in Aegypto, et gemitum audivi et de caelo descendi, ut Iudaeos liberarem. Nunc adsum et te in Aegyptum mitto. Tu sis princeps populi et educas Iudeaos ex Aegypto!"

(nach Vulgata, Exodus)

[1]Pharaō, Pharaōnis *Pharao*
[2]Aegyptius *Ägypter*
[3]vexāre *quälen*
[4]dēsertum *Wüste*
[5]frutex, icis *m Busch*

Wie wird Gott in Z und auf der Abbildung dargestellt? Suche nach Unterschieden zur Vorstellung von den olympischen Göttern. Sieh dazu auch auf S. 124 nach.

Moses vor dem brennenden Dornbusch (Mosaik aus der Kirche San Vitale in Ravenna, um 540 n. Chr.).

47 Gesprächsthema Christentum

Seite aus einer lateinischen Handschrift, die eine Übersetzung der Psalmen enthält (Psalter von St-Germain-des-Près, 9. Jh.).

Nach der Kreuzigung Christi verbreitete sich durch die Jünger Jesu und vor allem durch den Apostel Paulus der christliche Glaube schnell auch über das jüdische Land hinaus, nach Kleinasien und Griechenland – allerdings kaum nach Rom. Vielmehr blieb die Ausbreitung erst einmal auf den griechischsprachigen Teil des Imperium Romanum begrenzt. Daher sind auch die ältesten Texte der christlichen Religion, unter ihnen die Paulus-Briefe und die vier Evangelien, in griechischer Sprache abgefasst.
Christliche Texte in lateinischer Sprache gibt es erst am Ende des 2. Jahrhunderts, in einem Gebiet, in dem weder das Griechische noch das Lateinische das Übergewicht hatte, nämlich in Nordafrika, hier vor allem im Küstengebiet des heutigen Tunesien.
Die ersten Autoren, die sich mit der Darstellung des christlichen Glaubens befassten, sind die Afrikaner Tertullian und Minucius Felix. Für die Entwicklung der christlichen Glaubenslehre am wichtigsten wurde dann (um 400 n. Chr.) Augustinus.

G

Senatores consulunt, quo modo memoria Titi retineatur; memoriae retinendae cupidi sunt. „Consilium capiamus, ut Tito monumentum grande aedificetur! Nam consilium monumenti aedificandi gratiam nostram demonstrabit. Memoriam Titi retineamus monumento aedificando!“ Ita monumentum in foro aedificatum est memoriae retinendae causa. Etiam hodie multi homines conveniunt ad id monumentum spectandum.

nd-Formen (attributives Gerundivum)

T

Gesprächsthema Christentum

Das folgende Gespräch zwischen dem Christen Minucius und seiner Bekannten Passua zeigt, wie sich in Karthago um 200 n. Chr. die Diskussion über die neue Religion abgespielt haben könnte:

MINUCIUS: Salve, Passua.

PASSUA: Salve et tu, Minuci. Quo is?

MINUCIUS: Ad forum, ut libellum nuper compositum emam. Audivi enim Tertullianum[1], hominem nostra in urbe natum[2], exegisse opus Latine conscriptum, quo fidem Christianorum adversus opiniones veteris religionis defendit. Usque ad hunc diem mihi non erat tempus huius libri legendi. Tune iam legisti hunc libellum?

PASSUA: Non legi, quoniam mihi quoque tempus deest ad legendum. Sed cur hunc librum legendum putas? Cur tantum studium? Num tu unus ex istis Christianis es?

MINUCIUS: Sane Christianus sum et libro Tertulliani legendo melius noscere volo, quo modo fides Christiana argumentis[3] confirmari possit.

PASSUA: Adhuc pauca comperi de ista nova religione; conscia enim fidei Christianae non sum. Dic mihi, quaeso: Cur in deum Christianorum credis, cuius filius ab hominibus interfectus est? Cur fidem Christianam veteri nostrae religioni praefers? Mihi notum est Christianos neque aras neque simulacra habere ad deos colendos. Solum in unum deum credunt; quidam etiam dicunt eos liberis edendis[4] se alere.

MINUCIUS: Aio id, quod ultimum dixisti, omnino falsum esse. Christianis etiam caedes animalium res nefaria est. Profecto simulacra non habent. Cur enim simulacra colant, cum hominem ipsum imaginem dei esse credant? Praedico deum nostrum, qui etiam peccantes diligit, non simulacris, sed operibus suis nosci. *(nach Minucius Felix, Octavius)*

[1] Tertulliānus *Tertullian*
[2] nātus, a, um *geboren*
[3] argumentum *Argument*
[4] edere *verzehren*

❶ Stelle fest, welche Unterschiede zwischen dem Christentum und der traditionellen römischen Religion in T erkennbar werden.

❷ Suche Unterschiede und Gemeinsamkeiten zwischen dem, was in 46 T zum jüdischen Glauben erarbeitet wurde, und dem, was in diesem Text zur christlichen Religion gesagt wird.

Die Ruinen von Karthago aus der Zeit des 2.–4. Jhs n. Chr.

Ambrosius

Hieronymus

Augustinus

Gregor der Große

Ü

a Stelle alle **nd**-Formen in **T** 44 und **T** 47 in einer Liste zusammen.

b Gib zu den **nd**-Formen in **T** die jeweiligen Bezugswörter an. Vergleiche dann die jeweilige grammatische Einordnung der **nd**-Formen im Satz.

c Übersetze die folgenden Gerundium- und Gerundivkonstruktionen. Welche **nd**-Form ist kein attributives Gerundiv?
monumento aedificando – libro Tertulliani legendo – ad deos colendos – tempus libri legendi – pro memoria Titi retinenda – ad monumentum spectandum – litteras scribendo

d Partizip, Gerundium und Gerundivum sind deklinierbare Formen, die von Verben gebildet werden. Beschreibe die Unterschiede in der Verwendung dieser satzwertigen Konstruktionen. Ziehe ggf. Beispiele aus **T** heran.

e Vorsicht Angeber!
Paul gibt auch im Lateinunterricht gerne einmal mit Fremdwörtern an. Als die Klasse die Konjunktivbedeutungen in einer Liste zusammenfassen soll, entsteht bei ihm folgende Liste:

Adhaesiv – Defensiv – Deklarativ – Deliberativ – Fundamental – Gerundiv – Hortativ – Ideal – Interaktiv – Irreal – Jussiv – Minimal – Potenzial – Relativ

Wie bewertest du seine Leistung? Finde die Bedeutung der Wörter heraus, die nichts mit dem lateinischen Konjunktiv zu tun haben.

f Ihr seht hier Bilder von drei bedeutenden Kirchenlehrern. Der vierte Rahmen, der zu Hieronymus, ist leer. Sammelt aus dem Internet Informationen zu ihrem Leben und ihrer religiösen Lehre und sucht ein Bild zu Hieronymus. Vergleicht das gefundene Bild mit den Informationen zu Hieronymus' Leben und Werk.

g Übersetze und erkläre die Bedeutung des Konjunktivs:
1. Quis hoc credat? 2. Taceat iste puer! 3. Quid tibi respondeam? 4. Cur desperem? 5. Nihil magis laudaverim quam virtutem. 6. Quid aliud dicam? 7. Iniuriam facilius facias quam feras. 8. Qui dedit beneficium, taceat; narret, qui accepit!

h Unterscheide und bestimme:
monituri – monendi – monentis – monitis
mandanda – mandata – mandatura
amici diligendi – amici diligentis – amico diligenti
studium discendi – studium discentis – studendo discimus
res praeferenda – rem praeferens – res praelata

Andrea Mantegna (1421 – 1506), Martyrium eines Heiligen (Wien, Kunsthistorisches Museum).

Die Verbreitung der christlichen Lehre im 2. und 3. Jahrhundert n. Chr. war auf heftigen Widerstand gestoßen: Viele Menschen, die sich zu dem neuen Glauben bekannten, wurden dafür verfolgt und getötet. Dennoch gelang es den Herrschern in Rom nicht, das Christentum zu unterdrücken. Vielmehr wurde, wie Tertullian formulierte, das Blut der Märtyrer zum Samen für das Christentum.
Im Jahr 313 entschied dann Kaiser Konstantin, die christliche Religion im Reich zu tolerieren.

❶ Stelle anhand der Todesart fest, um welchen später heiliggesprochenen Märtyrer es sich handelt.
❷ Wie wird im Bild die Kraft des Christen dargestellt, mit der er den Tod auf sich nimmt?

Auf der Suche nach dem heiligen Kreuz

Wegen der vorangegangenen, oft sehr grausamen Behandlung der Christen treten die Vertreter der siegreichen neuen Religion zunächst auch aggressiv gegen die anderen Religionen auf. Das zeigt unter anderem die Geschichte, in der erzählt wird, wie Helena, die Mutter des Kaisers Konstantin (Cōnstantīnus), das heilige Kreuz in Jerusalem (Hierosolyma, Hierosolymōrum *n*) finden will. Berichtet wird sie vom Lehrer des Augustinus, dem Kirchenvater Ambrosius von Mailand:

Constantinus imperator Helenam, matrem suam, Hierosolyma misit ad reperiendam eam crucem[1], in qua Iesus Christus crucifixus erat[2]. Helena cupiditate crucis reperiendae permota omnes sacerdotes Iudaeorum arcessivit, ut comperiret, quo loco crux sacra esset. Sacerdotes autem se numquam hunc locum prodituros[3] promiserant; nam hanc crucem potentiam religionis suae exstincturam credebant. Cum sacerdotes convenissent et Helena quaesivisset, quo loco Iesus crucifixus esset, hunc locum ignotum esse dixerunt. Tum Helena breviter respondit: „Si tacetis, occidemini. In cruce reperienda omnia temptabo, etsi odium Iudaeorum subeam.“ His verbis perterriti Iudam, principem eorum, oraverunt, ut Helenae locum ostenderet. Cum Iudas negaret, Helena ei dixit: „Si non pares, nihil iam cibi tibi afferetur.“ Primo Iudas parere noluit, denique fame[4] coactus fecit, quod Helena imperaverat. Sed eo loco, quem Iudas ostendit, tres cruces repertae sunt.
Nunc Helena cruces singulas homini cuidam mortuo[5] imposuit. Crucibus imponendis cognovit, quae esset crux vera. Nam haec erat tanta vi, ut illum hominem mortuum vivum reddere posset.

(nach Ambrosius, Thronrede auf Theodosius)

[1] crux, crucis *f* *Kreuz*
[2] crucifīxus *gekreuzigt*
[3] prōdere, prōdidī, prōditum *verraten*
[4] famēs, is *f* *Hunger*
[5] mortuus *tot*

48 Christen auf dem Kaiserthron

Der oströmische Kaiser Justinian und die Würdenträger seines Reiches. Mosaik aus der Kirche San Vitale in Ravenna (um 540 n. Chr.).

Im 3. Jahrhundert n. Chr. sind die meisten römischen Kaiser, die sich unter dem Schutz der heidnischen Götter fühlten, nach nur kurzer Regierungszeit gestürzt und oft auch ermordet worden. Mit Kaiser Konstantin gibt es zu Beginn des 4. Jahrhunderts eine neue Situation: Er und die folgenden Herrscher regieren nun im Durchschnitt länger und finden häufiger ein friedliches Ende. Das führt die christlichen Philosophen dazu, in diesem Wechsel göttlichen Einfluss zu sehen: Nicht die weltliche Macht entscheidet über das Glück der Herrscher, sondern ihre Religion. Diese Überlegungen entwickeln sich dann allmählich zu der Vorstellung, dass das Imperium Romanum einmal von einem christlichen Reich abgelöst würde, einem Reich, in dem die Herrschaft Gottes verwirklicht werden könne.
Suche in der Abbildung die Elemente, die den Kaiser zum einen als Vertreter des alten römischen Reiches, zum anderen als Vertreter des Christentums erkennbar werden lassen. Welcher der beiden Bereiche tritt in der Abbildung deutlicher hervor?

G

Senatores constituerunt: „Titus honore affici debet." Sed Iudaei dicunt: „Isti consilio resistendum est. Cur Titus honore afficiendus est? Quia multos Iudaeos occidit? Nobis quidem iste Titus damnandus est. Nam in urbibus Iudaeis exstinguendis multa scelera commisit. Itaque Titus tali monumento colendus non est."

T Christen auf dem Kaiserthron

Der große Kirchenlehrer Augustinus (354–430 n. Chr.) diskutiert mit seinem Schüler Orosius die Frage, welche Bedeutung das Christentum für das Glück der römischen Kaiser hat:

OROSIUS: Cur imperatores Christiani felices vocandi sunt?
AUGUSTINUS: Christiani imperatores non propterea[1] felices vocandi sunt, quod vel diu rexerunt vel hostes imperii vicerunt vel inimicos cives opprimere potuerunt. Namque omnes fere imperatores, qui daemones[2] colebant, haec commoda acceperunt.
Ut felices vocari possint, imperatoribus non modo iuste imperandum est, sed etiam humanitas[3] diligenter servanda est. Imprimis autem iis deus noster colendus est – deus, qui omnibus hominibus et metuendus et amandus est maxime. Verbis eius nobis semper parendum est.
OROSIUS: Et cur deus noster Constantinum fecit primum imperatorem Christianum?
AUGUSTINUS: Ea ratione id fecit, ut Christiani viderent etiam imperatorem, qui daemones non coleret, regere posse totum orbem Romanum. Eadem de causa Constantinus triginta fere annos rexit, prospexit imperio universo sicut pater, reppulit quamvis multos hostes; non modo in gerendis bellis, sed etiam in opprimendis iniuriis Constantinus prorsus felix fuit. Sic anima eius post vitam longam placida et beata corpus reliquit, et filii Constantini a patre imperium optime institutum receperunt.
OROSIUS: Manifestum est imperatores felices his indiciis cognoscendos esse. *(nach Augustinus, De civitate dei)*

[1] propterea *deswegen*

[2] daemōn, onis *Dämon (heidnischer Gott)*

[3] hūmānitās: *zu* hūmānus

Konstantin der Große, römischer Kaiser, 306–337 n. Chr.

Philippus Arabs, römischer Kaiser, 244–249 n. Chr.

❶ Stelle eine Beschreibung des Lebens von Kaiser Konstantin zusammen. Vergleiche diese Beschreibung mit **T**: Gibt Augustinus die Taten Konstantins wahrheitsgetreu wieder?

❷ Informiere dich über das Leben anderer römischen Kaiser des 3. Jh.s n. Chr. Achte dabei besonders darauf, wie ihr Lebensende aussah.

❸ Vergleiche die Abbildungen von Konstantin, Philippus Arabs und Justinian. Welche Unterschiede kannst du erkennen? Achte u.a. auf die Gesichtszüge und die Haartracht.

Ü

a Stelle alle nd-Formen (Gerundium, attributives Gerundiv, prädikatives Gerundiv) aus 47 und 48 T in einer dreispaltigen Liste zusammen.

b Der Azubi – ein Auszubildender!
Suche weitere Beispiele für das Gerundiv im Deutschen.

c Beschreibe den inhaltlichen Unterschied der folgenden beiden Sätze:
Bellis gerendis Romani magnum imperium sibi pepererunt.
Bellis gestis Romani magnum imperium sibi pepererunt.

d Gerundium und Gerundiv werden von den Römern gerne in Sprichwörtern verwendet. Übersetze und suche aus deinem Erfahrungsbereich inhaltlich vergleichbare Sprichwörter.
Nunc est bibendum.
Nil desperandum.
Docendo discimus.
Ut *(wenn auch)* desint vires, tamen est laudanda voluntas.
Sic homo fit doctus: non vi, sed saepe legendo.

e Beachte die Wiedergabe der nd-Formen:
1. Audiendum, deinde audendum est. 2. Nemo ante mortem beatus vocandus est. 3. Nonnullis parentibus reprehendendum est. 4. Haec facta vobis vitanda erunt. 5. Hoc negandum non est. 6. Iniuria ferenda non erat. 7. Corpus semper exercendum est. 8. Ea de re nihil dicendum est. 9. Omnibus leges servandae sunt. 10. Magistratibus salus civium neglegenda non est. 11. Curandum est, ut viam recte vivendi deligamus.

ÜBERSETZUNG

In den folgenden Sätzen ist zu erkennen, wie im Lateinischen der Inhalt 'Aelius kam nach Rom, um die Stadt zu besichtigen' wiedergegeben werden kann:

Aelius Romam venit,
ut urbem viseret.
ad urbem visendam.
urbis visendae causa.
visurus urbem.

Versuche die Unterschiede in der Bedeutung zu beschreiben.

Formenquartett

Schreibt jede Stammform der folgenden Verben auf ein Kärtchen – und fertig ist das Formenquartett! Die Karten werden gemischt und an die Spieler verteilt. Dann wird reihum gezogen. Wer die meisten Verben vollständig (d. h. mit allen Stammformen) abgelegt hat, ist Sieger.

prospicere – opprimere – comperire – praeferre – diligere – reperire – convertere – permittere

Übrigens: Hier lassen sich auch andere Stammformen einbeziehen.

Krönung Heinrichs II. zum Kaiser (1014). Auf der mittelalterlichen Buchmalerei ist zu erkennen, wie sehr die spätantike Vorstellung eines christlichen Kaisers auch im Mittelalter lebendig blieb. (München, Bayerische Staatsbibliothek).

Suche aus **T** diejenigen Wörter heraus, die (z. T. mit Bedeutungsveränderungen) auch in der deutschen Sprache vorhanden sind. Welche Bedeutungsveränderungen kannst du feststellen?

LATEIN LEBT

Z Fluch über Nero

Unmittelbar nachdem Kaiser Konstantin im Jahr 313 n. Chr. die Ausübung des christlichen Kultes für das ganze römische Reich erlaubt hat, verfasst der Kirchenschriftsteller Laktanz eine harte Abrechnung mit den Kaisern, die die Christen verfolgt haben. Er beschreibt, wie diese Kaiser auf z. T. schreckliche Weise zu Tode kamen. Als erster Christenverfolger wird Nero (Nerō, Nerōnis) erwähnt:

Nerone imperatore Petrus Romam venit. Hic miraculis[1] efficiendis multos homines ad fidem Christianam convertit. Nero autem, cum comperiret non modo Romae, sed multis in oppidis numerum Christianorum crescere, hanc fidem exstinguendam esse censuit; itaque Petrus crucifixus[2], Paulus gladio interfectus est.
Postremo deus noster, cum inopiam populi sui videret, Neronem poena gravissima afficiendum esse censuit: Hostibus saevis eum dedidit ad necandum et effecit, ut iste homo ferus nullo loco terrarum videri posset; nam omnis memoria huius bestiae crudelis tollenda erat. *(nach Laktanz, De mortibus persecutorum)*

[1] mīrāculum *Wunder*
[2] crucifīgere *kreuzigen*

Christen als lebende Fackeln. Nach dem Brand Roms ließ Kaiser Nero die angeblich Schuldigen öffentlich verbrennen (Gemälde von Henryk Siemiradzki, 1876. Krakau, Muzeum Naradowe).

49 Erlösung durch Isis

Während sich seit der Mitte des 1. Jahrhunderts die christliche Religion vor allem im Nordosten des Reiches ausdehnte, waren die Bedingungen für eine Ausbreitung in den Süden anders; denn vor allem in Ägypten gab es schon uralte andere Kulte, die von der römischen Staatsreligion grundsätzlich verschieden waren. Einige boten – wie das Christentum – die Aussicht auf ein Weiterleben nach dem Tod. In diese Kulte musste man mit bestimmten Zeremonien „eingeweiht" werden; alle Mitglieder waren zu strengem Stillschweigen über die genaue Lehre verpflichtet.
Am weitesten verbreitet war in Ägypten der Kult der Göttin Isis, die als Königin des Himmels und Herrin über Leben und Tod verehrt wurde.

❶ Beschreibe die Gegenstände, die Isis als ihre Erkennungsmerkmale an sich trägt.
❷ Was kannst du aus dem rechten Bild über den Isis-Kult in der römischen Zeit erkennen?

Rechts: Zeremonie in einem römischen Isisheiligtum. Im Hintergrund in der Mitte der Isispriester mit einer Kanne Nilwasser (Wandmalerei aus dem 1. Jh. v. Chr., Herkulaneum).

Unten: Altägyptische Darstellung der Isis (aus dem Sethos-Tempel in Abydos; Ende des 13. Jahrhunderts v. Chr.).

G Christiani fidem suam defendunt:
„Christus dominus noster est semperque nobis providet. In eo vivimus, in eo morimur. Eius opera miramur. Etiam in morte Christus nos servabit et tuebitur. Etsi plerique homines mortem metuunt, nos scimus animam Christianam non exstingui, cum e corpore egrediatur."

T

Erlösung durch Isis

In einem berühmten antiken Roman mit dem Titel „Der Goldene Esel“ werden die Erlebnisse eines Mannes namens Lucius erzählt, der über die Macht der Isis gespottet hat und zur Strafe in einen Esel verwandelt worden ist. Als es ihm nach vielen Abenteuern gelingt, seine menschliche Gestalt wieder zu erlangen, lässt sich Lucius voller Dankbarkeit in den Kult der Göttin einweihen.

Tum Lucius decrevit sibi ad templum Isidis manendum esse. Dum ibi moratur, aedem maxima cum voluptate intrabat, ut simulacrum deae miraretur. Sed post decem dies dea eum hortata est, ut in patriam rediret. Priusquam autem abiit, templum iterum intravit; cum deam praesentem esse sentiret, ante simulacrum eius sic locutus est:

„Tu, sacra et perpetua sospitatrix[1] humani generis, dulcem amorem matris das multis milibus hominum. Te etiam superi colunt, tibi parent inferi, tu moves orbem, tu regis terram et Tartarum[2], tibi serviunt animalia. Tua potestate omnia fiunt salva, in manibus tuis posita est tota vita humana; te duce nascimur, vivimus, morimur.

At ego vereor, ne verbis utar, quae tua potentia non sint digna. Itaque nunc tacebo. Sed memoriam numinis tui intra pectus meum semper servabo; numquam mysteria[3] in lucem proferam. Tuere me in futurum[4], ut iam prius me tuebaris.“

His verbis dictis etiam Mithrae[5], custodi templi, gratias egit; tunc e templo egressus est. Proximo die navem conduxit, ut in Italiam proficisceretur.

(nach Apuleius, Der Goldene Esel)

[1] sōspitātrīx, īcis *f Helferin*

[2] Tartarus *Unterwelt, Hölle*

[3] mystērium *Geheimnis*

[4] in futūrum *in Zukunft*

[5] Mithrās, Mithrae *Mithras*

❶ Wie drückt sich in der sprachlich-stilistischen Gestaltung dieses Textes aus, dass Lucius die Göttin Isis in ganz besonderer Weise verehrt?

❷ Welche Elemente der Isis-Religion lassen sich aus **T** ableiten? Welche Unterschiede zur offiziellen römischen Staatsreligion mit ihrem Glauben an die olympischen Götter und zum Christentum werden hier erkennbar?

❸ Suche die Verbindungen zwischen dem, was in **T** über Isis gesagt ist, und dem, was in ihren Bildern zu erkennen ist.

Ü WORTSCHATZ

Von den Deponentien bilden **loqui** (*sprechen*) und **gradi** (*gehen, schreiten*; bei Präfix **-gredi**) viele Komposita. Erschließe die wörtliche Bedeutung der folgenden Verben:
transgredi – alloqui – praegredi – digredi – eloqui – ingredi – antegredi – colloqui – progredi – regredi – proloqui – congredi – aggredi.

a Suche alle Deponentien aus **G** und **T** und setze die Präsensformen ins Plusquamperfekt, die Imperfektformen ins Futur, die Perfektformen ins Imperfekt und die Futurformen ins Präsens.

b Vertracktes Ende:
Bei **-re** am Wortende muss man im Lateinischen gut hinsehen. Bestimme folgende Formen (zu deiner Hilfe sind Längen angegeben):
capere – monēre – labōre – ēgredere – litōre – verēre – clārē – loquere – mōre – movēre
Auch bei **-ris** gibt es mehrere Möglichkeiten:
honōris – clārīs – laudāberis – vērīs – mōris – verēris

c Grenze in der Wortschlange die Formen ab, die von Deponentien stammen, und bestimme sie:

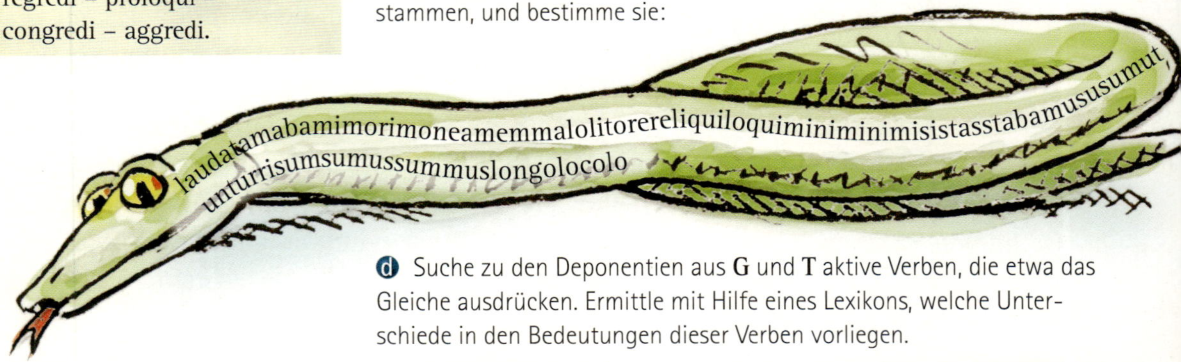

d Suche zu den Deponentien aus **G** und **T** aktive Verben, die etwa das Gleiche ausdrücken. Ermittle mit Hilfe eines Lexikons, welche Unterschiede in den Bedeutungen dieser Verben vorliegen.

Auch nach der Antike galt Ägypten als das Land uralten religiösen Wissens. Damit wurde vor allem Isis eine wichtige Größe in nicht-christlichen Verbindungen wie den Freimaurern; sie galt hier als Göttin der Natur und der Vernunft. Auf diesen ägyptischen Hintergrund spielt, wie das hier dargestellte Bühnenbild einer Inszenierung der Berliner Staatsoper Unter den Linden zeigt, auch die Oper „Die Zauberflöte" von Wolfgang Amadeus Mozart an.

Wir spielen „Stadt, Land, Fluss".
Die gesuchten Begriffe müssen natürlich lateinisch sein und zu den folgenden Sachfeldern passen:

(Fort-)Bewegung, Transport	Gefühle, Wahrnehmungen	Politik, Staat	Sprache, Kommunikation	Natur

Z

Asklepios heilt auch die Augen

Wie intensiv die Hingabe an einen Gott bei einem Menschen sein kann, zeigt die Erzählung von Aelius, der im Heiligtum des griechischen Heilgottes Asklepios (lat. **Aesculāpius**) in Epidauros von einer schmerzhaften Augenentzündung geheilt werden will. Zu diesem Zweck haben die Priester ihn aufgefordert, im Tempel des Gottes zu schlafen und darauf zu achten, was er träumen werde. Was daraufhin mit ihm geschah, berichtet Aelius im folgenden Text:

Cum prope aditum aedis iacerem, vidi haec: Inter multos homines sto. Qui deum obsecrant, ut ad eos veniat. Totum vulgus magnis vocibus Aesculapium appellat summum deum, dominum omnium hominum. Etiam me hortantur, ut deum vocem. Quod facio.
Cum autem Aesculapium adesse sentiam, eum oculis meis videre cupio. Mente turbata diu exspecto. Haud scio, utrum dormiam[1] an vigilem[2]; sudo[3], lacrimae cadunt ex oculis; vereor, ne moriar. Tum experrectus sum[4].
Statim sacerdotem Aesculapii vocavi, ut cum eo de rebus a me visis loquerer. Qui dixit etiam proxima nocte mihi in templo iacendum esse, cum finem somnii[5] nondum vidissem. Ergo iterum in templum Aesculapii ii. Nunc autem nihil in somno vidi, sed vocem audivi, quae dixit haec: „Tu fidem tuam in Aesculapium demonstravisti et supplex potestatem eius veritus es; itaque te morbo liberabo.“ Paulo post dolor iam minor erat, tandem salvis oculis e templo egressus sum.

(nach Weihinschriften aus Epidauros)

[1] dormīre *schlafen*
[2] vigilāre *wach sein*
[3] sūdāre *schwitzen*
[4] expergīscī, experrēctus sum *aufwachen*
[5] somnium *Traum*

Sammelt Informationen über Epidauros und die medizinische Lehre, die dort angewandt wurde.

Rundtempel im heiligen Bezirk des Asklepios (lat. Aesculapius) im griechischen **Epidauros** *(Rekonstruktion).*

50 Neue Herausforderungen für die Christen

Gegen Ende des 4. Jh.s n. Chr. hat sich die christliche Religion über das ganze Römische Reich verbreitet. Allerdings kommt es schon bald zu Auseinandersetzungen über die richtige Auslegung der biblischen Texte; diese führen schließlich zu einer Teilung in die katholische Westkirche und die orthodoxe Ostkirche.
Am Beginn des 7. Jahrhunderts entsteht dann eine neue Religion: Mohammed hat in Arabien den Islam (der Name bedeutet 'Hingebung an Gott') begründet, der sich sehr schnell im vorderen Orient verbreitet. Von dort aus erobern die Muslime auch den Süden des ehemaligen römischen Reiches; der neue Glaube erreicht im 8. Jahrhundert über Spanien kurzzeitig sogar den Südwesten Frankreichs, wird hier jedoch zurückgedrängt.

Um 750 sind die Grenzlinien neu festgelegt: Der frühere Süden und Südosten des Reiches sind nicht mehr christlich.
So kennt dann das Mittelalter drei große religiöse und damit auch kulturelle Blöcke als Nachfolger des Imperium Romanum: im heutigen West- und Mitteleuropa das römisch-katholische Abendland, im Osten das orthodoxe Reich von Byzanz, im Südosten und im Süden des ehemaligen Reiches den Islam.

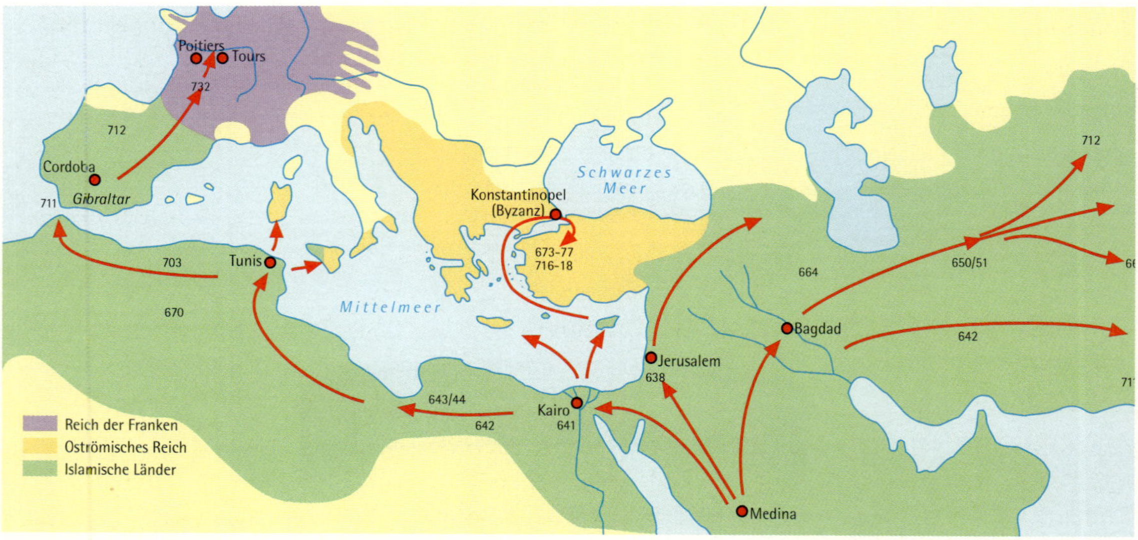

Die Ausbreitung des Islam im 7. und 8. Jahrhundert.

G Lucius in templo Isidis simulacrum deae miratur. Simulacrum diu mirans gaudet. Tum decernit in patriam suam proficisci. Sed priusquam abit, ante simulacrum sic loquitur: „Tuum, dea, numen colam gratias agendo. Sed verens, ne loquendo te laedam, id cum silentio faciam." Haec locutus egreditur.

Vergleiche die Ausbreitung des Islam auf dieser Karte mit einer modernen Karte von den Gebieten, in denen der Islam heute Staatsreligion ist.

T

Neue Herausforderungen für die Christen

Im Abendland wird der Verlust Nordafrikas und Spaniens an die Muslime (damals als Sarazenen bezeichnet) heftig beklagt. Vor allem in Predigten geht es nicht selten darum, dass diese Gebiete nicht mehr christlich sind, und es wird nach Erklärungen gesucht. Auch über Rückeroberungen denkt man nach. Die folgende Rede eines christlichen Bischofs zeigt solche Gedanken:

Fassade der Großen Moschee von Cordoba, erbaut im 8. Jahrhundert: eines der bedeutendsten Zeugnisse islamischer Baukunst in Europa.

Audite, fratres in Christo: Saeculo nostro deus iste Saracenorum verendus est multis hominibus, qui prius in deum nostrum, deum unum et verum, crediderunt. Nam Saraceni non modo gentes nationesque Africae, sed etiam Hispaniae vicerunt. Ergo, fratres, nobis querendum est! Simul quaerendum est, cur deus noster id permiserit. Est – ut opinor – nostra culpa, nostra maxima culpa. Nos enim Christiani – verba dei nostri non iam verentes – nimium peccabamus. Qua de causa deus noster, iudex magnus, – utens Saracenis – in nos vindicat; qua de causa iure optimo sivit Saracenos etiam his terris imperare, in quibus fides catholica[1] orta est. Hostes crucis[2] gladio depopulati sunt[3] terram nobis ac patribus nostris carissimam – terram quidem, quae fuit patria iis, qui nos docuerunt fidem nostram. Nunc possident Saraceni etiam eam civitatem, in qua Augustinus noster natus est!
At ego – veritus, ne fides nostra in Africa exstinguatur – numquam hoc patiar; et moneo, ne vos quoque hoc patiamini. Me sequimini! In Africam progredientes Saracenos aggrediamur! Et haec vobis propono, immo polliceor: Saracenis e finibus Europae Africaeque pulsis non modo magnam praedam facietis, sed etiam vitam aeternam consequemini. Proinde ne cessaveritis Saracenis resistere; ne eis cesseritis! Coniungite vires vestras et iuvate eos homines infelices, quibus vivendum est sub imperio Saracenorum. *(nach Bonifatius, Epistulae)*

[1] fidēs catholica *katholischer Glaube*
[2] crux, crucis *f Kreuz*
[3] dēpopulārī *verwüsten*

Blick durch die Säulenreihen im großen Betsaal der Moschee von Cordoba.

❶ Welches Bild von den Sarazenen wird in dieser Rede gezeichnet? Informiere dich über das Leben im islamischen Spanien des Mittelalters. Vergleiche deine Ergebnisse mit dem Inhalt von **T**.

❷ Untersuche **T** auf seine rhetorische Ausgestaltung. Wie versucht der Redner, seine Zuhörer zum Kampf gegen den Islam zu motivieren?

Ü

ⓐ Stelle aus **G** und **T** alle Formen von Deponentien zusammen, die eine Abweichung von der Regel 'passive Form, aktive Bedeutung' enthalten. Versuche diese Abweichungen in eine Regel zu fassen.

ⓑ Übersetze und versuche Begründungen für die folgende Aussage zu finden: **Optimum est non nasci.**

LATEIN LEBT

1. Suche alle von Deponentien stammenden Fremdwörter heraus und erkläre ihre Bedeutung: *Gottes ist der Orient, Gottes ist der Okzident.*
Die Sequenzen unseres Lehrbuchs sind nicht nur nach grammatischen Aspekten geordnet.
Der Patient erwies sich als Querulant: Er verweigerte nicht nur passiv die Therapie, sondern ging aktiv und aggressiv gegen die Behandlung vor. Dadurch kam es zu einer Progression der Probleme. Das Verhalten dieses und anderer Patienten führte zu einem Kolloquium, in dem man das Thema 'Graduelle Zunahme von Aggression bei Krankenhauspatienten' diskutierte.

2. Der finnische Rundfunk strahlt seit etlichen Jahren politische Nachrichten in lateinischer Sprache aus. Hier ein Ausschnitt, der das Ende der deutschen Teilung im Jahr 1989 zum Thema hat:

8. Sept. 1989: Multa milia Germanorum orientalium in Hungariam transgressi exspectant, ut in Germaniam occidentalem transportentur.
6. Okt. 1989: Tria milia quingenti (3500) Germani orientales intra sedem legationis[1] Pragensis Germaniae occidentalis in tentoriis habitantes impetraverunt, ut in occidentem transirent. Quod etiam hominibus fugitivis[2] in legationem Varsaviensem[3] congressis permissum est.
17. Nov. 1989: Murus Berolinensis apertus est. Germania orientalis limitem[4] occidentalem aperuit, quo factum est, ut duo miliones septimana[5] exeunte partes occidentales Germaniae visitarent.

[1] lēgātiō, ōnis *f Botschaft*
[2] fugitīvus *fliehend*
[3] Varsaviēnsis *in Warschau*
[4] līmes, itis *Grenze*
[5] septimāna *Woche*

Versuche die unbekannten Vokabeln aus dem Deutschen, Englischen oder Französischen zu erschließen.

München, Bayerische Staatsoper (1818). Das Gebäude zeigt, wie sehr bis in unsere Zeit Elemente der römischen Antike – vor allem im Bereich der Kultur – erhalten geblieben sind.

Z

Der Weg zum vereinten Europa

Nachdem im 5. und 6. Jahrhundert n. Chr. die Einheit des römischen Reichs zerfallen ist, verwandelt sich Rom von einer politischen in eine geistige Macht: Der Traum von einer gemeinsamen europäischen Kultur auf den Grundlagen der römischen Zivilisation entsteht, ein Traum, der vielleicht in unserer Zeit Wirklichkeit werden könnte. Schon in der Zeit, als das römische Reich sich aufzulösen beginnt, werden diese Werte, z. B. vom Dichter Claudian (5. Jh. n. Chr.), beschworen:

Roma est urbs, quae in gremio[1] suo etiam victos populos recepit, quae in gentibus regendis pacem universam peperit, quae humanum genus omni modo iuvit. Roma peperit linguam, qua toto imperio grati utimur et quae maxime idonea est ad rationem humanam intellegendam. Si apud Rhodanum[2] vivimus, apud Rhenum, apud Hiberum[3], apud Tiberim: Cuncti gens una sumus imperium Romae cum laetitia patientes. Alia regna perierunt, sed imperium Romanum non peribit, dum homines – iure Romano utentes – humanitati[4] studebunt.
Quod autem maxime mirandum est: Roma tam ingens imperium tenens tamen ita homines regit, ut liberi esse possint. Non eo modo, quo servi parent domino, populi Romae parent, et Roma est custos et praesidium humani generis. Omnes, qui vivunt in imperio, sunt cives Romani, et omnibus hominibus est eadem libertas, quae erat inter cives Romanos.

(nach Claudian, De consulatu Stilichonis)

[1]gremium *Schoß*

[2]Rhodanus *die Rhône (Fluss in Frankreich)*

[3]Hibērus *der Ebro (Fluss in Spanien)*

[4]hūmānitās: *zu* hūmānus

Die sogenannte Torhalle im hessischen Lorsch, erbaut kurz nach 750. Der untere Teil zeigt noch Einflüsse der Antike (Triumphbogen), der darüber liegende Aufbau einer Kapelle bietet dagegen einen ganz unantiken Anblick, speziell in den kleinen rot-weißen Feldern auf der Frontseite. Hier deutet sich bereits die Architektur des Mittelalters an.

Das haben wir gelernt

a Die Römer waren in ihrer Frühzeit ausgesprochen sparsame Leute, und das zeigt sich auch in ihrer Sprache. Sie benutzten gerne Konstruktionen, für die im Deutschen meistens Gliedsätze gebräuchlich sind: **AcI**, **Participium coniunctum**, **Ablativus absolutus**, **nd-Formen**.
Suche in den Lektionen 46–50 Beispielsätze für diese Konstruktionen. Fasse zusammen, aus welchen Bestandteilen sie bestehen und wie sie übersetzt werden können.

b Erstellt gemeinsam eine schriftliche Übersetzung von 50 **T** und vergleicht die Wortzahlen im lateinischen und im deutschen Text. Worauf sind die Unterschiede im Einzelnen zurückzuführen?

c Wer ist gemeint? Wenn du die Namen auf ein Blatt notierst, ergeben die rot umrandeten Buchstaben die griechische Bezeichnung für den christlichen Gott.

1. Befasste sich mit den Todesarten der Christenverfolger (deutsche Namenform):
   ? ? ? ? ? ? ?
2. Einzige Stadt, die für Juden, Christen und Muslime heilig ist (lateinische Namenform):
   ? ? ? ? ? ? ? ? ? ? ?
3. Von ihm stammt der Satz, dass das Blut der Märtyrer der Samen des Christentums ist (deutsche Namenform):
   ? ? ? ? ? ? ? ? ? ?
4. Heilgott (griechische Bezeichnung):
   ? ? ? ? ? ? ? ? ?
5. Schüler des Augustinus:
   ? ? ? ? ? ? ?
6. So bezeichnete man im mittelalterlichen Abendland die Muslime (lateinische Bezeichnung):
   ? ? ? ? ? ? ? ?

d Latein in allen Lebensbereichen
Quantum, Dozent, Literatur, exerzieren, signi-fikant, Konfektion, Demonstration, Qualität, kurieren, Konjunktiv, Dezember, Millimeter, Justiz, Prospekt, Formel
Erkläre die Begriffe und ihre Herkunft.

Von der Antike zum Christentum

In dieser Kirche in Rom, die heute von irischen Dominikanermönchen verwaltet wird, zeigt sich im wahrsten Sinne des Wortes die Vereinigung der Lebenswelt der Antike mit einem orientalischen Kult, dem frühen Christentum und dem heute gelebten Glauben.

Oberkirche San Clemente
Durch eine großzügige Vorhalle betritt man einen prachtvollen Innenraum, der von Mosaiken und einem reich gemusterten Mosaikfußboden aus dem **11. Jahrhundert** beherrscht wird.

Unterkirche San Clemente
Durch die Sakristei der Oberkirche erfolgt der Abstieg in die Unterkirche aus dem **4. Jahrhundert**, die fast deckungsgleich mit dem Oberbau ist.
Hier finden sich Fresken aus dem 9. Jahrhundert, die das Leben des heiligen Clemens erzählen.
In dieser Kirche fanden einst zahlreiche Konzile statt, um den christlichen Glauben in alle Welt zu verbreiten.

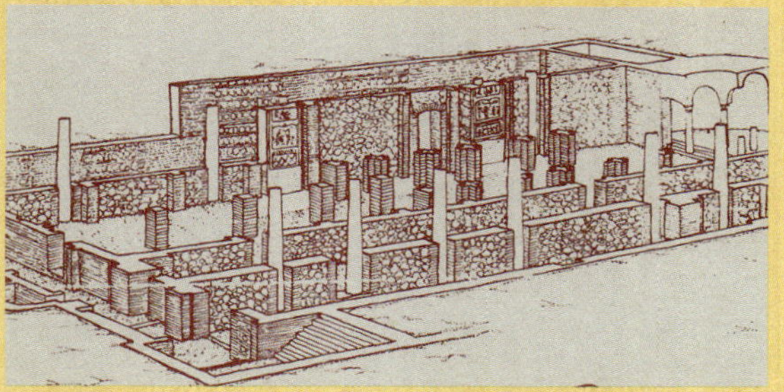

Unter der Unterkirche befinden sich Reste eines **Mithräums** aus dem späten **1. Jahrhundert**. Der Mithraskult war – wie das Christentum – eine aus dem Orient stammende Erlösungsreligion, die sich in den ersten Jahrhunderten nach Christus im ganzen **imperium Romanum** weit verbreitet hatte. Wir sehen hier noch den Vorraum, den Kultraum mit den Kultbänken und einen Vorbereitungsraum, die alle zu einem großen Wohnhaus **(insula)** gehört haben müssen. Einige Räume dieses Hauses wurden im 5. Jh. als christliche Begräbnisstätte genutzt.
Dieses Wohnhaus wiederum wurde auf den **Ruinen** der Häuser errichtet, die **64 n. Chr.** während des großen Brandes unter Kaiser Nero zerstört wurden.

Wörter, hinter denen ein ° steht, werden nicht ins Lateinische übersetzt.

Deutsch-lateinische Übersetzungsübungen

Die Überschriften werden nicht übersetzt.

1 Wo ist der Sklave?

1. Hier ist das Forum. 2. Hier steht eine Menschenmenge und schreit durcheinander°. 3. Dort ist ein Tempel, dort ist eine Basilika, hier ist die Kurie. 4. Ein Senator beeilt sich und fragt: „Wo ist mein° Sklave?" 5. Plötzlich ist der Sklave da. 6. Der Senator freut sich; auch der Sklave lacht.

2 Sieger beim Pferderennen

1. Das Volk freut sich, denn heute sind Spiele. 2. Auch Gajus und Aulus sind da. 3. Sie warten lange und schweigen. 4. Nun stehen die Tore offen. 5. Endlich kommen die Pferde herbei, endlich laufen sie los°. 6. Jetzt erheben sich die Freunde; auch das Volk erhebt sich und schreit. 7. Schließlich ist Syrus der Sieger. 8. Die Senatoren rufen laut; dann kommt Syrus herbei. 9. Aulus und Gajus freuen sich und lachen.

3 Nicht leicht zu finden

1. Aulus läuft über (durch) das Forum. 2. Wo ist nur° Gajus? 3. Aulus sieht seinen° Freund nicht. 4. Hier beeilen sich Sklaven, dort steht eine Menschenmenge und betrachtet die Tempel und Basiliken. 5. Hier schreit ein Händler los (erhebt Geschrei), dort lachen Freundinnen. 6. Hier suchen Senatoren eilends° die Kurie auf, dort stehen Frauen vor einem Laden. 7. Endlich sieht Aulus den Freund und ruft laut. 8. Gajus kommt herbei; sofort eilen die Freunde zu den Spielen. 9. Dort betrachten sie die Pferde und die Sieger.

4 Langeweile ausgeschlossen

1. In den Thermen ist immer eine Menschenmenge. 2. Auch Aulus betritt mit Gajus die Badeanlage. 3. Was sehen sie dort? 4. Zwei[1] Senatoren verlassen mit ihren° Sklaven den Umkleideraum[2]; sofort kommt ein Händler herbei und erfüllt die Thermen mit seinem° Geschrei. 5. Die Senatoren aber fliehen (eilen) in das Lauwarmbad[3]. 6. Der Kaufmann Quintus steht mit einem alten Mann in seinem° Laden und verkauft Wein. 7. Plötzlich läuft ein Dieb mit gestohlenen° Kleidern durch die Menge und will die Thermen verlassen, schon schreien Sklaven: „Haltet[4] den Dieb!"

[1] *zwei* duo
[2] *Umkleideraum* apodytērium
[3] *Lauwarmbad* tepidārium
[4] *haltet* tenēte

5 Überraschung!

1. Antonia, Lucius und° Atia sind auf dem Forum. 2. Sie eilen zu ihrer° Freundin Cornelia. 3. Plötzlich bleibt Antonia stehen (macht Halt). 4. Atia: „Warum bleibst du stehen (machst du halt)? Was siehst du?"

5. Und Lucius: „Wo seid ihr? Warum zögert ihr? Wir müssen uns beeilen, denn Cornelia erwartet uns[1] schon." 6. Antonia aber: „Schaut, der Händler Rutilius! Er verkauft Tiere. Kommt[2], wir erfreuen Cornelia mit einem Geschenk!" 7. Wenig später[3] sieht Cornelia die Freunde mit einem Papagei[4]. 8. Sie lacht und ruft laut: „Ihr seid Freunde! Ich freue mich über euer° Geschenk, denn ich liebe Tiere". Und der Papagei: „Ich liebe Tiere, Tiere."

[1] *uns* nōs
[2] *kommt* venīte
[3] *wenig später* paulō post
[4] *Papagei* psittacus

6 Alle helfen mit

1. Sitticus ruft die Sklaven: „Kommt herbei, Sklaven! Beeilt euch! Der Senator erwartet Freunde zu° Besuch°. Lauft zum Forum, kauft Wein!" 2. Sofort verlassen die Sklaven das Haus. Wo aber ist Davus? 3. Der Junge ist in seiner° Schlafkammer[1], weil er nicht arbeiten will. 4. Schon schreit Sitticus: „Steh endlich auf, Davus! Arbeite!" 5. Auch die Herrin befiehlt: „Lauf zum Händler Rabirius, Melissa! Bringe Käse[2] und Oliven[3]! Helft, Mädchen!". 6. Plötzlich betritt M. Aquilius das Atrium[4]. Sitticus: „Sei gegrüßt, Senator! Du erwartest Freunde; deshalb bereiten wir das Essen vor." 7. Darauf Aquilius: „Gut, Sitticus!"

[1] *Schlafkammer* cubiculum
[2] *Käse* cāseus
[3] *Oliven* olīvae
[4] *Atrium* ātrium

7 Ein gelungenes Fest

1. Schon betreten die Freunde das Haus des Senators. 2. Mit Hilfe der Herrin schmücken die Mädchen die Tische und die Sklaven bringen den Wein. 3. Nach dem Essen sucht M. Aquilius kurz° das Arbeitszimmer[1] auf, die Gäste[2] wollen noch° im Triclinium[3] bleiben. 4. Der Senator denkt an die Worte seiner° Freunde und freut sich, dann ruft er Sitticus. 5. Sitticus fragt: „Was willst du, Senator?" 6. Aquilius: „Ich will dich loben, denn das Gastmahl gefällt allen°. Die Gäste wollen das Haus nicht verlassen, sie freuen sich über die Menge des Weines und° loben den Fleiß[4] der Sklavinnen und Sklaven."

[1] *Arbeitszimmer* tablīnum
[2] *Gast* convīva *m*
[3] *Triclinium* triclīnium
[4] *Fleiß* industria

8 Aufregung um Delia

1. Die Sklavinnen kommen vom[1] Marktplatz nach Hause. 2. Die Herrin hört das Geschrei und die Stimmen der Mädchen. 3. Sie läuft aus dem Schlafzimmer[2] in das Atrium[3] und fragt: „Warum schreit ihr? Warum arbeitet ihr nicht? Schweigt endlich und antwortet!" 4. Dann sagt Melissa: „Delia ist wieder° nicht da. Nie will sie arbeiten, nie kommt sie zum Marktplatz, sondern immer eilt sie zum Haus des L. Sextus." 5. Und die Herrin: „Hört meine° Worte, Mädchen! 6. Delia hat[4] keine (nicht) Eltern mehr. 7. Ihre° Schwester Cynthia aber ist Sklavin im Haus des Sextus; deshalb will Delia die Schwester sehen."

[1] *vom* ā *(m. Abl.)*
[2] *Schlafzimmer* cubiculum
[3] *Atrium* ātrium
[4] *haben* habēre

Vestalinnen beim Opfer. Bronzemedaillon. Um 180 n. Chr.

9 Philippus in Rom (1)

1. Diodorus besucht mit seinem° Sohn Philippus den Senator Aquilius. 2. Aquilius reicht (gibt) den Gästen Wasser und Speisen; mit Freude erzählt Diodorus dem Senator von der Reise. 3. Die Söhne aber wollen sofort ohne ihre° Väter zum Forum gehen (das Forum aufsuchen). 4. Publius zeigt dem Freund die Läden der Händler, die Gebäude des Forums und° die Tempel der Götter und Göttinnen. 5. Philippus: „Warum gehorcht ihr den Göttern?" 6. Publius: „Wir schulden den Göttern Dank. Schau, der Göttin Vesta gehört (ist) dieser[1] Tempel. 7. Wir verehren die Göttin mit Geschenken, weil sie die Heimat vor[2] Gefahren schützt."

[1] *dieser* hoc
[2] *vor* ā *(m. Abl.)*

10 Philippus in Rom (2)

1. Die große Zahl der Menschen in den Straßen gefällt Philippus. 2. Er will alles[1] über die Stadt wissen. 3. Publius erzählt seinem° Begleiter von den Aufgaben der Konsuln und von den Triumphzügen[2] der Feldherrn. 4. Dann führt er den Freund in den Laden des Athenodorus (hinein), denn dort sind viele° Bücher. 5. Philippus erblickt die Bücher und freut sich. 6. Athenodorus kommt zu den Jungen (herbei) und fragt: „Was wünscht ihr zu kaufen?" 7. Philippus kauft schließlich ein Buch. 8. Später machen Philippus und Diodorus die Reise zurück° nach Griechenland.

[1] *alles* cūncta *Pl.*
[2] *Triumphzug* triumphus

11 Was für ein Fund!

1. Faustulus wollte Tiere jagen (fassen). 2. Deshalb rief er die Gefährten zu sich, dann ging er eilends° mit den Männern zum Tiber (suchte den Tiber auf). 3. Plötzlich hörten die Gefährten Stimmen von° Buben *(Gen.)* und riefen laut: 4. „Komm herbei, Faustulus, und sieh die Buben! Wir können sie[1] nicht beim Ufer zurücklassen, sondern müssen sie° nach Hause bringen". 5. Sobald Acca die Männer hörte, fragte sie: „Wo bist du gewesen, Faustulus? Was habt ihr gebracht, Männer?" 6. Faustulus erzählte seiner° Ehefrau von den Jungen. 7. Acca konnte den Worten ihres° Ehemannes kaum[2] glauben. 8. Später zog sie die beiden° Brüder groß.

[1] *sie* eōs
[2] *kaum* vix

12 Kastor und Pollux

1. Auf dem Forum Romanum sehen wir noch[1] heute den großen Tempel des Kastor[2] und Pollux[3]. 2. Die Brüder, Söhne Jupiters, griffen zusammen° mit den Römern Tarquinius Superbus an. 3. Kurz darauf betraten sie das Forum und meldeten mit lauter Stimme den Sieg. 4. Aus der ganzen Stadt eilten viele Menschen auf (in) das Forum und riefen laut: 5. „Wir danken euch, ihr° tüchtigen (guten) Männer! Ihr habt die Heimat von[4] den überheblichen Feinden befreit, endlich sind wir sicher vor Gefahren."

[1] *noch* quoque *(nachgestellt)*
[2] *Kastor* Castor, oris *m*
[3] *Pollux* Pollūx, ūcis *m*
[4] *von* ab *(m. Abl.)*

13

Gänse retten das Kapitol

1. Einst[1] führte Brennus[2] einen großen Heereszug durch Italien. 2. Er besiegte die Soldaten der Römer und eroberte viele Städte. 3. Schließlich gelangte (kam) er nach Rom. 4. Schon riefen in der Stadt alle laut durcheinander°: „Die Feinde sind vor unseren Toren. 5. Verlasst die Häuser und lauft zum Kapitol; dort sind wir sicher vor den Waffen. 6. Helft uns, ihr° guten Götter[3]!" 7. Lange Zeit griff Brennus die Römer vergeblich an. 8. Dann wollte er durch eine List[4] das Kapitol besetzen, aber das heftige (laute) Geschnatter (Stimmen) von° Gänsen[5] *(Gen.)* rettete die Römer.

[1] *einst* quondam
[2] *Brennus* Brennus *(ein Gallierfürst)*
[3] *Götter* dī *Vok. Pl.*
[4] *List* dolus
[5] *Gänse* ānserēs, um *m*

14

Ein überragender Feldherr

1. Wer kennt nicht Hannibal, der alle Punier durch seine Tapferkeit übertraf? 2. Hannibal, dessen Heimat Afrika war, zögerte nicht, die Römer anzugreifen. 3. Immer lobte er die Ausdauer[1] der Soldaten, die er nach Italien führte. 4. Immer gehorchten die Männer den Beschlüssen, die Hannibal fasste. 5. Auch die Römer lobten die Tapferkeit Hannibals, den sie lange Zeit nicht besiegen konnten. 6. Diese nannten Hannibal mit Recht[2] einen großen Feldherrn.

[1] *Ausdauer* cōnstantia
[2] *mit Recht* iūre

15

Scharfe Worte

1. Die Reden, die Cicero gegen[1] Catilina gehalten hat, sind berühmt. 2. Noch[2] heute lesen wir dessen Worte: 3. „Seht diesen Mann, Senatoren, der unsere Heimat mit Waffen angreift. 4. Wir haben deine Gefährten erkannt, Catilina, ich kann sie mit Namen nennen[3]. 5. Vergeblich hast du eine Falle vorbereitet. 6. Denn meine Sklaven haben die Männer, die du in der Nacht geschickt hast, bemerkt und mir ein Zeichen gegeben. 7. Deshalb lebe ich noch°, vergeblich wünschst du meinen Tod. 8. Wir richten unsere° Augen auf dich; du kannst deine Verbrechen nicht verheimlichen[4]!"

[1] *gegen* in *m. Akk.*
[2] *noch* quoque *(nachgestellt)*
[3] *mit Namen nennen* nōmināre
[4] *verheimlichen* dissimulāre

16

Rasches Handeln bringt Erfolg

1. Einst[1] wollte sich der König Pharnakes[2] ein gewaltiges Königreich in Asien[3] schaffen (bereiten). 2. Deshalb versammelte er alle Soldaten bei (zu) sich. 3. Sobald Cäsar von den Plänen des Königs hörte, eilte er mit wenigen Legionen in dessen Königreich. 4. Während Pharnakes seine Truppen noch° ermahnte *(Präs.)*, griff Cäsar den Feind schon an. 5. In kurzer Zeit[4] besiegte er diesen und verließ Asien wieder°. 6. Später erzählte er Freunden so von diesem Sieg: „Ich kam, sah und° siegte!"

[1] *einst* quondam
[2] *Pharnakes* Pharnacēs, is *m*
[3] *Asien* Asia
[4] *in kurzer Zeit* brevī tempore

nach Gellius, Noctes Atticae

Ein Wunder ist beim Tierkampf geschehen! Alle Welt erzählt davon. Auch Markus, Titus und Claudius reden von nichts anderem. Nur ihr Lehrer (**magister = Mag.**) ist ganz erstaunt und fragt die Kinder, was denn passiert sei. Diese streiten sich beinahe, denn jeder will zuerst erzählen ...

Mag.: Quid est? Cur non tacetis? Clamores non amo! Quis respondere vult?

Endlich beruhigen sich die Kinder etwas und berichten gemeinsam von den Geschehnissen:

Claudius: Cum amicis in Circo sum, nam ludos spectamus. Turba adest; bestias iam exspectamus.

Marcus: Nunc servi cum sene Circum intrant; tum senem relinquunt.

Titus: Senex tacet et populum spectat. Sine armis in Circo stat.

Marcus: Statim turba Circum clamore complet: „Ubi bestiae sunt, ubi leones[1] sunt?“

Claudius: Repente portae patent: Leones in Circum currunt, senem vident, consistunt.

Marcus: Senex periculum videt – tamen cum bestiis pugnare non vult, sed mortem[2] exspectat.

Titus: Nunc unus e[3] leonibus senem diu spectat. Tum ad senem accedit et eum[4] contingit[5] ...

Claudius: ... et populus subito non iam clamat, sed tacet; leonem et senem spectat: „Cur leo senem non appetit[6]?“

Titus: Nunc etiam senex leonem spectat; subito gaudet et ridet et leonem contingit.

Marcus: Nunc ceterae[7] bestiae senem appetunt; leo autem senem defendit. Denique servi accedunt et bestias e Circo abducunt[8].

Claudius: Populus autem surgit et gaudet et clamat, nam leo et senex amici sunt.

[1] leō, leōnem *m Löwe*

[2] mors, mortem *Tod*

[3] ūnus ē *einer der/von*

[4] eum *ihn*

[5] contingere *berühren*

[6] appetere *angreifen*

[7] cēterae *(Nom. Pl.) die übrigen*

[8] abdūcere *wegführen*

Natürlich, so die Schüler weiter, wollte alle Welt wissen, warum der Löwe den Mann verschonte. Später habe Androklus – so hieß der Mann, ein ehemaliger Sklave – Folgendes erzählt: In Afrika sei er von seinem Herrn sehr schlecht behandelt worden und deshalb geflohen; schließlich habe er in einer einsam gelegenen Wüstenhöhle Unterschlupf gefunden; plötzlich sei jener Löwe dort aufgetaucht und habe ihm seine blutige Pfote hingehalten, in der tief ein spitzer Dorn steckte; er habe den Löwen von dem Dorn befreit und die Wunde geheilt; später habe der Löwe auf die Jagd gehen können und die Beute mit ihm geteilt; als der Löwe wieder einmal abwesend war, habe Androklus schließlich – weil er dieses wilde Leben nicht länger führen wollte – die Höhle verlassen; schon bald aber sei er gefangen und zu seinem Herrn zurückgebracht worden; dieser habe ihn mit dem Schiff nach Rom bringen und zum Kampf mit wilden Tieren verurteilen lassen; durch Zufall müsse auch jener Löwe

gefangen und nach Rom gebracht worden sein; nun habe er sich auf diese Weise bei Androklus für die früheren Dienste bedanken können. Im Übrigen erlangte Androklus die Freiheit und der Löwe wurde ihm zum Geschenk gemacht. Später konnte man die beiden noch oft beim Spaziergang sehen, und alle, die ihnen begegneten, riefen unwillkürlich: „Dies ist der Löwe, der sich als Gastfreund dieses Menschen, und dies der Mensch, der sich als Arzt dieses Löwen erwies."

Androclus (2x) – Androclum (1x) – leo (Löwe) – leonem (4x) – leone – bestia – amicus – forum – turba (2x) – turbam – donis – periculo
accedere – ambulare (gehen) – consistere – delectare – dubitare – ecce – esse – gaudere – intrare – laudare – licet – spectare
ad – cum – per – sine
et – non – quod – statim – etiam – denique

Knifflige Übersetzung

Erstellt den lateinischen Text, indem ihr für die Übersetzung die in der Randspalte angegebenen Wörter verwendet. Achtung: Manche Wörter müsst ihr mehrfach verwenden. Die Verben müssen noch in die korrekte Form gesetzt werden. Kontrolliert am Ende, dass kein Wort übriggeblieben ist und die Verben in der richtigen Form stehen.

1. Androklus betritt mit dem Löwen das Forum. 2. Sofort bleibt eine Menschenmenge stehen (macht halt) und betrachtet den Löwen ohne Gefahr. 3. Androklus lobt den Löwen: 4. „Schaut, das Tier zögert nicht durch die Menschenmenge zu gehen; auch darf man (es ist erlaubt) zu dem Löwen hingehen (herbeikommen). 5. Ich freue mich, dass der Löwe mein° Freund geworden° ist." 6. Schließlich erfreut die Menschenmenge Androklus und den Löwen mit Geschenken.

*Gladiator (**bestiarius**) im Kampf gegen einen Tiger, Mosaik aus dem 4. Jh. n. Chr. Rom, Villa Borghese*

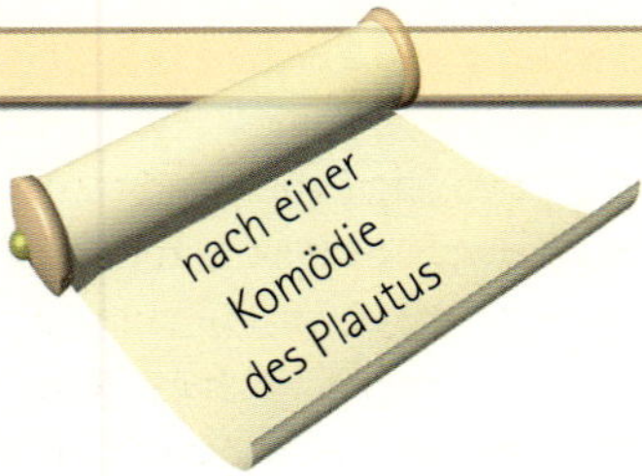

Auf Wunsch seiner Mutter und seines Großvaters sucht Sosikles, ein junger Händlerssohn, seinen vermissten Zwillingsbruder Menächmus. Dabei widerfährt ihm so allerlei, wie die folgende Szene zeigt.

Dies sind die Hauptfiguren:

Sosikles: Sohn eines Kaufmanns

Mulier: Frau des Menächmus, dem Sosikles unbekannt

Menächmus: Zwillingsbruder des Sosikles

Nach einem langen Tag der Suche in einer griechischen Stadt erblickt Sosikles endlich ein Wirtshaus:

Sosicles *(zu sich)*: Tandem tabernam video; ibi vinum cibosque sumere volo. *(Hört plötzlich eine Frauenstimme)* Sed quis clamat?

Mulier: Ecce! Hic es, hic te convenio! Cur domum non venis? Responde!

Sosicles: Cur clamorem tollis, mulier? Cur me[1] rogas?

Mulier: Quid? Tu respondere non vis! Scire volo: Quid hic agis? Habesne amicam? Semper in taberna es et vinum bibis.

Sosicles: Quid te agit, mulier! Verba tua[2] mihi[3] non placent. Estne mos hic hospitem iniuriis appetere[4]? Tace tandem!

Mulier *(gerät völlig außer sich)*: Visne me ridere? Uxor tua sum! Tu ...

Sosicles *(zum Publikum gewendet)*: Audite me, dei, et servate me!

Mulier *(kreischend)*: Nunc statim patrem voco, remane hic! *(Frau geht weg)*

Sosicles: Vobis gratias ago, dei, nam mulier non iam adest! Statim in taberna vobis sacrum facere volo ...

Kaum im Wirtshaus bleibt er wie angewurzelt stehen. Vor ihm steht sein Ebenbild:

Sosicles: Quid video? Quis es, adulescens?

Menaechmus *(nicht weniger erstaunt)*: Menaechmus sum, filius Moschi[5] mercatoris; pater autem non iam vivit.

Sosicles: Etiam filius Moschi sum! Sicilia[6] patria mea[7] est.

Menaechmus *(beginnt sich zu freuen)*: Sicilia etiam patria mea est! Tu Sosicles es, frater[8] meus[9]!

Sosicles *(voller Freude und erleichtert zugleich)*: Tandem te aspicio, Menaechme! Dei me amant, nam fratrem habeo.

[1]mē *mich* [2]tua *deine* [3]mihi *mir* [4]appetere *angreifen*
[5]Moschus, ī *Moschus* [6]Sicilia *Sizilien* [7]mea *meine*
[8]frāter, frātris *m Bruder* [9]meus *mein*

Noch lange erzählen sich die Zwillingsbrüder von ihrem Leben. So erfährt Sosikles, wie sein Vater Moschus ums Leben gekommen ist und wie Menächmus, der den Vater begleitet hatte, von einem griechischen Kaufmann aufgenommen und großgezogen wurde. Die Frau des Menächmus hatte Sosikles ja bereits kennengelernt ... Natürlich wollte Menächmus am Ende seinen Bruder unbedingt nach Sizilien begleiten, um Mutter und Großvater wiederzusehen.

Knifflige Übersetzung

Übersetzt den lateinischen Text. Leider ist er nicht vollständig erhalten. Ihr könnt ihn aber rekonstruieren, wenn ihr zunächst die auf Deutsch angegebenen Füllungen der Lücken ins Lateinische übertragt. Vorsicht: Sie stehen nicht in der richtigen Reihenfolge! Ihr müsst sie jeweils so den lateinischen Sätzen zuordnen, dass diese Sinn ergeben.

1. Menaechmus et Sosicles diu ___ . 2. Menaechmus Sosicli de amicis atque uxore narrat, Sosicles ___ . 3. Denique Menaechmus Sosiclem ___ ducit et fratri[1] ___ . 4. Statim ___ mensas ornant et cibos parant. 5. Etiam ___ et convivio gaudent. 6. Amici Sosiclem et Menaechmum diu spectant et fratrem cum fratre ___ , sed discrimen *(Unterschied)* non vident. 7. Postea fratribus in Siciliam ___ placet; iam Menaechmus servos ___ : „Parate iter et ___ ad matrem avumque[2]!“

[1] frāter, frātris *m Bruder*

[2] avus *Großvater*

- bleiben im Gasthaus
- nach Hause
- befiehlt
- zu eilen
- die Sklaven und Sklavinnen des Menächmus
- erzählt dem Menächmus von der Heimat und der Reise
- zeigt das Haus
- vergleichen
- Verwandte kommen
- schickt einen Boten

Multa nocte ad Tarquinium Superbum mulier venit eique novem[1] libros ostendit. Tarquinius: „Quis es, mulier? Quid cupis? Te numquam vidi." Mulier autem regi dixit: „Vide libros, quos mecum porto! Verba, quae in iis libris legis, oracula[2] deorum sunt. Libros vendere volo." Ubi Tarquinius pretium[3] rogavit[4], mulier magnam copiam pecuniae postulavit. Tarquinius autem pecuniam dare noluit: „Pretium, quod postulas, ingens est. Num me ridere vis?"

[1]novem *neun* [2]ōrāculum *Weissagung* [3]pretium *Preis*
[4]rogāre *m. Akk. fragen nach etwas*

Statim mulier tres[1] libros cepit eosque in ignem[2] misit. Tum regi dixit: „Eos tres libros restituere[3] non possum, sed nunc tibi sex[4] libros vendo." Quod mulier pro sex libris idem[5] ingens pretium postulavit, rex eam risit: „Num fur es, mulier? Solum sex libri restant, tamen idem pretium postulas. Quod ego crimen voco!"

[1]trēs *drei* [2]īgnis *Feuer* [3]restituere *wiederherstellen* [4]sex *sechs*
[5]idem *Akk. n denselben*

Sed mulier non dubitavit iterum[1] tres libros in ignem mittere. Tum dixit: „Nunc tres libri restant. Tibi licet eos emere, sed idem pretium postulo." Tarquinius diu de verbis mulieris cogitavit; denique dixit: „Fiducia[2] tua mihi placet, mulier. Vende mihi eos libros! Pecuniam, quam cupis, do." Mulier regi libros praebuit; tum ei gratias egit et discessit.

[1]iterum *Adv. wiederum* [2]fīdūcia *Zuversicht*

So kaufte Tarquinius drei Bücher für den Preis von neun Büchern, weil er deren Wert nicht sofort erkannt hatte. Die Frau aber wurde nie mehr wiedergesehen. Viele glaubten, dass es die griechische Seherin Sibylle gewesen sei, die in einer Grotte nahe bei Cumae in Kampanien ein Orakel hatte. Nach ihr wurden die drei Bücher Sibyllinische Bücher genannt; die Römer bewahrten sie sicher in einem Tempel auf, um in Notzeiten Rat über die Zukunft einholen zu können.

Knifflige Übersetzung

Die Seherin Sibylle soll auch Äneas, den Stammvater der Römer, in die Unterwelt geführt haben, damit dieser seinen Vater nach der Zukunft befragen konnte. Das Zusammentreffen der beiden wurde von einem Dichter so geschildert. Leider sind nicht alle Wörter gut zu lesen. Ergänze die fehlenden Buchstaben und übersetze dann.

1. Aeneas: „Salve, Sibyll ? ! Ubi ? ? ? porta Tartari[1]?“
2. Sibylla: „Ven ? mecum, Aenea[2]!“
3. Tum Aenean in Tartarum alt ? ? duc ? ? .
4. In Tartar ? Aeneas voces au ? ? ? ; tum comitem suam rogat: „Quis Tartarum clamor ? compl ? ? ?“
5. Sibylla ei respondet: „Multi propter sceler ? su ? iram de ? ? ? ? excitaverunt; itaque sors miser ? eos in Tartaro exspectat.
6. Specta Tantalum: Qui bibe ? ? frustra studet neque cibos habet.
7. Tantal ? non licet Tartarum rel ? ? ? ? ? ? ? .“
8. Paulo p ? ? ? Aeneas rogat: „Ubi pat ? ? me ? ? est, Sibylla?“
9. Sibylla ei iter ostendit et dicit: „Tac ? atque vita pericula! Audi verb ? me ? !“
10. Denique Aeneas p ? ? ? ? ? aspicit, qui gaudet et virtut ? ? filii laudat.

[1] Tartarus *Unterwelt*
[2] Aenēās, ae *m*, Aenēan *Akk.*, Aenēa *Vok.*

Äneas in der Unterwelt. Gemälde von Jan Brueghel d. Ä. Um 1600. Wien, Kunsthistorisches Museum

Die folgenden Fabeltexte sind nach den Originalen des römischen Dichters Phädrus erzählt. Dabei fehlt jeweils die mit den Fabeln verbundene Lebensweisheit oder Moral. Formuliert sie auf Deutsch und versucht sie dann ins Lateinische zu übersetzen.

[1]rāna *Frosch* [2]bōs, bovis *m* *Ochse* [3]āēr, āeris *m* *Luft* [4]mī fīlī *(Vok.)* *mein Sohn*
[5]īnflāre *aufblasen* [6]rumpere *(Perf.* rūpit*)* *zerreißen*

[1]vīnea *Weinberg*
[2]ūva *Weintraube*
[3]haerēre *hängen*
[4]vulpēs, is *f* *Fuchs*

In vinea[1] alta multae uvae[2] bonae haerent[3]. Quas vulpes[4] summis viribus capere studet, sed frustra. Vulpes: „Uvae bonae non sunt, eas sumere nolo.“ Tum vulpes discedit.

[1]mūlus *Maultier*
[2]hordeum *Gerste*
[3]onus, oneris *n* *Last*
[4]vulnus, vulneris *n* *Wunde*

Duo muli[1] per vias angustas in montem ibant: Unus pecuniam portabat. Comes autem hordeum[2] portabat; quod ingens onus[3] erat. Subito homines scelerati eum mulum, qui pecuniam portabat, petiverunt et paene necaverunt. Comes primo vulnera[4] amici spectavit et curavit. Deinde dixit: „Gratus sum et gaudeo, quod non pecuniam, sed hordeum porto; nam neque onus amisi neque corpus mihi dolet.“

Knifflige Übersetzung

Leider ist der Schluss des folgenden Fabeltextes nur bruchstückhaft erhalten. Übersetzt den erhaltenen Text und erfindet deutsche Ergänzungen für die Lücken. Was lehrt uns diese Fabel und was unterscheidet sie von den Fabeln auf dieser Doppelseite?

[1]īnsula *Insel*
[2]onus, oneris *n* *Last*

In nave, quae per mare volabat, multi homines erant. Iam insulam[1], quam adire cupiebant, viderunt. Subito autem venti vehementes et magnae undae navi hominibusque institerunt. Denique nautae clamaverunt: „In nave remanere non licet. Relinquite navem!“ Plerique statim pecuniam et omnia, quae habebant, corripuerunt; tum magno cum onere[2] in aquam ? Simonides poeta autem navem sine ullo *(jede)* onere reliquit. Is cum paucis solum ad insulam ?, ceteri perierunt.
Postea ? Simonidem ?: „Cur non ?“ ? autem respondit se omnia sua semper secum portare.

Roms heilige Stätten

Wer heute die Stadt Rom besucht, findet antike und christliche Bauwerke. Hunderte von Kirchen prägen das Stadtbild, die Überreste zahlreicher Tempel erinnern an die Ursprünge der Stadt. Über einige der interessantesten Bauwerke informiert euch der folgende „Stadtführer".

Sixtinische Kapelle

id aedificium est, in quo papa[1] novus creatur[2]. Cum fumus albus[3] surgit, homines sciunt: „Habemus papam." Ingens pictura[4] ornat, quae a Michelangelo[5] facta est.

[1]papa *Papst* [2]creāre *wählen*
[3]fūmus albus *weißer Rauch* [4]pictūra *Gemälde*
[5]Michelangelo *(berühmter italienischer Künstler)*

Petersdom

est maxima[6] ecclesia[7] orbis. Aedificata est super[8] sepulchrum[9] sancti Petri[10]. Diebus festis[11] papa piis Christianis, qui ante diu exspectant, et iis, qui televisificam transmissionem[12] spectant, benedictionem[13] dat. Itaque ea benedictio „URBI ET ORBI" appellatur. Etiam tholum[14] Michelanglo fecit.

[6]maximus, a, um *der größte* [7]ecclēsia *(christliche) Kirche*
[8]super *m. Akk. über* [9]sepulchrum *Grab*
[10]sānctus Petrus *der heilige Petrus* [11]diēbus fēstīs *an Festtagen*
[12]televisifica trānsmissiō *Fernsehübertragung*
[13]benedictiō, benedictiōnis *f Segen* [14]tholus *Kuppel*

Santa Maria in Cosmedin

ecclesia clara est, quia apud portam caput est, quod „Bocca della verità"[15] appellatur. Etiam nunc nonnulli homines hoc putant: digitos[16] eorum, qui vera non dicunt, mordet[17].

[15]Bocca della verità *i. Mund der Wahrheit*
[16]digitus *Finger* [17]mordēre *abbeißen*

Pantheon

... id monumentum Romanorum est, quod optimē[18] servatum est. Servatum est, quia diu ecclesia erat. nomen Graecum[19] est; hoc nomen 'omnibus deis' significat[20]. Tholus ingens in vertice[21] patet; ita lux templum complet et ut solarium[22] tempus indicat.

[18]optimē *am besten* [19]Graecus, a, um *griechisch*
[20]sīgnificāre *bedeuten* [21]in vertice *an der höchsten Stelle*
[22]sōlārium *Sonnenuhr*

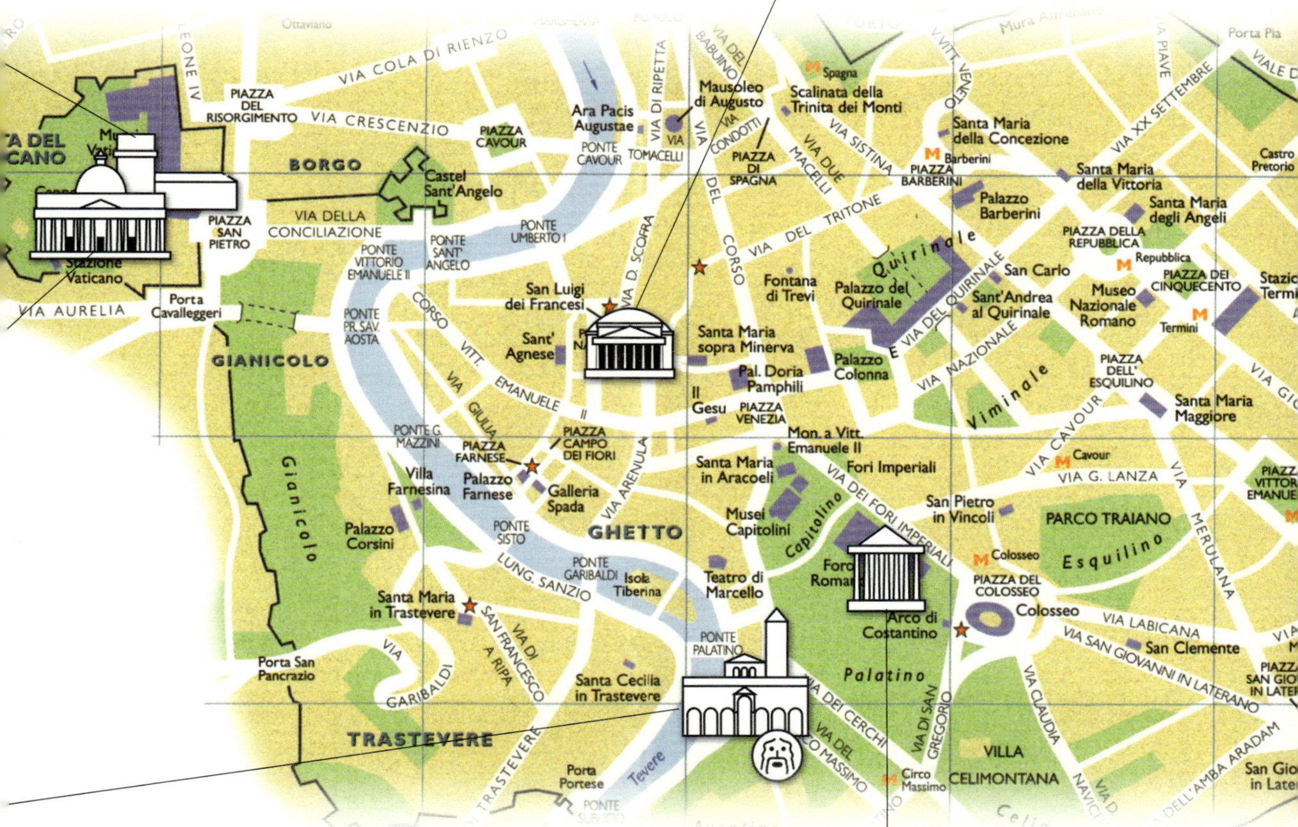

Vestatempel

In virgines flammas[23] Vestae[24] servabant. Romani enim putabant Vestam deam in flammis adesse. Virgines homines ab iniuriis servabant. Etiam servi auxilium earum petebant. Ad templum vivebant, neque maritum neque liberos habere eis licebat.

[23]flammae, flammārum *Feuer*
[24]Vesta *Vesta (röm. Göttin des Herdfeuers)*

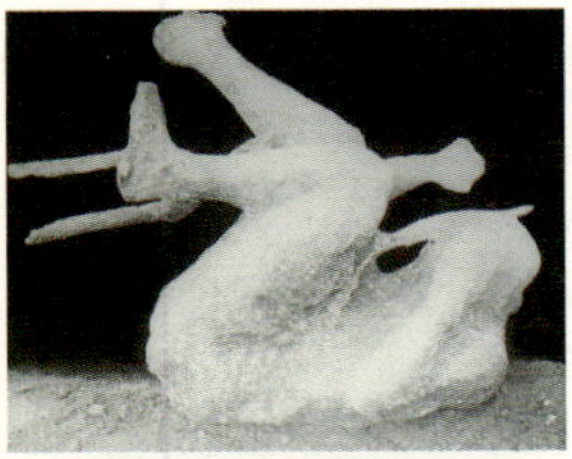

Ein Augenzeuge der Naturkatastrophe

Auch die Römer standen den Naturgewalten oft machtlos gegenüber. Die wohl bekannteste Naturkatastrophe der Antike, der Vesuvausbruch des Jahres 79 n. Chr., hat für uns heute auch eine positive Seite: Dadurch dass die Stadt Pompeji jahrhundertelang von Asche bedeckt war, sind viele Straßen und Gebäude in ihrem ursprünglichen Zustand erhalten geblieben. So können wir uns ein viel genaueres Bild vom Leben in der Antike machen, als wir das mit Hilfe anderer antiker Städte könnten, von denen nur Ruinen erhalten sind.
Der berühmte Schriftsteller Plinius berichtet von der Naturkatastrophe, in die auch sein Onkel, Plinius der Ältere, von Beruf Flottenkommandant und Naturwissenschaftler, verwickelt war:

Plinius nubem[1] atram[2],
quae e Vesuvio monte[3] surrexit,
e loco opportuno[4] spectare voluit.
„Nubes atra“, inquit, „quae ut magna arbor est,
me non terret.
Immo vero studium[5] meum incendit.“
Plinius non diu dubitavit et nave Herculaneum[6] petivit.
Sed quia cinis[7] et sulpura[8] navem texerunt[9],
Plinius litus Stabiarum[10] petivit,
ubi Pomponianus amicus vivebat.
Ibi cum familia amici cenavit[11],
postea studuit, denique quievit.
Subito autem aedificia nutaverunt[12]
et Plinius cum aliis hominibus ad litus properavit.
Sed in litore sulpura multos homines necaverunt.
Ibi etiam Plinius periit.

[1]nūbēs, nūbis *f Wolke*
[2]āter, ātra, ātrum *schwarz, düster*
[3]Vesuvius mōns *der Vesuv*
[4]opportūnus, a, um *günstig*
[5]studium *Interesse*
[6]Herculāneum *Herkulaneum (antike Stadt am Golf von Neapel)*
[7]cinis, cineris *m Asche*
[8]sulpura, sulpurum *n Pl. Schwefelbrocken*
[9]tegere, tegō, tēxī *bedecken*
[10]Stabiae, Stabiārum *Stabiä (Ort am Golf von Neapel)*
[11]cēnāre: *zu* cēna
[12]nūtāre *schwanken*

Der folgende Auszug aus dem Roman „Pompeji“ von Robert Harris schildert, wie Plinius getrieben von seinem wissenschaftlichen Interesse trotz der drohenden Gefahr auf die Küste von Herkulaneum zusteuern will:

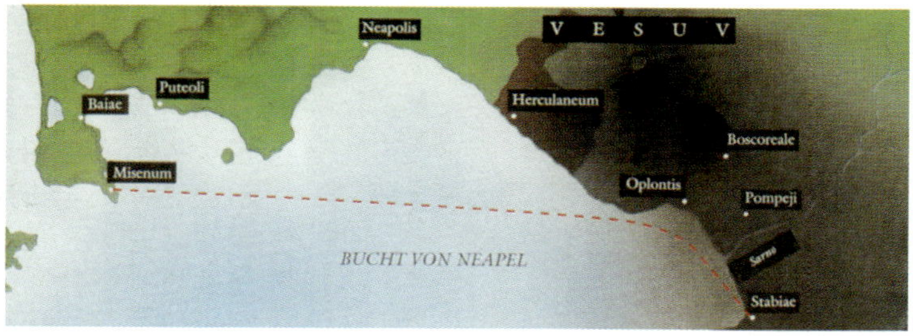

Über die Schulter des Befehlshabers sah Attilius die Quadriremen der Flotte von Misenum, die, noch im Sonnenlicht, den Hafen in V-Formation wie ein Schwarm fliegender Gänse verließen. Aber dann wurde er sich bewusst, dass der Himmel sich verdunkelte. Zu ihrer Rechten prasselte ein Steinhagel auf die See und kam rasch näher. Die Rammsporne und die Segel der Quadriremen verschwammen, und als sich die Luft mit wirbelndem Gestein füllte, lösten sie sich in Geisterschiffe auf.

In dem Inferno war Torquatus überall und brüllte Befehle. Männer rannten in der Düsternis auf dem Deck herum. Die Taue wurden gelöst und das Segel gesenkt. Der Rudergänger schwenkte hart nach Steuerbord. Eine Sekunde später kam ein Feuerball vom Himmel, er berührte die Spitze des Mastes, glitt an ihm herunter und dann an der Rahnock entlang. Attilius sah Plinius mit eingezogenem Kopf und in den Nacken gedrückten Händen, und sein Sekretär beugte sich vor, um seine Papiere zu schützen. Attilius spürte das Trommeln der Steine auf seinen Schultern und hörte sie auf das Deck fallen. Die *Minerva* musste sich am Rand der Wolke befinden, und Torquatus versuchte, sie aus ihr herausrudern zu lassen; plötzlich gelang es ihm. Es gab eine letzte Ladung Geschosse, dann waren sie ins Sonnenlicht zurückgekehrt.

Er hörte Plinius husten, und als er die Augen öffnete, sah er, dass der Befehlshaber aufgestanden war und das Geröll aus den Falten seiner Toga schüttelte. Er hatte eine Hand voll Steine ergriffen, und als er wieder auf seinen Stuhl gesunken war, betrachtete er sie auf seiner Handfläche. Noch immer steuerte die *Minerva* auf Herkulaneum zu, das jetzt kaum noch eine Meile entfernt und deutlich zu sehen war, aber der Wind nahm an Stärke zu und die Wellen wurden höher. Der Rudergänger hatte Mühe, sie auf Kurs zu halten, weil die Wellen gegen die Backbordseite des Schiffes brandeten.

„Begegnung mit der Manifestation“, sagte Plinius gelassen. Er wischte sich das Gesicht mit dem Ärmel ab und hustete abermals. „Hast du das?“ Plinius hielt einen Stein hoch und betrachtete ihn aus der Nähe. „Das Material ist schaumiger, blasenreicher Bimsstein. Weißlich grau. Er ist leicht wie Asche und zerfällt in Bruchstücke, die nicht größer sind als mein Daumen.“ Er hielt einen Moment inne, dann sagte er sanft: „Nimm deine Feder, Alexion. Wenn ich eines nicht ausstehen kann, dann ist es Feigheit.“

Die Hand des Sekretärs zitterte. Wegen des Stampfens und Schlingerns des Schiffes konnte er kaum schreiben. Seine Feder glitt in einem unleserlichen Gekritzel über die Oberfläche des Papyrus.

Plinius' Stuhl rutschte über das Deck, und Attilius suchte ihn schnell zu packen. Er sagte: „Du solltest unter Deck gehen.“ Im selben Moment stolperte Torquatus auf Plinius zu: „Befehlshaber – ich flehe dich an – dieser Wind trägt uns direkt in den Sturm – wir müssen umkehren!“

Plinius ignorierte ihn. „Der Bimsstein gleicht weniger Gestein als vielmehr Brocken einer gefrorenen Wolke. Er schwimmt auf der Wasseroberfläche wie Eisschollen. Siehst du das? Höchst merkwürdig.“

Attilius war es noch nicht aufgefallen. Das Wasser war mit einem Steinteppich bedeckt. Die Ruder fegten ihn mit jedem Schlag beiseite, aber sofort wurde weiteres Gestein herangeschwemmt und trat an seine Stelle. Torquatus lief zur Reling. Sie waren eingeschlossen.

Eine Welle aus Bimsstein brach über die Vorderkante des Decks herein.

„Befehlshaber ...“

„Das Glück ist mit den Tapferen, Torquatus. Lass uns auf die Küste zusteuern!“

(Robert Harris: Pompeji, 8. Aufl., 2004, S. 321 ff.)

Der frechste aller Philosophen

Aus dem Orient stammte auch der frechste aller Philosophen, Diogenes aus der Stadt Sinope (heute Sinop in der Türkei) am Schwarzen Meer.
Er trat für ein äußerst einfaches Leben ein. Deshalb trug er verschlissene Kleidung und lebte in einer Tonne. Wegen dieser Lebensweise nannte man Diogenes auf Griechisch kyon (Hund) und Menschen, die sich Diogenes zum Vorbild nahmen, bezeichneten sich als Kyniker. Wie er selbst kritisierten sie mit bissigen Worten das Verhalten anderer Menschen, vor allem aber ein luxuriöses Leben. Die spöttische Ausdrucksweise der Kyniker lebt in unserem Wort „zynisch" weiter.
Weil Diogenes ein so unkonventioneller Mensch war, sind viele Anekdoten über ihn überliefert; ein paar davon könnt ihr hier lesen.

Quodam die Alexander Magnus[1] Diogenem[2] convenit. „Scis", inquit, „mihi magnas opes esse. Tibi dabo, quaecumque[3] cupis. Quid tibi optas?" Diogenes respondit: „Hoc tantum cupio: Abi a sole[4]!" Alexander autem vitam et audaciam huius viri laudavit.

[1] Alexander Magnus *Alexander der Große (Makedonenkönig)*
[2] Diogenēs, Diogenis *Diogenes*
[3] quaecumque *was auch immer*
[4] sōl, sōlis *Sonne*

Diogenes. Karikatur von Honoré Daumier.

Quodam die Diogenes forum transiens lumen[5] tenebat. Nonnulli e turba, quae ibi fuit, Diogenem ridebant. Denique unus rogavit: „Cur nunc lumen portas? Quid quaeris?" Diogenes respondit: „Hominem quaero."

[5] lūmen, lūminis *n Lampe*

Quodam die Alexander Magnus Diogeni ossa[6] misit. Nuntius regis haec dixit: „Hoc donum tibi rex mittit, quia tu canis[7] appellaris." Diogenes nuntio respondit: „Dic regi tuo haec ossa profecto cibum cani idoneum[8] esse – neque tamen donum regi idoneum.

[6] os, ossis *n Knochen*
[7] canis, canis *m Hund*
[8] idōneus, a, um *geeignet, passend*

Dass Diogenes die Menschen zu allen Zeiten fasziniert hat, kann man auch daran ablesen, dass sich berühmte Schriftsteller mit ihm auseinandergesetzt haben. Hier seht ihr ihn in „Die bösen Buben von Korinth" von Wilhelm Busch:

DIOGENES UND DIE BÖSEN BUBEN VON KORINTH

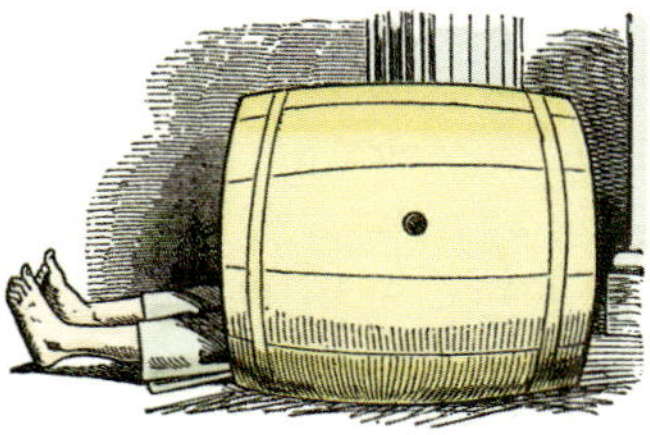

Nachdenklich liegt in seiner Tonne
Diogenes hier an der Sonne.

Ein Bube, der ihn liegen sah,
Ruft seinen Freund; gleich ist er da.

Nun fangen die zwei Tropfen
Am Fasse an zu klopfen.

Diogenes schaut aus dem Faß
Und spricht: »Ei, ei, was soll denn das?«

Der Bube mit der Mütze
Holt seine Wasserspritze.

Er spritzt durchs Spundloch in das Faß.
Diogenes wird pudelnaß.

Kaum legt Diogenes sich nieder,
So kommen die bösen Buben wieder.

Sie gehn ans Faß und schieben es;
»Halt, halt!« schreit da Diogenes.

Ganz schwindlich wird der Brave. –
Paßt auf! Jetzt kommt die Strafe.

Zwei Nägel, die am Fasse stecken,
Fassen die Buben bei den Röcken.

Die bösen Buben weinen
Und zappeln mit den Beinen.

Da hilft kein Weinen und kein Schrein,
Sie müssen unter's Faß hinein.

Die bösen Buben von Korinth
Sind platt gewalzt, wie Kuchen sind.

Diogenes der Weise aber kroch ins Faß
Und sprach: »Ja, ja, das kommt von das!!«

Auf den Spuren der Römer am Limes

Endlich Sommerferien: jede Menge Zeit zum Erholen ... und Entdecken – vielleicht auch von Denkmälern aus der Römerzeit. Und dazu musst du keineswegs nach Italien, Frankreich oder Spanien fahren. Auch bei uns in Deutschland finden sich interessante Sehenswürdigkeiten. Über zwei kannst du dich hier genauer informieren. Vielleicht berichtet der eine oder die andere von euch zu Beginn des neuen Schuljahrs über eine weitere antike Stätte, die am Limes liegt.

Regensburg – Castra Regina

Cum Romani imperatore Marco Aurelio fines imperii ad Danuvium[1] flumen propagabant[2], ibi castra fecerunt, ubi nunc *Regensburg* est. Illo loco id flumen in Danubium flumen influit[3], quod urbi nomen dedit. Etiam hodie vestigia castrorum antiquorum videri possunt. In vico parvo, qui est ad Danuvium flumen, monumentum praeclarum est: Porta Praetoria[4], per quam milites temporibus antiquis in castra inierunt.
Monumentum demonstrat, quam magnos arcus[5] Romani fecerint.

[1]Dānuvius *Donau*
[2]prōpāgāre *ausdehnen*
[3]īnfluere *münden*

[4]Porta Praetōria *Porta Prätoria (Nordtor des Römerkastells Castra Regina)*
[5]arcus, arcūs *Bogen*

Die Altstadt von Regensburg lässt noch erahnen, dass ihre Keimzelle einst ein Römerlager war. Beim Rundgang kann man an einigen Stellen Reste davon entdecken.

Porta Praetoria

Weißenburg – Castra Biriciana

Extra urbem, quae *Weißenburg* appellatur, castra Romanorum reperta[6] sunt. Una e portis castrorum restituta est[7]. Nuper homines viam novam aedificantes etiam thermas invenerunt, quae nunc spectari possunt ut magnae thermae Romae. Hominibus autem, qui nostris diebus Castra Biriciana petunt, imprimis thesaurus[8] placet, qui in museo[9] urbis ostenditur. Thesaurus egregias statuas[10] deorum dearumque continet[11].

[6] repertus, a, um: *PPP zu* reperīre
[7] restituere *wiederherstellen*
[8] thēsaurus *Schatz*
[9] mūsēum: *vgl. Fw.*
[10] statua: *vgl. Fw.*
[11] continēre *hier: enthalten*

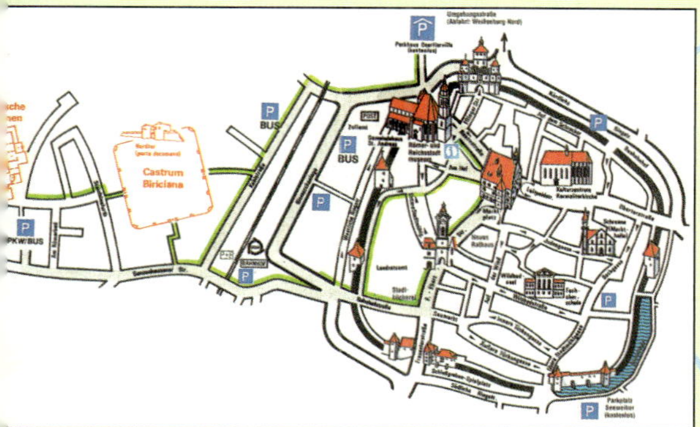

Römisches Weißenburg

Götterstatuetten aus dem Schatzfund von Weißenburg

Thermen (Rekonstruktion)

nach Erasmus von Rotterdam, Colloquia familiaria

Hans Holbein d. J.: Bildnis des Erasmus im Rund. 1530/32.

Worüber Schüler reden

Im Norden des römischen Reichs waren die Menschen mit ihrem Latein noch lange nicht am Ende. Vor etwa 500 Jahren, zur Zeit des „Humanismus", besuchten Schüler und Studenten sog. Lateinschulen. Sie erfuhren dort Latein als lebendige Sprache, die sie verstehen und auch sprechen mussten.

Um die Lateinkenntnisse der Jugendlichen zu verbessern und ihre Ausdrucksfähigkeit zu fördern, schrieb Erasmus von Rotterdam (1466–1536) kurze Schülerdialoge mit alltäglichen Themen. Dass sich die Schüler damals über ganz ähnliche Dinge unterhalten haben wie die Schüler heute, kannst du in den folgenden zwei Auszügen nachlesen.

Zu Hause bei einem Streber

Petrus (P) will seinen Schulkameraden Iodocus (I) besuchen; ungeduldig klopft er an die Tür, damit ihm endlich der Diener Mida (M) öffnet ...

P: Heus[1], heus, serve! Cur nemo portam aperit?
M: *(aperit portam)* O Petre, quid affers?
P: Me ipsum.
M: Ergo rem haud magni pretii huc attulisti.
P: At magno constiti patri meo. – Adestne Iodocus?
M: Incertus sum, sed intus videbo.
P: Potius roga eum, velitne nunc adesse!
I: *(subito exiens)* Nolo. – Tibi autem adero.
P: Puto te vitam cochleae[2] agere.
I: Quare?
P: Quia numquam e domo tua prorepis[3].
I: Foras ire nolo. Ibi mihi nihil est negotii.
P: At hodie caelum serenum[4] est. Mecum foras veni!
Ego tibi locum ostendam, quem sedem Musarum[5] putabis.
I: Magna promittis; at ego hic manebo.
P: Nimium libris studes. Nimio studio macresces[6].
I: Studio macrescere malo[7] quam amore.
P: At non vivimus, ut studeamus, sed studemus, ut iucunde vivamus.

[1]heus *he*
[2]cochlea *Schnecke*
[3]prō-rēpere *hervorkriechen*
[4]serēnus, a, um *heiter*
[5]Mūsae, ārum *die Musen*
[6]macrēscere *mager werden*
[7]mālō *ich will lieber*

Unterrichtsszene aus dem Mittelalter: Lehrer und Schüler bei Gesangsübungen. Gestraft wurde nicht nur mit der Rute – hier musste ein Schüler einen Eselskopf tragen. Noch lange hieß die letzte Bank in einem Klassenzimmer „Eselbank".

Mut zur Lücke?

Sylvius (S) trifft auf dem Schulweg Ioannes (I).

S: Cur adeo curris, Ioannes?

I: Quia, nisi adero in tempore, actum erit[1] de pelle[2] mea.

S: Ex hac quidem parte nihil est periculi. Specta horologium[3]!

I: Ego vix habeo fidem horologiis. Neque enim semper tempus recte indicant.

S: At mihi fidem habe!

I: Concedo. Sed est aliud, quare timeam. Hesternam[4] lectionem[5] e memoria dicere debemus. Timeo, ne id non possim.

S: Commune periculum narras. Nam et ipse hanc lectionem vix satis memoria teneo.

I: Et novisti praeceptorem[6] saevum esse. Non magis parcit nostris natibus[7], quam si corium esset bubulum[8].

S: Iste autem non aderit in ludo.

I: Quem igitur vicarium[9] constituit?

S: Cornelium.

I: Cornelium? Vae[10] nostris natibus! Istum magis timeo quam praeceptorem ipsum. Cavere debemus. Videamus, ne cadamus in illius tyranni[11] manus!

S: Dicamus lectionem, altero[12] recitante, altero librum spectante.

I: Bene.

S: Hoc modo metum depones. Nam metus te a discendo prohibet.

I: Certe deponerem metum, nisi adesset periculum.

S: Hoc credo. Sed non agitur de capite, sed de parte diversa.

[1] āctum est dē *m. Abl.* *es ist geschehen um*

[2] pellis, is *f* *Fell*

[3] hōrologium *Uhr*

[4] hesternus *gestrig, von gestern*

[5] lēctiō, ōnis *f* *Lektion*

[6] praeceptor, ōris *Lehrer*

[7] natēs, ium *Pl.* *Gesäß, Hintern*

[8] corium būbulum *Rindshaut*

[9] vicārius *Stellvertreter*

[10] vae *wehe*

[11] tyrannus: *vgl. Fw.*

[12] alter ... alter *der eine ... der andere (von zweien)*

Schulstrafe im Mittelalter. Flugblatt von A. Dürer. Ein Magister im pelzbesetzten Talar maßregelt seine Schüler.

nach Hieronymus, Vulgata

Aus dem Buch der Bücher

Wusstest du, dass das meistverkaufte Buch der Welt, die Bibel, in seiner lateinischen Fassung vom Kirchenvater Hieronymus erstellt wurde? Um 400 n. Chr. übersetzte er die Schriften des Alten und des Neuen Testaments aus dem Hebräischen und Griechischen ins Lateinische. Seine Fassung der Bibel wurde später als Vulgata für allgemeingültig erklärt.

Das Salomonische Urteil

In unserem Sprachgebrauch nennt man einen besonders klugen und gerechten Richterspruch oft ein „Salomonisches Urteil". Das geht auf eine im Alten Testament überlieferte Begebenheit zurück. Salomon, der König von Israel (961–931 v. Chr.), ist als Richter in einer schwierigen Angelegenheit gefordert:

Quondam duae mulieres ad regem venerunt, quarum altera[1] dixit: „Audi, domine: Ego et ista mulier habitabamus in eadem domo. Ego peperi filium apud istam in cubiculo[2]. Tertio autem die, postquam ego peperi, peperit filium et ista; nullus alius in domo erat. Multa autem nocte filius istius mulieris mortuus est; quiescens enim oppressit[3] eum. Et sumpsit filium meum et posuit in lecto suo; suum autem filium, qui erat mortuus, posuit in lecto meo. Cum surrexissem, manifestum erat puerum esse mortuum; quem diligenter spectans clara luce cognovi illum non esse meum, quem peperi."

Altera autem mulier totam rem negans contendit: „Quod ista dixit, verum non est; filius enim meus vivit, et filius eius mortuus est."

Iussit ergo rex servos suos: „Afferte mihi gladium!" Cumque gladius allatus esset: „Dividite[4]", inquit, „puerum vivum in duas partes et date alteram partem huic et alteram partem illi!"

Mulier autem, cuius filius adhuc vixit, commota ad regem dixit: „Obsecro, domine, ut detis illi puerum vivum. Ne interfeceritis eum!"

Illa autem dicebat: „Nec mihi nec tibi sit, sed dividatur!"

Respondit rex: „Date huic puerum vivum; haec est enim vera mater eius!"

Et omnes, qui aderant, timuerunt regem videntes sapientiam[5] Dei esse in eo.

[1] alter, a, um *der eine (von zweien), der andere (von zweien)*
[2] cubiculum *(Schlaf-)Zimmer*
[3] opprimere *hier: erdrücken*
[4] dīvidere, dīvidō *trennen, teilen*
[5] sapientia *Weisheit*

Raffael: Das Urteil Salomos. Um 1510.

Erkläre, warum dieser grausam erscheinende Richterspruch als klug und gerecht gelten konnte.

Der barmherzige Samariter

Das Gleichnis vom barmherzigen Samariter steht im Lukas-Evangelium: Ein jüdischer Rechtsgelehrter will Jesus auf die Probe stellen und fragt, was er tun müsse, um das ewige Leben zu erlangen. Jesus verweist auf ein Schriftwort:

„Dilige Dominum Deum tuum et proximum tuum sicut te ipsum!"
Ille autem dixit ad Iesum: „Et quis est meus proximus?"
Iesus respondit: „Homo quidam descendit ab Ierusalem[1] in urbem Iericho[2] et latronibus[3] occurrit, qui ei omnia bona rapuerunt; homine laeso et semivivo[4] relicto abierunt.
Accidit autem, ut sacerdos quidam descenderet eadem via, et viso illo praeteriit. Et Levita[5] cum videret eum, praeteriit.
Samaritanus[6] autem quidam iter faciens eo venit et videns eum misericordia[7] motus est. Homini laeso auxilium praebuit et imponens illum in iumentum[8] suum duxit in stabulum[9] et eum curavit. Et proximo die protulit duos denarios[10] et dedit stabulario[11] et ait: „Illum cura, et quodcumque erit necessarium, rediens reddam tibi."
Quis horum trium videtur tibi proximus fuisse illi, qui latronibus occurrit?"
At ille dixit: „Qui fecit misericordiam in illum."
Iesus ait: „Et tu fac eodem modo!"

[1] Ierūsalēm *indekl. Jerusalem*
[2] Ierichō *indekl. Jericho*
[3] latrō, ōnis *Räuber*
[4] sēmi-vīvus, a, um *halbtot*
[5] Lēvīta *Levit (Mitglied eines israelitischen Stammes, der den Tempeldienst verrichten durfte)*
[6] Samarītānus *Samariter (Mitglied eines Mischvolkes aus Israeliten und Einwanderern, das vom Tempeldienst ausgeschlossen war)*
[7] misericordia *Mitleid, Barmherzigkeit*
[8] iūmentum *Lasttier*
[9] stabulum *Stall, Herberge*
[10] dēnārius *Denar*
[11] stabulārius *Wirt*

❶ Welches Wort bezeichnet den entscheidenden Wesenszug des Samariters?
❷ Beschreibe mit eigenen Worten, was das Gleichnis ausdrücken will.
❸ Versuche zu erklären, warum dieses Gleichnis auch Menschen ansprechen kann, die den christlichen Glauben ablehnen.

Paula Modersohn-Becker (1876-1907): Der barmherzige Samariter.

v. Chr.	
um 900	Erste Hirtensiedlungen auf dem Palatin
753	sagenhaftes **Gründungsdatum der Stadt Rom**
um 750	Einwanderung der Griechen nach Unteritalien und Sizilien
um 550	Herrschaft etruskischer Könige in Rom; Errichtung des Circus Maximus und der ersten römischen Stadtmauer
510	Vertreibung des Tarquinius Superbus: Ende der etruskischen Königsherrschaft und **Beginn der römischen Republik**
507	Einweihung des Tempels des Iuppiter Capitolinus
494	Auszug der plebs aus Rom: Vermittlung durch Menenius Agrippa
450	**Zwölftafelgesetz:** erste schriftliche Fixierung des römischen Rechts
387	Einnahme Roms durch die Gallier unter Brennus
367	Zulassung der Plebejer zum Konsulat
seit 312	Bau der Via Appia
269	Erste römische Münzprägungen
um 264	Nach zahlreichen Kriegen gegen die umliegenden Völker ist die **römische Herrschaft in Mittel- und Süditalien gefestigt.**
264–241	**1. Punischer Krieg**
242	Einrichtung der ersten römischen Provinz (Sicilia)
227	Einrichtung der Provinz Sardinia et Corsica
218–201	**2. Punischer Krieg**
219/218	**Hannibal** zieht durch Spanien bis nach Italien: **Alpenübergang**
217	Niederlage der Römer am Trasimenischen See
216	Niederlage der Römer bei Kannä
216	Gesandtschaft des Q. Fabius Pictor zum Orakel von Delphi
204	Übergang der Römer unter Scipio nach Afrika
202	Sieg **Scipios** über Hannibal bei Zama
197	Spanien wird römische Provinz (Hispania).
184	Zensur des **M. Porcius Cato** und des L. Valerius Flaccus
168	Schlacht bei Pydna: Sieg des **L. Aemilius Paullus** über die Makedonen unter König Perseus
155	Philosophengesandtschaft in Rom
149–146	**3. Punischer Krieg**
148	Einrichtung der Provinz Macedonia
146	**Zerstörung Karthagos:** Africa wird römische Provinz. Griechenland wird zur römischen Provinz Achaia. **Herrschaft der Römer über den Mittelmeerraum**
133/121	Gescheiterte Reformbewegung der **Gracchen**
129	Einrichtung der Provinz Asia
102/101	Sieg des **Marius** über die Kimbern und Teutonen
91–89	Bundesgenossenkrieg: Forderung der italischen Bundesgenossen nach dem römischen Bürgerrecht
82–79	Diktatur **Sullas**
74–66	3. Mithridatischer Krieg: Asienfeldzug des Lucullus
73–71	Sklavenaufstand unter Spartakus
67	Pompejus beendet im Auftrag des Senats den Seeräuberkrieg.
63	**Konsulat Ciceros**
63–62	**Catilinarische Verschwörung**
60	1. Triumvirat: Pompejus, Crassus, Cäsar

59	**Konsulat Cäsars**
58–51	**Eroberung Galliens** durch Cäsar
52	Letzter Aufstand der Gallier gegen Cäsar unter Führung des Arverner-Fürsten **Vercingetorix**: Sieg Cäsars in der Schlacht bei Alesia
51	Einrichtung der Provinz Gallia
49–46	**Bürgerkrieg:** Cäsar gegen Pompejus/Senat
48	**Schlacht bei Pharsalos:** Sieg Cäsars über Pompejus, bald darauf Ermordung des Pompejus in Ägypten
48–47	Cäsar in Ägypten bei Kleopatra
47–44	Diktatur Cäsars
46	**Schlacht bei Thapsus:** Sieg Cäsars über die Truppen des Pompejus
45	Einführung des julianischen Kalenders
15.3.44	**Ermordung Cäsars**
43	2. Triumvirat: Antonius, Lepidus, Oktavian
43	Ermordung Ciceros durch Schergen des Antonius
42	**Schlacht bei Philippi:** Niederlage der Cäsarmörder
33/32	Ende des Triumvirats: Bruch zwischen Antonius und Oktavian
31	**Schlacht bei Aktium:** Sieg Oktavians über Marcus Antonius und Kleopatra; Ägypten wird römische Provinz.
30	Selbstmord des Antonius und der Kleopatra
27	Der Senat verleiht Oktavian den Ehrentitel Augustus: **Beginn des Prinzipats**
um 25	Livius beginnt mit der Herausgabe seines Geschichtswerks „Ab urbe condita“
19	Veröffentlichung der „Aeneis“ Vergils
seit 15	Germanenkriege
9	Einweihung der Ara Pacis Augustae

n. Chr.

um 8 n. Chr.	Veröffentlichung der „Metamorphosen“ Ovids
9	**Schlacht im Teutoburger Wald:** Sieg des Cheruskerfürsten Arminius über die Legionen des römischen Feldherrn Varus
14	Tod des Augustus
14–68	**Julisch-Claudisches Herrscherhaus**
um 30	Kreuzigung Jesu
14–37	**Kaiser Tiberius**
37–41	**Kaiser Caligula**
41–54	**Kaiser Claudius**
43	Britannien wird römische Provinz.
54–68	**Kaiser Nero**
um 55	Missionsreisen des Apostels Paulus (u. a. nach Ephesos)
64	**Brand Roms:** erste Christenverfolgungen
65	Seneca begeht auf Geheiß des Kaisers Nero Selbstmord.
66	Einrichtung der Provinz Iudaea
66–70	Aufstand der Juden gegen die römische Besatzung
68–69	Vierkaiserjahr (Galba, Otho, Vitellius, Vespasian)
69–96	**Flavisches Herrscherhaus**
69–79	**Kaiser Vespasian**
69/70	Bataveraufstand in Germanien

70	**Eroberung Jersualems** durch Titus
79–81	**Kaiser Titus**
79	Vesuv-Ausbruch, Zerstörung von Pompeji und Herkulaneum
80	Bau des Kolosseums beendet
81	Errichtung des Titusbogens
81–96	**Kaiser Domitian**
um 90	Erneute Christenverfolgungen
84	Baubeginn des **Limes** in Germanien
um 85	Einrichtung der Provinzen Germania superior und inferior
96–192	**Adoptivkaiser**
96–98	**Kaiser Nerva**
98	Veröffentlichung der „Germania" des Tacitus
98–117	**Kaiser Trajan**
106–115	**Größte Ausdehnung des römischen Reiches** (Schaffung der Provinzen Arabia, Dacia, Armenia, Mesopotamia und Assyria)
117–138	**Kaiser Hadrian**
122	Errichtung des Hadrianswalls in Nordengland
138–161	**Kaiser Antoninus Pius**
161–180	**Kaiser Mark Aurel**
180–192	**Kaiser Commodus**
193–235	**Severisches Kaiserhaus**
235–305	**Soldatenkaiser**
um 250	Erste allgemeine Christenverfolgung unter den Kaisern Decius und Valerian
um 250	Beginn der **Völkerwanderung**: Die Goten überschreiten die Donau. Die Alemannen durchbrechen auf breiter Front den Limes und brechen in das Reichsgebiet ein. Einfall der Franken in Spanien
284–305	**Kaiser Diokletian**
293	Trier wird kaiserliche Residenz.
303–311	Christenverfolgung unter Diokletian
306–337	**Kaiser Konstantin der Große**
312–315	Errichtung des Konstantinsbogen
313	Toleranzedikt von Mailand: Religionsfreiheit für die Christen
330	**Konstantinopel wird Hauptstadt des römischen Reiches.**
um 375	Die Hunnen erobern im Norden große Teile des römischen Reiches.
379–395	**Kaiser Theodosius der Große**
391	Das **Christentum wird Staatsreligion** (Verbot heidnischer Kulte).
395	**Reichsteilung** nach dem Tod des Theodosius (Entstehung eines west- und eines oströmischen Reiches)
404	Ravenna wird Haupstadt des Westreiches.
410	Rom wird von den Westgoten (Alarich) eingenommen.
455	Plünderung Roms durch die Vandalen
476	Absetzung des letzten weströmischen Kaisers durch den Germanen Odoaker: **Ende des weströmischen Reiches**
527–565	**Kaiser Justinian** (Sein Versuch, die Reichseinheit wiederherzustellen, scheitert.)
534	Codex Iustinianus
seit 7. Jh.	Ausbreitung des Islam: Die Ostprovinzen fallen an die Araber.
800	Kaiserkrönung Karls des Großen

Acca 11 Acca (Frau des Hirten Faustulus, zog mit ihm zusammen Romulus und Remus auf)

aedīlis, is *m* 34 Ädil (röm. Beamter; ursprünglich gab es zwei plebejische Ädilen, die die Aufgabe der Bewachung des Archivs im Cerestempel sowie die Polizeigewalt innerhalb der Stadt innehatten. Im Jahre 366 v. Chr. kamen zwei patrizische Ädilen hinzu, denen die Besorgung der großen Spiele und die Beaufsichtigung der Tempel oblag. Allen vier Beamten gemeinsam war die Aufsicht über die öffentlichen Gebäude, Thermen, Wasserleitungen, Straßen, Verkehr und das Bauwesen. Sie überwachten die Märkte und nahmen die Getreidezufuhr und -verteilung vor. Das Mindestalter betrug 37 Jahre.)

Aegyptus *f* 16, 46, 49 Ägypten (röm. Provinz seit 30 v. Chr.)

(L.) **Aemilius Paullus** 25 Lucius Aemilius Paullus (röm. Politiker und Feldherr; besiegte 168 v. Chr. den Makedonenkönig Perseus in der Schlacht bei Pydna)

Aenēās, ae *m* 21, 32 Äneas (trojanischer Held, Sohn der Venus und des Anchises, Stammvater der Römer; nach der Zerstörung Trojas musste er gemeinsam mit seinem Vater, seinem Sohn Askanius und seinen Gefährten lange Irrfahrten bestehen, bis er zu der von den Göttern geweissagten neuen Heimat Italien gelangte; vgl. „**Vergilius**")

Aeschylus 30, 31 Aischylos (griech. Tragödiendichter aus Athen, 525-456 v. Chr.; Werke u.a.: *„Die Perser"*, *„Agamemnon"*, *„Sieben gegen Theben"*, *„Die Schutzflehenden"*. Die Grundaussagen seiner Stücke spiegeln die moralischen Vorstellungen seiner Zeit wider: Ungesühnte Schuld vererbt sich fort, oft über Generationen, und erzeugt neue Schuld. Großes menschliches Glück kann zur Überheblichkeit (griech. **hybris**) führen, die in der Vernichtung enden muss.)

Aesculāpius 49 Äskulap (röm. Heilgott, griech. Name: Asklepios, Sohn des Apollon; die Schlange war ihm heilig.)

Āfrica 14, 34, 50 Afrika (Die Römer verstanden darunter in erster Linie das ihnen bekannte Nordafrika, röm. Provinz seit der Zerstörung Karthagos im Jahr 146 v. Chr.)

Alesia 38 Alesia (Stadt in Gallien, Schauplatz der letzten Schlacht zwischen Cäsar und Vercingetorix 52 v. Chr. Cäsar ließ die Stadt belagern und aushungern, bis sich Vercingetorix und die Gallier ergaben.)

Alexandrīa 16, 33, 35 Alexandria (bedeutendste ägyptische Hafenstadt mit der vorgelagerten Insel Pharos, auf der einer der berühmtesten Leuchttürme der Antike stand. Er wurde im 3. Jh. v. Chr. erbaut und galt als eines der sieben Weltwunder.)

Alpēs, ium *f* 13, 20 die Alpen

Ambrōsius 47 Ambrosius (lat. Kirchenschriftsteller und Heiliger, wahrscheinlich aus Trier stammend, 339–397 n. Chr.; im Jahr 374 n. Chr. zum Bischof von Mailand gewählt, verfolgte er in diesem Amt rigoros seine christlichen Ziele; Lehrer des Augustinus)

Anchīsēs, ae *m* 21, 32 Anchises (Vater des Äneas)

Antigona 30 Antigone (Tochter des Ödipus; sie widersetzte sich dem Verbot ihres Onkels Kreon, den Leichnam ihres Bruders Polyneikes zu bestatten, und musste dafür mit dem Leben bezahlen.)

Antiochīa 33 Antiochia (Hafenstadt in Syrien)

(M.) **Antōnius** 15, 25 Marcus Antonius (83–30 v. Chr.; einflussreicher röm. Politiker und Feldherr, Anhänger Cäsars und Widersacher Ciceros, den er 43 v. Chr. ermorden ließ. Im Kampf um die Vorherrschaft unterlag er Oktavian/Augustus 31 v. Chr. in der Schlacht bei Aktium und beging daraufhin Selbstmord.)

Apīcius 6 Apicius (röm. Schriftsteller im 3./4. Jh. n. Chr., Verfasser eines Kochbuches)

Apollō, inis *m* 20, 22 Apollon (Gott des Lichts, der Musik und Künste sowie der Heilkunst und Weissagung, Sohn des Jupiter und der Latona, Zwillingsbruder der Diana/Artemis. In der griech. Stadt Delphi befand sich sein berühmtestes Heiligtum mit Orakelstätte.)

(L.) **Āpulēius** 49 Apuleius (röm. Redner und Schriftsteller aus Madaura in Afrika, 125–um 180 n. Chr., Autor des einzigen vollständig erhaltenen antiken Romans: Dieses Werk mit dem Titel *„Metamorphosen"* (oder: *„Der Goldene Esel"*) ist ein Abenteuer- und Märchenroman in 11 Büchern.)

Arabia 50 Arabien

Argos *n* 30 Argos (Hauptstadt der griech. Landschaft Argolis im Osten der Peloponnes)

Aristophanēs, is *m* 30, 31 Aristophanes (griech. Komödiendichter, ca. 452–388 v. Chr. Seine Komödien sind gespickt mit ironisch-kritischen Anspielungen auf das Alltagsleben und die Tagespolitik seiner Heimatstadt Athen. Werke u.a.: *„Die Wolken"*, *„Die Frösche"*, *„Die Vögel"*, *„Lysistrata"*)

Aristotelēs, is *m* 29 Aristoteles (griech. Philosoph, 384–322 v. Chr.; Schüler Platons und Lehrer Alexanders des Großen; gründete eine Philosophenschule in Athen, den „Peripatos"; Werke u.a.: *„Politik"*, *„Nikomachische Ethik"*, *„Metaphysik"*, *„Poetik"*)

Arminius 42 Arminius (Feldherr der Cherusker, eines germanischen Stammes, der die Römer unter der Führung des Varus im Teutoburger Wald 9 n. Chr. besiegte)

Artemis, idis *f* 35 Artemis (vgl. „**Diana**")

Artemīsia 35 Artemisia (Ehefrau des Mausolos von Halikarnass, dem sie nach seinem Tod Mitte des 4. Jh.s v. Chr. ein prächtiges Grabmal, das „Mausoleum", bauen ließ)

Ascanius 21, 32 Askanius bzw. Julus (Sohn des Äneas)

Asia 34 Kleinasien (seit 129 v. Chr. röm. Provinz)

Athēna 32 Athene (Schutzgöttin Athens; vgl. „**Minerva**")

Athēnae, ārum 18 Athen (bedeutende Stadt in Griechenland)

Augusta Trēverōrum 36, 39, 40 Trier (um 16 v. Chr. von den Römern unter Kaiser Augustus in der Nähe eines Stammesheiligtums der keltischen Treverer gegründet. Gegen Ende des 3. Jh.s n. Chr. machte Kaiser Diokletian Trier zur röm. Kaiserresidenz und Hauptstadt des weström. Teilreiches. Aus dieser Zeit stammen viele historische Bauwerke, wie die mächtige Porta Nigra, die Römerbrücke, das Amphitheater, die Basilika und die Kaiserthermen.)

Augusta Vindelicōrum 40, 41 Augsburg (anlässlich des nach Rätien führenden Eroberungsfeldzuges entstand 15 v. Chr. durch ein Militärlager die Keimzelle der Stadt; später Hauptstadt der römischen Provinz **Raetia** (u. a. Ost-Württemberg, Schwaben, Ober- und Niederbayern). Der Beiname bezieht sich auf den keltischen Volksstamm der Vindeliker, die in diesem Teil Rätiens ansässig waren.)

(Aurēlius) Augustīnus 47, 48 Augustinus (lat. Kirchenschriftsteller und Heiliger, aus Tagaste in Nordafrika, 354–430 n. Chr.; wurde 396 n. Chr. zum Bischof von Hippo Regius in Numidien gewählt; schuf die Grundlagen der christl. Theologie des Abendlandes. Hauptwerke: „**De civitate Dei**", „**Confessiones**")

(Imperātor Caesar dīvī fīlius) Augustus 21, 42, 43 Augustus (63 v. Chr.–14 n. Chr., erster röm. Kaiser, ursprüngl. Name Gaius Octavius, Großneffe und Adoptivsohn Julius Cäsars; nach Cäsars Tod kämpfte er mit Marcus Antonius um die Alleinherrschaft; 31 v. Chr. Sieg in der Schlacht bei Aktium; 27 v. Chr. verlieh ihm der Senat den Ehrentitel **Augustus** („der Erhabene"), dieses Datum gilt als Beginn des römischen Kaisertums bzw. als Ende der römischen Republik. Augustus ordnete und befriedete das Reich innen- und außenpolitisch, förderte Kunst und Wissenschaften. Die Gesamtheit seiner Leistungen legte er selbst in einem Rechenschaftsbericht nieder. Dieses Werk, die „**res gestae**", wurde in Form einer großen Inschrift auf Bronzetafeln vor seinem Mausoleum aufgestellt; Kopien der Inschrift wurden in den Provinzen aufgestellt. Erhalten ist die Fassung aus der kleinasiatischen Stadt **Ancyra** (h. Ankara), weshalb das Werk auch als **Monumentum Ancyranum** bezeichnet wird.)

Babylōn, ōnis *f* 35 Babylon (Hauptstadt Babyloniens am Euphrat; Babylons Stadtmauern und die terrassenartig angelegten „Hängenden Gärten" der babylonischen Königin Semiramis gehörten zu den sieben Weltwundern.)

Bacchus 30 Bacchus (röm. Gott des Weines; griech. Name: Dionysos; ihm zu Ehren wurden in Athen jährlich Theateraufführungen veranstaltet)

basilica Iūlia 3 Basilika Julia (Halle, die ab 54 v. Chr. von der Familie der Julier auf dem Forum Romanum errichtet wurde, sie beherbergte eine Gerichtshalle und Ladengeschäfte.)

Batāvī, ōrum 42 die Bataver (germanischer Volksstamm, der sich um 70 n. Chr. gegen die Römer erhob)

Bellōna 23 Bellona (röm. Kriegsgöttin, Schwester des Mars)

Bonifātius 50 der heilige Bonifatius (um 672-754, erhielt von Papst Gregor II. den Missionsauftrag für die germanischen Länder: „Apostel der Deutschen")

Brundīsium 18, 19 Brindisi (Stadt im Süden Italiens, am „Stiefelabsatz", röm. Flottenstützpunkt und Endpunkt der Via Appia; von Brundisium liefen vor allem die Schiffe mit dem Reiseziel Griechenland aus.)

Celtae, ārum *m Pl.* 37, 40 die Kelten

cēnsor, ōris *m* 24 Zensor (röm. Beamter; zwei Zensoren, die Konsuln gewesen sein mussten. Sie wurden alle fünf Jahre für eine achtzehnmonatige Amtszeit gewählt. Sie überwachten die öffentliche Sittlichkeit, erstellten das Staatsbudget und führten die Volkszählung auf dem Marsfeld und die Vermögensschätzung durch. Außerdem hatten sie das Recht, Senatoren wegen liederlichen Lebenswandels aus dem Senat auszustoßen (**senatu movere**). Am Ende ihrer Amtszeit führten sie die feierliche Entsühnung (**lustratio**) des Volkes durch und opferten den Göttern einen Eber, einen Widder und einen Stier (**suovetaurilia**). Der bekannteste Träger dieses besonders angesehenen Amtes war der wegen seines strengen Amtsverständnisses gefürchtete **Cato Censorius**.)

Charybdis, is *f* 27 Charybdis (Strudel, der zusammen mit dem gegenüber hausenden Ungeheuer Skylla die Meerenge zwischen Sizilien und dem italienischen Festland für durchfahrende Schiffe gefährlich machte; als Odysseus ihr auswich, verlor er sechs Männer an Skylla.)

Chloë *f* 20 Chloë (Hirtenmädchen, Geliebte des Daphnis im Roman „**Daphnis und Chloë**" des Longos)

(M. Tullius) Cicerō, ōnis *m* 15, 16, 31, 34, 40 Marcus Tullius Cicero (röm. Politiker, Redner, Philosoph und Schriftsteller, 106–43 v. Chr.; während seines Konsulats im Jahr 63 v. Chr. kam es zur Catilinarischen Verschwörung, die von Cicero aufgedeckt und vereitelt wurde. Als Antwalt und Politiker hielt er zahlreiche literarisch bedeutsame Reden, die erhalten sind (u.a. 4 Reden „**In Catilinam**", 10 Reden „**In Marcum Antonium**"). Er stellte durch mehrere Schriften die röm. Beredsamkeit auf ein breites theoretisches Fundament (u.a. „**De oratore**"). Er vermittelte den Römern durch seine philosophischen Schriften die griech. Philosophie (u.a. „**Tusculanae disputationes**", „**De re publica**", „**De officiis**", „**De finibus bonorum et malorum**", **De natura deorum**"). Bedeutend als historische Quelle ist auch die Sammlung seiner Briefe an Familienangehörige und Freunde (u.a. „**Epistulae ad familiares**"). Das Latein Ciceros gilt als Höhepunkt der klassischen röm. Kunstprosa. Cicero war ein entschiedener Befürworter der alten röm. Republik und geriet daher in Konflikt mit Cäsar und Marcus Antonius; auf Betreiben des Letzteren wurde Cicero ermordet.)

Cimbrī, ōrum 42 die Kimbern (nordgermanischer Volksstamm, fiel um 115 v. Chr. in Gallien und Italien ein; wurde 101 v. Chr. von den Römern unter der Führung des Konsuls Gaius Marius in Norditalien vernichtend geschlagen)

Circē, ēs *f* 27 Kirke (Nymphe und Zauberin auf der Insel Aea, wo Odysseus und seine Gefährten strandeten; diese verwandelte Kirke in Schweine; auf Drängen des Odysseus, in den sie sich verliebt hatte, machte sie die Verwandlung jedoch rückgängig.)

Circus Maximus 2 Circus Maximus (größte Rennbahn Roms zwischen den Hügeln Palatin und Aventin, angeblich bereits im 6. Jh. erbaut, später von Cäsar erneuert)

(Claudius) Claudiānus 50 Claudian (letzter bedeutender Dichter des heidnischen Rom, aus Alexandria, um 400 n. Chr. Neben zahlreichen Gedichten verfasste er das Epos „**De raptu Proserpinae**", darüber hinaus Lobreden auf den Kaiser und eine Preisschrift auf den Feldherrn Stilicho.)

Cleopatra 16 Kleopatra VII. (letzte Königin Ägyptens von 51–30 v. Chr.; war von ihrem Bruder und Mitregenten Ptolemaios XIII. verstoßen; wurde aber von Cäsar, den die Verfolgung des Pompejus nach Ägypten geführt hatte, wieder eingesetzt. Kleopatra hatte zuerst ein Verhältnis mit Cäsar, dann mit Antonius; 31 v. Chr. unterlagen sie und Antonius dem Heer des Oktavian/Augustus bei Aktium, beide begingen daraufhin Selbstmord.)

Clōdia 31 Clodia (bekannte römische Patrizierin, deren Lebenswandel von Cicero attackiert wurde, um ihren politischen Einfluss zu schwächen)

(L. Tarquinius) Collātīnus 12 Lucius Tarquinius Collatinus (Ehemann der Lukretia, die von Sextus Tarquinius vergewaltigt wurde, was die Vertreibung der Tarquinier aus Rom auslöste)

Colōnia Agrippīna 41 42 Köln (55 n. Chr. von Kaiser Nero gegründet, benannt nach Agrippina, der Mutter des Kaisers; entwickelte sich neben Trier zur wichtigsten röm. Stadt in Germanien)

(Flāvius Valerius) Cōnstantīnus 47, 48 Konstantin der Große (röm. Kaiser von 306–337 n. Chr.; gründete 330 v. Chr. das alte Byzanz unter den Namen Konstantinopel neu und erhob es zur Hauptstadt des röm. Reiches. 313 n. Chr. erließ er in Mailand ein Edikt zum Schutz der Christen.)

cōnsul, cōnsulis *m* 5 Konsul (röm. Beamter; mit dem 43. Lebensjahr konnte das Konsulat, das höchste zivile und militärische Amt, ausgeübt werden. Dieses war für eine einjährige Amtszeit auf zwei Konsuln aufgeteilt.

Jeder Konsul konnte die Beschlüsse und Maßnahmen des jeweils anderen durch sein Veto behindern. In Rom lösten die Konsuln einander monatlich im Senatsvorsitz ab, im Krieg wechselte sogar täglich der Oberbefehl. Sie standen den Senatssitzungen vor, brachten Gesetzesanträge ein und überwachten die Durchführung der Beschlüsse und Gesetze. Außerdem hatten sie die **auspicia** (Feststellung des Willens der Götter durch Vogelschau etc.), die Einweihung von Tempeln und die Opfer zu vollziehen. Nach ihrem Amtsjahr wurden Konsuln in die Provinzen als Statthalter mit militärischem Kommando entsandt (**pro consule**). Ehemalige Konsuln, die sogenannten **consulares**, bildeten eine besonders einflussreiche Gruppe im Senat.)

Cornēlia 14 Cornelia (Tochter des Scipio Africanus und Mutter der Gracchen; schon zu Lebzeiten berühmt und später das Idealbild einer tugendhaften und ehrenvollen Mutter. Nach dem Tod ihres Mannes widmete sie sich der Verwaltung ihres Gutes und der Erziehung ihrer Kinder. Noch im Alter hat sie ihre Söhne politisch beeinflusst.)

Creōn, ontis *m* 30 Kreon (Schwager des Ödipus, Onkel der Antigone und der Ismene; er ließ Antigone töten, die sich seinem Befehl widersetzt hatte, den toten Polyneikes unbestattet zu lassen.)

Crēta 31 Kreta (griech. Insel)

Creūsa 32 Krëusa (Ehefrau des Äneas und Mutter des Askanius; kam während der Eroberung und Zerstörung Trojas ums Leben. In Vergils „**Aeneis**" spricht ihr Geist zu Äneas von dem vor ihm liegenden Geschick.)

Croesus 22 Krösus (letzter König von Lydien (Kleinasien), Mitte des 6. Jh.s v. Chr., berühmt durch seinen unermesslichen Reichtum; er wagte, durch ein zweideutiges Orakel ermutigt, einen Feldzug gegen das aufstrebende Perserreich unter König Kyros dem Großen. Die Niederlage des Krösus war das Ende des Lyderreiches.)

(Q.) Cūrius 15 Quintus Curius (Anhänger des Catilina im Jahr 63 v. Chr., verriet über seine Geliebte Fulvia dem Cicero die Pläne der Verschwörer)

Cyclōpēs, um *m Pl.* 27 Zyklopen (einäugige wilde Riesen auf der Insel Sizilien, Schmiedegehilfen des **Vulcanus**; einer von ihnen, Polyphem, fraß sechs Gefährten des Odysseus, bevor dieser ihn blendete und ihm das Auge ausstach.)

Dānubius 41, 44 die Donau

Daphnis, idis *m* 20 Daphnis (sizilischer Hirte, der wegen seiner Schönheit von den Nymphen geliebt wurde; Titelfigur des Hirten- und Liebesromans „**Daphnis und Chloë**" von Longos im 2./3. Jh. n. Chr.)

(P.) Decius Mūs 23 Publius Decius Mus (Konsul im Jahr 340 v. Chr., zusammen mit Titus Manlius Torquatus besiegte er die Latiner.)

Dēianīra 18 Deianira (Tochter des Königs Öneus; Ehefrau des Herkules)

deī Capitōlīnī 10 die kapitolinischen Götter (Jupiter, Juno und Minerva; der Tempel der drei Götter, der auf dem Kapitolshügel stand, war der heiligste Ort Roms.)

Delphī, ōrum *m Pl.* 22 Delphi (Ort in Griechenland, berühmte griech. Orakelstätte des Gottes Apollon)

Diāna 20, 35 Diana (jungfräuliche Göttin der Jagd, des Waldes und des Mondes, Beschützerin der Frauen; Zwillingsschwester des Apollon; griech. Name: Artemis)

dictātor, ōris Diktator (röm. Sonderbeamter; in Zeiten höchster Gefahr für den Staat konnte einer der beiden Konsuln im Auftrag des Senates einen **dictator** ernennen, der die höchste militärische, politische und richterliche Macht in seiner Person vereinigte. Alle Ämter, auch der Senat, waren dann außer Kraft gesetzt. Der **dictator** ernannte zu seinem Gehilfen und Stellvertreter einen sogenannten **magister equitum** („Reiteroberst"). Seine Amtsgewalt war auf ein halbes Jahr beschränkt.)

Dīdō, ōnis *f* 21, 32 Dido (Königin von Karthago; verliebte sich in Äneas, den es auf seiner Irrfahrt an die afrikanische Küste verschlagen hatte; gab sich den Tod, nachdem Äneas sie auf Geheiß Jupiters verlassen musste.)

(T. Flāvius) Domitiānus 43 Domitian (röm. Kaiser von 81–96 n. Chr.; Sohn des Vespasian, Bruder des Titus; eroberte Teile Germaniens und begann 84 v. Chr. mit dem Bau des Limes; Beiname „**Germanicus**"; galt als brutaler und tyrannischer Herrscher. 96 n. Chr. fiel er einer Palastverschwörung zum Opfer.)

Druidēs, um *m Pl.* 37 Druiden (Priester der Kelten)

Ēchō, Ēchūs *f* 26, 28 Echo (eine Waldnymphe; verliebte sich in den Jüngling Narziss, konnte ihn aber nicht für sich gewinnen)

Ephesiī, ōrum 35 die Ephesier (Einwohner von Ephesos)

Ephesius, a, um 35 aus Ephesos

Ephesus *f* 31, 33, 35 Ephesos (wichtige Hafenstadt im kleinasiatischen Karien; der dortige Artemis-Tempel gehörte zu den sieben Weltwundern. Zu den bedeutenden Bauwerken der Stadt zählt die Celsusbibliothek.)

Epicūrēī, ōrum 29 die Epikureer (Anhänger des griech. Philosophen Epikur)

Epicūrus 29 Epikur (griech. Philosoph aus Samos, der sich 306 v. Chr. in Athen niederließ und eine Philosophenschule gründete; seine Lehre – die auch bei den Römern großen Anklang fand – besagt, dass die individuelle Glückseligkeit des Menschen das Ziel eines jeden Lebens sein soll.)

Epidaurus *f* 49 Epidauros (griech. Stadt im Osten der Peloponnes, berühmter Kurort und Kultstätte des Heilgottes Äskulap/Asklepios; in Epidauros befindet sich das besterhaltene Theater der Antike.)

Ēsquiliae, ārum *f Pl.* **(collis Ēsquilīnus)** 17 Esquilin (der größte der sieben Hügel Roms)

Eteoclēs, is *m* 30 Eteokles (Sohn des Ödipus, Bruder der Antigone; er und sein Bruder Polyneikes brachten sich im Kampf um die Herrschaft über Theben gegenseitig um.)

Eurīpidēs, is *m* 30, 31 Euripides (griech. Tragödiendichter aus Athen, 480–406 v. Chr., neben Aischylos und Sophokles dritter der drei großen griech. Tragiker. Seine Werke zeichnen sich insbesondere durch die differenzierte, tiefgründige Schilderung menschlicher Leidenschaften aus; Werke u. a.: „Medea“, „Hippolytos“, „Elektra“, „Die Troerinnen“, „Alkestis“)

Eurytiōn, ōnis *m* 18 Eurytion (Kentaur, der bei einer Hochzeitsgesellschaft Unruhe stiftete und deshalb von Herkules getötet wurde)

(Q.) Fābius Pictor 22 Quintus Fabius Pictor (röm. Senator und erster röm. Geschichtsschreiber. Er wurde 216 v. Chr. angesichts der Bedrohung durch Hannibal als Gesandter des Senats zum Orakel von Delphi geschickt.)

Falernum (vīnum) 33 Wein aus falernischem Gebiet (Gegend zwischen Latium und Kampanien; berühmt für seine Weine)

Faustulus 11 Faustulus (Hirte, der die ausgesetzten Zwillinge Romulus und Remus fand und gemeinsam mit seiner Frau Acca aufzog)

Fortūna 20 Fortuna (röm. Göttin des Schicksals, des Glücks und des Unglücks)

Forum Rōmānum 5, 16 Forum Romanum (der Marktplatz und später das politische, geschäftliche und religiöse Zentrum von Rom. Das ursprünglich sumpfige Gebiet wurde im 6. Jh. v. Chr. trockengelegt und zum Marktplatz umgestaltet. Die ältesten Bauwerke waren die Tempel für Saturn (498 v. Chr.), Castor (484) und Concordia (367). Die rostra (Rednertribüne) waren bereits 338 v. Chr. vorhanden. Im 2. Jh. v. Chr. ging man dazu über, Volksversammlungen vom Marsfeld hierher zu verlagern. Die Händler und Marktstände mussten zugunsten des politischen Geschehens weichen. Basiliken wurden errichtet, in denen die Gerichte tagten und Geschäfte abgewickelt wurden. Mit Beginn der Kaiserzeit erlebte das Forum Romanum seine größte Prachtentfaltung.)

Francī, cōrum 40, 44 die Franken (germanischer Volksstamm, drangen im 4.–6. Jh. vom Nieder- und Mittelrhein aus in linksrheinische Gebiete und nach Gallien vor. Im 5. Jh. lösten sie die Römer als Machthaber in Gallien ab und hatten schließlich im 6. Jh. das ganze Gebiet des heutigen Frankreich unter ihrer Herrschaft vereinigt.)

Fulvia 15 Fulvia (Geliebte des Q. Curius; überbrachte Cicero die Mordpläne des Catilina und seiner Verschwörer, 63 v. Chr.)

Gallī, ōrum 25 die Gallier

Gallia 16, 36–40, 42 Gallien (Land der Gallier/Kelten, die in der 1. Hälfte des 1. Jh.s v. Chr. von Osten eingewandert waren; umfasste Oberitalien (**Gallia cisalpina**, 222–191 v. Chr. von Rom unterworfen) und das heutige Frankreich und Belgien (**Gallia transalpina**, 58–51 v. Chr. von Cäsar unterworfen). Seit dem 3. Jh. n. Chr. kam es zu Germaneneinfällen. Im 5. Jh. beseitigten die Franken die letzten Reste römischer Herrschaft.)

(Aulus) Gellius 35 Gellius (röm. Schriftsteller, um 130 n. Chr. – um 180 n. Chr., Autor der „Noctes Atticae“ in 20 Büchern: Sein Werk ist eine Art Bildungs- und Unterhaltungslexikon, in Gesprächsform verfasst. Behandelt werden Philosophie, Geschichte, Rechtswesen, Grammatik, Literatur und Altertumskunde.)

Germānī, ōrum 41 die Germanen (Teilgruppe der Indoeuropäer; die ersten Nachrichten über die Germanen stammen von Cäsar und Tacitus; 113 v. Chr. erster Zusammenstoß mit den Römern, die unter Augustus weiter in das rechtsrheinische Germanien vordrangen. Nach der Niederlage des Varus (9 n. Chr.) Zurücknahme der röm. Grenze an den Rhein. Mit der Erbauung des Limes (ab 84 n. Chr.) sollten die Germanen vom röm. Reich abgewehrt werden; 166–180 n. Chr. erster germanischer Großangriff an der Donaugrenze; im 3. Jh. durchbrechen die germanischen Alemannen den Limes.)

Germānia 39–43, 45 Germanien

Germānus, a, um 43 germanisch

Geryōn, ōnis *m* 20 Geryon (dreileibiger Riese auf der Insel Erythea, unterlag Herkules im Kampf und verlor seine Rinderherde an ihn)

Gīza 35 Gizeh (Ort bei Memphis am Nil in Ägypten, an dem die Pyramiden des Cheops und des Chephren stehen; diese zählten zu den sieben Weltwundern.)

Gotōnēs, um *m Pl.* 44 die Goten (ostgermanischer Volksstamm, ursprünglich in Skandinavien ansässig, siedelten im 3. Jh. n. Chr. im Zuge der Völkerwanderung nördlich des Schwarzen Meeres und griffen von dort aus das Staatsgebiet des röm. Reiches an. Die Westgoten unter Alarich eroberten 410 n. Chr. Rom.)

(C. Semprōnius) **Gracchus** 14 Gaius Gracchus (Sohn der Scipio-Tochter Cornelia, jüngerer Bruder des Tiberius Gracchus, röm. Politiker; seine Versuche, die Reformen seines Bruders fortzusetzen und darüber hinaus den Provinzbewohnern und den italischen Bundesgenossen mehr Rechte einzuräumen, scheiterten und führten zu Unruhen in Rom; endete 121 v. Chr. durch Selbstmord.)

(Tib. Semprōnius) **Gracchus** 14 Tiberius Gracchus (Sohn der Scipio-Tochter Cornelia, älterer Bruder des Gaius Gracchus, röm. Politiker; wollte durch neue Ackergesetze den Großgrundbesitz einschränken und das Land an Kleinbauern verteilen; deshalb von Anhängern der Senatspartei 133 v. Chr. erschlagen.)

Graecī, ōrum 17, 29 die Griechen

Graecia 9, 19 Griechenland

Graecus, a, um 29 griechisch

Gregōrus Magnus 47 Gregor I. der Große (Papst von 590–604 n. Chr.; bemühte sich mit großem Erfolg um die Einbeziehung der germanischen Völker in die Kirche und bewirkte die Christianisierung der Angelsachsen. Durch seine zahlreichen Briefe und Schriften, die vor allem moraltheologischen Inhalts waren, hat er das Denken des Mittelalters maßgeblich beeinflusst und wird daher auch zu den bedeutendsten Kirchenvätern und Kirchenlehrern gezählt).

(P. Aelius) **Hadriānus** 33, 36 Hadrian (röm. Kaiser 117–138 n. Chr.; seine Regierung war geprägt von ausgedehnten Reisen durch die röm. Provinzen, darunter zwei Jahre Aufenthalt in der von ihm bevorzugten Stadt Athen. 130 n. Chr. ertrank während eines Aufenthaltes in Ägypten sein Geliebter, der damals 20-jährige Antinoos, im Nil. Hadrian gründete an der Stelle seines Todes die Stadt Antinoopolis und ließ ihm göttliche Ehren zuteilwerden. Sein Hauptziel war die Sicherung des Friedens und der Reichsgrenzen (u.a. 122 n. Chr. Errichtung des Hadrianswalls im nördlichen Britannien). Mit seinem ausgeprägten Sinn für Kunst und Kultur übertraf Hadrian alle anderen Kaiser und förderte viele bedeutsame Bauprojekte in Rom (z.B. das Pantheon) und in den Provinzen. Sein Mausoleum (die heutige Engelsburg in Rom) ist erhalten.)

Halicarnassus *f* 35 Halikarnassos (Stadt im Südwesten des kleinasiatischen Karien; berühmt durch eines der sieben Weltwunder, das „Mausoleum" des Königs Mausolos)

Halys, yos *m* 22 Halys (längster Fluss in Kleinasien, Grenzfluss zwischen Lydien und Persien)

Hamilcar, aris *m* 13 Hamilkar (Vater des Hannibal; karthagischer Feldherr im 1. Punischen Krieg 264–241 v. Chr.)

Hannibal, alis *m* 13, 14, 22 Hannibal (Sohn des Hamilkar, 247–183 v. Chr.; Feldherr der Karthager im 2. Punischen Krieg 218–202 v. Chr. Sein Vater Hamilkar brachte ihn 237 v. Chr. nach Spanien, nachdem er ihn ewigen Hass auf Rom hatte schwören lassen. Hannibals kühner Plan, den Krieg gegen Rom in Italien auszutragen (Alpenübergang), brachte die Römer mehrfach an den Rand des Zusammenbruchs. Nach sechzehn Kriegsjahren in Italien musste er 203 v. Chr. mit seinem unbesiegten Heer nach Afrika zurückkehren, um Karthago gegen einen Angriff der Römer zu verteidigen. 202 v. Chr. wurde er von Scipio in der Schlacht bei Zama besiegt. 183 v. Chr. nahm sich Hannibal, verfolgt von den auf Rache sinnenden Römern, das Leben.)

Helena 17, 47 1. Helena (Frau des Spartanerkönigs Menelaos; wurde vom Trojaner Paris geraubt, was den Trojanischen Krieg auslöste) – 2. Helena (um 257 – um 337, Mutter des röm. Kaisers Konstantin; zum Christentum bekehrt; unternahm nach der Einweihung Konstantinopels eine Pilgerfahrt nach Jerusalem, um das Kreuz Christi zu finden. Sie förderte das Christentum in jeder Weise; zahlreiche Kirchbauten werden ihr zugeschrieben, so die Kreuzeskirche in Jerusalem, die Geburtskirche in Bethlehem und die Apostelkirche in Konstantinopel.)

Helicē, ēs *f* 28 Helike (griech. Küstenstadt am korinthischen Golf; wurde 372 v. Chr. von einem Erdbeben vernichtet)

Herculēs, is *m* 18, 20, 36 Herkules (griech. Sagenheld mit übermenschlichen Kräften, Sohn des Zeus/Jupiter und der Alkmene; um sich von einer im Wahnsinn begangenen Freveltat reinzuwaschen, musste er im Auftrag von Eurystheus, dem König von Tiryns, die berühmten „zwölf Arbeiten" vollbringen; griech. Name: Herakles)

Herodotus 22 Herodot (um 490 – um 425 v. Chr., griech. Historiker aus der kleinasiatischen Stadt Halikarnassos, Autor der „**Historien**" (9 Bücher). In ihnen beschreibt Herodot vor allem die Auseinandersetzungen zwischen Griechenland und Asien; den Höhepunkt des Werkes bilden die Perserkriege. Von Cicero und anderen wird er als „Vater der Geschichtsschreibung" bezeichnet.)

Hibērus 50 der Ebro (Hauptfluss Spaniens)

Hieronymus 47 Hieronymus (lat. Kirchenschriftsteller aus Dalmatien, ca. 348 – 420 n. Chr.; wurde von Papst Damasus beauftragt, die lateinische Übersetzung der Bibel, die „**Vulgata**", zu überarbeiten)

Hierosolyma, ōrum *n Pl.* 46 Jerusalem

Hippolytus 31 Hippolytos (Sohn des Theseus aus erster Ehe; in ihn war die zweite Frau seines Vaters, Phädra, unglücklich verliebt.)

Hispānia 50 Spanien (seit 197 v. Chr. röm Provinz)

Historia Augusta 36 die Historia Augusta (Sammlung von Biografien röm. Kaiser von Hadrian bis Diokletian (117 – 285 n.Chr). Die einzelnen Lebensbeschreibungen werden sechs Autoren zugeschrieben und sind vermutlich im 4. Jh. n. Chr. zur Regierungszeit Konstantins entstanden.)

Homērus 27, 28 Homer (ältester griech. Dichter; unter seinem Namen sind die beiden bedeutendsten griech. Epen, die „**Ilias**" und die „**Odyssee**", überliefert.)

Horātius Coclēs 11*plus* Horatius Cocles (Held der römischen Frühzeit. Die römische Sage berichtet, dass durch seinen mutigen Einsatz am Pons Sublicius die Stadt Rom vor einer Eroberung durch die Etrusker bewahrt worden ist.)

Hunnī, ōrum 44 die Hunnen (aus Zentralasien stammendes Nomadenvolk; ihr Vorrücken nach Westen im 4. Jh. n. Chr. rief Schrecken hervor und veranlasste eine ausgedehnte Wanderbewegung von Barbarenvölkern über die Grenzen des röm. Reiches.)

Iānus 23 Janus (Gott des Eingangs und Ausgangs, beschützte die röm. Stadttore)

Iēsus Christus, Iēsū Christī 47 Jesus Christus

Īlias, adis f 27 die „Ilias" (Epos des griech. Dichters Homer über den Trojanischen Krieg)

Iocasta 30 Jokaste (Mutter des Ödipus, Frau des Lajos; heiratete nach dem Tod des Lajos in Unwissenheit den eigenen Sohn; zusammen mit Ödipus ist sie die Mutter von Polyneikes, Eteokles, Antigone und Ismene. Als sie erfuhr, dass sie ihren Sohn geheiratet hatte, erhängte sie sich.)

Iōnia 28 Jonien (Landschaft an der Westküste Kleinasiens; oft Synonym für ganz Kleinasien)

Īsis, Īsidis *f* 49 Isis (Hauptgöttin Ägyptens; Gattin und Schwester des Osiris, Göttin der Fruchtbarkeit. Im 2. Jh. v. Chr. gelangte der Isiskult auch nach Rom.)

Ismēna 30 Ismene (Tochter des Ödipus und der Jokaste; Schwester der Antigone)

Italia 13 Italien

Italicus, a, um 33 aus Italien stammend („italisch", nach den Italern, die im Gebiet des heutigen Italien lebten)

Ithaca 27 Ithaka (griech. Insel im Jonischen Meer; Heimat des Odysseus)

Iūdaeī, ōrum 46 die Juden

Iūnō, ōnis *f* 8, 20, 21, 26 Juno (Gemahlin Jupiters; Schützerin der Ehe und der Frauen; griech. Name: Hera)

Iuppiter, Iovis *m* 8, 15, 20, 21, 23, 24, 26 Jupiter (höchster Gott der Römer, griech. Name: Zeus. Möglicherweise haben bereits die Etrusker den Kult des **Iuppiter Optimus Maximus** in Rom eingeführt, worin der Gott (in seinem Tempel auf dem Kapitol) zusammen mit Juno und Minerva die Kapitolinische Trias bildete. Jupiter in seiner Rolle als röm Staatsgott: Im Jupiter-Tempel brachten die röm. Beamten am Anfang ihres Amtsjahres Opfer dar und die siegreichen Feldherrn legten dort ihre Beutestücke nieder. Die erste Senatssitzung eines jeden Jahres fand ebenfalls dort statt.)

Iūstiniānus 48 Justinian I. (oström. Kaiser von 527–565 n. Chr.; versuchte vergeblich, die Einheit des alten **imperium Romanum** wiederherzustellen; fasste die gesamte röm. Gesetzgebung in einem „**Corpus iuris civilis**" zusammen, sorgte für ein einheitliches, christlich-römisches Glaubensbekenntnis, errichtete u.a. die Hagia Sophia, die Krönungskirche der oström. Kaiser, in Konstantinopel.)

(L. Caelius Fīrmiānus) **Lactantius** 48 Laktanz (lat. Kirchenschriftsteller aus Nordafrika, um 245–325 n. Chr.; scharfer Kritiker der röm. Philosophie und Religion galt aufgrund seines klassischen Sprachstils als der „christliche Cicero")

Lāius 30 Lajos (König von Theben, Vater des Ödipus, wurde seinem Sohn, der ihn nicht erkannt hatte, im Affekt erschlagen)

Lāocoōn, Lāocoontis *m* 21 Laokoon (trojanischer Priester; warnte die Trojaner vergeblich vor dem hölzernen Pferd der Griechen; er und seine beiden Söhne wurden daraufhin auf Geheiß Apollons, der auf Seiten der Griechen stand, von zwei Seeschlangen erwürgt.)

Larēs, um *m Pl.* 8, 23 Laren (röm. Gottheiten, die Haus und Familie beschützten)

Latīnus, a, um 21, 23, 33 lateinisch („latinisch", nach der Landschaft Latium und dem Stamm der Latiner, die in Mittelitalien siedelten)

līctor, ōris *m* 12, 24 Liktor (Amtsdiener, die höheren röm. Beamten und Priestern voranschritten; sie trugen als Zeichen der Amtsgewalt ein Rutenbündel mit Beil (**fasces**) auf der linken Schulter. Dieses symbolisierte das Recht des Beamten, Verhaftungen, Strafen – in früherer Zeit auch Hinrichtungen – anzuordnen. Die Liktoren hatten die Aufgabe, die Ankunft des Beamten anzukündigen und ihm einen Weg durch die Menge zu bahnen, nur Vestalinnen und verheiratete Römerinnen brauchten ihm nicht Platz zu machen. Ein Diktator hatte 24 Liktoren, ein Konsul 12, Prätoren 6 bei sich.)

līmes, līmitis *m* 43–45 der Limes (von Kaiser Domitian seit 84 n. Chr. erbauter Grenzwall, trennt das römische Reich von Germanien ab; verläuft vom Rhein bei Bonn südöstlich durch Württemberg und Bayern bis an die Donau bei Regensburg; wurde im 3. Jh. im Zuge der Völkerwanderung von den Germanen durchbrochen.)

(T.) **Līvius** 11, 12, 13, 15, 22, 23, 24, 25 Livius (röm. Geschichtsschreiber, 59 v. Chr.–17 n. Chr.; beschrieb die Geschichte Roms – von der Gründung Roms bis auf die eigene Zeit – in seinem 142 Bücher umfassenden Werk „**Ab urbe condita**". Livius will nicht nur die Taten und die Größe Roms aufzeigen, sondern auch den Niedergang der Sitten, der für die politischen Wirren des 1. Jh.s v. Chr. verantwortlich war: Der Leser soll aus der Geschichte lernen.)

Lombardus 45 lombardisch, Lombarde (Die Lombardei ist eine Landschaft in Norditalien.)

Lucrētia 12 Lukretia (Frau des Collatinus; wurde von Sextus Tarquinius vergewaltigt, was die Vertreibung der Tarquinier als Herrscher von Rom nach sich zog)

(T.) **Lucrētius** (Cārus) 29 Lukrez (röm. Schriftsteller und Philosoph, 98–55 v. Chr.; verfasste das Lehrgedicht „**De rerum natura**" in 6 Büchern. Lukrez stellt in Versform die Lehren der epikureischen Naturphilosophie dar. Als Jünger Epikurs will er seine röm. Landsleute von der Religion, d.h. für ihn von der Götter- und Todesfurcht, befreien durch die Erkenntnis, dass alles natürlich, alles vergänglich ist (Atomtheorie).)

(L. Licinius) **Lūcullus** 34 Lukull (röm. Feldherr in Kleinasien um 70 v. Chr.; sorgte dort nach seinem militärischen Sieg für geordnete Verhältnisse im Finanzwesen und in der Provinzverwaltung; sein Reichtum und sein exquisiter Geschmack sind sprichwörtlich.)

Lūna 41 Luna (röm. Mondgöttin, Schwester des Sonnengottes Sol)

Lydī, ōrum 22 die Lyder (Einwohner von Lydien im westlichen Kleinasien)

Numa Pompilius 12 Numa Pompilius (zweiter röm. König, galt als besonders weise und fromm. Die Römer schrieben ihm viele ihrer religiösen Einrichtungen zu: Feste, Opfer, und Riten, die Pontifices und Vestalinnen.)

Odyssēa 27 die „Odyssee" (Epos des griech. Dichters Homer über die Irrfahrten des Odysseus)

Odysseus vgl. „**Ulixes**"

Oedipūs, podis *m* 30 Ödipus (sagenhafter Herrscher der griech. Stadt Theben; löste das Rätsel der Sphinx; tötete in Unwissenheit seinen Vater Lajos und heiratete seine Mutter Jokaste; Vater von Eteokles, Polyneikes, Antigone und Ismene. Als seine Taten ans Licht kamen, stach sich Ödipus die Augen aus und wanderte fortan als Ausgestoßener umher.)

Oeneus 18 Öneus (König von Kalydon in Griechenland; Vater der Deianira, die die Frau des Herkules wurde)

Olympia 35 Olympia (ein dem Zeus geweihter Bezirk in Elis auf der Peloponnes; seit 776 v. Chr. wurden dort alle vier Jahre die Olympischen Spiele zu Ehren des Zeus gefeiert; die vom Bildhauer Phidias Mitte des 5. Jh.s v. Chr. geschaffene Zeusstatue im olympischen Zeustempel ist eines der sieben Weltwunder.)

(Paulus) Orōsius 48 Orosius (christlicher Geschichtsschreiber Anfang des 5. Jh.s n. Chr., Schüler des Augustinus)

Ōstia 34 Ostia (Hafenstadt Roms an der Tibermündung, seit dem 4. Jh. v. Chr. bestehende Hafenanlage, später auch Flottenstützpunkt. Mit der Anlage eines gut funktionierenden Hafens unter Kaiser Trajan, ca. 2 km nördlich des eigentlichen Stadtgebietes, erlebte die Stadt einen sprunghaften Aufschwung und entwickelte sich innerhalb weniger Jahrzehnte zu einer bevölkerungsreichen Großstadt. In Ostia landeten die für Rom bestimmten Lebensmittellieferungen, vor allem die Getreideschiffe aus Ägypten, Afrika, Sardinien und Sizilien.)

(P.) Ovidius (Nāsō) 10, 26, 27 Ovid (röm. Dichter 43 v. Chr. – 17 n. Chr., seine freizügigen Dichtungen brachten ihn in Konflikt mit Kaiser Augustus' Programm einer moralischen Erneuerung; auf Lebenszeit nach Tomi am Schwarzen Meer verbannt. Werke u.a.: „**Metamorphoses**", „**Ars amatoria**", „**Fasti**", „**Tristia**", „**Heroides**". Neben Vergil und Horaz ist er der bedeutendste Dichter der augusteischen Zeit.)

Palātium (mōns Palātīnus) 11 Palatin (einer der sieben Hügel Roms; viele bekannte Römer hatten hier ihre Häuser, z.B. Cicero, Crassus und Marcus Antonius. Kaiser Augustus errichtete hier seinen Wohnsitz, den man **palatia** *(n Pl.)* nannte, davon leitet sich das deutsche Wort „Palast" her. Großenteils erhalten ist das Haus von Augustus' Gemahlin Livia. Nach dem Brand Roms erweiterte Kaiser Nero die Anlage beträchtlich.)

Paris, idis *m* 17 Paris (Sohn des trojanischen Königs Priamos; raubte die schöne Helena aus Sparta und löste damit den Trojanischen Krieg aus)

patriciī, ōrum 12 Patrizier (römische Adelsfamilien; nach der Vertreibung der Könige Anfang des 5. Jh.s v. Chr. hatten sie die politische Macht inne.)

Paulus 35, 47 Paulus (Sohn einer vermögenden jüdischen Familie; durch Christusvisionen wurde er zum christlichen Glauben bekehrt. Als „Heidenapostel" trug er durch seine Missionsreisen entscheidend zur Verbreitung des christlichen Glaubens bei; verfasste zahlreiche Briefe an die christlichen Urgemeinden, die sich im Neuen Testament wiederfinden und seine wesentlichen theologischen Aussagen enthalten. Der Überlieferung nach wurde Paulus während der Christenverfolgung Neros verhaftet und um 66 n. Chr. in Rom enthauptet.)

Penātēs, ium *m Pl.* 1, 21 die Penaten (römische Haus- und Schutzgötter)

Pēnelopa 27 Penelope (Gattin des Odysseus)

Pergamum 31 Pergamon (Stadt im kleinasiatischen Mysien, berühmt durch seine große Bibliothek und einen Zeusaltar)

Persae, ārum *m Pl.* 22 die Perser

Perseus, Perseī (oder **Perseos**) m 25 Perseus (letzter König der Makedonen; unterlag 168 v. Chr. in der Schlacht bei Pydna dem römischen Feldherrn Lucius Aemilius Paullus)

Petrōnius (Arbiter) 36 Petron (röm. Schriftsteller, gest. um 66 n. Chr.; gehörte zu den engsten Vertrauten am Hof des Kaisers Nero und stand dort als Meister der kultivierten, raffinierten Lebensführung in hohem Ansehen. Nachdem er beschuldigt worden war, an einer Verschwörung gegen den Kaiser teilgenommen zu haben, beging er Selbstmord. Autor des „**Satyrikon**", eines erotischen Reise- und Abenteuerromans. Den größten Teil des erhaltenen Werkes nimmt das „Gastmahl des Trimalchio" ein: die satirisch-groteske Beschreibung eines ausschweifenden Gastmahls der röm. Kaiserzeit.)

Petrus 48 Petrus (Jünger Jesu und christl. Apostel; nach dem Tod Jesu war er Leiter der christl. Gemeinde in Jerusalem; seine letzten Jahre verbrachte er in Rom, wiederum als Leiter der dortigen Gemeinde und starb unter Kaiser Nero den Märtyrertod. Als er aus Rom fliehen wollte, um der Hinrichtung zu entgehen, begegnete er vor den Toren der Stadt Christus und fragte ihn: „**Quo vadis, Domine?**" („Wohin gehst du, Herr?"); als dieser anwortete, er gehe nach Rom, um zum zweiten Mal gekreuzigt zu werden, beschloss Petrus, mit ihm zu gehen. Petrus wurde im Circus ans Kreuz geschlagen – auf eigenen Wunsch mit dem Kopf nach unten, da er nicht würdig sei, den gleichen Tod wie Christus zu sterben. Über seinem Grab, so die Überlieferung, erhebt sich heute der Petersdom.)

Phaeācēs, um *m Pl.* 27 die Phäaken (Bewohner der Insel Scheria, wo Odysseus auf seinen Irrfahrten strandete; sie halfen ihm, zu seiner Heimatinsel Ithaka zurückzugelangen.)

Phaedra 31 Phädra (Tochter des Königs Minos auf Kreta, zweite Frau des athenischen Königs Theseus; verliebt sich unglücklich in ihren Stiefsohn Hippolytos)

Phaëthōn, Phaëthontis *m* 26 Phaëthon (Sohn des Sonnengottes Sol)

Pharaō, ōnis *m* 46 der Pharao (Titel der Könige im Alten Ägypten)

Philippus Arabs 48 Philippus Arabs (röm. Kaiser von 244–249 n. Chr.; wurde vom Gegenkaiser Decius getötet)

Platō, ōnis 29 Platon (griech. Philosoph, 427–347 v. Chr.; Schüler des Sokrates und Lehrer des Aristoteles; Verfasser vieler noch erhaltener und bis in die Neuzeit nachwirkender Schriften („**Politeia**", „**Symposion**", „**Gorgias**", „**Protagoras**", „**Phaidros**"); gründete um 385 v. Chr. eine Philosophenschule in Athen, die sogenannte „Akademie", die erst 529 n. Chr. von Kaiser Justinian geschlossen wurde. Der Einfluss der platonischen Philosophie ist so bedeutsam, dass der englische Philosoph Alfred North Whitehead meinte, die gesamte europäische Philosophiegeschichte sei nur eine „Fußnote zu Platon".)

plēbēī, ōrum 12 Plebejer (größter Teil der röm. Bevölkerung; zunächst ohne politischen Einfluss, im Laufe der Ständekämpfe im 5./4. Jh. v. Chr. setzten sie immer mehr Rechte durch.)

(C.) Plīnius (Caecilius Secundus) 23, 27 Plinius (röm. Schriftsteller, 61–ca. 113 n. Chr., Schüler Quintilians; veröffentlichte eine große Sammlung literarischer Briefe, die ein meisterhaftes Bild der Kaiserzeit in allen Lebensbereichen vermitteln; die berühmtesten Briefe beschäftigen sich mit dem Vesuvausbruch des Jahres 79 n. Chr. Sein Briefwechsel mit Kaiser Trajan, der auf Plinius' Zeit als Verwaltungsbeamter in Kleinasien zurückgeht, enthält viele wertvolle Informationen über die Verwaltung der röm. Provinzen.)

Plūtarchus 34, 38 Plutarch (griech. Schriftsteller, ca. 46–120 n. Chr., aus Chaironeia; verfasste leicht verständliche philosophische Werke und Biographien berühmter Männer, darunter Themistokles, Perikles, Alexander der Große, Cato, die Gracchen, Marius, Sulla, Marcus Antonius, Brutus, Cäsar und Cicero)

Poenī, ōrum 13, 14 die Punier/Karthager

Polynīcēs, is *m* 30 Polyneikes (Sohn des Ödipus, Bruder der Antigone; er und sein Bruder Eteokles brachten sich im Kampf um die Herrschaft über Theben gegenseitig um.)

Polyphēmus 25 Polyphem (riesiger, einäugiger Zyklop auf Sizilien, Sohn Neptuns; Odysseus blendete ihn und stach ihm das Auge aus, als er ihn und seine Gefährten fressen wollte.)

Pompēiī, ōrum *m Pl.* 36 Pompeji (Stadt in Kampanien südöstlich von Neapel; wurde 79 n. Chr. bei einem Ausbruch des nahegelegenen Vulkans Vesuv verschüttet und erst in der Neuzeit wieder ausgegraben; in der Antike bekannt für seine Vergnügungsviertel)

(Cn.) Pompēius (Magnus) 16, 19, 20, 46 Gnaeus Pompeius Magnus (106–48 v. Chr., einflussreicher Politiker und Feldherr. 75–72 v. Chr. bekämpfte er den in Spanien revoltierenden Feldherrn Sertorius. 71 v. Chr. schlug er den Sklavenaufstand des Spartakus nieder. 67 v. Chr. ging er im Auftrag des Senats erfolgreich gegen das Seeräuberunwesen im Mittelmeer vor; nachdem er vor allem im Osten des Reiches viele militärische Siege für Rom errungen hatte, wurde er im Bürgerkrieg der Hauptgegner Cäsars; er unterlag diesem 48 v. Chr. in der Schlacht bei Pharsalos, musste fliehen und wurde auf der Flucht nach Ägypten ermordet.)

(M.) Porcius Laeca 15 Marcus Porcius Laeca (Anhänger des Catilina 63 v. Chr.; in seinem Haus fanden die geheimen Treffen der Verschwörer statt.)

(C.) Sallustius (Crispus) 15 Sallust (röm. Politiker und Geschichtsschreiber, 86–35 v. Chr.; seine historischen Werke zeichnen sich durch Erzählkunst und wissenschaftliche Sorgfalt aus; er sucht nach den Ursachen der politischen Ereignisse und den Beweggründen für menschliches Handeln. Seine Hauptwerke sind „De coniuratione Catilinae“ (über die Catilinarische Verschwörung, 63 v. Chr.) und „De bello Iugurthino“ (über den Krieg der Römer gegen den Numider-König Jugurtha in Afrika, 111–105 v. Chr.))

saltus Teutoburgiēnsis *m* 42, 43 der Teutoburger Wald (Schauplatz der Schlacht zwischen Varus und Arminius im Jahr 9 n. Chr., die der Cheruskerfürst für sich entschied. Der genaue Ort der Schlacht wurde bei Kalkriese in der Nähe von Osnabrück lokalisiert.)

Saracēnī, ōrum 50 die Sarazenen (mittelalterliche Bezeichnung für die Araber)

(P. Cornēlius) Scīpiō (Āfricānus), Scīpiōnis *m* 14 Scipio (röm. Politiker und Feldherr; im Jahr 206 v. Chr. hat er die Karthager aus Spanien vertrieben; Sieger über Hannibal 202 v. Chr. in der Schlacht bei Zama, erhielt daraufhin den ehrenden Beinamen Africanus; später wurde in Rom auf Betreiben Catos eine politische Kampagne gegen ihn geführt, man warf Scipio Unterschlagung vor. Obwohl die Anklagen schließlich fallengelassen wurden, hatte Scipio seinen Einfluss verloren und zog sich auf sein Landgut zurück, wo er 183 v. Chr. starb – im gleichen Jahr wie sein großer Gegner Hannibal.)

Scylla 27 Skylla (Ungeheuer, das zusammen mit dem gegenüberliegenden Strudel Charybdis die Meerenge zwischen Sizilien und dem ital. Festland gefährlich machte; Odysseus verlor sechs Männer an sie, als er Charybdis auswich.)

(L. Annaeus) Seneca, ae *m* 31 Seneca (röm. Schriftsteller, Politiker und Philosoph mit Nähe zur Lehre der Stoiker, 4 v. Chr.–65 n. Chr.; Agrippina machte ihn zum Erzieher ihres Sohnes Nero. Seneca blieb auch nach dessen Thronbesteigung sein Berater; nachdem er seinen politischen Einfluss verloren und sich an einer Verschwörung gegen Nero beteiligt hatte, musste er auf Befehl des Kaisers 65 n. Chr. Selbstmord begehen. Seneca verfasste zahlreiche moralphilosophische Schriften („Dialogi“, „Epistulae“) und Tragödien (u.a. „Phaedra“), die das europäische Theater maßgeblich beeinflusst haben.

Servius Tullius 11, 12 Servius Tullius (sechster König Roms, der Überlieferung nach regierte er 578–534 v. Chr.; errichtete den ersten röm. Mauerring; wurde von seinem Nachfolger Tarquinius Superbus ermordet)

Sextus Tarquinius 12 Sextus Tarquinius (Sohn des Tarquinius Superbus; vergewaltigte Lukretia, eine Frau aus angesehener Familie, und löste damit die Vertreibung der Tarquinier als Herrscher von Rom aus.)

Sidōnius Apollināris 40 Sidonius Apollinaris (spätantiker gallo-römischer Schriftsteller aus Lyon, ca. 430–486 n. Chr.; wurde um 470 Bischof von Clermont-Ferrand; einem Einfall der Westgoten leistete er mutig und aufopfernd Widerstand. Seine Briefe und Gedichte liefern viele wertvolle Informationen über die Lebensverhältnisse im Gallien des 5. Jh.s)

Sīrēnēs, um *f Pl.* 27 die Sirenen (geflügelte Frauengestalten auf einer Insel vor der italischen Küste, die vorbeifahrende Schiffe mit ihrem unwiderstehlichen Gesang anlockten, um sie dann zu töten; Odysseus und seine Männer konnten ihnen mit Hilfe eines Tricks widerstehen.)

Sōl, Sōlis *m* 26, 41 Sol (röm. Sonnengott, Vater des Phaëthon; griech. Name: Helios)

Sophoclēs, is *m* 30, 31 Sophokles (griech. Tragödiendichter aus Athen, 497–406 v. Chr.; von seinen angeblich 130 Dramen sind sieben erhalten, unter anderem die „Antigone“ und „König Ödipus“. Seine Stücke zeugen von einer tief empfunden Religiosität: Die Götter zwingen dem menschlichen Leben ihre Gerechtigkeit auf, sodass der Weise am besten fährt, wenn er in Übereinstimmung mit dem göttlichen Willen handelt. Geschieht dies nicht, entsteht der tragische Konflikt.)

Stōicī, ōrum 29 die Stoiker (Anhänger der Stoa, einer philosophischen Strömung, die ca. 300 v. Chr. von Zenon aus Kition gegründet wurde; ihr Grundsatz lautet: Jede Erscheinung und jede menschliche Entscheidung beruhen auf Vernunft und die Natur ist das Vernünftige schlechthin.)

(C.) Suētōnius (Tranquillus) 16, 25 Sueton (röm. Schriftsteller, um 70 – um 140 n. Chr., war unter den Kaisern Trajan und Hadrian Sekretär im kaiserlichen Palast, wo er auch zu den kaiserlichen Archiven Zugang hatte. Dies ermöglichte ihm die Abfassung seines biografischen Hauptwerkes „De vita Caesarum“; dieses umfasst die Biografien Cäsars und der röm. Kaiser bis Domitian.)

Trēverī, ōrum 38, 39 die Treverer (gallischer Stamm, der in der Gegend des heutigen Trier siedelte)

tribūnus plēbis Volkstribun (zur Zeit der Ständekampfe geschaffenes Amt, das nur Plebejern zugänglich war. Das Volkstribunat diente zum Schutz der Plebejer vor der Willkür der Patrizier: Ein Veto eines Volkstribunen setzte jegliche Maßnahme eines Beamten oder des Senats außer Kraft. Zum Schutz seiner Tätigkeit galt er persönlich als unantastbar (**sacrosanctus**). Er konnte Volksversammlungen einberufen und Abstimmungen durchführen.

Trōia 21, 27, 31, 32 Troja (Stadt im Nordwesten Kleinasiens; wurde im Trojanischen Krieg von den Griechen erobert)

Trōiānī, ōrum 17, 32 die Trojaner

Tuscī, ōrum 11, 12 Etrusker (Einwohner von Etrurien, einer Landschaft nördlich von Rom, etwa die heutige Toskana; die etruskische Kultur entwickelte sich im 9. Jh. v. Chr. und breitete sich über ganz Norditalien aus; auch Rom gehörte bis ins 6. Jh. zum Einflussbereich der Etrusker. Im 4./3. Jh. v. Chr. wurden die Etruskerstädte von den Römern unterworfen.)

Ulixēs, is *m* 25, 27 Ulixes (lat. Name des Odysseus; König von Ithaka, konnte im Trojanischen Krieg die Trojaner mit dem hölzernen Pferd überlisten, zog sich damit den Zorn des Neptun zu und musste auf seinem zehn Jahre dauernden Heimweg viele Gefahren überstehen.)

(L.) Valērius Flaccus 24 Lucius Valerius Flaccus (zusammen mit Marcus Porcius Cato 184 v. Chr. röm. Zensor)

(P. Quīnctīlius) Vārus 42, 43, 45 Varus (Feldherr des röm. Kaisers Augustus; verlor 9 n. Chr. die Schlacht im Teutoburger Wald, nachdem er vom Cheruskerfürsten Arminius in einen Hinterhalt gelockt worden war. Ganze drei Legionen wurden vernichtet, Varus beging Selbstmord. Die röm. Expansion im nördlichen Germanien war damit für immer beendet.)

Velēda 42 Veleda (eine bei den Germanen als Seherin verehrte junge Frau zur Zeit Vespasians; sie wirkte als Vermittlerin bei Spannungen zwischen Rom und den Germanen.)

Venus, Veneris *f* 20 Venus (Göttin der Liebe und der Schönheit, griech. Name: Aphrodite)

Vercingetorīx, īgis *m* 38 Vercingetorix (Anführer des gallischen Stammes der Arverner, der sich 52 v. Chr. gegen Cäsar auflehnte, von diesem aber bei Alesia besiegt wurde; Vercingetorix wurde von Cäsar nach sechsjähriger Gefangenschaft in Rom hingerichtet.)

(P.) Vergilius (Marō) 21, 32, 40 Vergil (röm. Dichter zur Zeit des Augustus, 70–19 v. Chr.; Verfasser des röm. Nationalepos **„Aeneis"**, der **„Georgica"** (Lehrgedicht über den Ackerbau) und der **„Bucolica"** (Hirtengedichte))

(T. Flāvius) Vespasiānus 46 Vespasian (röm. Kaiser von 69–79 n. Chr., erster Kaiser aus dem Haus der Flavier, Vater der Kaiser Titus und Domitian; erfolgreicher Feldherr, bekannt für seinen bescheidenen Lebenswandel und seine sparsame, effiziente Verwaltung. Er ließ u.a. das Kolosseum errichten (unter Titus fertiggestellt), veranlasste den Wiederaufbau des Tempels des **Iuppiter Capitolinus** und errichtete nach der Eroberung Jerusalems einen Friedenstempel, der geschmückt war mit Kunstwerken aus Neros Palast und Beutestücken aus dem Tempel des Herodes, darunter dem großen goldenen siebenarmigen Leuchter.)

Vesta 12 Vesta (röm. Göttin des Herdfeuers und der staatlichen Gemeinschaft; ihre jungfräulichen Priesterinnen waren die Vestalinnen.)

vīa Appia 18 Via Appia (Straße, die von Rom aus in südlicher Richtung durch ganz Italien bis nach Brundisium führte, Baubeginn 312 v. Chr.)

Vulcānus 26, 41 Vulkan (Gott der Feuerflamme und der Schmiedekunst; griech. Name: Hephaistos)

Vulgāta 46 die Vulgata (von Hieronymus im Auftrag des Papstes Damasus im 4. Jh. n. Chr. geschaffene revidierte Fassung der lat. Bibelübersetzung, die bis zur Publikation der **Nova Vulgata** (1979) in der kath. Kirche Gültigkeit behielt.)

Zama, ae 14 Zama (Stadt in Numidien (Nordafrika), südlich von Karthago; Schauplatz der Schlacht 202 v. Chr., bei der Hannibal gegen die Römer verlor)

ā/ab *m. Abl.* von, von ... her 11
abdūcere, abdūcō, abdūxī wegführen 17
abesse, absum, āfuī abwesend sein, fehlen 23
abīre, abeō, abiī weggehen 23
hōra abit die Zeit verfliegt 44
ac (~ atque) und, und auch 22; *im Vergleich*: wie, als 35
accēdere, accēdō, accessī herbeikommen, hinzukommen 2, 13
accendere, accendō, accendī, accēnsum anfeuern, anzünden 26
amōre accēnsus in Liebe entflammt, verliebt 26
accidere, accidō, accidī geschehen, sich ereignen 31
accipere, accipiō, accēpī, acceptum aufnehmen, erhalten, erfahren 26
accūsāre, accūsō anklagen, beschuldigen 15
ācer, ācris, ācre energisch, heftig, scharf 32
acerbus, a, um bitter, grausam, rücksichtslos 29
aciēs, aciēī *f* Schlachtordnung, Schlacht 43
ad *m. Akk.* an, bei, nach, zu 3
nihil pertinet ad *m. Akk.* es ist unwichtig/hat keine Bedeutung für 43
valēre ad taugen zu 45
addere, addō, addidī, additum hinzufügen 46
addūcere, addūcō, addūxī, adductum heranführen, veranlassen 38
adeō *Adv.* so sehr 45
adesse, adsum, adfuī da sein 1, helfen 6, 17
adhūc *Adv.* bis jetzt, noch 38
adicere, adiciō, adiēcī hinzufügen 21
adīre, adeō, adiī *m. Akk.* herantreten (an), bitten 20
aditus, aditūs *m* Zugang 30
adiungere, adiungō, adiūnxī hinzufügen, anschließen 16
sibi adiungere für sich gewinnen 16
admittere, admittō hinzuziehen, zulassen 7
adulēscēns, adulēscentis *m* junger Mann 4
adulēscēns, adulēscentis jung 29
adventus, adventūs *m* Ankunft 31
adversus *Adv.* entgegen 46
adversus *m. Akk.* gegen 46
adversus, a, um entgegengesetzt, feindlich 19
rēs adversae unglückliche Umstände, Unglück 31
aedēs, aedium *f Pl.* Haus, Gebäude 6, 7
aedificāre, aedificō bauen 39
aedificium Gebäude 3
aedis, aedis *f (Gen. Pl.* –ium*)* Tempel, *Pl.* Haus, Gebäude 35
aes, aeris *n* Erz, Geld 25
aestimāre, aestimō einschätzen, beurteilen 29
magnī aestimāre hochschätzen 29
aetās, aetātis *f* Lebensalter, Zeitalter, Zeit 39
aeternus, a, um ewig 50
afferre, afferō, attulī, allātum bringen, herbeibringen, mitbringen; melden 35
afficere, afficiō, affēcī, affectum *m. Abl.* versehen mit 45
dolōribus afficere aliquem jmd. Schmerzen zufügen 45
ager, agrī *m* Acker, Feld, Gebiet 26
agere, agō, ēgī, āctum handeln, treiben, verhandeln 8, 13, 24
grātiās agere danken 9
quid āctum est? was ist passiert? 36
vītam agere sein Leben führen 31
aggredī, aggredior, aggressus sum angreifen, herangehen 50
agitāre, agitō betreiben, überlegen 27
timōre agitārī von Furcht gequält werden 27
agmen, agminis *n* (Heeres-)Zug 8
āiō *(3. Pers. Sg.* āit, *3. Pers. Pl.* āiunt*)* behaupte(te) ich, sag(t)e ich 47
alere, alō, aluī ernähren, großziehen 11
alibī *Adv.* anderswo 41
aliēnus, a, um fremd 46
aliquis, aliquid (irgend)jemand 34
se alicui obicere sich jemandem entgegenwerfen, sich auf jemanden stürzen 42
dolōribus afficere aliquem jemandem Schmerzen zufügen 45
aliter *Adv.* anders, sonst 22
alius, a, ud ein anderer 13
quid aliud? was sonst? 44
nihil (aliud) nisi nichts anderes als, nichts außer, nur 44
alius ... alius der eine ... der andere 13
altus, a, um hoch, tief 13
amāre, amō lieben, gernhaben 4
ambō, ambae, ambō beide (zusammen) 18
amīca Freundin 3
amīcitia Freundschaft 38
amīcus Freund 2
āmittere, āmittō, āmīsī aufgeben, verlieren 13
amor, amōris *m* Liebe 26
amōre accēnsus in Liebe entflammt, verliebt 26

amōre captus von Liebe ergriffen, verliebt 31
amplus, a, um weit, groß, bedeutend 23
an oder *(in der Frage)* 10
an *im indir. Fragesatz* ob (nicht) 43
angustus, a, um eng, schwierig 18
anima Atem, Leben 48
animadvertere, animadvertō, animadvertī bemerken, wahrnehmen 15
animal, animālis *n (Abl. Sg.* –ī; *Nom./Akk. Pl.* –ia; *Gen. Pl.* –ium*)* Lebewesen, Tier 47
animus Geist, Mut, Gesinnung 18
animō dēficere den Mut sinken lassen 18
bonō animō esse guten Mutes/zuversichtlich sein 42
bona animī innere Werte 36
annus Jahr 24
multōs annōs viele Jahre (lang) 34
ante *Adv.* vorher 18
paulō ante kurz vorher 18
ante *m. Akk.* vor 3
anteā *Adv.* vorher, früher 22
antīquus, a, um alt, altertümlich 23
aperīre, aperiō, aperuī, apertum aufdecken, öffnen 13, 37
apertus, a, um offen, offenkundig 39
appellāre, appellō *(m. dopp. Akk.)* anrufen, nennen, bezeichnen (als) 14
apud *m. Akk.* bei, nahe bei 3
aqua Wasser 9
āra Altar 8
arbor, arboris *f* Baum 26
arcessere, arcessō, arcessīvī herbeirufen, holen 15
ārdēre, ārdeō, ārsī, ārsūrum brennen 26
argentum Silber 25
arma, armōrum *n Pl.* Waffen, Gerät 5
armātus, a, um bewaffnet 19
ars, artis *f (Gen. Pl.* –ium*)* Eigenschaft, Fertigkeit, Kunst 39
arx, arcis *f (Gen. Pl.* -ium*)* Burg 27
asper, aspera, asperum rau; streng 41
aspicere, aspiciō, aspexī erblicken 10, 13
at aber, jedoch, dagegen 19
āter, ātra, ātrum schwarz, düster 43
atque/ac und 9, und auch 22, *im Vergleich*: wie, als 35
iterum atque iterum immer wieder 18
attingere, attingō, attigī berühren 7, 15
auctor, auctōris *m* Anführer, Gründer, Ratgeber, Verfasser 17
Creonte auctōre auf Veranlasssung Kreons 30
auctōritās, auctōritātis *f* Ansehen, Einfluss, Macht 38
audācia Frechheit, Kühnheit 27
audēre, audeō wagen 30
audīre, audiō hören 8
auferre, auferō, abstulī, ablātum rauben, wegbringen 35
augēre, augeō, auxī, auctum vermehren, vergrößern 24
aureus, a, um golden 25
auris, auris *f (Gen. Pl.* –ium*)* Ohr 26
aurēs praebēre Gehör schenken, zuhören 29
aurum Gold 16
aut oder 37
aut ... aut entweder ... oder 42
autem aber, andererseits 3
auxilium Hilfe 7, *Pl.* Hilfstruppen 38
auxilium petere um Hilfe bitten 42
avē! sei gegrüßt! 1
āvertere, āvertō, āvertī, āversum abwenden, vertreiben 35

barbarus, a, um ausländisch, unzivilisiert 40; *Subst.* Ausländer, 'Barbar' 5
basilica Basilika, Halle 1
beātus, a, um glücklich, reich 48
bellum Krieg 10
bellum īnferre *(m. Dat.)* angreifen 43
bene *Adv.* gut 6
bene vertere zum Guten wenden 41
bene facere, quod gut daran tun, dass 46
rem bene gerere etwas gut durchführen, Erfolg haben 42
beneficium Wohltat 39
bēstia Tier 3
bibere, bibō trinken 9
bonum das Gut(e) 27
bonus, a, um gut 12
bonō animō esse guten Mutes/zuversichtlich sein 42
bona animī innere Werte 36
brevis, e kurz 46

cadere, cadō, cecidī fallen 28
caedēs, caedis *f (Gen. Pl.* –ium*)* Blutbad, Mord 43
caelum Himmel 28
calamitās, calamitātis *f* Schaden, Unglück, Niederlage 11

campus Feld, freier Platz, Ebene 24
cantāre singen 36
capere, capiō, cēpī, captum fassen, nehmen; erobern 10, 13, 25
amōre captus von Liebe ergriffen, verliebt 31
captīvus, a, um gefangen; *Subst.* (Kriegs-)Gefangener 19
caput, capitis *n* Kopf, Haupt; Hauptstadt 17
carmen, carminis *n* Lied, Gedicht 10
cārus, a, um lieb, teuer, wertvoll 32
castra, castrōrum *Pl.* Lager 38
castra pōnere ein Lager bauen/aufschlagen 43
causā Ursache, Sache, Prozess 12
causam afferre als Grund nennen 37
causā *(nachgestellt) m. Gen.* wegen 37
cavēre, caveō, cāvī, cautum *(m. Akk.)* sich hüten (vor), Vorsorge treffen 30
cēdere, cēdō, cessī, cessum gehen, nachgeben, weichen 31
celer, celeris, celere schnell 20
celeritās, celeritātis *f* Schnelligkeit 19
cella Kammer, Keller, Tempel(raum) 42
cēna Essen, Mahlzeit 6
cēnāre, cenō essen 34
cēnsēre, cēnseō, cēnsuī, cēnsum *(m. Akk.)* meinen, einschätzen, seine Stimme abgeben (für) 13, 24
centum *indekl.* hundert 38
cernere, cernō sehen, bemerken 35
certē *Adv.* gewiss, sicherlich 4
cessāre, cessō rasten, zögern 50
cēterī, ae, a die Übrigen 19
cibus Nahrung, Speise 9
cingere, cingō, cinxī umgeben, umzingeln 20
circiter *Adv.* ungefähr 7
circum *m. Akk.* um ... herum, rings um 24
circumvenīre, circumveniō, circumvēnī, circumventum umringen, umzingeln 40
circus Zirkus, Rennbahn 1
cīvis, cīvis *m (Gen. Pl.* -ium*)* Bürger 24
cīvitās, cīvitātis *f* Bürgerrecht; Gemeinde, Staat 22
clāmāre, clāmō laut rufen, schreien 1
clāmor, clāmōris *m* Geschrei, Lärm 3
clāmōrem tollere ein Geschrei erheben 3
clārus, a, um berühmt, hell, klar 14
classis, classis *f (Gen. Pl.* -ium*)* Flotte; Abteilung 20
claudere, claudō, clausī abschließen, einschließen 15
cōgere, cōgō, coēgī, coāctum (ver)sammeln, zwingen 31

cōgitāre, cōgitō denken, beabsichtigen 4
cōgitāre dē *m. Abl.* denken an 4
cognōscere, cognōscō, cognōvī, cognitum erkennen, kennenlernen 12, 29
colere, colō, coluī, cultum bewirtschaften, pflegen; verehren 5, 11, 24
colligere, colligō, collēgī, collēctum sammeln 30
comes, comitis *m/f* Gefährte, Begleiter(in) 10
committere, committō, commīsī, commissum anvertrauen, veranstalten, zustande bringen 17, 30
proelium committere eine Schlacht schlagen 30
scelus committere ein Verbrechen begehen 17
commodum Bequemlichkeit, Vorteil 48
commovēre, commoveō, commōvī, commōtum bewegen, veranlassen 23, 24
commūnis, e gemeinsam, allgemein 32
comparāre, comparō vergleichen 45
comperīre, comperiō, comperī, compertum (genau) erfahren 47
complēre, compleō, complēvī anfüllen, erfüllen 4, 11
complūrēs, complūra *(Gen.* complūrium*)* mehrere 24
compōnere, compōnō, composuī, compositum vergleichen 7, 11; abfassen, ordnen, schlichten 45
comprehendere, comprehendō, comprehendī, comprehēnsum begreifen, ergreifen, festnehmen 44
concēdere, concēdō, concessī erlauben, nachgeben, zugestehen 18
condere, condō, condidī, conditum verwahren, verbergen, bestatten 30; erbauen, gründen 32
condiciō, condiciōnis *f* Bedingung, Lage, Verabredung 35
condūcere, condūcō, condūxī zusammenführen; anwerben, mieten 23
cōnferre, cōnferō, cōntulī, collātum vergleichen, zusammentragen 35
cōnficere, cōnficiō, cōnfēcī, cōnfectum beenden, fertigmachen 25
cōnfirmāre, cōnfirmō bekräftigen, ermutigen, stärken 22
conicere, coniciō, coniēcī (zusammen)werfen, folgern, vermuten 16
coniungere, coniungō, coniūnxī, coniūnctum verbinden, vereinigen 50
coniūnx, coniugis *m/f* Gatte, Gattin 27
cōnscius, a, um *(m. Gen.)* bewusst, eingeweiht (in); *Subst.* Teilnehmer, Zeuge 47
cōnscrībere, cōnscrībō, cōnscrīpsī, cōnscrīptum aufschreiben, verfassen 38

mīlitēs cōnscrībere Soldaten anwerben 38
cōnsequī, cōnsequor, cōnsecūtus sum erreichen, nachfolgen 50
cōnservāre, cōnservō (ā *m. Abl.*) retten (vor), bewahren 40
cōnsīdere, cōnsīdō, cōnsēdī sich setzen, sich niederlassen 9, 38
cōnsilium Beratung, Beschluss, Plan, Rat 7
cōnsistere, cōnsistō, cōnstitī haltmachen, sich aufstellen 5, 20
cōnspicere, cōnspiciō, cōnspexī, cōnspectum erblicken 32
cōnstāre, cōnstō, cōnstitī feststehen; kosten 33
inter eōs cōnstat es steht für sie fest 46
magnō cōnstāre viel kosten, teuer sein 33
cōnstāre (ex *m. Abl.*) bestehen aus 45
cōnstituere, cōnstituō, cōnstituī, cōnstitūtum festsetzen, beschließen 30
cōnsuēscere, cōnsuēscō, cōnsuēvī, cōnsuētum sich gewöhnen (an); *Perf.*: gewohnt sein 37
cōnsuētūdō, cōnsuētūdinis *f* Gewohnheit 41
cōnsuētūdō vītae gewohnte Lebensweise 41
cōnsul, cōnsulis *m* Konsul 5
cōnsulere, cōnsulō, cōnsuluī, cōnsultum befragen; beraten 13; *m. Dat.*: sorgen für 33
cōnsulere in *m. Akk.* Maßnahmen ergreifen gegen 27
cōnsulere dē *m. Abl.* beraten über 13
cōnsūmere, cōnsūmō, cōnsūmpsī, cōnsūmptum verbrauchen, verwenden 27
tempus cōnsūmere die Zeit aufbrauchen/verschwenden 44
contendere, contendō, contendī eilen, sich anstrengen 3, 15; behaupten 18; kämpfen 38
contentus, a, um *(m. Abl.)* zufrieden (mit) 16
continēre, contineō, continuī festhalten 17
contingere, contingō, contigī, contāctum berühren; gelingen 27
contrā *m. Akk.* gegen 42
convenīre, conveniō, convēnī besuchen, zusammenkommen, zusammenpassen 9, 13
convertere, convertō, convertī, conversum (in *m. Akk.*) verändern, (um)wenden; richten (auf) 7, 48
convīvium Gastmahl, Gelage 7
convocāre, convocō versammeln 15
cōpia Menge, Möglichkeit, Vorrat 7
cōpiae, cōpiārum *Pl.* Truppen 16
corpus, corporis *n* Körper, Leichnam 16
corripere, corripiō, corripuī ergreifen, gewaltsam an sich reißen 10, 11
corrumpere, corrumpō, corrūpī, corruptum bestechen, verderben 29
crēdere, crēdō, crēdidī anvertrauen, glauben 11, 21
in deum crēdere an Gott glauben 46
crēscere, crēscō, crēvī wachsen 18
crīmen, crīminis *n* Beschuldigung, Vorwurf, Verbrechen 14
crūdēlis, e grausam 21
culpa Schuld 50
cultus, cultūs *m* Bildung, Lebensweise 40; Pflege, Verehrung 42
cum *m. Abl.* mit, zusammen mit 4
cum *Subj. m. Ind.* (immer) wenn, als (plötzlich), (zu der Zeit) als 16
cum *Subj. m. Konj.* als, nachdem; weil; obwohl; während (dagegen) 38
cūnctī, ae, a alle (zusammen) 13
cupere, cupiō, cupīvī verlangen, wünschen, wollen 10, 11
cupiditās, cupiditātis *f (m. Gen.)* (heftiges) Verlangen (nach), Leidenschaft 44
cupidus, a, um *(m. Gen.)* (be)gierig (nach) 44
cūr? warum? 3
cūra Sorge, Pflege 22
cūrae esse *m. Dat.* jemandem Sorge bereiten/am Herzen liegen/zu jemandes Aufgaben gehören 33
mihi magnae cūrae est es ist mir sehr wichtig 36
cūrāre, cūrō *(m. Akk.)* pflegen, sorgen für, besorgen 14
cūria Kurie, Rathaus 1
currere, currō, cucurrī eilen, laufen 2, 15
cūstōs, cūstōdis *m/f* Wächter(in) 30

damnāre, damnō *(m. Gen.)* verurteilen (wegen) 29
dare, dō, dedī, datum geben 2, 15, 24
sortem dare einen Orakelspruch geben 22
dē *m. Abl.* von, von ... her, von ... herab; über 4
dea Göttin 8
dēbēre, dēbeō, dēbuī, dēbitum müssen, sollen; schulden 5, 24
decem *indekl.* zehn 49
dēcernere, dēcernō, dēcrēvī beschließen, entscheiden, zuerkennen 14
dēdere, dēdō, dēdidī, dēditum ausliefern, übergeben 31
dēdūcere, dēdūcō, dēdūxī, dēductum hinführen, wegführen 41

deesse, dēsum, dēfuī abwesend sein, fehlen 31
dēfendere, dēfendō, dēfendī abwehren, verteidigen, schützen 5, 15
dēficere, dēficiō, dēfēcī abnehmen, ermatten; verlassen, ausgehen 18
animō dēficere den Mut sinken lassen 18
dēficere ā *m. Abl.* abfallen von 38
deinde *(Adv.)* dann, darauf 10
dēlectāre erfreuen, unterhalten 4
dēligere, dēligō, dēlēgī, dēlēctum (aus)wählen 24
dēmittere, dēmittō, dēmīsī, dēmissum hinabschicken, sinken lassen 28
dēmōnstrāre, dēmōnstrō beweisen, darlegen 38
dēmum *Adv.* endlich 26
dēnique *Adv.* schließlich, zuletzt 2
dēpōnere, dēpōnō, dēposuī ablegen, niederlegen, aufgeben 4, 11
dēscendere, dēscendō, dēscendī, dēscēnsum herabsteigen 35
dēserere, dēserō, dēseruī, dēsertum im Stich lassen, verlassen 20, 27
dēsīderāre, dēsīderō *m. Akk.* sich sehnen nach, vermissen 19
dēsinere, dēsinō, dēsiī aufhören 21
dēsperārē, dēspērō (dē *m. Abl.*) die Hoffnung aufgeben (auf), verzweifeln (an) 14
deus Gott, Gottheit 5
in deum crēdere an Gott glauben 46
dextera die rechte Hand, die Rechte 18
dīcere, dīcō, dīxī, dictum sagen, sprechen 7, 13, 26
salūtem dīcere *m. Dat.* (jmd.) grüßen 23
dictum Ausspruch 40
diēs, dieī *m* Tag 31
differre, differō, distulī, dīlātum (ā *m. Abl.*) sich unterscheiden (von) 41
difficilis, e schwierig 30
dīgnitās, dīgnitātis *f* Würde, Ansehen, gesellschaftliche Stellung 25
dīgnus, a, um *(m. Abl.)* wert, würdig (e. Sache) 46
dīligēns, dīligentis gewissenhaft, sorgfältig 36
dīligere, dīligō, dīlēxī, dīlēctum hochachten, lieben 47
dīmittere, dīmittō, dīmīsī aufgeben, entlassen 14
discēdere, discēdō, discessī auseinandergehen, weggehen 15
discere, discō, didicī lernen, erfahren 37
disciplīna Disziplin, Lehre 29
diū *Adv.* lange Zeit 2
dīversus, a, um entgegengesetzt, feindlich, verschieden 33
dīves, dīvitis reich 36
dīvīnus/dīvus, a, um göttlich 44
docēre, doceō, docuī, doctum lehren, unterrichten 29
dolēre, doleō *(m. Abl.)* schmerzen; bedauern, Schmerz empfinden (über etw.) 5
dolor, dolōris *m* Schmerz 26
dolōribus afficere aliquem jemandem Schmerzen zufügen 45
dolus List, Täuschung 21
domina Herrin 6
dominus Herr 9
domum *Adv.* nach Hause 8
domus, domūs *f* Haus 28
dōnāre, dōnō schenken 21
dōnum Geschenk 4
dubitāre, dubitō *(m. Inf.)* zögern 5
dubitāre, dubitō zweifeln 31
nōn dubitō, quīn ich zweifle nicht, dass 41
dūcere, dūcō, dūxī, ductum führen, ziehen 8, 13, 24
dulcis, e angenehm, süß 32
dum *Subj.* während, solange, (so lange) bis 16
duo, duae, duo zwei 15
dūrus, a, um hart 42
dux, ducis *m* Anführer 25
Polynīce duce unter der Führung des Polyneikes 30

ē/ex *m. Abl.* aus, von ... her 5
ecce schau/schaut, sieh da/seht da! 2
ēdere, ēdō, ēdidī, ēditum herausgeben, bekannt machen 45
ēdūcere, ēdūcō, ēdūxī, ēductum herausführen 32
efferre, efferō, extulī, ēlātum herausheben, hervorbringen 39
efficere, efficiō, effēcī, effectum bewirken, herstellen 38
effugere, effugiō, effūgī *(m. Akk.)* entfliehen, entkommen 32
egō *(betont)* ich 11
ēgredī, ēgredior, ēgressus sum herausgehen, verlassen 49
ēgregius, a, um ausgezeichnet, hervorragend 34
ēicere, ēiciō, ēiēcī hinauswerfen, vertreiben 20
ēiusmodī *indekl.* derartig, so beschaffen 35
emere, emō, ēmī, ēmptum kaufen 6, 33
magnō pretiō emere/vendere (für einen hohen Preis) teuer kaufen/verkaufen 33

enim *Adv. (nachgestellt)* nämlich, in der Tat 11
eō *Adv.* dorthin 10
epistula Brief 27
eques, equitis *m* Reiter, Ritter 25
equidem (ich) allerdings, freilich 13
equus Pferd 2
ergō *Adv.* also 44
ēripere, ēripiō, ēripuī entreißen 17
errāre, errō (sich) irren 14
error, errōris *m* Irrtum, Fehler 44
esse sein 1; sich befinden 11
  bonō animō esse guten Mutes sein, zuversichtlich sein 42
  cūrae esse *m. Dat.* jmd. Sorge bereiten, jmd. wichtig sein 33
  gaudiō esse Freude bereiten 40
  honōrī esse *m. Dat.* jmd. Ehre verschaffen 33
  laudī esse lobenswert sein 36
  ūsuī esse von Nutzen sein 33
et und, auch 1
et ... et sowohl ... als auch 12
etiam auch, sogar 2
etiam *m. Komparativ* noch 33
etsī *Subj.* auch wenn, obwohl 16
ēvenīre, ēveniō, ēvēnī, ēventum sich ereignen 32
ex *m. Abl.* aus, von ... her 5
  ex illō tempore seit jener Zeit 42
excēdere, excēdō, excessī, excessum hinausgehen, weggehen 17, 42
excipere, excipiō, excēpī, exceptum aufnehmen, eine Ausnahme machen 24
excitāre, excitō wecken, erregen, ermuntern 15
exemplum Beispiel, Vorbild 14
exercēre, exerceō üben, trainieren; quälen 29
exercitus, exercitūs *m* Heer 30
exigere, exigō, exēgī, exāctum (ein)fordern, vollenden 47
exīre, exeō, exiī herausgehen 22
exīstimāre, exīstimō (ein)schätzen, meinen 18
exitus, exitūs *m* Ausgang, Ende 42
expellere, expellō, expulī vertreiben, verbannen 12, 15
exspectāre, exspectō warten, erwarten 2
exstinguere, exstinguō, exstīnxī, exstīnctum auslöschen, vernichten 29
extrā *m. Akk.* außerhalb (von) 32

fābula Geschichte, Erzählung, Theaterstück 23
facere *m. dopp. Akk.* jmd. zu etwas machen 32
facere, faciō, fēcī, factum machen, tun, handeln 10, 13, 25
  bene facere, quod gut daran tun, dass 46
  facere fīnem *m. Gen.* beenden, aufhören (mit) 22
  sūmptūs facere Ausgaben tätigen, ausgeben 34
  verba facere dē *m. Abl.* Gespräche führen / reden über 16
facile *Adv.* leicht (zu tun) 38
facilis, e leicht (zu tun) 20
facinus, facinoris *n* Handlung, Untat 30
factum Handlung, Tat, Tatsache 45
fallere, fallō, fefellī täuschen, betrügen 20
falsus, a, um falsch 14
familia Familie, Hausgemeinschaft 14
familiāris, e freundschaftlich, vertraut; *Subst.* Freund 32
fātum Schicksal, Götterspruch 21
fēlīx, fēlīcis erfolgreich, glückbringend, glücklich 48
fēmina Frau 41
ferē *Adv.* beinahe, fast; ungefähr 48
ferre, ferō, tulī, lātum bringen, tragen; ertragen 35
ferrum Eisen, Waffe 23
ferus, a, um wild 40
fidēs, fideī *f* Glaube, Treue, Vertrauen, Zuverlässigkeit 31
  fidem praestāre die Treue halten 31
fierī, fīō, factus sum gemacht werden; geschehen, werden 43
fīlia Tochter 7
fīlius Sohn 7
fingere, fingō, fīnxī, fictum gestalten, sich (etwas) ausdenken 46
fīnis, is *m (Gen. Pl.* -ium*)* Grenze, Ende; Ziel, Zweck; *Pl.* Gebiet 19
  facere fīnem *m. Gen.* beenden, aufhören (mit) 22
flāgitium Gemeinheit, Schandtat 30
flamma Feuer, Flamme 31
flectere, flectō, flēxī biegen, (hin)lenken, umstimmen 21
flēre, fleō, flēvī beklagen, (be)weinen 11
flūctus, flūctūs *m* Flut, Strömung 28
flūmen, flūminis *n* Fluss 39
forās *Adv.* heraus, hinaus *(wohin?)* 35
fōrma Form, Gestalt, Schönheit 46
forte *Adv.* zufällig 45
fortis, e tapfer, kräftig 20
fortūna Glück, Schicksal 20
forum Marktplatz, Forum, Öffentlichkeit 1
frangere, frangō, frēgī, frāctum zerbrechen 28

frāter, frātris *m* Bruder 11
frequēns, frequentis häufig, zahlreich 37
frūctus, frūctūs *m* Ertrag, Frucht, Nutzen 39
frūmentum Getreide 39
frūstrā *Adv.* vergeblich 11
fuga Flucht 21
fugere, fugiō, fūgī *m. Akk.* fliehen (vor), meiden 20
fūnus, fūneris *n* Begräbnis, Untergang 29
fūr, fūris *m* Dieb 4
furor, furōris *m* Wahnsinn, Wut 31
futūrus, a, um zukünftig, kommend 42
  rēs futūrae Zukunft 42

gaudēre, gaudeō *m. Abl.* sich freuen über etw. 1, 5
gaudium Freude 8
  gaudiō esse Freude bereiten 40
gemitus, gemitūs *m* Seufzen, Stöhnen; Traurigkeit 28
gēns, gentis *f (Gen. Pl.* -ium*)* Familienverband, Stamm, Volk 8
genus, generis *n* Abstammung, Art, Geschlecht 34
gerere, gerō, gessī, gestum ausführen, führen, tragen 7, 39
  rem bene gerere etwas gut durchführen, Erfolg haben 42
  sē gerere sich verhalten 21
  rēs gestae Taten 39
gladius Schwert 40
glōria Ehre, Ruhm 24
grandis, e alt; bedeutend, groß 40
grātia Ansehen, Beliebtheit, Dank, Gefälligkeit 9
  grātiās agere danken 9
grātus, a, um dankbar, willkommen, beliebt 20
gravis, e schwer 21

habēre, habeō, habuī, habitum haben, halten 9, 24
  rēs ita sē habet die Sache verhält sich so 45
habitāre, habitō bewohnen, wohnen 41
haud nicht 42
hercule(s)! beim Herkules! 36
hīc hier 1
hic, haec, hoc dieser, diese, dieses (hier); folgender 25
hiems, hiemis *f* Winter, Unwetter 41
hinc *Adv.* von hier, hierauf 26
hodiē Adv. heute 2
homō, hominis *m* Mensch 10
honestus, a, um angesehen, ehrenhaft 30
honor/honōs, honōris *m* Ehre, Ehrenamt 30
  honōrī esse *m. Dat.* jemandem zu Ehre verhelfen/ Ehre verschaffen 33

hōra Stunde, Zeit 44
  hōra abit die Zeit verfliegt 44
hortārī, hortor, hortātus sum auffordern, ermahnen 49
hospes, hospitis *m* Fremder, Gast, Gastgeber 9
hostis, hostis *m (Gen. Pl.* -ium*)* Feind (Landesfeind) 11
  (hostēs/urbem) petere (Feinde/eine Stadt) angreifen 11
hūc *Adv.* hierher 26
hūmānus, a, um gebildet, menschlich 41

iacēre, iaceō, iacuī liegen 27
iam *Adv.* nun, schon 3
ibī dort 1
īdem, eadem, idem derselbe, der gleiche 28
idōneus, a, um geeignet, passend 36
igitur *Adv.* also, folglich 39
īgnārus, a, um *(m. Gen.)* ohne Kenntnis, unwissend 45
īgnis, īgnis *m* Feuer 32
īgnōrāre, īgnōrō nicht kennen, nicht wissen 12
  nōn īgnōrāre genau wissen, gut kennen 12
īgnōtus, a, um unbekannt 23
ille, illa, illud jener, jene, jenes 25
  ex illō tempore seit jener Zeit 42
  illud philosophōrum jenes bekannte Wort der Philosophen 35
illīc *Adv.* dort 21
illūc *Adv.* dahin, dorthin 25
imāgō, imāginis *f* Abbild, Bild 47
immō (vērō) *Adv.* ja sogar, vielmehr; im Gegenteil 18
immortālis, e unsterblich 41
imperāre, imperō *(m. Dat.)* befehlen, herrschen (über) 15
imperātor, imperātōris *m* Befehlshaber, Feldherr, Kaiser 10
imperium Befehl, Befehlsgewalt, Herrschaft, Herrschaftsgebiet 16
impetrāre, impetrō erreichen, durchsetzen 30
impetus, impetūs *m* Angriff, Schwung 40
impius, a, um gottlos, gewissenlos 35
impōnere, impōnō, imposuī, impositum auferlegen, (hin)einsetzen 36
imprīmīs *Adv.* besonders, vor allem 14
improbus, a, um schlecht, unanständig 17
in *m. Abl.* in, an, auf, bei *(wo?)* 4
  in ōre omnium esse in aller Munde sein 36
  in tūtō in Sicherheit 19
in *m. Akk.* in (... hinein), nach (... hin), gegen *(wohin?)* 3
  in deum crēdere an Gott glauben 46

in lūcem prōferre ans Licht bringen, verraten 49
incēdere, incēdō, incessī, incessum *m. Akk.* heranrücken, eintreten; (jmd.) befallen 25
incendere, incendō, incendī, incēnsum entflammen, in Brand stecken 31
īrā incēnsus zornentbrannt 41
odiō incēnsus voller Hass 45
incertus, a, um ungewiss, unsicher 43
incipere, incipiō, incepī (coepī), inceptum anfangen, beginnen 29
incolumis, e unverletzt, wohlbehalten 42
incrēdibilis, e unglaublich 23
inde *Adv.* von dort; darauf; deshalb 34
indicāre, indicō anzeigen, melden 17
indicium Anzeige, Kennzeichen 48
indīgnus, a, um *(m. Abl.)* unwürdig (einer Sache) 44
indūcere, indūcō, indūxī (hin)einführen, verleiten 9, 17
īnfēlīx, īnfēlīcis unglücklich 50
īnferī, īnferōrum *Pl.* Bewohner der Unterwelt, Unterwelt 49
īnferre, īnferō, intulī, illātum hineintragen, zufügen 43
bellum īnferre *(m. Dat.)* angreifen 43
īnfestus, a, um feindlich, feindselig 17
ingenium Begabung, Talent 34
ingēns, ingentis gewaltig, ungeheuer 16
inimīcus, a, um feindlich; *Subst.* Feind 16
inīquus, a, um ungerecht, ungleich 45
inīre, ineō, iniī hineingehen; beginnen 20
iniūria Beleidigung, Unrecht, Gewalttat 5
inopia Mangel, Not 29
inquit *(in die wörtl. Rede eingeschoben)* sagt(e) er 12
īnsidiae, īnsidiārum *Pl.* Falle, Attentat, Hinterlist 15
īnsidiās parāre eine Falle stellen 15
īnstare, īnstō, īnstitī bevorstehen, hart zusetzen 20
īnstituere, īnstituō, īnstituī beginnen, einrichten, unterrichten 10, 15
īnstruere, īnstruō, īnstrūxī, īnstrūctum aufstellen, ausrüsten; unterrichten 24
intellegere, intellegō, intellēxī (be)merken, verstehen 22
inter *m. Akk.* unter, während; zwischen 26
inter eōs cōnstat es steht für sie fest 46
intereā *Adv.* inzwischen, unterdessen 41
interesse, intersum *m. Dat.* dazwischen sein, teilnehmen an 9
interest *(m. Gen.)* es ist wichtig (für jmd.) 29
interficere, interficiō, interfēcī, interfectum töten, vernichten 24
interim *Adv.* inzwischen 44
interrogāre, interrogō fragen 17
intrā *m. Akk.* innerhalb (von) 28
intrāre, intrō betreten, eintreten 3
intus *Adv.* im Inneren, innen 19
invenīre, inveniō, invēnī, inventum finden, erfinden 23, 45
invidia Neid 45
invītus, a, um ungern, gegen den Willen 30
Creonte invītō gegen den Willen Kreons 30
ipse, ipsa, ipsum *(Gen.* ipsīus, *Dat.* ipsī*)* (er, sie, es) selbst 27
īra Zorn 11
per īram im Zorn 11
īrā incēnsus zornentbrannt 41
īre, eō, iī, itum gehen 20, 42
is, ea, id dieser, diese, dieses; er, sie, es 15
iste, ista, istud *(Gen.* istīus, *Dat.* istī*)* dieser (da) 40
ita *Adv.* so 12
rēs ita sē habet die Sache verhält sich so 45
itaque *Adv.* deshalb 3
iter, itineris *n* Reise, Weg, Marsch 9
iterum *Adv.* wiederum 18
iterum atque iterum immer wieder 18
iubēre, iubeō, iussī *(m. Akk.)* anordnen, befehlen 6, 21
iūcundus, a, um angenehm, erfreulich 21
iūdex, iūdicis *m* Richter 50
iūdicāre, iūdicō beurteilen, urteilen 46
iūdicium Gericht, Urteil 37
iūs, iūris *n* Recht 50
iūre optimō mit vollem Recht 50
iūstus, a, um gerecht 48
iuvāre, iuvō, iūvī unterstützen, erfreuen 50
iuvenis, iuvenis *m* junger Mann; *Adj.* jung 26
iuventūs, iuventūtis *f* Jugend 37

labor, labōris *m* Anstrengung, Arbeit 13
labōrēs subīre Arbeiten verrichten 31
labōrāre, labōrō arbeiten 6
labōrāre *m. Abl.* leiden (an) 39
lacrima Träne 11
laedere, laedō, laesī beschädigen, verletzen, beleidigen 17
laetitia Freude 39
laetus, a, um froh; fruchtbar 35
latēre, lateō, latuī verborgen sein 46
laudāre, laudō loben 4

laus, laudis *f* Lob, Ruhm 36
laudī esse lobenswert sein 36
lavāre, lavō, lāvī, lautum waschen, reinigen 33
manus manum lavat eine Hand wäscht die andere 33
lectus Bett, Liegesofa 27
lēgātiō, lēgātiōnis *f* Gesandtschaft 22
lēgātus Gesandter, Bevollmächtigter 22
legere, legō, lēgī, lēctum lesen, auswählen 10, 24
legiō, legiōnis *f* Legion (ca. 5000–6000 Mann) 13
levis, e leicht, leichtsinnig 31
lēx, lēgis *f* Gesetz, Bedingung 30
libellus kleines Buch, Heft 44
libēns, libentis gern 21
līber, lībera, līberum frei 23
liber, librī Buch 10
līberāre, līberō befreien, freilassen 12
līberī, līberōrum *Pl.* Kinder 6
lībertās, lībertātis *f* Freiheit 38
lībertīnus Freigelassener 36
lībertus Freigelassener 8
libet, libuit es gefällt 31
licentia Freiheit, Willkür 38
licet, licuit es ist erlaubt, es ist möglich 5
lingua Rede, Sprache 33
littera Buchstabe; *Pl.* Brief; Literatur, Wissenschaft 37
litterīs mandāre schriftlich festhalten, aufschreiben 37
lītus, lītoris *n* Küste, Strand 21
locus Ort, Platz, Stelle 21
longus, a, um lang, weit 24
loquī, loquor, locūtus sum reden, sprechen 49
lūctus, lūctūs *m* Trauer 28
lūdus Spiel, Wettkampf; Schule 2
lūmen, lūminis *n.* Licht, Auge 46
lūna Mond 41
lūx, lūcis *f* Licht, Tageslicht 15
in lūcem prōferre ans Licht bringen, verraten 49
prīmā lūce bei Tagesanbruch 15

magis *Adv.* mehr, eher 26
magistrātus, magistrātūs *m* Amt; Beamter 28
magnitūdō, magnitūdinis *f* Größe 35
magnus, a, um groß, bedeutend 12
magnā vōce mit lauter Stimme 12
mihi magnae cūrae est es ist mir sehr wichtig 36
magnī aestimāre hochschätzen 29
magnō cōnstāre viel kosten, teuer sein 33
magnō pretiō emere/vendere (für einen hohen Preis) teuer kaufen/verkaufen 33
māior, māiōris größer 33
quod māius est was noch wichtiger ist 46
māiōrēs, māiōrum *m* Vorfahren 9
male *Adv.* schlecht, schlimm 29
malum Leid, Übel, Unglück 31
mandāre, mandō einen Auftrag geben, übergeben 24
litterīs mandāre schriftlich festhalten, aufschreiben 37
manēre, maneō, mānsī, mānsūrum *(m. Akk.)* bleiben, warten, warten auf 13, 42
manifestus, a, um offenkundig; überführt 17
manus, manūs *f* Hand 28; Schar (von Bewaffneten) 37
manus manum lavat eine Hand wäscht die andere 33
mare, maris *n (Gen. Pl.* -ium*)* Meer 19
marītus Ehemann 11
māter, mātris *f* Mutter 6
maximē *Adv.* am meisten, besonders 33
maximus, a, um der größte, sehr groß 33
mē *Akk.* mich 13
melior, meliōris besser 33
membrum Glied, Körperteil 26
memor, memoris *m. Gen.* in Erinnerung an 28
memorāre, memorō erwähnen, sagen 42
memoria Erinnerung, Gedächtnis; Zeit 35
memoriae studēre das Gedächtnis üben 37
memoriā tenēre im Gedächtnis behalten 35
mēns, mentis *f (Gen. Pl.* –ium*)* Geist, Sinn, Verstand; Meinung 30
mēnsa Tisch 6
mercātor, mercātōris Kaufmann, Händler 3
metuere, metuō, metuī (sich) fürchten 27
metus, metūs *m* Angst 28
meus, a, um mein 13
mihi *Dat.* mir 11
mihi magnae cūrae est es ist mir sehr wichtig 36
mīles, mīlitis *m* Soldat 13
mīlitēs cōnscrībere Soldaten anwerben 38
mīlitāris, e Kriegs-, militärisch 34
mīlle *(Sg. indekl., Pl.* mīlia, mīlium*)* tausend 49
minimē *Adv.* am wenigsten, überhaupt nicht 44
minimus, a, um der kleinste, der geringste 33
minor, minōris geringer, kleiner 33
minus *Adv.* weniger 35
mīrārī, mīror, mīrātus sum bewundern, sich wundern 49
mīrus, a,um wunderbar, erstaunlich 23

miser, misera, miserum arm, erbärmlich, unglücklich 12
miseria Not, Elend, Unglück 25
mittere, mittō, mīsī, missum (los)lassen, schicken, werfen 6, 15, 24
modo *Adv.* eben (noch) 19; nur 36
modus Art, Weise; Maß 29
moenia, moenium *n Pl.* (Stadt-)Mauern 13
mollis, e weich, angenehm; freundlich 36
monēre, moneō, monuī (er)mahnen 15
monēre, nē warnen, dass 50
mōns, montis *m (Gen. Pl.* -ium*)* Berg 8
mōns Ēsquilīnus Esquilin 8
mōnstrum Wunderzeichen; Ungeheuer, Gespenst 23
monumentum Denkmal 16
mora Aufenthalt, Verzögerung 44
morārī, moror, morātus sum (sich) aufhalten 49
morbus Krankheit 35
morī, morior, mortuus sum sterben 49
mors, mortis *f (Gen. Pl.* -ium*)* Tod 12
mortālis, e sterblich; *Subst.* Mensch 25
mōs, mōris *m* Sitte, Brauch; *Pl.* Charakter 9
mōtus, mōtūs *m* Bewegung 28
mōtus terrae Erdbeben 28
movēre, moveō, mōvī, mōtum bewegen 23, 24
mox *Adv.* bald, dann 23
mulier, mulieris *f* Frau 3
multitūdō, multitūdinis *f* große Zahl, Menge 10
multō *Adv.* (um) viel 42
multum *Adv.* sehr, viel 34
multum valēre viel gelten 16
multum/omnia posse (viel/alles können) große/unumschränkte Macht haben 37
multus, a, um viel 12
multōs annōs viele Jahre (lang) 34
multa *n Pl.* viel(es) 12
multī, ae viele 12
mūnīre, mūniō, mūnīvī bauen, befestigen, schützen 11
mūnītiō, mūnītiōnis *f* Bau, Befestigung 43
mūnus, mūneris *n* Aufgabe; Geschenk 9
mūrus Mauer 11
mūtāre, mūtō (ver)ändern, verwandeln 29

nam denn, nämlich 1
nam(que) denn, nämlich 48
narrāre, narrō (dē *m. Abl.*) erzählen (von/über) 9
nāscī, nāscor, nātus sum entstehen, geboren werden 49
nātiō, nātiōnis *f* Volk, Volksstamm 50
nātūrā Beschaffenheit, Natur, Wesen 26
nauta *m* Seemann, Matrose 19
nāvis, nāvis *f (Gen. Pl.* -ium*)* Schiff 16
nē *im Hauptsatz* nicht *(verneinter Befehl oder Wunsch)* 46
nē *Subj. m. Konj.* dass nicht, damit nicht; dass *(nach Ausdrücken des Fürchtens und Hinderns)* 38
timēre, nē fürchten, dass 38
-ne *(angehängt)* *(unübersetzte Fragepartikel)* 10
-ne *im indir. Fragesatz* ob 39
-ne … an ob … oder 39
nec … nec weder … noch 42
nec/neque und nicht, auch nicht, nicht einmal 42
necāre, necō, necāvī töten 11
necessārius, a, um notwendig 29
nefārius, a, um gottlos, verbrecherisch 47
negāre, negō verneinen, leugnen; verweigern 18
neglegere, neglegō, neglēxī, neglēctum nicht (be)achten, vernachlässigen 28
negōtium Aufgabe, Geschäft, Angelegenheit 8
nēmō, nēminis niemand 17
nēmō nescit jeder weiß 17
neque und nicht, auch nicht, nicht einmal 14
neque … neque weder … noch 19
nescīre, nesciō, nescīvī nicht wissen 14
nēmō nescit jeder weiß 17
nex, necis *f* Mord, Tod 11
nihil/nīl nichts 26
nihil pertinet ad *m. Akk.* es ist unwichtig/hat keine Bedeutung für 43
nihil (aliud) nisi nichts anderes als, nichts außer, nur 44
nimis *Adv.* (all)zu, (all)zu sehr 21
nimium *Adv.* (all)zu, (all)zu sehr 36
nimius, a, um übermäßig, zu groß 25
nisi *Subj.* wenn nicht 41
nihil (aliud) nisi nichts anderes als, nichts außer, nur 44
nō(vi)sse, nōvī *Perf.* kennen, wissen 34
nōbilis, e adelig, berühmt, vornehm 20
nōbilitās, nōbilitātis *f* Adel, vornehme Abstammung 37
nōbīs uns 13
nocturnus, a, um nächtlich 23
nōlle, nōlō, nōluī nicht wollen 7, 11
nōmen, nōminis *n* Name 24
nōmināre, nōminō nennen 28

nōmine namens 34
nōn nicht 3
nōn dēbēre nicht dürfen 18
nōn dubitō, quīn ich zweifle nicht, dass 41
nōn īgnōrāre genau wissen, gut kennen 12
nōn iam *Adv.* nicht mehr 3
nōn modo ... sed etiam nicht nur ... sondern auch 34
nōn sōlum ... sed etiam nicht nur ... sondern auch 13
nōndum noch nicht 36
nōn-ne *im dir. Fragesatz* (etwa) nicht? 7
nōnnūllī, ae, a einige, manche 17
nōs *Nom./Akk.* wir/uns 13
nōscere, nōscō, nōvī, nōtum erkennen, kennenlernen 34
nōvisse, nōvī *Perf.* kennen, wissen 34
noster, nostra, nostrum unser 13
nōtus, a, um bekannt 47
novus, a, um neu, ungewöhnlich 16
novīs rēbus studēre nach Umsturz streben 38
quid novī? was an Neuigkeiten? 34
nox, noctis *f (Gen. Pl.* -ium*)* Nacht 15
multā nocte in tiefer Nacht 15
nūbere, nūbō, nūpsī, nūptum *m. Dat.* heiraten 27
nūdus, a, um nackt 45
nūllus, a, um *(Gen.* nūllīus, *Dat.* nūllī) kein 27
num *im dir. Fragesatz* etwa? 12
num *im indir. Fragesatz* ob 39
nūmen, nūminis *n* Gottheit, göttlicher Wille 32
numerus Menge, Zahl 37
numquam *Adv.* niemals 4
nunc *Adv.* jetzt, nun 2
nūntiāre, nūntiō melden 5
nūntius Bote, Nachricht 5
nūper *Adv.* neulich, vor kurzem 17

ō(h) ach, oh 11
ob *m. Akk.* wegen; für 34
obicere, obiciō, obiēcī, obiectum darbieten, vorwerfen 42
sē alicui obicere sich jemandem entgegenwerfen, sich auf jemanden stürzen 42
obscūrus, a, um dunkel, unbekannt 19
obsecrāre, obsecrō anflehen, bitten 30
observāre, observō beobachten 19
obses, obsidis *m/f* Geisel 38
obtinēre, obtineō, obtinuī (in Besitz) haben, (besetzt) halten 30
occidere, occidō, occidī umkommen, untergehen 40
occīdere, occīdō, occīdī, occīsum niederschlagen, töten 30
occupāre, occupō besetzen, einnehmen 12
occurrere, occurrō, occurrī begegnen, entgegentreten 26
oculus Auge 7
ōdisse, ōdī *Perf.* hassen 46
odium Hass 45
odiō incēnsus voller Hass 45
officium Dienst, Pflicht(gefühl) 24
omittere, omittō, omīsī, omissum aufgeben, beiseite lassen 45
omnīnō *Adv.* insgesamt, überhaupt, völlig 46
omnis, e ganz, jeder; *Pl.* alle 20
multum/omnia posse („viel/alles können") große/unumschränkte Macht haben 37
in ōre omnium esse in aller Munde sein 36
opīnārī, opīnor glauben, meinen 50
opīniō, opīniōnis *f* Meinung, (guter) Ruf 45
ut opīniō mea est meiner Meinung nach 45
oportet, oportuit es ist nötig, es gehört sich 18
oppidum Stadt 13
opprimere, opprimō, oppressī, oppressum bedrohen, niederwerfen, unterdrücken 48
oppūgnāre, oppūgnō angreifen 40
ops, opis *f* Hilfe, Kraft; *Pl.* Macht, Mittel, Reichtum 27
optāre, optō wünschen 33
optimus, a, um der beste, sehr gut 33
iūre optimō mit vollem Recht 50
opus est *m. Abl.* es ist nötig, man braucht 27
opus, operis *n* Arbeit, Werk 44
ōrāculum Orakel, Götterspruch, Orakelstätte 22
ōrāre, ōrō *(m. dopp. Akk.)* bitten (jemd. um etwas) 8
ōrātiō, ōrātiōnis *f* *Rede 9*
orbis, orbis *m (Gen. Pl.* -ium*)* Kreis(lauf); Erdkreis, Welt 39
orbis terrārum Erdkreis 39
ōrdō, ōrdinis *m* Ordnung, Reihe, Stand 37
orīrī, orior, ortus sum entstehen, sich erheben 50
ōrnāre, ōrnō schmücken 6
ōs, ōris *n* Gesicht, Mund 36
in ōre omnium esse in aller Munde sein 36
ostendere, ostendō, ostendī zeigen, darlegen 6, 15
ōtium freie Zeit, Ruhe (von berufl. Tätigkeit) 34; Frieden 39

paene *Adv.* fast, beinahe 18
palam *Adv.* bekannt, in aller Öffentlichkeit 5

pār, paris ebenbürtig, gleich 40
parāre, parō bereiten, vorbereiten; vorhaben; erwerben 6
 īnsidiās parāre eine Falle stellen 15
parātus, a, um fertig, bereit 44
parcere, parcō, pepercī *m. Dat.* schonen, sparen 32
parēns, parentis *m/f* Vater, Mutter 8
parentēs, parentum *m Pl.* Eltern 8
parere, pareō gehorchen, sich richten nach 9
parere, pariō, peperī, partum zur Welt bringen; schaffen 43
 victōriam parere (dē *m. Abl.*) einen Sieg (über jmd.) davontragen 43
pariter *Adv.* ebenso, gleichzeitig 19
pars, partis *f (Gen. Pl. -ium)* Richtung, Seite, Teil 29
parvus, a, um klein, gering 32
pater, patris *m* Vater 7
patēre offenstehen, sich erstrecken 2
patī, patior, passus sum (er)leiden, ertragen, zulassen 50
patrēs (cōnscrīptī), patrum (cōnscrīptōrum) *Pl.* Senatoren 29
patria Heimat 5
patrōnus Patron, (Schutz-)Herr 8
paucī, ae, a wenige 15
paulātim *Adv.* allmählich 24
paulō *Adv.* (um) ein wenig 6
 paulō ante kurz vorher 18
 paulō post kurz darauf 6
pāx, pācis *f* Friede 8
peccāre, peccō einen Fehler machen, sündigen 47
pectus, pectoris *n* Brust, Herz 49
pecūnia Geld, Vermögen 4
pellere, pellō, pepulī, pulsum schlagen, vertreiben 15, 29
per *m. Akk.* durch, hindurch 3
 per īram im Zorn 11
perdere, perdō, perdidī, perditum verlieren, verschwenden, zugrunde richten 27
perficere, perficiō, perfēcī, perfectum erreichen, fertigstellen, vollenden 39
pergere, pergō, perrēxī aufbrechen, weitermachen 45
perīculum Gefahr 5
perīre, pereō, periī zugrunde gehen, umkommen 20
 periī ich bin verloren 20
permittere, permittō, permīsī, permissum erlauben, überlassen 46
permovēre, permoveō, permōvī, permōtum beunruhigen, veranlassen 23, 25
perpetuus, a, um dauerhaft, ewig 27
perspicere, perspiciō, perspexī erkennen, genau betrachten, sehen 16
persuādēre, persuādeō, persuāsī, persuāsum *m. Dat* überzeugen *(mit AcI/Inf.)* 28
perterrēre, perterreō, perterruī sehr erschrecken, einschüchtern 23
pertinēre, pertineō (ad *m. Akk.*) betreffen, gehören (zu), sich erstrecken (bis) 34
 nihil pertinet ad *m. Akk.* es ist unwichtig/hat keine Bedeutung für 43
 quid ad rem pertinet? was tut das zur Sache? 34
perturbāre, perturbō in Verwirrung bringen 23
pervenīre, perveniō, pervēnī ad/in *m. Akk.* kommen zu/nach 8, 13
pēs, pedis *m* Fuß 36
petere, petō, petīvī, petītum (auf)suchen, (er)streben, bitten,verlangen 3, 11, 42
 (hostēs/urbem) petere (Feinde/eine Stadt) angreifen 11
 auxilium petere um Hilfe bitten 42
philosophia Philosophie 29
philosophus Philosoph 23
 illud philosophōrum jenes bekannte Wort der Philosophen 35
pīrāta *m* Pirat, Seeräuber 19
pius, a, um fromm, gerecht, pflichtbewusst 21
placēre, placeō gefallen 6
placet *m. Dat.* es gefällt jmd., jmd. beschließt 10
placidus, a, um friedlich, ruhig, sanft 48
plēbs, plēbis *f* (nicht adeliges, einfaches) Volk 37
plēnus, a, um *(m. Gen.)* voll (von/mit) 28
plērīque, plēraeque, plēraque die meisten, sehr viele 18
plūrēs, a mehr 33
plūrimī, ae, a sehr viele 33
plūrimum *Adv.* am meisten, sehr viel 37
plūs, plūris mehr 41
 plūs valēre quam mehr gelten als 16
poena Strafe 37
poēta *m* Dichter 10
pollicērī, polliceor, pollicitus sum versprechen 50
pōnere, pōnō, posuī, positum (auf)stellen, (hin)legen, setzen 24
 castra pōnere ein Lager bauen/aufschlagen 43
populus Volk 2
porta Tor 2

portāre, portō tragen, bringen 6
portus, portūs *m* Hafen 33
pōscere, pōscō, popōscī fordern, verlangen 38
posse, possum, potuī können 11
multum/omnia posse („viel/alles können") große/unumschränkte Macht haben 37
possidēre, possideō, possēdī, possessum besitzen 50
post *m. Akk.* hinter, nach; *Adv.* dann, später 6
posteā *Adv.* nachher, später 9
posterī, posterōrum *Pl.* die Nachkommen 21
posterus, a, um folgend 42
postquam *Subj. m. Ind. Perf.* nachdem 13
postrēmō *Adv.* schließlich 34; kurz(gesagt) 35
postulāre, postulō fordern 15
potēns, potentis mächtig, stark 16
potentia Macht 16
potestās, potestātis *f* (Amts-)Gewalt, Macht 37
potius *Adv.* eher, lieber 43
praebēre, praebeō geben, hinhalten 9
aurēs praebēre Gehör schenken, zuhören 29
sē praebēre *m. Akk.* sich zeigen (als), sich erweisen (als) 32
praecipere, praecipiō, praecēpī, praeceptum (be)lehren, vorschreiben 44
praeclārus, a, um großartig 25
praeda Beute 20
praedicāre, praedicō behaupten 47
praeesse, praesum, praefuī *m. Dat.* an der Spitze stehen, leiten 34
praeferre, praeferō, praetulī, praelātum vorziehen 47
praemium Belohnung, Lohn, (Sieges-)Preis 2
praesēns, praesentis anwesend, gegenwärtig 49
praesertim (cum) besonders (da/weil) 45
praesidium (Wach-)Posten, Schutztruppe 35
praestāre, praestō, praestitī *m. Akk.* gewähren, leisten, zeigen 31
praestāre, praestō, praestitī *m. Dat.* übertreffen 16
fidem praestāre die Treue halten 31
praetereā *Adv.* außerdem 41
praeterīre, praetereō, praeteriī, praeteritum übergehen, vorbeigehen 45
premere, premō, pressī, pressum (unter)drücken, bedrängen 27
pretium Preis, Wert Geld 33
magnō pretiō emere/vendere (für einen hohen Preis) teuer kaufen/verkaufen 33
prex, precis *f* Bitte; *Pl.* Gebet 24
prīmō *Adv.* zuerst 7
prīmus, a, um der erste 15
prīmā lūce bei Tagesanbruch 15
prīnceps, prīncipis *m* der Erste, der führende Mann 38
prīstinus, a, um früher 16
prius *Adv.* früher, zuerst 35
priusquam *Subj. m. Ind.* bevor, eher als 49
prō *m. Abl.* an Stelle von, für 4
probāre, probō beweisen, für gut befinden 7
probus, a, um anständig, gut 20
prōcēdere, prōcēdō, processī (vorwärts)gehen, vorrücken 23
proelium Kampf, Schlacht 13
proelium committere eine Schlacht schlagen 30
profectō *Adv.* sicherlich, tatsächlich 15
prōferre, prōferō, prōtulī, prōlātum (hervor)holen, zur Sprache bringen 42
in lūcem prōferre ans Licht bringen, verraten 49
proficīscī, proficīscor, profectus sum (ab)reisen, aufbrechen 49
prōgredī, prōgredior, prōgressus sum vorrücken, weitergehen 50
prohibēre, prohibeō, prohibuī (ā *m. Abl.*) abhalten (von), hindern (an) 11
proinde *Adv.* also, daher 50
prōmittere, prōmittō, prōmīsī versprechen 21
prope *Adv.* nahe; beinahe 41
properāre, properō eilen, sich beeilen 1
propinquus Verwandter 8
prōpōnere, prōpōnō, prōposuī, prōpositum darlegen, in Aussicht stellen 50
propter *m. Akk.* wegen 12
prōrsus *Adv.* überhaupt, völlig 48
prōspicere, prōspiciō, prōspexī, prōspectum schauen auf, sehen 48
prōtinus *Adv.* sofort 17
prōvidēre, prōvideō, prōvīdī, prōvīsum *m. Dat.* sorgen für 43
prōvidēre *m. Akk.* vorhersehen 42
prōvidēre (ut) dafür sorgen, (dass) 39
prōvincia Provinz 10
proximus, a, um der nächste 49
pūblicus, a, um öffentlich, staatlich 24
pudet, puduit es beschämt 31
pudor, pudōris *m* Scham(gefühl); Anstand 45
puella Mädchen 6
puer, puerī Junge, Bub 6

pūgna Kampf 42
pūgnāre, pūgnō kämpfen 5
pulcher, pulchra, pulchrum schön 16
putāre, putō glauben, meinen 10
putāre *m. dopp. Akk.* halten für 17

quaerere, quaerō, quaesīvī erwerben wollen, suchen 17
quaerere ex *m. Abl.* jmd. fragen 18
quaesere, quaesō bitten 47
quālis, e wie (beschaffen) 46
quam als, wie; *mit Superlativ*: möglichst 32
quamobrem warum 44
quamquam *Subj.* obwohl 16
quamvīs *Adv.* beliebig, wie du willst 48
quamvīs *Subj. m. Konj.* wenn auch 48
quandō? wann? 22
quantus, a, um wie groß, wie viel 39
quārē *rel. Satzanschluss*: deshalb 28; weshalb, wodurch 36
quasi *Adv.* gleichsam, geradezu, fast 31
quasi *Subj.* wie wenn, als ob 45
-que und 7
quemadmodum auf welche Weise (auch immer), wie 45
querī, queror, questus sum *(m. Akk.)* klagen; sich beklagen 50
quī, quae, quod welcher, welche, welches; der, die, das 14
  quod māius est was noch wichtiger ist 46
quia *Subj. m. Ind.* weil 14
quīcumque, quaecumque, quodcumque jeder, der; wer auch immer 44
quid? was? 3
  quid āctum est? was ist passiert? 36
  quid ad rem pertinet? was tut das zur Sache? 34
  quid aliud? was sonst? 44
  quid novī? was an Neuigkeiten? 34
quīdam, quaedam, quoddam ein gewisser, irgendeiner; *Pl.* einige 35
quidem *Adv.* freilich, gewiss, wenigstens, zwar 43
quidnam was denn? 31
quiēscere, quiēscō, quiēvī (aus)ruhen; schlafen 19
quīn *im Hauptsatz* vielmehr; warum nicht? 17
quīn *Subj. m. Konj.* dass *(in festen Wendungen)* 41
  nōn dubitō, quīn ich zweifle nicht, dass 41
quippe freilich 33
quis? wer? 3
  quis vestrum? wer von euch? 34
quisnam wer denn 31
quisquis, quaequae, quidquid (quicquid) jeder, der 41
quō wie, wo, wohin 31
quō ... eō je ... desto 32
quod *Subj. m. Ind.* dass, weil 5
  bene facere, quod gut daran tun, dass 46
quondam *Adv.* einst, einmal; manchmal 23
quoniam *Subj. m. Ind.* da ja, da nun 47
quoque *(nachgestellt)* auch 9
quotiēns wie oft, so oft 19

rapere, rapiō, rapuī, raptum wegführen, rauben, wegreißen 17, 37
rārus, a, um selten, vereinzelt 36
ratiō, ratiōnis *f* Grund, Vernunft, Überlegung; Berechnung; Art und Weise 31
  eā ratiōne, ut in der Absicht, dass 48
recēns, recentis frisch, neu 43
recipere, recipiō, recēpī, receptum aufnehmen, wieder bekommen, zurücknehmen 26
  sē recipere sich zurückziehen 26
recitāre, recitō vorlesen, vortragen 44
rēctē *Adv.* geradeaus, richtig, zu Recht 34
reddere, reddō, reddidī, redditum *m. dopp. Akk.* jmd. zu etwas machen 32
redīre, redeō, rediī, reditum zurückgehen, zurückkehren 22, 42
referre, referō, rettulī, relātum (zurück)bringen, berichten 38
regere, regō, rēxī lenken, leiten; beherrschen 20
regiō, regiōnis *f* Gebiet, Gegend, Richtung 21
rēgius, a, um königlich 25
rēgnum (Königs-)Herrschaft, Reich 16
religiō, religiōnis *f* Glauben, (Gottes-)Verehrung, Frömmigkeit, Gewissenhaftigkeit; Aberglaube 24
relinquere, relinquō, relīquī, relictum unbeachtet lassen, verlassen, zurücklassen 3, 13, 41
reliquus, a, um künftig, übrig 41
remanēre, remaneō, remānsī (zurück)bleiben 7, 14
repellere, repellō, reppulī, repulsum zurückstoßen, abweisen, vertreiben 26
repente *Adv.* plötzlich 5
reperīre, reperiō, repperī, repertum (wieder) finden 17, 47
repetere, repetō, repetīvī, repetītum (zurück)verlangen, wiederholen 26
reprehendere, reprehendō, reprehendī, reprehēnsum kritisieren, wieder aufgreifen 29

requīrere, requīrō, requīsīvī, requīsītum aufsuchen, sich erkundigen, verlangen 42
rēs, reī *f* Angelegenheit, Ding, Sache 31
rēs adversae unglückliche Umstände, Unglück 31
rēs futūrae Zukunft 42
rēs gestae Taten 39
rēs pūblica Staat 39
rēs secundae Glück 42
rēs ita sē habet die Sache verhält sich so 45
quid ad rem pertinet? was tut das zur Sache? 34
rem bene gerere etwas gut durchführen, Erfolg haben 42
novīs rēbus studēre nach Umsturz streben 38
resistere, resistō, restitī stehenbleiben; Widerstand leisten 29
respicere, respiciō, respexī zurückblicken; berücksichtigen 24
respondēre, respondeō, respondī, respōnsum antworten, entsprechen 5, 15, 42
restāre, restō, restitī übrigbleiben; Widerstand leisten 13, 15
retinēre, retineō, retinuī behalten, festhalten, zurückhalten 32
revocāre, revocō zurückrufen 38
rēx, rēgis *m* König 12
rīdēre, rīdeō, rīsī lachen, auslachen 1, 13
rīpa Ufer 11
rogāre, rogō bitten, erbitten, fragen 1
ruere, ruō, ruī eilen, stürmen, stürzen 17
rūrsus *Adv.* wieder 26

sacer, sacra, sacrum *(m. Gen.)* geweiht, heilig 28
sacerdōs, sacerdōtis *m/f* Priester(in) 22
sacrum Opfer, Heiligtum 7
saeculum Jahrhundert, Menschenalter, Zeit(alter) 50
saepe *Adv.* oft 32
saevus, a, um schrecklich, wild, wütend 32
salūs, salūtis *f* Gesundheit, Glück, Rettung, Gruß 8
salūtem dīcere *m. Dat.* jmd. grüßen 23
salvē! sei gegrüßt! 1
salvēte! seid gegrüßt! 1
salvus, a, um gesund, unversehrt 49
sānctus, a, um ehrwürdig, heilig 41
sānē *Adv.* allerdings, gewiss; meinetwegen 47
sanguis, sanguinis *m* Blut 24
sapere, sapiō, sapiī Geschmack haben, Verstand haben 40
satis *Adv.* genug 31
scelerātus, a, um verbrecherisch, schädlich; *Subst.* Verbrecher 19
scelus, sceleris *n* Verbrechen; Schurke 12
scelus committere ein Verbrechen begehen 17
scīlicet *Adv.* freilich, natürlich, selbstverständlich 33
scīre, sciō kennen, verstehen, wissen 10
scrībere, scrībō, scrīpsī, scrīptum beschreiben, schreiben 35
sē *Akk.* sich 11
sē alicui obicere sich jmd. entgegenwerfen, sich auf jmd. stürzen 42
sē gerere sich verhalten 21
sē praebēre *m. Akk.* sich zeigen als, sich erweisen als 32
sē recipere sich zurückziehen 26
rēs ita sē habet die Sache verhält sich so 45
sēcum mit sich, bei sich 18
secundus, a, um der zweite, günstig 42
rēs secundae Glück 42
sed aber, sondern 2
sedēre, sedeō, sēdī sitzen 19
sēdēs, sēdis *f* Platz, Sitz, Wohnsitz 32
semper *Adv.* immer 4
senātor, senātōris Senator 1
senātus, senātūs *m* Senat, Senatsversammlung, Rat 28
senex, senis *m* Greis, alter Mann 4
sēnsus, sēnsūs *m* Gefühl, Sinn, Verstand 44
sententia Antrag (im Senat), Meinung 13; Satz, Sinn 40
sentīre, sentiō, sēnsī fühlen, meinen, wahrnehmen 18
sequī, sequor, secūtus sum *m. Akk.* folgen 50
sermō, sermōnis *m* Äußerung, Gerede, Gespräch, Sprache 37
serva Sklavin 6
servāre, servō bewahren, retten 10
servīre, serviō dienen, Sklave sein 49
servitūs, servitūtis *f* Sklaverei 43
servus Sklave 1
sī *Subj.* falls, wenn 12
sibi *Dat.* sich 16
sibi adiungere für sich gewinnen 16
sīc *Adv.* so 48
sīcut (so) wie 48
sīdus, sīderis *n* Stern, Sternbild 37
sīgnum Merkmal, Zeichen 2; Statue 25
silentium Schweigen, Stille 23
silva Wald 26

simul *Adv.* zugleich, gleichzeitig 25
sine *m. Abl.* ohne 5
sinere, sinō, sīvī lassen, erlauben 23
singulus, a, um je ein, jeder einzelne 36
sinistra linke Hand 10
socius Gefährte, Verbündeter 30
sōl, sōlis *m* Sonne 41
sōlācium Trost(mittel) 27
solēre, soleō *(m. Inf.)* gewöhnlich etwas tun, gewohnt sein 40
sollicitāre, sollicitō aufhetzen, beunruhigen, erregen 31
sōlum *Adv.* nur 13
sōlus, a, um allein, einzig 14
solvere, solvō, solvī, solūtum auflösen, bezahlen, lösen 26
somnus Schlaf 15
soror, sorōris *f* Schwester 8
sors, sortis *f (Gen. Pl.* -ium*)* Los, Orakelspruch, Schicksal 12
sortem dare einen Orakelspruch geben 22
speciēs, speciēī *f* Anblick, Aussehen, Schein 39
spectāculum Schauspiel 25
spectāre betrachten, hinsehen 3; anstreben 36
spērāre, spērō erwarten, hoffen 42
spēs, speī *f* Erwartung, Hoffnung 31
sponte meā (tuā, suā) freiwillig, mit eigener Kraft, von selbst 21
stāre, stō, stetī stehen 1, 15
statim *Adv.* auf der Stelle, sofort 3
statuere, statuō, statuī aufstellen, beschließen, festsetzen 22
statūra Gestalt, Statur 35
studēre, studeō, studuī *(m. Dat.)* sich (wissenschaftlich) beschäftigen, sich bemühen (um), streben (nach) 14
memoriae studēre das Gedächtnis üben 37
nōvis rēbus studēre nach Umsturz streben 38
studium Beschäftigung, Engagement, Interesse 44
stultus, a, um dumm 45
sub *m. Abl.* unten an/bei, unter *(wo?)* 50
sub *m. Akk.* nahe an ... heran, unter *(wohin?)* 50
subicere, subiciō, subiēcī, subiectum darunter legen, unterwerfen 43
subīre, subeō, subiī, subitum auf sich nehmen, herangehen 31
labōrēs subīre Arbeiten verrichten 31
subitō plötzlich 1
sūmere, sūmō, sūmpsī, sūmptum nehmen 4, 33
togam sūmere die Toga anlegen 7
summus, a, um der höchste, der letzte, der oberste 15
sūmptus, sūmptūs *m* der Aufwand, die Kosten 34
sūmptūs facere Ausgaben tätigen, ausgeben 34
superāre, superō besiegen, überragen, übertreffen 14
superbia Stolz, Überheblichkeit 22
superbus, a, um stolz, überheblich 12
superī, superōrum *Pl.* die Götter 49
superior, superiōris der frühere, der weiter oben gelegene 33
supplex, supplicis demütig bittend 24
supplicium flehentliches Bitten; Strafe, Hinrichtung 22
suprā *Adv.* darüber hinaus, oben 42
surgere, surgō, surrēxī sich aufrichten, sich erheben, aufstehen 2, 15
suscipere, suscipiō, suscēpī, susceptum *m. Akk.* auf sich nehmen, sich (einer Sache) annehmen, unternehmen 27
suspīciō, suspīciōnis *f* Verdacht, Vermutung 17
sustinēre, sustineō, sustinuī ertragen, standhalten 27
suus, a, um ihr, sein 13

taberna Laden, Werkstatt, Gasthaus 3
tabula Tafel, Gemälde; Aufzeichnung 25
tacēre, taceō schweigen 2
tālis, e derartig, ein solcher, so (beschaffen) 23
tam so 21
tam ... quam so ... wie 44
tamen dennoch, jedoch 4
tametsī obwohl 37
tandem *im Aussagesatz*: endlich 2; *im Fragesatz*: denn eigentlich 22
tangere, tangō, tetigī, tāctum berühren 26
tantum *(nachgestellt)* nur 4
tantus, a, um so groß, so viel 25
tē *Akk.* dich 4
tēctum Dach, Haus 27
tegere, tegō, tēxī, tēctum bedecken, schützen, verbergen 43
temperāre, temperō *m. Akk.* lenken, ordnen 16
temperāre, temperō *m. Dat.* maßvoll gebrauchen, zurückhalten 46
temperāre, temperō (ā *m. Abl.*) sich fernhalten (von) 46
tempestās, tempestātis *f* Sturm, (schlechtes) Wetter; Zeit 41

templum Tempel 1
temptāre, temptō angreifen; prüfen, versuchen 21
tempus, temporis *n* (günstige) Zeit; *Pl.* Umstände 23
tempus cōnsūmere die Zeit aufbrauchen/verschwenden 44
ex illō tempore seit jener Zeit 42
tendere, tendō, tetendī, tentum sich anstrengen, spannen; (aus)strecken 28
tenebrae, tenebrārum *Pl.* Dunkelheit, Finsternis 23
tenēre, teneō, tenuī besitzen, festhalten, halten 11
memoriā tenēre im Gedächtnis behalten 35
terra Erde, Land 28
mōtus terrae Erdbeben 28
orbis terrārum Erdkreis 39
ubī terrārum? wo in aller Welt? 34
terrēre, terreō, terruī erschrecken 12
tertius, a, um der dritte 43
testis, testis *m/f (Gen. Pl.* -ium*)* Zeuge 39
theātrum Theater 35
thermae, thermārum *Pl.* Thermen, Badeanlage 4
tibi *Dat.* dir 13
timēre, timeō, timuī Angst haben, fürchten 12
timēre, nē fürchten, dass 38
timor, timōris *m* Angst, Furcht 27
timōre agitārī von Furcht gequält werden 27
toga Toga (Kleidungsstück des römischen Mannes) 7
togam sūmere die Toga anlegen 7
tollere, tollō, sustulī, sublātum aufheben, in die Höhe heben, wegnehmen 3, 29
clāmōrem tollere ein Geschrei erheben 3
tot *indekl.* so viele 45
tōtus, a, um *(Gen.* tōtīus, *Dat.* tōtī*)* ganz 12
trādere, trādō, trādidī, trāditum übergeben, überliefern 37
trahere, trahō, trāxī ziehen, schleppen 19
transīre, trānseō, trānsiī hinübergehen, überschreiten, durchqueren 20
trēs, trēs, tria drei 36
trīgintā *indekl.* dreißig 48
trīstis, e traurig, unfreundlich 21
triumphus Triumph(zug) 25
tū *(betont)* du 6
tuērī, tueor *m. Akk.* betrachten, schützen, (milit.) sichern, sorgen für 49
tum da, damals, darauf, dann 1
tunc *Adv.* damals, dann 35
tunica Tunika (Unterkleid unter der Toga) 7
turba Menschenmenge, Lärm, Verwirrung 1
turbāre, turbō durcheinanderbringen, stören 19
turpis, e (sittlich) schlecht, hässlich, schändlich 21
turris, turris *f (Abl. Sg.* -ī; *Gen. Pl.* -ium*)* Turm 42
tūtus, a, um (ā *m. Abl.*) sicher (vor) 12
in tūtō in Sicherheit 19
tuus, a, um dein 13

ubi *Subj. m. Ind.* sobald 11
ubī? wo? 1
ubī terrārum? wo in aller Welt? 34
ultimus, a, um der äußerste, der entfernteste, der letzte 12
umbra Schatten 32
umerus Oberarm, Schulter 18
umquam *Adv.* jemals 46
ūnā *Adv.* zugleich, zusammen 30
unda Welle, Gewässer 19
unde woher 36
undique *Adv.* von allen Seiten 5
ūniversus, a, um gesamt; *Pl.* alle (zusammen) 48
ūnus, a, um *(Gen.* ūnīus, *Dat.* ūnī*)* ein(er), ein einziger 13
ūnus ex/dē *m. Abl.* einer von 13
urbs, urbis *f (Gen. Pl.* -ium*)* Stadt, Hauptstadt 10
(hostēs/urbem) petere (Feinde/eine Stadt) angreifen 11
ūsque ad *m. Akk.* bis zu 47
ūsus, usūs *m* Benutzung, Nutzen 33
ūsuī esse von Nutzen sein 33
ut *Adv.* wie 10
ut opīniō mea est meiner Meinung nach 45
ut *Subj. m. Konj.* dass, sodass, damit 38
eā ratiōne, ut in der Absicht, dass 48
ūtī, ūtor, ūsus sum *m. Abl.* benützen, gebrauchen 49
utinam hoffentlich, wenn doch! 41
utrum ... an ob ... oder 39
uxor, uxōris *f* Ehefrau 4

valē leb' wohl! 23
valēre, valeō, valuī Einfluss haben, gesund sein, stark sein 16
multum valēre viel gelten 16
plūs valēre quam mehr gelten als 16
valēre ad *m. Akk.* taugen zu 45
varius, a, um bunt, verschieden, vielfältig 34
vāstus, a, um riesig; öde, verwüstet 31
vehemēns, vehementis heftig, energisch, kritisch 16
vehere, vehō, vēxī, vectum fahren, tragen, ziehen 33

vel ... vel entweder ... oder 48
velle, volō, voluī wollen 7, 11
vendere (vendō) verkaufen 3
  magnō pretiō emere/vendere (für einen hohen Preis) teuer kaufen/verkaufen 33
venia Gefallen, Nachsicht, Verzeihung 30
venīre, veniō, vēnī, ventum kommen 8, 13, 43
ventus Wind 19
verbum Wort, Äußerung 7
  verba facere dē *m. Abl.* Gespräche führen/reden über 16
verērī, vereor, veritus sum fürchten, sich scheuen; verehren 49
vērō *Adv.* aber 13; in der Tat, wirklich 18
versus, versūs *m* Zeile, Vers 37
vertere, vertō, vertī, versum drehen, wenden 28
  bene vertere zum Guten wenden 41
vērum *Adv.* aber 44
vērus, a, um echt, richtig, wahr 16
vester, vestra, vestrum euer 14
  quis vestrum? wer von euch? 34
vestīgium Fußsohle, Spur, Stelle 26
vestis, vestis *(Gen. Pl.* vestium*)* Kleid, Kleidung 4, 7
vetāre, vetō, vetuī verhindern, verbieten 26
vetus, veteris alt 40
via Straße, Weg 8
victor, victōris *m* Sieger 2
victor *Adj.* siegreich 25
victōria Sieg 5
  victōriam parere (dē *m. Abl.*) einen Sieg (über jmd.) davontragen 43
vīcus Dorf, Gasse 38
vidēre, videō, vīdī, vīsum sehen; darauf achten 3, 13, 24
vidērī, videor, vīsus sum scheinen, gelten (als) 49
vigilia Nachtwache, (Wach-)Posten 27
vīgintī *indekl.* zwanzig 7
vīlla Haus, Landhaus 39
vincere, vincō, vīcī, victum (be)siegen, übertreffen 13, 25
vinculum Band, Fessel; *Pl.* Gefängnis 23
vindicāre in *m. Akk.* vorgehen gegen 29
vindicāre, vindicō beanspruchen, bestrafen 43
vīnum Wein 4
vir, virī Mann 11
vīrēs, vīrium *f* (Streit-)Kräfte 18
virgō, virginis *f* Mädchen 18
virtūs, virtūtis *f* Tapferkeit, Tüchtigkeit, Vortrefflichkeit, Leistung; *Pl.* gute Eigenschaften, Verdienste 14
vīs, *Akk.* vim, *Abl.* vī *f* Gewalt, Kraft; Menge 18
vīsere, vīsō, vīsī, vīsum besichtigen, besuchen 35
vīta Leben, Lebensweise 14
  cōnsuētūdō vītae gewohnte Lebensweise 41
  vītam agere (sein) Leben führen 31
vītāre, vītō meiden, vermeiden 15
vīvere, vīvō, vīxī leben 5, 28
vīvus, a, um lebend, lebendig 40
vix *Adv.* kaum, (nur) mit Mühe 27
vōbīs euch 9
vocāre, vocō rufen, nennen 6
vocāre, vocō *m. dopp. Akk.* bezeichnen als 13
volāre, volō fliegen; eilen 19
voluntās, voluntātis *f* Absicht, Wille, Zustimmung 43
voluptās, voluptātis *f* Lust, Vergnügen 34
vōs *Nom./Akk.* ihr/euch 13
vōx, vōcis *f* Äußerung, Laut, Stimme 8
  magnā vōce mit lauter Stimme 12
vulgō *Adv.* allgemein, gewöhnlich 43
vulgus, vulgī *n* die Leute (aus dem Volk), der Pöbel, die große Masse 37
vult er, sie, es will 4

Abbildungen: Andromeda, Oxfordshire; Anja Lücker, Bonn (2); Araldo De Luca, Rom; Archiv für Kunst und Geschichte, Berlin (17); Archiv Gerstenberg, Wietze; Archiv Schareika, Filderstadt; Artothek, Weilheim; Association Pro Aventico, Avenches; Bayerische Staatsbibliothek, München; Bayerische Staatsgemäldesammlungen, Neue Pinakothek, München; Berliner Staatsoper unter den Linden, Berlin, Foto: M. Schöne; Bildarchiv Preußischer Kulturbesitz, Berlin; Cesa, Cölbe; Collegio San Clemente, Rom; Roswitha Czimmek, Hildesheim (2); Dagli Orti, Paris; Ephesos-Museum, Wien; Fratelli Alinari, Florenz; Hirmer Verlag, München; Interfoto, München (3); Kunsthistorisches Museum, Wien; Mittelrheinisches Landesmuseum, Mainz; Musée Crozatier, Le Puy-en-Velay (2); Musée National du Louvre, Paris (2); Musei Vaticani, Monumenti, Rom (2); Museo Archeologico, Florenz; Museo Archeologico Nazionale, Neapel; Museo della civiltà Romana, Ostia; Museo di Villa Giulia, Rom; Museo e Galleria Borghese, Rom; Museo Nazionale Romano, Rom (2); Museum, Kalkriese; Niedersächsische Landesgalerie, Hannover; Rheinisches Bildarchiv, Köln; Rheinisches Landesmuseum, Trier (2); Römermuseum, Augst; Römisch-Germanisches Museum, Köln (2); Scala, Antella (6); Studio David Salariya, Brighton; The British Museum, London; Ullstein-Bild, Berlin; Universal Pictures, Universal City; Verlagsarchiv; Edzard Visser, Koblenz; Walker Art Gallery, Liverpool; Zentrale Farbbild Agentur ZEFA, Düsseldorf.

IMPERIVM ROMANVM
Mare Germanicum
BRITANNIA
Oceanus Britannicus
saltus Teutoburgiensis
GERMANIA
Colonia Agrippina
Augusta Treverorum
Mosella
Mogontiacum
Limes
Rhenus
Castra Regina
Danuvius
Castra Biriciana
Augusta Vindelicorum
Castra Batava
Raetia
Cambodunum
GALLIA
Argentorate
Alesia
Alpes
Rhodanus
Mediolanum
ILLYRIC
Pannon
Pyrenaei montes
Hiberus
HISPANIA
Corduba
Saguntum
Carthago Nova
Baleares
Mare Ibericum
Mare Herculeum
Corsica
Sardinia
ITALIA
Tiberis
Roma
Ostia
Latium
Mare Adriaticum
Mare Tyrrhenum
Cumae
Neapolis
Pompei
Brundisium
Tarentu
Paestum
Croton
Segesta
Messana
Sicilia
Aetna
Syracusae
MAURETANIA
Carthago
Zama
Thapsus
NUMIDIA
Mare Intern
AFRICA
AETHIOPIA